保险的未来

王和◎著

中信出版集团 | 北京

图书在版编目（CIP）数据

保险的未来 / 王和著 . -- 北京 : 中信出版社，
2019.11（2021.1 重印）
ISBN 978-7-5217-1016-8

Ⅰ . ①保⋯ Ⅱ . ①王⋯ Ⅲ . ①保险业—经济发展—研
究—中国 Ⅳ . ① F842

中国版本图书馆 CIP 数据核字（2019）第 192818 号

保险的未来

著　　者：王　和
出版发行：中信出版集团股份有限公司
（北京市朝阳区惠新东街甲 4 号富盛大厦 2 座　邮编　100029）
承 印 者：北京通州皇家印刷厂

开　　本：787mm × 1092mm　1/16　　印　　张：28.25　　字　　数：360 千字
版　　次：2019 年 11 月第 1 版　　印　　次：2021 年 1 月第 4 次印刷
书　　号：ISBN 978-7-5217-1016-8
定　　价：79.00 元

观乎天文，以察时变，观乎人文，以化成天下

我思故我在

极其数，遂定天下之象

万物皆数

心即理

明心见性

君子务本，本立道生

道法自然

预则立，不预则废

天行有常，不为尧存，不为桀亡

人能弘道，非道弘人

前　言

百年孤独

当下这个“百年”无疑是“孤独”的，因为在人类几千年的文明史中，它是绝对独特的。回望历史，六七十年前的中国和世界是怎样的模样。谁又敢想象，三四十年后的中国和世界会是何种景象。这个“百年”之所以“孤独”，除了有社会变迁、文明与进步的因素，更有科学技术的因素，特别是在基础领域的发展、突破与进步，实现了从量变到质变的飞跃与迭代，继而重新定义了时空、认知与意义。

身处这沧海桑田的“孤独百年”，每一个个体都面临绝无仅有的机会，也难逃前所未有的挑战。可以肯定的是，不是所有人都能够像比尔·盖茨、任正非和马云那样，成就一番伟业，书写一段辉煌。但重要的是身处这个时代，每一个人都可以，而且应当意识、体会和把握这份“孤独”，切莫辜负“孤独”。

我国保险业说是有两百多年的历史，其实真正的发展不过几十年，因此，很难建立起一种“孤独感”，因为“40年就是全部”，这也许正是我国保险业遇到的问题、困难、困惑和纠结的深层次原因。中国保险人需要一种“超越自我”的觉悟与能力，去认识风险，理解互助，敬畏时间，实现思想与境界的升华，理解并实践保险的真谛，于是，就能知道“从哪里来”，就懂得“到哪里去”，更不辜负“孤独百年”。

科技颠覆

这个“百年”之所以孤独，一个重要的原因是科技的力量。但近年来，许多人总有一种担忧，科技改变一切，甚至颠覆一切，其中也包括金融和保险。那么，我们，尤其是传统保险企业将如何“安放自我”。身处这个“孤独百年”，这也许已不再是“疑问句”，也不是“将来时”，而是“肯定句”和“现在进行时”，任何一个人、企业和行业均无处可逃。

从根本上讲，金融和保险均属于认知科学的范畴。这个时代，科技带来的基础性改变是改变认知本身。当认知科学被根本改变时，金融和保险又如何能“独善其身”。问题的关键不是“会不会改变”，而是“如何改变”，以及“如何面对这种改变”。有时候，意识、观念和态度比能力更重要。因为，担忧、抱怨和恐惧均无济于事，《三体》中有一句话：“我消灭你，与你无关。”

面向未来，正如国际保险协会首席执行官迈克尔·莫里西描绘的第四次保险革命的情景，即保险的基本功能和过程正在迅速中断。保险需要回到“起点”，在科技赋能的前提下重新出发。这种重新出发的逻辑是：保险的根本属性并没有改变，如互助、集合、预测和信用，只是传统的实现方式，如营销、精算和经营改变了。

在互联网、大数据和区块链等科技赋能下，互助，从传统保险的“前信任”重回“后信任”；集合，从传统营销的“被集合”逐步走向消费者主导的“自集合”；精算，被大数据和人工智能取代，演变为中定价、后定价和自定价；信用，在区块链的重构下，进入算法信任时代。因此，当保险重新出发的时候，传统的营销、精算和经营正在被“迅速中断”，在完成“代际”转换的同时，实现了保险的再存在。

断层现象

这个“孤独”时代的另一个特征是“断层现象”。考古学中有一种方法，即通过对历史遗迹的“纵向”挖掘，就能够窥视并了解不同时期的时代特征。因为,每一个时代都会有其独特的文明存在。但随着时代的更迭，文明会被毁灭、淹没和沉积。不同断层之间，有些东西延续着，有些东西变异了，还有些东西消失了。通过对历史遗存的挖掘和研究，人们就能够窥见历史与文明的演化与进步，并理解内在逻辑、规律和决定力量。

当下这个时代,是一个不同文明同时存在的特殊时代,是一种不同“断层”平行存在的时代。有人做了一个形象的描述，就互联网时代而言,“30后”“40后”属于“难民”,“50后”“60后”“70后”是“移民”,“80后”“90后”“00后”是“原住民”，正是由于不同“时代”的人“同居一室”，才使这个当下如此“千奇百态”，如此“与众不同”。但可以肯定的是，未来是属于“原住民”的。因此，无论承认与否，也无论接受与否，时代总是要向前的。人们更多的是需要从“王者荣耀”中体悟社会的变迁，觉察历史的走向；从《旅行青蛙》中发现和理解什么是亘古不变、薪火相传的。

有一种影视题材叫“穿越剧”。通过穿越时空，演绎出各种荒诞离奇又让人心向往之的故事。殊不知，在这个时代，现实版的“穿越剧”每天都在上演。原因是科技不断改变人们对时空的认知与利用，不同年龄段的人，生活在不同时代，用着不同的生活工具，甚至说不同的语言，却又同时存在于一个空间，因此，让人总有一种“穿越”的恍惚，也因此孕育出无限的商业机会，更明白“今人”与“古人”头顶上是同一轮明月。

不确定性

面向未来，“不确定”将成为关键词和新常态。对保险业而言，核心价值就在于“确定”，通过保险，投保人能够将未来损失的不确定以保险费的方式进行确定。因此，“不确定”既是挑战，也是机遇，更是责任。正是社会的各种不确定，才催生了保险业。不确定性越大，保险的地位越重要，作用越突出，发展空间越大。但作为前提，保险业需要回望并清晰保险的“确定逻辑”。“大数法则”告诉我们，只有在一个更大的范围看问题，才能够体悟绝对，回归真理，确定未来，安宁社会。

面向未来，保险业首先要解决自身的“不确定”问题。回顾我国保险业的发展历程，保险业取得的成就有目共睹，存在的问题也显而易见。在林林总总的问题背后，一个根本的原因是自身和内心的“不确定”，特别是对一系列根本问题的不确定，如为什么做保险、保险经营的基本原理和逻辑是什么、如何理解并处理规模与效益的关系、承保与投资孰重孰轻等等。如果自己对保险的许多问题尚处于迷茫、游离和盲目的不确定状态，又如何确定别人，如何承担“安天下”的使命。因此，我国保险业最需要的是“风物长宜放眼量”，即用更广的视野、更长的时间维度去看世界、看自己。

分水岭

面向未来，保险将迎来一个分水岭，一个“何去何从”的分水岭，分化、抉择和重生是大趋势。所谓“水”，可以是“背水”，但不是消极盲目的“破釜沉舟”，而是积极进取的“背水一战”并“涅槃重生”，确定并坚定自我。所谓“分”，更多是告别、分别与分化，即要告别旧的发展理念、经营模式和管理能力，分别出正见、正识、正信与正行，并实现思想、理念与行为的深度分化，继而是产品、服务与市场的全面进化，全要素生产力的提升，以及行业高质量发展的转型升级。

“分水岭”的关键词有两组：一组是“融入大局”和“科技赋能”，另一组是“集体共识”和“知行合一”。所谓“融入大局”是指保险业要着眼并立足大局，把握规律，理解并践行传统文化“成人达己”的智慧，将其打造为行业经营理念与文化的内核。所谓“科技赋能”是指保险业要认识到科技不仅能提高效率，更能创造可能，彰显公平，保险业将从一个“更制度”的平台走向“更技术”的平台，实现“再存在”。所谓“集体共识”是指保险业要在一个更高的层次理解大数法则，就保险经营而言，不仅是风险、客户和资金的集合，更有态度、行为、理念和文化的同与共。所谓“知行合一”是指保险业要理解并觉悟“克己复礼”和“知易行难”的关系与道理，因为，行之力则知愈进，知之深则行愈达。

“分水岭”的本质是“分心岭”，在更大的时空范围内，更加绝对的因素是“心”。从本质上讲，这个世界是绝对的，相对的是人心。所以说“相由心生”和“境随心转”，人心不同，世界不同。所以说“明心见性”，明的本质是觉悟。觉悟了，就无处惹尘埃，就能够见真心真性，就能够有正见正行。因为，你对了，世界就对了。就保险而言，“分”的是对保险本质的认识，更“分”的是对“为什么”做保险的觉悟。“分水岭”更意味着中国保险业终究要与过去“分道扬镳”，觉悟并升华自己。

新地图

这个时代的最大特点是天翻地覆，是时过境迁。因此，对大多数人，尤其是传统企业而言，最重要的是解决“地图”问题，因为，时代变了，环境变了，情况变了，如果仍然拿着“老地图”是到不了想去的地方的，甚至可能误入歧途，走进死胡同。于是，就会陷入一种尽管已经很努力，天天加班加点、夜以继日，但效果总是不尽如人意，总是处于一种被动、茫然、焦躁乃至沮丧的状态，因为，看不到前途是最致命的。

面向未来，最需要的是“新地图”，“新地图”的基本背景是新科技带来的变化。“老地图”标注的是一条河，于是只能“摸着石头过河”；“新地图”标注的是一座桥，于是可以开着车过桥。今天，科技企业也包括以科技为核心能力的新金融企业，它们大都诞生在新时代，自带“新科技光环”，对它们而言只有一份“新地图”，于是，它们凭借“新地图”，一路高歌猛进，攻城略地。

对大多数传统企业，尤其是传统金融企业而言，手上拿的是“老地图”，于是，常常陷入迷茫困顿，跌跌撞撞。企业管理最根本的是战略问题，也就是“地图”问题。传统金融企业最需要解决的不是“投入问题”，而是“方向问题”，具体讲，就是需要一份“新地图”。需要基于“新地图”的“出发”，既可以是回到起点的重新出发，也可以是调整路线的再出发。与此同时，最重要的前提是解决能力，即与“新地图”相适应的新能力，否则，“新地图”提供的也只是一种可能性。

拿到“新地图”固然重要，打造新能力也很重要，但对传统金融企业而言，基于集体共识的认识、决心和定力更重要。大多数时候，要革自己的命是最难的，尤其是作为既得利益者的传统金融企业，因此，面对基于科技的变革与转型，往往是抽象的重视、具体的漠视，讨论的时候，群情振奋，慷慨激昂，落实的时候，叶公好龙，千难万难。纵观传统企业的变革，往往不是没有好的“地图”，而是缺乏力排众议的坚持、破釜沉舟的决心、持之以恒的定力，于是就虎头蛇尾，不了了之，等到真正的“狼来了”，却为时已晚，只能是“无可奈何花落去”。

敬畏时间

很多时候，人们看到的更多是科技重新定义时空及带来的商业机会，却忽视了给予我们的启迪。就中华传统文化而言，最大的智慧与觉悟在于对时间的敬畏，因此，就有了孔子“逝者如斯夫”的感叹，明白什么是“过眼云烟”，怎样才能“天长地久”。于是，就理解了老庄为什么讲“道法自然”和“天人合一”，更渐渐领悟了佛家在讲轮回的同时，如此看重“当下”，因为，轮回即当下，当下亦轮回。

有的时候，你会觉得读尤瓦尔·赫拉利的“简史三部曲”，宛如步入大雄宝殿，看到的是庄严肃穆的燃灯佛、释迦牟尼佛和弥勒佛。他们一字排开的架势，就是对过去、现在和未来的最好诠释，更重要的是构建起基于时间、因果和轮回的智慧与敬畏。一方面告诉我们，在时间的长河中，个体只是一个刹那；另一方面启迪我们，昨天、今天和明天，就在回眸之间。于是，也就更能够理解并敬畏时间，更容易放下并释然，觉悟并靠近般若。

“周期”是保险经营的重要基础，而“周期”的背后是基于对时间的认识与敬畏，其逻辑是事物，也包括风险，在一定周期内将呈现“回归”的特征，用佛家的话讲叫“轮回”。通过对“重现期”的认识与把握，保险就能够实现对风险的分散、处理与化解，因此，认识、理解并敬畏时间和周期是保险的前提、根本和本分，只有这样才能够建立一种内在、绝对和精神的支撑。如果要用一个因素解释我国保险业发展中出现的问题，那就是少了一点对时间的敬畏。

面向未来，保险需要一种对“不确定”的觉悟，这种觉悟的本质是一种对时间的敬畏、对因果的理解。就外在和环境，特别是“一时一势”而言，不确定是一种常态，一种必然，因为，斗转星移，时过境迁，世事难料，刹那无常，所以，人们应接受“这个世界唯一不变的就是变化”。但就内在和本质而言，古人讲“天行有常，不为尧存，不为桀亡”。这个世界，变化的更多是表面和形式，不变的是根本和本质。保险要在更大的时空范围内观察、解释和管理不确定，并为社会提供一种“确定”的输出，作为前提，保险需要建立基于时间敬畏的自我认知与确定。

目　录

第一章

科技变革：未来已来

第一节　奇点临近：重新定义

一、理解奇点：改变认知

什么是奇点？奇点是一个物理学、宇宙学和几何学的概念。它可以理解为空间与时间的边缘或边界，是处于边界的突破点。那么，这个突破的特征是什么？是人类的生物思想和现存技术的高度融合。当这种融合达到顶点的时候，将导致人类突破性地超越自身的生物局限性，继而对人类认知乃至整个社会产生根本性的改变。

《奇点临近》的作者雷·库兹韦尔认为，人类社会发展到今天，正不断地临近一个奇点。他甚至准确地预测出这个奇点将出现在 2045 年，并认为奇点的到来将从根本上改变人类社会。从现实的角度看，它意味着什么？意味着人类和机器、现实和虚拟之间的边界会越来越模糊。这种边界的模糊带来的影响是深远的，人类及其生存的环境将不可避免地发生根本性的变化。所以，库兹韦尔认为：

> 奇点是一种可以撕裂人类历史结构的能力，它的突出影响是改变人类理解能力的本质。

库兹韦尔这一论断无疑是惊世骇俗的，因为，它挑战了人类认知的基础，即理解能力。如果认知被改变甚至颠覆，那么所有的基础就不复存在。这无疑是难以想象的、可怕的，更是值得高度关注的。当然，也有很多人对于库兹韦尔关于奇点的观点，以及做出的一系列判断持不同意见，但这并不妨碍我们对于“奇点临近”这个话题做深入和积极的思考，更重要的是应该理解奇点可能对人类的思维方式、行为模式乃至生活产生的影响和改变。因为，它改变的不仅仅是技术，而是整个人类社会。

未来学家凯文·凯利有许多相似的观点，他在《新经济新规则》中，提出了两个重要观点。一是网络将超越技术范畴，并“接管”实体世界。他提醒人们重新认识“网络”，它不再仅仅是一个信息技术的概念，而是一种社会范畴、形态和样式，是一种基础存在。二是统领软世界的基本法则将统治硬世界。这个观点想改变的是人们的思维定式，因为，传统思维总是从“硬世界”出发，因此，就难以理解“没有一辆车的出租车公司”，当人们接受了这一现实，就理解了淘宝成功的原理，更理解了社会发展的内在逻辑和趋势。凯文·凯利在《新经济新规则》中预言：随着复杂的高科技融入社会的方方面面，旧的秩序被颠覆，新的秩序得以建立。在这翻天覆地的变化面前，曾经信心十足的人们变得迷茫、恐慌乃至绝望，但那些头脑聪明的人却看到了新的机遇与胜利的曙光。面向未来，最重要的是意识、理解并持续地与时俱进，将其作为一种思维方式和生活习惯。

将目光收回到金融和保险领域，何尝不也是如此。人们能够感受的是扑面而来的以各种新技术赋能的新商业模式，它们无不高举着“变革”“创新”，甚至“颠覆”的大旗，更要命的是均摆出一种“为民请命”的姿态，喊出的却是“消灭你，与你无关”的口号，这让传统保险业的人在有点儿不知所措的同时，或多或少也有点儿不寒而栗的感觉，因为，人们隐隐感到行业“奇点”的到来，以及可能没有退路，无处可逃。

行业的不少有识之士想顺应大势，拥抱并融入时代大潮。尽管如此，仍感到多少有点儿力不从心，因为，当人们还在讨论是“互联网金融”还是“金融互联网”，并为此争论不休的时候，金融科技（FinTech）已不请自来，闪亮登场。许多金融机构的“大咖”更是“趋炎附势”地纷纷出来表态：说自己不是金融企业，而是科技企业。谁曾想“金融科技”的话音未落，“智慧金融”和“数字金融”又接踵而至，人们在无所适从的同时，深深感到与时俱进的重要性，更感悟到把握根本的价值与意义的重要性。

“是什么”不重要，重要的是“为什么”“做什么”“怎么做”。雷·库兹韦尔和凯文·凯利给人们的最大启发不仅是认识到科技的日新月异和改天换地，更有在天翻地覆之后，如何安身立命，以及“再存在”的思考，这是一种审时度势的智慧，更是洞察并把握规律的能力。这些年，中国保险业可谓是“行色匆匆”，走得太快了，这就容易出现“灵魂没有赶上”的情况，也就难免“失魂落魄”。因此，需要停下来，静一静，想一想那些最基本和最根本的问题，从而“让灵魂赶上”。

保险“为什么”，答案在于“为人民服务”。大数法则决定了“人民”是保险的当然属性，保险是典型的群众事业。“人民”是保险的出发与归宿。保险的存在为的是“成人达己”“和合共生”“化成天下”，需要行业的认识、觉悟与践行。按照佛家的话讲：把别人渡到彼岸，蓦然回首，你已然在彼岸。

保险“做什么”，答案在于“回望出发”。保险的“初心”是爱与分担，通过互助机制，共同面对风险，稳定预期，安宁内心。就现代保险而言，服务被保险人和社会是“初心”，提供没有太多附加条件的“确定性”是根本。回到出发，再问并清晰地认识保险存在的根与魂，许多问题就迎刃而解了。有的时候，不是没有答案，而是我们模糊和忘记了答案。

保险“怎么做”，答案在于“把握根本”和“正本清源”，在于“正心诚意”和“克己复礼”。“天下为公”“成人达己”“将人比己”就是最好的方法，许多问题并没有那么复杂，因为，本立道生，大道至简，还有体悟“人能弘道，非道弘人”。同时，作为一种射幸合同，保险最重要的是诚信，而“礼”是诚信的前提和基础。

二、科技变革大势：代际思维

科技变革是这个时代的重要特征，从科技变革的视角看，当下的人们最需要思考并回答的问题是：如何面对未来？有一种说法是：现在是正在发生的未来。另一种说法是：这是一个昨天、今天和明天并存的时代。这意味着我们正在经历一个新旧交替的时代，每一个当下，一切似乎均在不知不觉的潜移默化中，但蓦然回首，一切又都在触目惊心的天翻地覆中。人们不知道“门槛”在哪里，也不知道“门槛”那边会是怎样的景象，又应当如何面对。因为未来已来。

中国是一个有5 000年历史的文明古国，古圣先贤的智慧是我们面向和把握未来的重要指南。《易经》中有一句话：观乎天文，以察时变，观乎人文，以化成天下。它告诉人们：每每站在历史的“门槛”上，要学会通过“观”与“察”，了解变化，把握机会，并“化成天下”。

从“天文”（科技）的层面看，量子理论、纳米技术、人工智能、生命科学、神经网络、基因工程、互联网（移动互联网和物联网）、大数据、区块链、生物识别、人机交互、虚拟现实、定位技术和遥感技术等将从根本上改变认知科学、行为科学、预测和风险管理等领域的理论基础，也必然改变保险的基础。

从“人文”（社会）的层面看，变革更是广泛并深入，就保险而言，社会的发展与变革，既为保险提供了前所未有的发展机遇，也给传统金融的思维、模式和技术定式带来了严峻乃至颠覆性的挑战，并集中体现在公平、效率、可能、准确、便捷、稳定、维度和实时，因此，传统的“价差模式”难以为继，“微利时代”势在必行，更可怕的是它挑战了合理性与必要性，继而挑战传统的金融。因此，传统行业，也包括保险行业均面临“再存在”的问题。因为，社会的金融需求永远存在，传统金融的存在“不再”。

如果仔细观察各个行业的进化，就不难发现这是一个科学技术和商业模式创新相互交融和相互推动的时代，其核心内涵可以用一句话概括：未来属于基于新技术创新应用的商业模式创新。

首先，是有一个新技术的出现。其次，是产生针对行业和社会的“痛点”和难点的创新应用和解决方案。最后，是孕育出全新的商业模式。近年来，各种层出不穷的创新，无不是沿着这条路径展开的。因此，保险未来的变革、创新与进化也将沿着这样的路线图展开（见图1.1）。

一是底层技术，包括量子理论和纳米技术，以及“云”和“边缘”概念。底层技术是这个时代的基础性突破，既是基础性的，也是根本性的。

二是核心技术部分，即互联网、大数据和区块链。这三大技术将给人类社会带来天翻地覆的变化，会成为保险乃至整个社会变革的原动力。

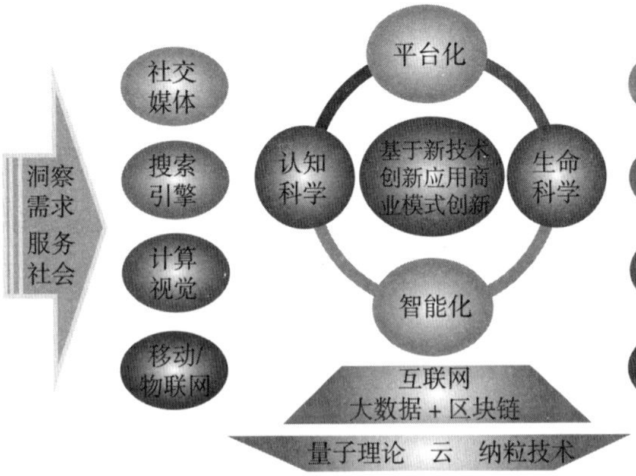

图 1.1　新技术及其影响

三是除了三大技术外，许多新技术不断涌现，如物联网、搜索引擎、社交媒体、人工智能、生物识别、定位技术、遥感技术和计算视觉等，成了创新的重要力量。重要的是这些技术不再是单打独斗的，而是相辅相成和融合发展的，不断发生聚变和裂变，提供可能与能量。

四是在各种技术的相互交融和推动下，将形成两个重要的技术概念——平台化和智能化。未来大多数的创新与变革均在这两个概念下展开。同时，技术将对人类社会，包括保险最重要的两个基础领域，即认知科学和生命科学产生根本性的影响。

五是所有的所有，均是聚焦与服务未来，而未来属于基于新技术创新应用的商业模式创新。这是这个时代最典型、最基本的进化模式。

六是上述一切均属于一种静态范畴，因此，需要一个驱动力，需要一个动力系统，即一个引擎，激活并驱动。扮演引擎的是两大动因：一是洞察需求，服务社会；二是降低成本，提高效率。从保险的视角看，两大动因也可以理解为发展与赢利，即回答：靠什么发展、凭什么赢利。它们是推动行业创新发展的根本动力。

三、科技赋能的逻辑：脱胎换骨

无论是现在还是未来，科技都是推动社会发展与进步的根本和核心力量，其基本逻辑和路径是科技赋能，这种赋能不仅体现在“量”的提升上，更可能引发“质”的变化与飞跃。今天，人们更多的是谈论互联网，殊不知，互联网只是一个“代词”，是现代科学技术进步的泛指。用功能概括的视角看，所有的科技进步带来的变化均可以归结为“三个更加”：

更加透彻的感知，更加全面的互联互通，更加深入的智能化。

首先，从感知的角度看，感测技术的发展和应用将迎来“数字人生”和“数字社会”的全面数字化时代，即对个体而言，数字化是与生俱来的，对社会而言，数字化是无处不在的，未来社会将真正进入“原始”数字化时代。其次，从联通的角度看，万物互联是一个大趋势，不仅是基于物联网，也包括移动和实时互联，连接就意味着联系和沟通，意味着共享和分享，意味着影响与互动。最后，从智能化的角度看，核心是基于大数据的算法革命，不仅体现为数据可能，更体现为计算可能，继而推动人工智能产生质的飞跃。人工智能的发展将对传统行业产生颠覆性的影响，并改变社会结构。

在以互联网为代表的科技创新时代，大多数传统商业模式均面临颠覆性的挑战。回望过去20年，有足够的事实证明这一判断，最典型的是淘宝对传统零售业的逆袭，支付宝和微信支付对传统支付系统乃至现金概念的颠覆。当走近这些商业案例时，人们不难发现，所有的创新无不是围绕着“效率”与“可能”展开的，即通过对新技术的利用，指数级地提高了效率，匪夷所思地创造了可能，并孕育出了全新的商业模式。

就传统保险乃至金融而言，“安身立命”靠得更多的是传统，是制度，一种基于传统社会分工模式下的制度安排。随着社会的发展与科技的进步，人们越来越质疑这种制度安排的合理性与公平性，科技创新企业不断地挑战“王侯将相宁有种乎”。因为，传统保险是基于历史可能性与合理性的，科技带来的最大变化是改变了可能性，继而改变了人们对“天经地义”的认识。

传统保险，也包括金融经营更多的是基于简单的“价差模式”，最典型的是银行的“存贷差”，寿险的“三差”，即死差、费差和利差。这种经营模式虽有历史合理性，但随着时代的发展，特别是科技进步，将不断挑战这种“坐地分钱”经营模式的社会效率与公平。互联网科技企业不断通过科技力量，创造客户价值，质疑并证明这种商业模式的落后和不公平，创造出全新的商业模式，推动社会的进步，“余额宝”“支付宝”“微信支付”就是典型的案例。

以科技为核心能力的新型金融企业已“大兵压境”，“兵临城下”和“攻城略地”是一个大趋势。这类新型金融企业无不打着“为客户请命”的大旗，以科技赋能和服务创新，挑战传统保险业的经营效率和客户体验，尤其是“价差模式”的公平与合理，用实实在在的客户价值，全面改善客户体验，给客户以惊喜乃至“尖叫”，让客户第一次真正找到做主人的感觉。

面对新型金融企业的“咄咄逼人”，传统金融企业抱守着传统的制度环境、经营模式和思维定式，总是抱着抱怨、排斥、防御和固守的态度，这显然不是明智之举，而是“不识时务”。传统金融业应当清醒地意识到：如果有朝一日身陷“无可奈何花落去”的窘境，根本原因则可能就是“太传统”和“太制度”，如果最终被淘汰，那么不是由于别人，而是由于自己。面向未来，信息平等和技术民主是大趋势，因此，保险，也包括金融：

将从一个“更制度”的平台，走向一个“更技术”的平台。

近几年，一些大型国际金融机构的负责人，竟然异口同声地说：其实，我们是科技企业！真可谓英雄所见略同。在一些国际金融机构这种“集体叛变”的背后，人们隐隐感到了传统金融大势已去，并渐渐地意识到：未来的竞争对手肯定不是同行，而是“外来者”，并终于明白为什么有人说“消灭你，与你无关”。于是，开始关注金融的未来，特别是科技将如何改变金融。

从科技赋能的视角看，保险与互联网的最大交集和共同特点是“集合”与“信息”（风险）。保险经营的基础是大数，而大数的背后是集合。互联网作为一种平台，其最大的功能之一就是实现高效和自主的集合。保险经营的另一个基础是风险，风险的本质之一是信息不对称，互联网的最大贡献是能够高效地解决信息不对称问题。因此，从某种意义上讲，保险与互联网具有“血缘”关系，二者具有基因上的联系。这正是在互联网时代，保险“与众不同”的根本原因，互联网既为保险的发展提供了巨大的想象空间，也给传统保险的生存带来了空前的压力和挑战。

随着科技的快速发展，尤其是以新兴科技企业为代表的新势力，不断利用新技术的优势挑战传统保险，人们渐渐意识到：互联网、大数据和区块链等科技已不再是一种单纯的技术范畴，更不是配角的定位，它们渐渐成了保险业的重要基础，并融入保险业态的各个领域。这种融入的结果是：已经很难将“业务”和“技术”区分，二者的边界越来越模糊，许多业务形态是高度依赖于技术，是以技术为前提的，而更多的技术存在于业务内涵之中。

“业务”与“技术”的融合，给保险行业带来了内外两个层面的变化。从外部看，保险企业与保险科技企业的边界越来越模糊，直接挑战了保险监管，即传统的按照主体进行监管的模式面临越来越大的挑战，因此，需要全新的监管模式。从内部看，业务人员与技术人员的边界越来越模糊，培养复合型人才，包括业务人员科技化、技术人员业务化将成为一种趋势，这改变了保险人才培养，包括保险教育、培训理念与能力。

面向未来，传统保险产品和业务属性的模糊、多种技术的复合性融合，将从根本上改变对保险的传统认知，并实现从相对具象的产品与服务向更抽象的存在与满足过渡。如果从个性化、碎片化和场景化的思维出发，就不难发现，保险创新的本质是一种回归，回归到人类社会对保险最原始和最本质的需求。

对于金融科技的发展趋势，特别是与传统金融的关系，仍存在不同认识和观点。一份权威研究报告的结论是，金融科技正在改变竞争格局，但未必能取代银行的中心地位，这也是传统金融行业的共识和心声。报告认为，传统银行有金融科技不具备的优势，具体为：一是庞大的客户数量和相关数据，足以帮助银行设计产品及实现精准销售；二是信贷承销历史长、能力强；三是有长期的客户黏度；四是与监管机构打交道的经验丰富。相信稍有常识的人均会对报告提出的观点产生怀疑，更重要的是如果优势仅仅是这些，则更意味着传统金融业态被取代只是时间问题。

克里斯·斯金纳在他的《FinTech，金融科技时代的来临》中提出的核心观点是：

> 金融科技将构建一个“价值互联网”，并重构人类的价值交换体系。

金融科技的核心价值是构建新金融体系，打造新金融业态和企业，或者说给人们的金融需求以一种全新的实现和满足，这种实现和满足的最大亮点不仅是效率的极大提升，赋予可能性以无限的想象空间，更充分体现了公平与正义原则，以及客户体验和人性关怀。从技术路线看，“新金融”将回到起点，用互联网时代的思维，以现代科技赋能，重新出发，实现“再存在”。

面向未来，保险需要思考的是如何与科技，特别是与互联网携手，成就一段共同发展的“姻缘”。其核心是如何成就未来，成就怎样的未来。就个体而言，“血缘”是命定的，而“姻缘”则取决于造化，能否成就这段“姻缘”，取决于个体的觉悟与行动。就行业而言，基于“血缘”的融合创新是必然，高效、公平和正义是硬道理，更好地满足社会和客户需求是根本，没有一成不变的“行业范畴”，只有与时俱进的社会发展与进步。谁能够认识、理解和行动，特别是能够把握时代的特征和脉搏，谁就拥有未来。

第二节　集合：不仅是效率，更有可能

一、集合：效率与可能

传统理论认为，保险存在的根据是交易成本和信息不对称。这两个问

题也可以归结为效率问题，即交易效率和解决信息不对称效率。交易效率的核心是集合效率，保险行业存在的一个重要基础是实现数的集合，因此，集合效率是交易效率的重要内涵。传统保险实现集合通常需要三个要素：机构、产品和时间。即需要庞大的投资，实现网点的铺设；需要开发产品，以及运营支撑体系；需要假以时日，不仅是自身，也包括客户的时间投入。解决信息不对称效率主要是调查和获取信息的投入，传统保险企业需要开展现场调查，需要投入大量的人力物力进行风险管理，即使这样，仍然可能面对“风险剩余”的问题。因此，在经营过程中需要“风险附加”，这种“风险附加”在稳定效率的同时，也减损效率，最终的取舍是一种权衡的结果。

在互联网时代，当智能手机等应用终端已经成为“人体器官”的时候，每一个人都可以成为一个自主和自助“营业网点”。这种无处不在和无时不在的交易模式,将彻底改变交易成本的传统概念。从解决信息不对称效率看，互联网，特别是社交媒体和智能搜索引擎的出现，给人类社会最大的贡献是提供了实现信息民主的可能性，推动经济社会更加公开和透明，利用互联网，特别是应运而生的大数据技术，将从根本上改变对知情权和知情能力的传统认识。

但在互联网环境下，集合的可能与效率被彻底改写，于是就打造出了颠覆性的全新模式。同时，互联网还将推动集合方式的进化，在科技赋能的背景下，客户真正成了中心，实现一种“和而不同”的新模式，即人们可以根据各自的风险偏好，形成一种相对个性的互助组合。同时，不同组合之间还可以在更大范围内实现互助和平衡。更重要的是，它赋予了个体更多的主动选择的可能性，以及对风险组合的知情权。未来，互联网平台给了各种自由组合以想象空间和实现可能，保险业更多的是扮演提供互助组合的平台管理服务商的角色。

二、重新定义时空：再存在

保险，乃至人类所有的活动均是在“时”和“空”的背景（参照系）

下展开的，互联网的本质是联系，这种联系突破了“时”和“空”的传统局限，继而从根本上改变了人们对时空的认识和利用。理想与现实之间的两大鸿沟是可能与效率，互联网最大的贡献在于给了跨越“鸿沟”以巨大的想象空间。进而推动社会的“指数”和“代际”进化。在互联网基础上发展出的移动互联网和物联网，特别是智能终端的出现和广泛应用，使这种联系的内涵和可能极大丰富，继而延伸出巨大的应用和想象空间。

就保险而言，时空无疑是最重要的经营环境和背景，经营的两个关键因素——“集合”与“风险”均与时空密切相关。因此，当时空被互联网、移动互联网和物联网重新定义时，无疑也将重新定义保险经营的基础和环境。“集合”不再是物理和有形的集合，也不是被动的集合，而是基于互联网平台的主动和自主的集合。风险的本质是信息不对称，未来将迎来信息实时和全面对称的时代，风险和风险管理将被重新定义。对此，需要有一个清醒、敏锐和系统的认识和思考，更重要的是观念与行动的与时俱进。

首先，互联网在实现“大数集合”方面具有独特的优势，它改变了传统的“线下”模式，利用互联网的“线上”能力，大幅度降低集合的成本，提高效率。其次，就传统保险而言，由于受到能力的限制，许多社会需求无法满足，或满足的成本太高。互联网能够很好地解决信息不对称问题，为个性化、碎片化和场景化的创新提供了可能。互联网在改变时空的过程中，为人们提供了大量从不可能到可能、从低效率到高效率、从高成本到接近于零成本，并构建出许多应用场景，这些应用场景蕴含无限的商业机会。

此外，应当清醒地认识到，互联网，特别是物联网在给人类社会带来福祉的同时，也将带来全新的风险。一是多维度和全环节的脆弱性和威胁暴露，导致极容易产生系统性风险，并且风险管理难度很大。二是损失类型的多维度，不仅有有形财产的损失，更有无形资产的损失，并且难以评估和控制。三是影响范围广和程度深，广泛联通、实时在线和相互依赖，导致风险极易传染并放大。四是传统风险处理方式失灵，互联网，尤其是物联网挑战传统的信息技术安全理论、理念和技术。五是责任划分难度大，不同智能化设备联系在一起，客观上导致很难确定责任主体和划分责任。

三、三联时代：连接一切

面向未来，互联网，特别是移动互联网的更大贡献在于使每一个个体均有机会成为“中心”和“主语”，使“以客户为中心”真正成为可能，成为自然和必然。同时，物联网的出现将迎来“万物互联”的时代，物联网是第四次工业革命的核心技术进步。通过物联网，将实现从人员和组织的连接，逐步过渡到机器、设备、人员、组织、物理基础设施和服务的连接。这种连接的重要特点是基于智能化的联系。

据估计，到 2020 年，大约 250 亿台智能化设备将连接到互联网，2030 年将增加到 1 250 亿台。随着连接设备的智能化，物联网不再是一种静态和单向，而是双向和有机的互动，智能化的设备不仅能被动接受指令，还能够主动反馈信息，形成一种“机器对机器”（M2M）的形态，不仅将重新定义大数据时代，更将从根本上改变人类社会活动的存在和形态，形成一种更加透彻感知基础上的互动、控制和协同，并打造出全新的技术生态环境。互联网，以及移动互联网、物联网和车联网等概念，将推动人类社会迎来“三联时代”。

一是“人联”时代。智能手机和可穿戴设备的广泛应用，为连接和联系“人”提供了可能，更重要的是计算机视觉，特别是生物识别技术将催生“被动连接”时代的到来。过去的连接是基于智能手机的，是一种主动连接。未来的连接是基于嵌入式可穿戴设备（类似心脏起搏器）的，是一种被动、刚性和充分的连接。就保险，特别是健康保险而言，“人联”将产生全新的商业模式，这一模式的最重要特征是从简单的事后补偿，逐步过渡到全生命周期的健康管理。

二是“车联”时代。就“存量”而言，通过后装的方式，越来越多的汽车将被连接。就“增量”而言，车联的概念是与生俱来的，车联网将成为汽车制造的标配。因此，随着旧车的淘汰，将迎来“全车联网时代”。“车联”将从根本上改变汽车保险的经营理念、技术和模式，推动车联网保险的经营模式，包括“根据驾驶付费”（PAYD）和“根据使用付费”（UBI）模式的发展并深化，不仅可以按照行驶里程付费，可以按照驾驶行为的风险水平付费，还可以根据客户的需求，提供更加个性化的保险保障和服务。

三是“家联”时代。“家”将成为物联网革命的“主战场”，并将经历三个阶段：第一阶段是家用电器的物联网化，第二阶段是住宅和装修的物联网化，第三阶段是家居环境的全面和智能的物联网化。“家联”将给保险带来全新的机遇。首先，改变了传统“不可保”的认识，为家庭保险的创新发展提供可能；其次，将扩大保险服务的边界，为发展“保险+”模式提供可能；最后，为老龄化社会的保险（服务）模式，特别是长期护理保险的发展与创新提供可能。

四、5G 时代：速度等于可能

就连接而言，互联网只是提供一种可能，而速度是决定因素。因为，仅仅是连接，而信息传输的速度太慢，将会使连接的价值和意义大打折扣。反之，如果信息传输的速度很快，则会大幅度提升连接的价值，创造可能，改变利用的意义。面向未来，5G（第五代移动通信技术）是一个特别需要关注的领域，5G 超高速信息传输改变的不仅仅是速度本身，因为速度等于可能，所以它改变的是整个互联网生态环境，特别是物联网背景下的车联网、智能家居和可穿戴设备等领域。

我国的 5G 计划于 2018 年进行大规模试验组网，2019 年启动 5G 网络建设，并在同年正式推出商用服务。5G 技术的应用将对保险业产生重大影响，赋予“三联时代”的保险利用以更大的可能，特别是在风险认知和管理方面，为产品和服务创新提供了巨大想象空间。面向未来，保险业需要提前谋篇布局，因为 5G 改变的不仅仅是传输速度，更是技术基础环境，继而改变保险商业模式，需要以迭代思维，观察并思考 5G 的技术可能与实现，以及由此催生的新商业模式。

五、平台化：从被动到主动，再到“被动”

平台是指在互联网条件下构建的一种虚拟的环境，形成一个交流、交换和交易的触媒环境，其本质就是社会和市场的具象化。在这个环境中，人们可以实现穿越时空的互动，并在这种互动中实现社交和交易的目的。平台的最大特征是通过一种特别环境的构建，吸引两个或更多的特定群体，为其提供互动的机制，满足其交流和互动的需要，继而形成一种具有强大自我成长能力的平台生态圈。

平台利用自身的优势不断创造新的商业模式，颠覆既有的商业模式，彻底地改变传统行业，改变的基本思路是准入开放和信息对称，改变的基本模式是围绕客户需求，采用合作共赢、先人后己的经营思维，为客户搭建交易平台，通过交易的直接和扁平化，实现价值创造，并将这种溢价让利给消费者，以吸引人流，聚合人气。这种优势不仅体现在交易成本上，也体现在服务范围和模式上，一方面是对传统产业的系统性颠覆，另一方面也是为自身打造更加完整的产业链，以谋求持续健康发展。

平台是保险制度的基本属性。通过搭建社会保险基金平台，社会成员能够在这个平台上实现风险基金的集合和损失的分摊。在现代保险制度的发展过程中，逐步实现市场化和公司化的运作模式。在这种模式下，通过保险市场和保险公司的组织形式，以保险产品为载体，实现投保人和保险基金的集合，同时，实现损失的分摊。在这种经营模式下，保险产品是相对规范和固化的，投保人的选择相对有限，尤其在选择互助对象上是没有太大空间的，这种现状是由于传统经营模式和技术的局限决定的。

面向未来，整个社会的平台化呈现一个不可逆的趋势，信息平等和技术民主是平台化的重要特征，这将带来一系列创造性的破坏和颠覆式的创新，更会导致新商业模式的诞生，形成一种推动社会变革的革命性趋势。社会平台化趋势对于保险的最大价值和意义在于能够实现接近于“零成本”的集合，从根本上挑战传统保险业的成本结构及其合理性，继而挑战行业效率与公平。同时，平台化还能给产品和服务创新提供无限的想象空间。

面向未来，在社会平台化的大背景下，保险需要关注并思考几个问题。第一，传统保险是一个“更制度的平台”，而未来将走向“更技术的平台”。第二，经营模式将从“差价模式”走向“服务模式”和“价值模式”。第三，定价将从以“前定价”为主，逐步走向“前定价”与“后定价”结合的模式，从公司定价走向市场和消费者自主定价，而平台将成为定价的中枢，提供发现、公布和管理功能。第四，风险控制模式将从过程和事后管控，逐步走到事前安排和对冲的风险治理模式，从一种外化模式走向内涵模式，从一种外部监督和干预模式走向自我约束和完善模式。

六、生态圈：和合共生

平台是基于平面的思维，而生态圈则是更加立体的思维。生态圈以及生态链、生态环境和生态系统原本是描述和解释自然生物之间以及它们与自然环境之间关系的概念。在自然界中，经过长期的进化，生物之间，生物与环境之间，形成一种基于共生逻辑的依存与发展关系，继而成为一个整体，在这个整体中，它们相互影响、相互作用、相互制约和相互依赖，并形成一种动态平衡和相对稳定的状态。

从仿生学的视角看，自然界的生态圈现象对人类社会，特别是对经济和商业具有很强的示范与借鉴意义。一直以来，在市场经济的发展过程中，人们看到和学到的更多是“物竞天择”的自然法则。因此，更多是基于竞争和对立的思维，于是出现了“红海”现象。但可以肯定的是，这种思维对人类社会而言是有限理性的。生态圈的核心价值在于“和合共生”，在于理解并构建“命运共同体”，理解了共生理论，就能够体会：心中有“蓝海”，处处是“蓝海”。

从可持续发展的视角看，人类社会需要一种和合共生的智慧，通过一种互为条件和营养的模式，实现合作共赢、共生共长的发展模式，这既是可持续发展和科学发展观的思想基础，也是人类命运共同体的逻辑所在。与自然界相似，生态圈的形成往往需要一个自然进化的过程，自然界的这种进化属于一种“无意识”的过程，而人类社会的进化则需要一种自主意识，这种意识被称为“智慧”。

面向未来，保险业应全面导入生态圈思维模式。因为，生态圈是未来社会和经济存在的一种主要形态。具体而言，保险业应高度关注养老生态圈、大健康生态圈、汽车消费生态圈等。同时，保险业面临的选择是：打造生态圈，或是融入生态圈。从保险业的服务属性看，更多的应对是融入。但融入意味着是别人的“主场”，接下来的问题是“凭什么”存在，或者说如何不被取代。按照既有的思维是没有出路的，保险需要摒弃传统思维，回到“出发点”，重新思考保险存在的价值与方式。

面向未来，保险业更需要解决的是“保险生态圈”问题，从本质上看，保险是一个“风险（利益）共同体”，因此，合则共、共则生。这是保险的基本逻辑，对社会而言是如此，对于行业而言更是如此。中国保险业，要打造并融入外部的生态圈，首先要理解并营造内部的生态圈。打造保险生态圈，关键是觉悟，不仅是对“和合共生”的理解、对覆巢之下无完卵的认识，最重要的是对保险本源、逻辑、责任与使命的觉悟。

第三节　预测：从预测到预知

一、认知科学

认知科学的最终目标就是揭开人类心智的奥秘，为此，认知科学研究计算与认知、符号结构与认知、心智结构和联结主义、语法理论、模型论语义学和其他语义学、认知科学的实验方法、脑与认知科学等。传统的认知科学是建立在既有的技术手段基础上的，但随着科技的发展与进步，特别是大数据的出现，将从根本上改变认知科学的基础，并迎来计算认知时代，带来迭代发展与进步。

从某种意义上讲，保险，乃至金融均属于认知科学的范畴，因此，认知科学的发展将在很大程度上影响甚至改变金融和保险。因为，无论是保险的精算定价，还是金融的风险评估，其本质均是对风险的认知。随着大数据时代的到来，认知科学将发生根本性的变化，带来革命性的进步。在这个历史背景下，保险的未来具有很大的不确定性，这种不确定性不仅体现在保险经营的核心领域和环节，更可能对保险存在的形式，乃至存在的必要性带来颠覆性的影响。

二、预测科学

预测是人们利用已经掌握的知识和手段，预先推知和判断事物未来或未知状况的结果。预测最重要的要素是知识，即信息和情报资料。这种知识既是预测的工具和手段，又是预测的支持和基础。知识更多的是从过去的信息积累中提炼的，这种信息越丰富，反映客观真实的程度越高，即知识的可靠程度就越高。此外，预测的另一个重要条件就是预测对象的相关信息，只有预测对象的相关信息足够充分，包括数量和维度，才能够做出相对准确的预测。

传统预测技术更多是以定性为主，现代预测技术则是以定量为主，并强调定量与定性的结合。这一技术发展的背景是由于预测对象的日益复杂，影响的相关因素日益增加。所以，定性预测和简单的定量预测已不能满足需要。要处理多变量环境下的预测问题，就需要建立一个相对庞大的数学模型，在计算机技术出现之前，计算这种模型无疑是一件费时费力的事情，而且相对周期较长、实效性差。计算机技术出现之后，计算能力不断提高，计算就不再是主要矛盾，而数据有限的问题就显得十分突出。由于数据相对有限，有时就不得不采用主观“估计”的方法，于是就带来了分析预测中的道德风险。

随着社会经济和科学的发展，人们开始把数学应用到预测领域，于是，就有了统计分析和计量经济学，在保险领域就有了保险精算。这个阶段的预测是利用统计技术，对数据进行建模分析，寻求发展的规律，辅之以主观假设与判断，对未来，尤其是经济变化进行预测。但人们知道传统的统计分析都是建立在历史数据和抽样调查的基础上的，其缺陷和不足是显而易见的：一是调查问卷本身具有主观色彩，其客观性受到质疑；二是接受调查的对象属于“特定人群”，其代表性受到质疑。

在大数据时代，人们不仅可以获得“全量数据”，而且可以获得维度更丰富的数据，甚至是实时数据，这一数据环境条件的变化，将从根本上改变传统的理论与技术。从保险的角度看，过去是通过行业和公司的历史赔付数据进行精算和定价，未来可以获得全量和多维的数据，通过这些数据，可以更加科学地预测风险并进行定价和产品开发。更重要的是改变了人们传统的“因果思维”模式，从回答“为什么”，转向回答“是什么”，多维定律替代大数法则。

面向未来，预测将进入充分感知和连接一切的时代，科技将从根本上改变预测科学的基础，从相对静态的预测走向相对动态的判断。无论是理论还是技术，预测科学最需要解决的是：从“由内而外”的思维，转向“由外而内”的思维，最终实现“内外结合”的思维。传统的预测科学建立在“内向思维”的基础上，即希望通过计量技术，特别是精算技术，探索事物发展的内部机理，继而预测未来。

在风险预测领域，特别是巨灾风险预测领域，这种思维模式面临巨大挑战，如地震风险的预测，就现阶段的技术而言，无论是数据还是模型，均难以支持这一逻辑。通过大数据，特别是基于感测技术获取的实时数据，为预测科学提供了全新视角和可能，如在预测山体滑坡和泥石流风险方面，通过建模的方式，探究山体内部的滑坡机理，无论是准确性，还是效率，均不如通过遥感和地面感测技术获取数据来进行分析与判断。因此，预测科学发展的关键是跨学科融合，尤其是要与科技融合，这种融合应当是一种深层次而非简单的结合。

三、神经网络

对大多数中国人而言，“因果”，特别是“轮回”，是佛教的一个符号，殊不知，因果更是一个科学的概念，具有普世的价值。西方的古圣先贤早就意识到因果关系链是构成知识的主干，未来是因果关系的产物，世界是高度因果化的结构。霍金曾说：“宇宙是可以理解的，可以给宇宙行为建模。”同时，休谟也说：“关于实际事情的一切理论似乎都建立在因果关系上。”

人类很早就知道了因果关系是构成和解释世界的基本逻辑，并知道这种因果关系是非常复杂的。这种复杂性表现在三个方面：一是体现在众多因素中，相互交错；二是它们的相互影响关系是不确定和不稳定的；三是这种因素，既包括客观因素，更包括主观因素。由此，形成了一种“多因”和“多果”的复杂系统。一直以来，人们对于因果关系的了解、理解和掌握是局限在“一因一果”的层面,对于“多因多果”往往是无能为力的。因此，就将其归为复杂、不确定，乃至神秘等。

神经网络技术的出现，使人们破解“多因多果”难题成为可能，并推动了相关领域的技术发展与进步。神经网络的概念有两个分支。第一个分支是生物神经网络，即生物的大脑神经元、细胞、触点等组成的网络，它用于产生生物的意识，帮助生物进行思考和行动。第二个分支是人工神经网络，简称神经网络，它是一种模仿生物神经网络行为特征，进行分布式并行信息处理的算法数学模型，其本质是一种连接模型。这种网络依靠系统的复杂程度，通过调整内部大量节点之间相互连接的关系，达到处理信息的目的。

就传统思维而言，人们认识和解释风险的基本方法是归因分析，但这种分析往往是一种相对简单的分析，即“一因一果”。但这个世界绝非如此简单，因果关系极其复杂，不仅有因的属性，更有这个属性的“量”。因此，许多归因分析常常是“自圆其说”，而神经网络技术的出现，使更加客观和准确地解释风险成为可能。

神经网络技术的基础是“神经元”，其基本功能就是解释“多因一果”和“多因多果”，即任何一个（多个）输入到输出，其背后均存在一个基于逻辑回归的函数与映射关系。如图 1.2 所示。

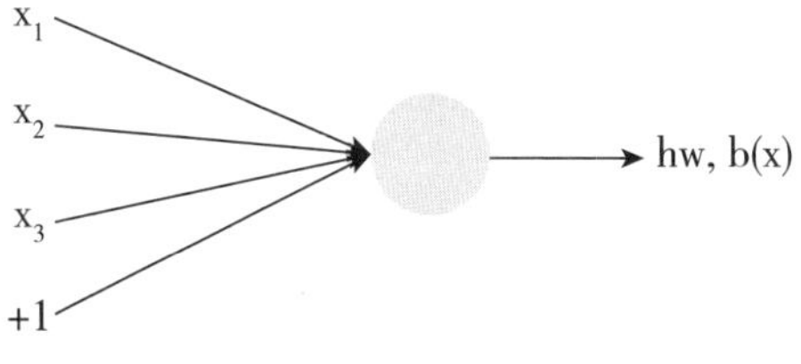

图 1.2　“神经元”

神经网络就是将许多个单一“神经元”联结在一起，一个“神经元”的输出可以是另一个“神经元”的输入。图 1.3 就是一个简单的神经网络。

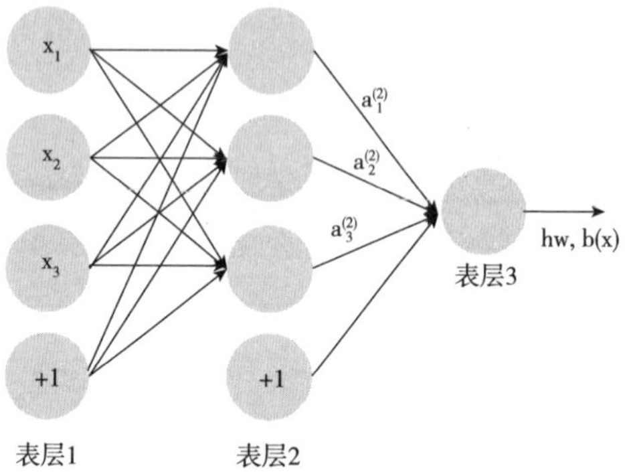

图 1.3 神经网络

人工神经网络就是一种复杂的结构，不仅是多因多果的，还是多层嵌套关系的。在一个错综复杂的情况下，去分析、解释和判断结果，是它的核心价值。这也是“神经网络”概念一出现，就引起计算科学等相关领域的高度关注的原因。同时，人工神经网络也具有初步的自适应与自组织能力，因此，一个具有学习能力的系统，可以发展知识，并超过设计者原有的知识水平。

面向未来，神经网络技术对于推动人类社会的进步，尤其是在认识和解释世界、推动人工智能技术发展方面均具有举足轻重的作用。就保险而言，神经网络技术带来的启示是：传统的归因分析与精算仍具有较大的局限性，神经网络技术为突破历史局限带来了可能，使对于风险的解释更加全面和客观，为更加科学地厘定费率提供了可能。同时，在传统技术的局限下，对于相对复杂的风险，不得不“望而却步”，而神经网络技术给了解释风险以新可能，也为保险创新提供了新机遇。

四、认知计算

随着科技的发展，人们渐渐接受了一个观点：认知科学的本质属于计算科学。认知计算是指模仿人类大脑（人类认知）的计算系统，让计算机像人一样思考，代表一种全新的计算模式。它寻求一种符合已知的有着脑神经生物学基础的计算机软件与硬件，处理感知、记忆、语言、智力和意识等心智过程。认知计算的一个目标是让计算机系统能够像人的大脑一样学习、思考，并做出正确的决策。

认知计算通常应具备以下特性。第一，辅助能力。认知计算能够提供百科全书式的信息辅助和支撑能力，让人类利用广泛而深入的信息，轻松成为各个领域的“资深专家”。第二，理解能力。认知计算应该具有卓越的观察力和理解能力，能够帮助人类在纷繁的数据中发现不同信息之间的内在联系。第三，决策能力。认知计算具备快速的决策能力，能够帮助人类定量地分析影响决策的各种因素，从而保障决策的精准性。第四，洞察与发现能力。认知计算的真正价值在于，可以从大量数据和信息中归纳出人们需要的内容和知识，让计算系统具备类似人脑的认知能力，从而帮助人类更快地发现新问题、新机遇以及新价值。

认知计算的根本诉求是解决生物系统中的不精确、不确定和部分真实的问题，以实现不同程度的感知、记忆、学习、语言、思维和问题解决等过程。物联网、大数据、计算机视觉、生物识别、语音识别系统的出现，将从根本上支持并推动认知计算科学的发展，最终的目的是开发出“类人类大脑操作系统”，这个系统将比人类大脑处理的容量更大、速度更快、精度更高。

保险属于认知科学的范畴，保险经营的一个重要基础是风险认知。从直观的角度看，保险经营是基于风险认知的，具体表现为精算、定价和准备金。从深入的角度看，客户刻画和客户体验均属于认知科学的范畴。面向未来，认知科学，特别是认知计算的发展，将从根本上改变保险经营，改变保险的商业模式，乃至保险存在的基础，因此保险业需要高度关注这一领域的发展。

五、算法时代

算法是指计算的方法，即解题方案的准确而完整的描述，是一系列解决问题的清晰指令，算法代表着用系统的方法描述解决问题的策略机制。但“算法时代”是将算法进行了抽象，更多的是指人类社会将进入一个计算时代，同时，也揭示着“解题方案”和“策略机制”在解释和沟通世界过程中的重要性。

回望历史，《易经》中“极其数，遂定天下之象”的名言，无疑是对大数据最好的诠释和定义。同时，大数据的本质意义不在于简单的“量大”，而在于基于量大的更广泛、更深入和更透彻性，终极目标是实现从量变到质变，去接近并确定“天下之象”。从量变到质变，将引发预测科学、保险原理和精算技术的变化，实现从“数据变迁”到“原理变迁”的蜕变，从探求“为什么”到解决“是什么”。从基于线性思维的因果追问到基于非线性的关系决定。面向未来，大数法则可能将被多维定律取代，同时，大数据在保险的精准营销、核保核赔、精细化管理和保险反欺诈等方面也将发挥更大的作用。

当逐步接受了古希腊哲学家“万物皆数”的观点时，人们也就接受了“计算无处不在”的认识，继而接受了宇宙、生命、心智和进化的本质均是可以被计算的。这不仅将改变科学的基础，也将改变哲学的基础。可以确信的是：人类已经进入了“算法时代”。这一点从量子理论的发展也能够得到验证，波粒二象性证明了存在只是一种“函数”形式。因此，需要用计算的观点看世界，即回到最小和最基本的单元看世界。

随着“数据可能”和“计算可能”的指数级进步，人类将开启一个全新的时代，其本质特征是利用数学，实现对认知的跨越式突破，并将彻底改变认知。这种跨越将沿着三个层次和维度展开：首先是智能和心灵计算；其次是生命计算；最后是宇宙计算。与此同时，计算物理、计算化学和计算医学应运而生。

人类的计算能力不断突破，渐渐揭开了世界的本来面目。与此同时，你会陷入一个质问：许多“规律”是人发明的还是原本就存在的？人只不过是发现它而已吗？因为，化学元素周期表等发明也许就是一种“原始存在”。继而，你会大胆地揣测：或许“上帝”也是个“码农”，否则，所有的所有为何如此“井然有序”。正如克罗内克的那句名言：上帝创造了自然数，其他一切都是人造的。但无论如何，人们均有理由相信：计算将颠覆并重塑人类的认知基础。

算法时代，方法（算法）和速度（算力）将成为决定因素。前者由人决定，后者由技术决定。模型的技术化将成为一个趋势，并大大提高试错、判断和选择的能力。同时，在人工智能的背景下，算法和模型将脱离简单的技术范畴，被赋予价值观的内涵。在数字化时代，算法将扮演越来越重要的角色，并深度影响人的思维与决策。因此，从某种意义上讲，未来是算法与算法对话的时代，更是算法与算法对决的时代，或者说是“算法霸权”的时代，而谁能够影响和决定算法，谁就能够影响和决定世界。

纵观历史，许多所谓的“数学难题”均是建立在方向和方法选择下，以及运算速度的条件约束之下的，而速度是决定因素，在“可穷尽”的速度面前，方向（空间）显得不再重要。面向未来，计算能力的指数级提升，使计算能力成为影响和主宰的重要力量，甚至是唯一力量。因此，有人预测：数学的领域在扩大，哲学的地盘在缩小。同时，算法时代的到来，将模糊自然科学与人文科学的边界。因为，数学在向一切学科渗透，它的研究对象是一切抽象结构，即所有可能的关系与形式。

六、数据可能

数据可能，即数据获取的可能。这种可能包括两个方面：一是数据的客观存在，这是获得的基础和前提；二是知道并能够获得。客观存在，可以理解为数字化。数字化可分为两种。一种是“后数字化”，是指通过感测技术，感知并测量对象，并将对象数字化。另一种是“前数字化”，是指对象的原始数字化，这种数字化是与生俱来的。就现阶段而言，感测技术能力是数据可能的关键。

感测技术，从某种意义上讲是人类感知能力，如视觉、听觉、嗅觉、味觉和触觉的替代，但是感测技术要比人类更能够全面、精准和透彻地感知世界，能够实现人类感知能力的延伸。具体而言，感测技术能够感知人类无法感知的领域，能够在更加微观的层面进行感知，能够持续和动态地感知，能够稳定和高质量地感知，这一切均是人类望尘莫及的，这给了人类的探索和创新以无限的可能。因此，感测技术是支撑现代文明的基础性科学技术。

从保险应用的角度看，感测技术最需要关注两个领域。一是对人的感测，即对生命的感知，这种感测有医疗的范畴，这是最基本的，用中医的说法就是“望闻问切”，而用西医的概念则是各种体征指标。就人体生理参数感测而言，有血压、血糖、血氧、血流、血气、脉搏、和体液成分等。面向未来，可穿戴设备将发挥越来越重要的作用，实现对生命特征的全面和动态感测，实现对生命全过程和全方位的数字化管理。二是对物的感测，最典型的是汽车，通过车联网技术，能够对汽车的内部工况信息、具体位置、姿态信息和外部环境进行感测，继而记录和评估车辆行驶状态、驾驶行为、安全监控和车辆运行指标等。同时，通过物联网对房屋建筑和机器设备的感测和监控，能够有效地管理保险标的的风险，实现及时地预警和处置。

数据可能的另一种能力是外部数据的获取能力。随着数字化时代的到来，全社会的数据将呈现爆炸式增长的态势。但是许多数据均属于政府部门、研究机构、医疗部门和公共平台，也包括统计部门，这些数据大多处于“养在深闺人未识”的状态。保险行业，尤其是其中的精算部门，特别需要培养获取外部，尤其是这些公共部门数据的能力，并将这些数据为己所用，成为风险评估和产品定价的重要数据资源。

数据质量一直是数据管理的重点，也是保险经营管理的基础。在传统的经营环境下，往往将数据质量界定为技术问题，殊不知，数据质量更是一个管理问题，乃至经营理念和文化问题。在不切实际的管理，尤其是考核制度下，数据被人为“调整”，数据质量就无从谈起，更难以解决。因此，对于数据质量管理，信息技术固然重要，但管理制度、经营理念和企业文化更重要。

大数据给了数据质量解决以全新的视角、逻辑和出路，传统的数据质量管理靠的是标准和标准的符合。大数据时代的最大特点是量变引起质变，在数据“量”极大提升的同时，意味着“颗粒度”和“维度”的极大丰富，导致认识从“二维的粗糙”走向“立体和多维的全息”。因此，数据之间将产生一种“自验证”能力，数据的标准和质量就不再重要，数据的数量和维度更重要。

数据可能的背后还有一个更深层次的问题是识别与理解。传统的解决方案是建立“标准”，因此，数据标准很重要，基于标准符合的数据质量更重要。“标准思维”是“有限时代”的逻辑基础和思维方式，面对大数据，特别是数字化社会时代，传统的“前标准”思维模式越来越显得“不合时宜”了，取而代之的是“语义思维”。因此，语义能力就显得至关重要，并成为驾驭数字化时代的核心能力，也将成为保险经营管理，特别是精算的核心能力。

面向未来，保险业需要对数字化社会和大数据，特别是对数据发展趋势，做一个全面和全新的认知和思考。大数法则决定了保险业的“数据宿命”，因为保险是一个与数据休戚相关的行业。数字化社会将重新定义社会、组织和个人，大数据时代将重新改写人们对数据的认识，乃至数据本身。因为，即使一个“数据”本身，它也是多维的，也还可以分拆，在分拆的过程中，会造就无限的商机。从信息到数据，从数据到数据颗粒，这一系列的变化是科技发展的必然，也是社会变革的驱动力，同时，也将对保险理论和技术形成绝对挑战和改变。

七、计算可能

计算可能，是指计算能力，如高性能计算或超级计算能力。这些概念是 20 世纪 70 年代在向量计算机出现的背景下提出的，由此可见，计算能力往往是与计算机技术同步发展的，虽然计算机是计算能力的基础，但计算机的发展并不等同于计算能力的发展，算法和相关软件在其中也扮演重要角色。因此，超级计算通常是指超级计算机及其有效应用的总称。

从全球范围看，超级计算机已经成为发达国家竞相发展的重点，并推动人类社会计算能力不断突破。就具体的超级计算机技术指标而言，一是计算机的运算速度达到了平均每秒 1 000 万次以上，二是存储容量在 1 000 万位以上。如美国的 ILLIAC-Ⅳ（计算机型号）、日本的 NEC（计算机品牌）、欧洲的尤金、中国的“银河”计算机。同时，随着计算科技的不断发展，人类在不断挑战计算极限，特别是量子计算的出现，计算速度的纪录不断刷新，从每秒万亿次到每秒亿亿次。

量子计算机是一类遵循量子力学规律进行高速数学和逻辑运算、存储及处理量子信息的物理装置。当某个装置处理和计算的是量子信息，运行的是量子算法时，它就是量子计算机，量子计算机的概念源于对可逆计算机的研究，研究可逆计算机的目的是解决计算机中的能耗问题。如果能将量子处理器的错误率控制在足够低的水平，就能超越传统硅基计算机，实现“量子霸权”。

面向未来，特别是数字化社会的背景下，计算能力，包括超级计算和量子计算的能力，已不仅仅是一个简单的技术范畴。计算能力的提升，改变的不仅是计算速度本身，而是人类对世界的认知、掌握和利用，让许多学科能够实现突破性进步，如在基础物理、地理、气象、分子生物学、人工智能、材料科学等领域，最终目的是不断探究世界的真相。如日本 1992 年启动的超级计算项目，就命名为“真实世界计算”（RWC）计划，旨在模仿人类大脑，探索、了解并处理真实世界中那些模糊的、复杂的、不确定的信息，形成信息处理新范式。可以大胆地推测，未来通过各种感测技术，包括地球“微表情”捕捉技术，可以获取更多信息，并据此建模，依托超级计算能力分析和研判地球内部的变化，以此对地震风险开展更科学的预测和预报。

八、终极思考：从预测到预知

无论是大数据还是认知科学，均揭示了一个基本事实：人类将进入基于数据和算法的真相时代。这个时代的最大特点是：不断接近真相。保险存在的一个重要逻辑基础是：不明真相。因此，需要通过基于大数的预测，管理和稳定风险、损失和不确定性。随着“真相时代”的到来，人们可以在一定程度上“预知”未来，不断拷问保险存在的基础，即当未来是已知的，那么保险还保什么、怎么保？

首先，需要回到保险的出发点，重新思考保险预测（精算）问题。保险预测（精算）的逻辑基础是“前信任”模式，即收费在前，赔付在后，因此，需要通过精算，解决（前）定价问题，即如何收费，同时解决基于这种定价模式下的准备金管理问题。当传统保险遇到“预知”的挑战时，就事论事是找不到出路的，需要从根本上反思“前信任”模式的时代合理性。在科技赋能的背景下，保险将回归互助，重回“后信任”模式，即一种事后分摊机制，那么预测（精算）就不再重要。

其次，要认识到“预知”是有限和局限的，从理论上讲，极其数，遂定天下之象。但从实际上看，这只是一种逻辑与可能。因为，“极”是一个抽象和绝对的概念，没有标准，更没有答案。同时，面对自然，人类最需要的是敬畏心，因为没有绝对的预知。面对未知，人类的“已知”是微不足道的。从这个角度看，需要解决的不是预测和预知问题，而是对于世界的认知、理解和敬畏。

第四节　信用：从中心到算法

一、现代信用制度的反思

社会的不断发展，特别是经济的不断发展，对于信用的需求与日俱增，传统的建立在人与人之间的信用显然无法满足需要。于是，就出现了各种信用中介，开始是“保人”，后来是企业，再后来是银行，还有国家。从社会分工的角度看，现代社会主要还是由商业银行扮演信用中介的角色，慢慢地人们就接受了，并认为这是天经地义的。

随着互联网时代的到来，首先受到挑战的是商业银行作为信用中介存在的合理性和必要性，简单地说，就是“利差”的合理性。就传统意义而言，人们不可能实现借贷双方的自主结合，或者说实现的效率太低，因此，不得不依赖银行。但在互联网时代，“天涯若比邻”已不再是一种奢望，相逢、相识、相知和相交已不再是一件难事，沟通、交流，乃至资金融通也不是不可能的事。因此，未来的资金融通也许就不再需要掮客，至少不需要这么贵的掮客。

于是，“脱媒”的呼声渐高，许多互联网企业看到了商机，通过各种技术手段，实现对传统金融业务模式的“蚕食”，因此出现了P2P（点对点网络借款）和众筹等模式。当然，这种模式肯定是有风险的，但如果是两相情愿，并且在融资价格中包含了风险对价，那么从交易主体的角度看，就是没有风险的，或是可接受的。当互联网重新定义和结构“债权债务网”的时候，“点对点”的匹配与对冲也许是未来金融经营的一个重要形态。

二、区块链：重构信用

随着社会的发展，特别是以互联网为代表的科技进步，传统的信任体系面临的问题越来越突出，并受到了越来越多的诟病，其中最突出的是这种信任体系的运营成本过高，效率相对较低，同时，还面临着使用不方便的问题，更重要的是这种信任体系背后的一整套规则导致了社会的不公平，如在一些发达国家许多中低收入的人无法取得社会信任，进而无法获得诸如信用卡和银行贷款等服务。从技术的角度看，这种信任体系的客观性和可靠性也备受质疑，还面临着信任被盗用和冒用的风险。尽管如此，因为别无他选，人们不得不“委曲求全”。

科技的进步，尤其是区块链的出现，给了人们突破传统信任困境以一种全新的视角和可能，通过技术和结构的安排，能够构建一种更加公平、刚性和高效的信任体系，这种信任体系的核心是计算，在相关信息的基础上，按照共同的规则，通过计算完成评估，继而形成信任判断，因此，这种信任也被称为算法信任，或是机器信任。这种信任体系能够最大限度地降低人为干扰，形成一种更具公信力的体系。它将从根本上挑战甚至颠覆传统的信任体系，在一个去中心化的智能合约世界里，新信任体系将“不偏不倚”地存在于分布式算法中，为人类社会开启信任的理想时代。

保险是一个以信用为基础的行业，保险合同属于射幸合同，其对于信任的依赖是“与生俱来”的。因此，信用是保险经营的重要基础，同时，“最大诚信原则”是保险经营的重要前提，更是保险制度社会效率的基础保证。区块链提供的算法信任，不仅给社会信任体系的重构以可能，也给了保险经营管理模式，乃至整个业态的存在以新挑战和新机遇。

面向未来，保险业需要回到起点，以区块链思维重新认识保险的本源、诉求和逻辑，利用算法提供信任的可能，结合互联网和大数据等技术，重新思考风险、不确定性和互助等一系列基础命题，从更加公平和高效的视角，思考在重构信任的背景下，如何实现保险的“再存在”。

三、自然（算法）信用

一直以来，人类社会依靠的是社会信用，是基于社会（中介）制度构建的信用，区块链之所以能够重构信任，是因为它基于其独特的“算法（机器/计算）信任”的功能，这种功能是建立在全网共识机制基础上的，被认为是一种自然信用，它的最大特点是不再依赖于中介或者第三方的背书。

区块链记录信息，需要所有网络节点或节点代表达成共识并进行确认，一旦生成将永久记录，连续可追溯，并且无法篡改。任何个别协作节点，未经全网共识确认形成一致的信息记录或更改都不会被认可，亦不会被记录在区块链上，从而保证了基于全网共识的刚性信用与自动化信任。因此，区块链通过构建 P2P 自组织网络、时间有序、不可篡改的加密账本、分布式共识机制，实现不依赖于特定中心信任的全网记账，共同公证，创造基于计算机算法，而不依赖第三方的信任机制。

这种信任的基础是基于统一信息和统一算法，继而得出对信用的评估结论。同时，这种信用不仅不依靠第三方的存在，也不依赖有形的中心存在，而是通过“节点”的方式广泛和共同存在。因此，这种信用既具有自信用的特征，又具有公信用的特征。这种信用体系超越了传统和常规意义上需要依赖第三方的信息验证模式，将大幅度降低信用的建立和维护成本。

四、从“前信任”到“后信任”

信任是保险（互助）存在的基础。最初的人类社会互助建立在一定的社会组织和人际关系基础上，如部落、公社、家庭和城邦，这种互助模式具有天然的信任基础，不仅有人与人的关系保证，更有组织约束的存在。但在现代社会，特别是市场经济制度环境下构建保险（互助）就面临着信任及其刚性约束问题。

从保险（互助）制度设计的角度看，信任可以分为“前信任”与“后信任”两种。传统的互助是采用“后信任”模式，即每一个参与互助的成员无须事先支付保费，只是通过某种有形或无形的方式，承诺事后参与损失分摊。商业保险制度则是采用“前信任”模式，即投保人需通过事前签订保险合同并支付保费的方式，构成对互助分摊的承诺，从而获得参与互助的资格以及自身的损失补偿的确定。

在市场经济条件下，商业保险制度采用“前信任”模式，目的是确保作为射幸合同履行的刚性。但与此同时，也带来了效率问题，即制度的运行成本较高。互联网时代的到来，尤其是区块链技术的应用，给了人们反思和提升效率以机会，即区块链给了在市场经济条件下构建“后信任”体系以可能。因此，人们有理由相信：在区块链技术的支持下，将迎来相互保险 2.0 时代。

第二章

社会进步：科学发展

第一节　可持续发展：理性与科学

一、社会发展理念的进步

改革开放以来，我国社会和经济发展取得了举世瞩目的成就，但同时也面临着许多问题和挑战。这些问题和挑战集中体现是：如何在资源、环境等自然禀赋约束下，在人口红利消失后，在新风险挑战下，实现社会和经济可持续发展。为此，我国提出了科学发展观。科学发展观的第一要义是发展，核心是以人为本，基本要求是全面协调可持续性，根本方法是统筹兼顾。在科学发展观的基础上，党的十九大进一步明确指出，我国经济已由高速增长阶段转向高质量发展阶段，提出了创新、协调、绿色、开放、共享的发展理念。

保险是实现协调、和谐与平衡的现代社会管理的制度安排，其根本诉求、作用和价值就在于满足与服务可持续发展。保险的“可持续逻辑”是沿着空间和时间展开的。前者表现为互助，即“他助”；后者表现为跨期安排，即“自助”。同时，保险作为现代社会市场化的风险管理与融资机制，为保障国民经济运行，为个人（家庭）生活、企业生产保驾护航，通过经济手段化解社会矛盾和纠纷，提升公共管理效率和水平，是保障和推动社会可持续发展的重要力量。

协调的本质是平衡和处理关系，这恰恰是保险的基本功能。一是人境关系，即人与自然环境的关系。通过保险能够建立环境有偿使用模式，强化环境成本意识，有效保护环境，实现可持续发展。责任保险，特别是环境责任保险，不仅能够强化环境成本和补偿意识，同时，通过奖惩费率机制，能强化外部干预与管理，加强社会监督，分担行政管理。二是人际关系，即人与人的关系，包括个体与群体的关系。和谐人际关系是保险的主要职能，具体表现为互助。矛盾和冲突更多地体现在损失赔偿，保险是过失救济的制度安排，能够化解纷争。公平是人际关系的核心，保险是实现公平的市场手段之一。三是代际关系，即当代与后代、当期与后期的关系。养老保险和长期护理保险是典型的“自助型”跨期安排，能够有效弥补社会保障制度的不足，保持社会的和谐与稳定。巨灾保险通过跨期积累，能够有效缓冲对当期（财政）的冲击，有利于平稳发展，确保可持续。四是区际关系，即区域之间的关系。区域发展不平衡背后存在不公平，通过保险可以实现科学、公平与合理的区际关系。

面向未来，保险在助力科学发展理念实现的过程中，能够发挥更加积极和重要的作用，除了传统的保险业务之外，就社会管理而言，韧性管理将成为社会管理，尤其是自然灾害风险管理的重要理念与路径。就组织和企业而言，营业中断保险和商业可持续计划将成为重要的工具和解决方案。就个人和家庭而言，生活方式保护保险将成为“一揽子”保护计划，继而提供一种更加明确预期的全面保障。

二、可持续发展理论

可持续发展理论的提出是基于人类社会对过去 100 年发展模式的深刻反思，核心是关注并解决代际关系，既能满足当代人的需要，又不对后代满足其需要的能力构成危害的发展。从本质上看，“可持续”是一种关系的和谐与利益的平衡。在空间上，包括人与自然、人与环境的和谐平衡，个体与集体的和谐平衡，区域发展的和谐平衡；在时间上，包括代际平衡、跨期平衡等。因此，可持续发展就是建立在社会、经济、人口、资源、环境相互协调和共同发展基础上的一种发展，保险的基本属性和核心诉求也是可持续发展，与可持续发展理论可谓不谋而合。从传统文化的视角看，居安思危、防患未然、以丰补歉、耕三余一、同舟共济、成人达己等保险思想，均体现了可持续发展理念。保险作为现代社会市场化的风险管理机制，具有经济补偿、社会管理、资金融通的功能，能够保障国民经济正常运行，为个人生活、企业生产保驾护航，通过经济手段化解社会矛盾和纠纷，帮助提升公共管理效率和水平，最终实现社会和经济的可持续发展。

面向未来，可持续发展是社会和经济发展的主基调，保险是可持续发展理论的重要组成，是可持续发展理论的具体体现和实现形式，是社会推动可持续发展的同盟军。一方面要更好地将保险嵌入可持续发展体系和计划中，为保险作用的发挥奠定制度基础。另一方面要充分利用保险的正外部性特征，形成一种市场化的管理、调整和约束机制，推动可持续发展理论和实践的落地。同时，保险需要突破传统思维定式，以更广的视野、更解放的思想、更根本的创新为可持续发展提供支持与服务。

三、韧性管理

自人类社会出现以来，自然灾害始终是威胁社会安全与发展的重要因素。从某种意义上讲，人类社会发展的历史就是与自然灾害抗争的历史。但一直以来，人类对于自然灾害的基本态度是以“对立”作为主旋律的，包括“防止”“抵御”“减少”等概念，在我国更有“人定胜天”的理念作为支撑。这种灾害管理的理念能够很好地调动人的主观能动性，通过各种手段减少自然灾害导致的损失。但这也面临着挑战：一是在一些自然灾害面前，人的能力和作为是相对有限的；二是社会往往为此付出了巨大的代价，从社会总效率的角度看，这种做法值得商榷。

随着社会的不断发展，人们渐渐认识到：简单“对立”的思维方式，既缺乏理性，更少了智慧。人应当学会与自然灾害相处，即更多地采用包容的态度。这种态度的变化，一方面体现了对大自然的敬畏，另一方面体现了更加理性的灾害管理理念。在这一背景下，首先是“海绵城市”概念的提出。“海绵城市”更多是从水管理的视角出发，希望赋予城市以“海绵”的属性。其次是在“海绵城市”的基础上，进化出“韧性城市”的概念。“韧性”不仅包含“海绵”的概念，也在广度和深度上均有了进一步的扩充和深化。

“韧性”有不同的解释，就灾害管理学的视角看，“韧性”是指一个地方（城市和社区）在没有得到外部大量援助的情况下，能够经受住极端的自然事件影响，而不会遭到毁灭性的损失、伤害、生产力下降或是生活质量下降。因此，“韧性”还包含“弹性”和“刚韧”的概念。弹性，主要是指吸收与恢复。刚韧，主要是指抗压和承受，以及恢复。对“韧性”的相对普遍认识是偏“弹性”的概念，但又要比“弹性”更广泛、丰富和深刻。

“韧性”理念提出的最大贡献与意义在于，人类终于摒弃了与自然灾害“对立”的思维，取而代之的是“共存”思维。即不再简单和绝对地采用与自然灾害对立的思维模式，而是采用理解并接受自然灾害，并且与之和睦相处的思维模式。这种思想和观念的进步，代表的是对自然和规律心存敬畏，摒弃了“人定胜天”的狭隘观念。同时，这种敬畏不是简单、被动和消极的，而是积极、主动和智慧的，用中国传统文化的解读是理解并践行“天人合一”的理念，以包容的态度建立一种与自然灾害共生的管理理念与模式。

无论是从传统文化还是从现代科学发展观的视角看，“韧性城市”理念的提出，对于我国社会和经济发展均具有非常重要的现实意义。一直以来，我国城市建设管理存在的一个突出问题是“任性”，一些地方政府部门在大干快上和急功近利的思潮影响下，往往置客观规律于不顾，从而导致城市的容灾能力严重不足乃至缺失，结果是城市的“小灾大损”问题十分突出，一场暴雨就能够让一座城市陷入混乱，乃至瘫痪。因此，全面导入“韧性城市”理念具有现实意义。

面向未来，在城市建设，特别是城市灾害防范体系建设过程中，要全面推广韧性城市理念，构建有中国特色的韧性城市理论，制定和完善韧性城市的相关规划框架和标准，同时，引入“城市免疫”能力的概念，逐步提升城市的灾害“自愈能力”，从根本上解决我国城市管理中的突出问题，最终实现从“任性”走向“韧性”。

保险无疑是“韧性城市”建设的同盟军，在全面导入“韧性管理”理念的过程中，应当高度重视并发挥保险的作用。因为，从根本上讲，保险本身就是一种社会韧性的制度安排，通过保险的利用、推广和普及，能够提供一种系统性的社会自愈能力。同时，保险业也需要充分认识到“韧性管理”的本质与内涵，发挥保险的正外部性特征，全面融入社会韧性管理中，在推动社会韧性发展的过程中成就保险行业自身的发展。

四、营业中断保险（利润损失保险）

在人类社会发展的初期，人们更多的是关注风险事故导致的直接损失，这种损失往往是直观和明显的。因此，早期的保险也主要是针对直接财产损失的。随着社会的发展与进步，人们渐渐意识到，一次事故不仅会带来直接损失，还会造成间接损失，如企业在恢复期间无法继续生产，就没有了收入来源。同时，为了维护企业运营，还需要支付额外的费用。此外，企业还面临着商业伙伴关系的维护问题。这些间接损失和费用增加可能远远大于直接损失。

为了解决营业中断可能产生的间接损失，主要是费用增加和利润损失风险，营业中断保险（利润损失保险）应运而生。这一保险的初期是以“利润损失”为保障对象的，但企业的经营活动是一个复杂的过程，如果仅仅将“利润损失”作为对象，是难以界定和管理的，因为，企业为了减少利润损失、维护客户关系和市场份额，往往需要采取一些积极干预手段。所以，如果简单地以“利润损失”作为保障对象，显然是不科学的，因此，营业中断保险的概念被提出了。

营业中断保险不仅为风险事故导致营业中断可能产生的收益减少（即利润损失）提供保障，还为费用的增加提供保障。同时，就技术而言，营业中断保险经历了“比例型”“计时型”“销售额型”三个阶段，代表人们对于营业中断风险认识发展的过程，也代表营业中断保险不断完善和成熟的过程。通过不断地发展和完善，营业中断保险已经渗透到各个领域，同时，逐步从附加险的形式发展成为相对独立的险种。

营业中断保险对于全面保障企业经营风险的价值和意义是显而易见的，尽管我国营业中断保险起步较早，但目前仍处于发展的初期，只有国际保险经纪人参与的少数大型跨国企业保险项目中才会安排营业中断保险。究其原因，一方面是社会认知和市场需求方面的原因，另一方面是保险公司技术和服务能力不足的原因，而后者是主要因素。营业中断保险不同于财产损失保险，无论是确定可保利益、制定保险条件，还是确定损失、提供专业服务，均需要大量的企业经营管理，特别是具备财务知识的专门人才，而不同类型的行业和企业，乃至不同的事故，更需要大量相应的知识、技术和经验，这些都是目前我国保险企业所不具备的。因此，大多数保险企业面对庞大的市场需求，只能是望而却步、有心无力。

面向未来，在我国社会和经济的转型升级过程中，持续健康发展和永续经营将成为社会发展和企业经营管理的核心诉求，同时，在产业链和生态圈的发展模式下，企业之间的相互依赖关系将更加密切，因此，企业需要更加全面和充分的风险保障和保险服务，营业中断保险将成为一个重要的发展领域。发展营业中断保险不仅需要解决产品和定价问题，更需要解决经营管理的关键能力问题，特别是企业财务管理能力，因为营业中断保险不仅要为企业提供风险损失的后果管理，更要提供全面和积极的过程管理。

五、商业可持续计划

商业可持续计划亦称“业务连续性”和“可持续计划”，是指通过全面的管理流程，识别威胁机构的潜在影响，提供可以增强业务复原能力和有效反应能力的框架，保护组织关键利益相关者的利益、机构的声誉、品牌和价值创造活动。商业可持续计划正引起越来越多政府部门的重视，其范围也从企业管理逐步上升到了社会治理，成为社会的普遍共识和一致行动。

人们关注商业可持续计划背后的根本原因是商业环境的脆弱性加大，尤其是在全球化的大背景下，企业、地区和国家之间的联系日益密切且至关重要。因此，在一些重大事件面前，一家企业，甚至是一个国家往往难以独善其身。同时，这种不利影响还容易产生连锁效应，一旦本国的一家企业受影响，与其相关的上下游企业也将受到连累，继而对社会，特别是税收和就业产生不利影响。这正是许多国家从政府层面高度重视，并大力推动相关工作的原因。

业务连续性管理不仅是一个项目，更是一种企业管理文化，要求机构的所有成员持续地努力，建立起能够迅速复原的业务流程。业务连续性管理是一个把风险管理的各个要素和相关学科结合起来的框架，最终形成落实于具体行动的文件，也就是商业可持续计划。要注意业务连续性管理和制订商业可持续计划的区别。制订业务连续性计划仅仅是业务连续性管理的一个要素。商业可持续计划是在信息收集和风险评估的基础上制订出来的，并且向关键人员分配职责，由他们依据具体目标制定复原策略。很多机构都没有认识到实际上在制订商业可持续计划之前就需要做大量的工作。

业务连续性管理最理想的状态是“为业务迅速复原能力而设计”，也就是机构已经把业务连续性管理完全内化，在进行新产品、新服务和新市场开发等战略决策的时候，就能着眼于确保关键流程迅速复原的能力。业务连续性管理不应该是最后一刻才想到的事，而应该是在整个进程中每一步都慎重考虑的问题。因此，需要经常和客户一起共同开发包括分析、规划和执行的一套周而复始的方案，包括企业战略、企业文化、对企业业务的深入理解、业务连续性策略制定、业务连续性策略的执行和维持业务连续性。

在灾害袭击的情况下，用来确保产品和服务正常交付的策略必须在三个层面上加以分析：企业总部、流程和资源。这样做可以确保所选择的反应策略使整个企业受益，并且从企业能力和人力、物力方面看都是切实可行的。这些策略通常可以分为三种类型：保护、减弱和加速。保护策略的目的是降低意外事件的概率和规模，减弱策略试图降低意外事件的影响，加速策略追求的是缩短受影响的流程恢复的时间。

面向未来，将有越来越多的企业认识到成为“百年老店”比成为“世界五百强”更重要，也更现实。因此，“商业可持续”很重要，因为，这是成为百年老店的基础和前提。就大多数企业而言，保险的核心诉求就是让企业面对自然灾害和意外事故时，不至于营业中断，能够持续经营。但就目前我国保险业的情况而言，仍难以承担确保企业可持续经营与发展的任务。因此，需要从经营理念、产品设计和商业模式等方面开展全面和系统创新，使保险成为社会、经济和企业可持续发展的重要基础和保障。

六、生活方式保护保险

生活方式保护保险是承保被保险人由于意外事故、疾病、失能和非自愿失业而不能工作，可能导致其生活方式或生活水平改变的风险。这种保险的一个前提条件是被保险人存在信用消费，一旦保险事故发生，将导致其无法按期偿还贷款，因而对其生活产生不利影响。

对被保险人而言，安排这种保险的好处在于：第一，一旦发生保险事故，能为被保险人的资产提供安全保障；第二，有利于被保险人掌控债务，继而更好地进行财务和人生规划；第三，确保在保险事故发生之后，被保险人能集中精力恢复健康，或找到一份新工作，免除归还欠款或月供的压力；第四，能够帮助被保险人维护良好的信用记录。

生活方式保护保险的产品主要是与相关的信用消费配合的，其保险责任主要是指由于被保险人非自愿失业、临时残疾、死亡、永久失能或重大疾病导致其无法偿还住房抵押贷款、消费贷款、信用卡或其他债务的余额或一些分期付款额，由保险公司负责偿还。具体有：第一，住房抵押贷款支付保护保险，主要是为住房按揭借款人（被保险人）归还月供的保险；第二，个人消费贷款支付保护保险，主要是为个人消费贷款借款人（被保险人）归还个人贷款债务提供的保险；第三，汽车贷款支付保护保险，主要是为购买汽车借款人（被保险人）归还汽车贷款债务余额提供的保险；第四，商业贷款支付保护保险，主要是为商业贷款借款人（被保险人）归还商业贷款提供的保险；第五，信用卡和透支支付保护保险，主要是为约定的循环信用账户或信用卡消费归还所欠账项提供的保险。通常生活方式保护保险是由金融机构代理销售的，属于“场景业务”，即金融机构在开展相关个人消费信贷业务的过程中，引导或要求借款人办理。

面向未来，生活方式保护保险的概念不应仅局限在以信用消费作为前提和对象，而应当是相对抽象和笼统的概念，即在社会保障的基础上，为被保险人提供一种补充性质的更加综合、全面和充分的保障，即由于各种非主观和非自愿的因素，为被保险人及其家庭既有的生活方式和生活水平无法继续的风险提供保险保障。

第二节　社会与公共管理变革：保险加持

一、公共管理大趋势

人类自从有“社会”的概念之后，就面临着公共管理问题。但在人类发展的相当长时期内，人们对于这个概念的认识是模糊的，甚至是忽视的。早期的公共管理更多是以“统治”和“公共行政”的形式出现的。随着社会的文明与进步，“公共管理”的概念被提出，并越来越受到社会的重视，其中既有“行政”的含义，更提出“管理”的意义，其核心是提升公共管理的效率，确保社会的公平和高效。

在人类社会的发展过程中，公共管理经历了三个发展阶段：第一，政府单一和绝对管理阶段；第二，政府与市场合作的二元结构阶段；第三，政府、市场与社会共同治理阶段。从表面上看，公共管理模式的发展是一种主体结构的变化，但深入分析，不难发现其背后有两个重要因素：一是社会民主和公平的因素，二是社会管理效率的因素。

面向未来，公共管理发展的大趋势是从一种简单的“管理”逐步进化为“治理”，这种变化的最大特点在于改变传统的单一视角和思维模式，逐步走向一种广泛参与的系统、综合和融合模式，将政府定位为一个参与者、组织者和协调人的身份，广泛运用政治、经济、管理、法律和市场的方法，调动和整合社会的各种力量，强化政府的公共治理能力，提升政府绩效和公共服务品质，实现公共福利与公共利益的最大化。

在公共管理的发展过程中，“交易成本”是一个重要的评价指标，并逐步演化为“行政绩效”的概念。因此，如何提高管理的总效率，一直是各国追求的目标，将市场机制和自治机制引入是一个基本取向和趋势。从市场机制的角度看，提出了“行政企业家”的概念，希望政府部门的管理者能够像企业家一样关注管理的效率。同时，更多地调动和利用市场和社会的力量介入和参与公共管理也是一条基本路径。

面向未来，从社会自治机制的视角看，我国提出了共建、共治和共享的思路，希望全社会，包括每一个个体能够积极参与社会治理，形成一种自我规范和约束机制，提高社会治理社会化、法治化、智能化、专业化水平。在这个过程中，保险能够发挥独特的作用，因为保险的社会和管理属性是与生俱来的，能够成为实现自治的平台和途径。在我国实现社会治理现代化的过程中，应当更多地发挥保险的作用，将保险嵌入社会治理体系，继而实现治理能力的现代化。

二、贝克的“风险社会理论”

乌尔里希·贝克是德国著名的社会学家和哲学家，长期从事社会发展与管理问题研究，著有《风险社会》《世界风险社会》等，提出了“风险社会理论”。贝克认为，导致风险社会的根本原因有三个：一是科学技术的迅速发展带来的不确定性，引起了技术统治和安全保障危机；二是现代民族国家社会管理的失败，造成了集体的有组织不负责任；三是全球化时代信息和网络的迅猛扩张，产生了全球风险意识。

贝克的“风险社会理论”对于当代社会的最大贡献在于用现代社会发展和社会集体的视角看风险的发展与特征，让人们清醒地认识到，随着社会的发展，特别是科技和全球化的发展，社会风险的总体暴露情况加大。而且，这种风险可能产生的威胁和影响是集体性的，如气候变化和环境风险，因此，需要以人类社会的集体视角去观察、管理和减少风险。

面向未来，无论是现代化还是全球化，我国都将面临一个更加复杂的系统环境，风险和不确定性将成为关键词和主旋律，“风险社会”不请自来，而风险与收益、风险与创新总是表现为一体两面。因此，管理风险、解决好不确定性就成为社会进步和经济发展的前提和基础。就现代社会管理而言，基于社会视角的风险治理，才是解决问题的根本之道。因此，需要建立有中国特色的社会风险治理理论，并开展创新实践。

三、埃瓦尔德的“保险型社会”

法国历史学家、哲学家、保险学者弗朗索瓦·埃瓦尔德在1986年提出了保险型社会理论，并将其定义为一种广义的社会转型。这是西方国家在将风险和安全问题提升到公共生活核心后，从社会意识的变化影响社会生产和生活方式的改变的视角出发，进而推动重新调整社会组织构成和目标的广义社会转型。

埃瓦尔德认为，随着保险的普及化，保险以经济契约关系重组社会间人与人原本较为孤立的相互关系，因而预示着社会联结本质发生根本性转变。当保险型社会的保障因素无形、广泛地渗透到人们的生产和生活中时，人们就开始将它视作社会生活的基础，并最终成为新形态社会中社会正义的重要基石。

埃瓦尔德认为，在保险型社会中，事物是从风险概念角度被理解的，绝大多数事物以货币衡量价值，并且通过对事件概率的计算，对风险种类的细分，世界成为数学化和分类化的世界。保险型社会的结构对个体基本不造成影响，因为保险精算是以人群总体为目标对象的，并不以个体为目标。另外，过去的社会组织形式，如家庭、教会或工会高度依赖于道德，而保险型社会则以经济制度，而非道德规范为基础，相比过去的组织更少地依赖于道德。

就现代社会而言，尤其是在我国全面深化改革，推动社会治理体系和能力现代化的背景下，埃瓦尔德的保险型社会理论具有十分重要的现实借鉴意义。埃瓦尔德的核心观点是，保险构成现代社会的真正核心。他认为，当保险从一种经济现象延伸为一种社会范畴，当社会契约成为一种类似保险合同的关系，保险处于现代社会的核心时，社会就迈进现代社会。

面向未来，保险型社会理论仍需要不断发展与完善，因为埃瓦尔德提出的只是一个设想、概念和理论，作为一种大规模社会实践，其系统性和可行性仍面临诸多问题、困难和挑战，需要在完善理论的基础上赋予时代内涵的创新与发展。从本质上看，我国社会制度与保险型社会理论具有“基因型相似”，这是我国开展保险型社会实践的前提与基础。从路径上看，应当将保险型社会理论纳入社会治理体系和能力现代化的框架，将保险嵌入治理体系，特别是公共管理和社会保障体系中，从根本上改变社会治理模式和效率，实现从事后解决向事前安排的过渡，政府从直接提供服务到间接保障功能的根本性转变，在稳定和提高民众预期的同时提高行政绩效。

四、贝克尔的“保险国家”

“保险国家”的概念是美国康涅狄格大学保险法中心主任贝克尔于2002年提出的。贝克尔认为：当未来的历史学家回顾1890—1990年这100年的世界发展和变化时，他们除了会强调内燃机、电话、飞机、核武器、医药和电脑外，还会强调保险。于是，贝克尔在埃瓦尔德的理论基础上，提出了一个略有差异的概念，即“保险国家”。

用福柯的术语来表达，“保险国家”就是一种治理术、一种治理的方式，而不是一套政府机构。在“保险国家”的治理模式下，政府的主要目标是保护公民免受各种风险的侵害。“保险国家”对风险的责任由两部分构成：一是防止风险的伤害；二是当风险的伤害未能得到阻止时，对遭受伤害和损失的个体实行有效补偿。简单地说，就是防止风险发生与有效补偿损失。

贝克尔强调，“保险国家”不是一种组织和结构视角的观察和思考，即不是建立一系列紧密联结并从事明确定义行为的机构，而是实现治理目标和责任的一整套行为和理念，是由广泛和大量的机构发展和实践的，其中许多是政府和官方之外的机构，具体来讲，包括私人保险团体、社会保险管理部门、健康福利信托、市政公共健康部门、风险管理组织，以及任何从事风险预防、风险分散和损失补偿的机构。

贝克尔的“保险国家”理论与保险型社会理论有很大的相似性，并且都是源自福柯的治理术理论，但又有自身的特点，即更加强调保险的治理含义或治理能力。保险，包括社会保险，对避免社会剧烈动荡具有重要作用。虽然贝克尔的“保险国家”理论在系统性和完善性上同样存在不足，但是为深入分析保险与社会治理的相互关系提供了重要的理论佐证。

面向未来，在实现我国社会治理体系和能力现代化的过程中，处理好政府与社会、政府与市场的关系是重点，也是突破点。贝克尔“保险国家”理论的突出贡献有两点。一是提出了社会治理主体多元化的理论，即不再是单一的政府视角，应当将相关社会组织纳入，形成一种综合治理体系。二是不再只是从组织和机构的视角看问题，而是关注功能保障、运行机制和治理理念，形成一种科学和良性发展的治理生态环境。因此，“保险国家”理论对于我国全面深化行政管理体制改革实现治理体系和能力现代化，具有十分重要的现实意义。

五、美国保险型社会的构建与发展

贝克尔的“保险国家”理论提出之后，围绕这一主题，美国的一些学者开展了系统性研究，其中普林斯顿大学历史系讲师霍伦是对美国保险型社会发展进行深入研究的一位年轻学者。2011 年霍伦对第二次世界大战后的美国保险型社会建设进行了细致分析和回顾，并提出欧洲的保险型社会构建是因为社会保障日益受到人们重视。不同于欧洲，美国保险型社会的构建是因为美国社会强调依靠个人，而非依赖政府的社会传统，这是美国保险型社会构建的重要基础和动因。

霍伦回顾了美国社会从不接受保险制度、排斥将金钱与生命健康画等号，到社会充分接受保险、将购买保险视为个人和社会的一种重要责任，同时，精算和统计思想深入社会文化与人心的历史过程。在美国保险型社会的构建过程中，保险在人口减贫、疾病防控等重大社会事件中发挥了重要作用，同时，保险在教育、外交政策、犯罪学和医学等领域的重要性不断上升。

霍伦对第二次世界大战后美国保险型社会的理论和实践，特别是对具体情况进行了全面分析，为保险型社会的研究提供了第一手资料和国际经验支撑。这也再一次表明，保险对于社会的重要影响和深刻意义不应仅仅局限于经济领域，也应将保险作为一个社会范畴加以定位和利用。保险理论研究需要结合多学科视角，以综合治理为路径，从多学科角度提升对保险型社会重要性与保险型社会影响力的认识。

六、我国治理现代化与保险型社会

近年来，我国提出了实现治理体系和治理能力现代化的目标，其中一项重要工作是转变政府职能，从行政价值重塑和制度变革两个层面实现“政府职责再造”。这一改革任务提出的背景，既有全面提升行政效率、推动治理现代化的需要，也有解决行政部门面临相对有限的资源与相对无限的责任之间的矛盾。从资源的视角看，随着经济进入平稳发展阶段，财政收入增长空间有限，同时随着土地财政模式的淡化，收入呈现总体紧缩的态势。从责任的视角看，随着社会的发展，行政部门要完成的工作有增无减，如老龄化社会的养老保障问题，再如精准扶贫、绿色中国和公共安全等。面向未来，可以预见政府财权与事权之间的矛盾会越来越突出，并难以回避。

解决存在问题的根本之道在于全面推进行政管理制度创新，行政管理制度创新在重新定义政府与市场、政府与社会两个关系时，充分发挥市场在资源配置中的决定性作用（见图 2.1），降低制度性交易成本，实现政府行政资源与经济资源优化配置，提高社会的行政管理效率。行政管理体制的改革可以概括为三个诉求：花钱买机制，养事不养人，建立“惠而不费”的管理模式。行政管理体制改革的诉求是明确的，问题是如何实施、怎么落地。

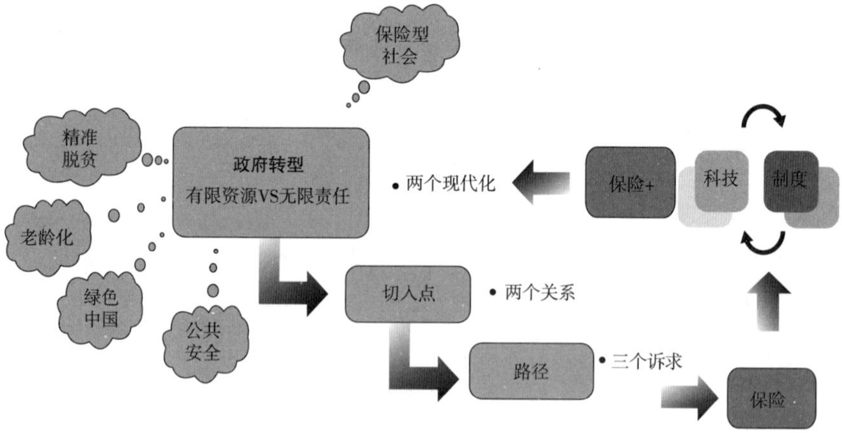

图 2.1　发挥市场在资源配置中的决定性作用

在这个过程中，保险无疑是行政管理体制改革的重要依托和承接平台，原因是大数法则决定了保险具有显著的社会性，这种社会性是与生俱来的，同时，作为市场制度安排，保险的市场性也是不言而喻的。因此，在政府重构与社会和市场的关系过程中，保险将扮演“接手”和“助手”重要角色。就“接手”而言，主要是针对行政管理工作的存量，通过保险制度创新，将以往由政府直接提供的各种社会治理和服务工作，转移给保险，以减少行政负担。就“助手”而言，主要是针对行政管理工作的增量，通过保险制度创新，将新出现的社会治理和服务工作直接交由保险，最终实现“养事不养人”和“花钱买机制”。

保险在承接社会治理和服务工作过程中，不是简单的业务范围拓展，而是在科技赋能的背景下，实现“保险＋”的制度创新，即不仅提供传统的以损失补偿为核心的保险服务，还要以保险为载体，通过导入先进技术，实现制度创新，继而实现对社会风险的全面和有效治理，降低社会风险的总暴露，提高社会治理的总效率，和谐社会关系，保障公共利益，通过对我国保险型社会的探索与实践，为全球的保险型社会理论与实践发展提供“中国经验”。

七、“新举国体制”的思考

在我国公共管理和社会治理，尤其是在重大自然灾害的管理中，一个典型的形式是“举国体制”，即以政府为主体、以财政为支撑的管理体制。“举国”更多地体现在政府和财政上。从历史上看，我国巨灾风险管理，特别是在抢险救灾方面，更多的是以各级政府为主体，以军队、武警和民兵为突击力量的，采用自上而下的纵向模式的灾害管理体制。同时，无论是在抢险救灾的过程中，还是在灾后重建的过程中，均以财政资源作为主要资金来源。在强调政府和财政作用的同时，辅之以社会力量，主要来自一些非政府组织、社会捐助、慈善、公益等。而以保险为主要形式的市场化解决手段发挥的作用甚微，在历次巨灾损失中，商业保险的补偿比例均不足2%。

从历史和客观的视角看，巨灾管理的“举国体制”符合我国国情，其最大优势在于集中力量办大事，高效、快速、大规模地调动公共资源和力量，特别是军队和武装警察的力量，抢险救灾，最大限度地减少伤亡和财产损失，加速灾后重建和生产生活恢复，特别是1998年大洪水和2008年汶川地震的灾后救援和恢复重建，充分证明了“举国体制”的优越性。但是，随着社会的发展与进步，我国巨灾风险管理体制面临着新的问题和挑战。毋庸置疑，我国巨灾风险管理的“举国体制”曾做出独特和积极的历史贡献，功不可没。但面向未来，全面深化行政体制改革的基本原则，是处理好政府与市场、政府与社会的关系，减少政府对微观事务的管理，把能够交给市场管理的职能剥离出去，努力做到不越位、不错位、不缺位。因此，需要对传统的“举国体制”进行系统性反思和完善。

第一，“小政府，大社会”是现代社会发展的基本取向，即合理界定政府职责，原则上能够由市场实现的社会管理职能不应由政府承担。第二，由行政机构负责灾后重建的工作，更多的是采用救灾与救济的模式，这种模式面临的突出问题是行政效率问题。由于缺乏一种内生性制约机制，往往效率不高，同时，还容易出现舞弊和腐败问题。第三，我国灾害救助的一个重要形式是“对口支援”，相当于地区间财富转移支付，这种模式容易产生新的不公平。第四，容易产生银行系统风险问题，通过按揭买房的灾民面临很大的还款压力，城市居民也面临“因灾返贫”的问题。第五，举国体制面临的另一个问题是无形中淡化了国民的风险意识，自觉或不自觉地产生了“等靠要”的依赖思想。

我国现行的灾害管理存在一定的误区，具体表现为以下几点。第一，重灾后抢救重建，轻灾前防灾减灾。由于灾前的防灾减灾缺乏紧迫性和成效性，故长期以来防灾减灾工作得不到真正重视，或流于形式。第二，重工程手段，轻非工程手段。社会资源更多地投入各种防御工程的建设上，提高抵御灾害能力，而对于立法、教育和保险等非工程手段重视和投入不足。第三，重政府和财政，轻市场和社会。从发达国家的先进实践看，除了要发挥政府和财政的作用外，很重要的一项是发挥市场的力量，通过市场机制，分散巨灾损失风险，保证社会和经济稳定。同时，要培育社会自治机制，实现共建共治共享。

除此之外，在过去的很长一段时期内，房地产相关税收和土地出让收入是各地财政收入的主要来源，但随着我国经济进入结构性调整时期，特别是进入经济发展的新常态，以土地收入为主要来源的地方财政面临巨大挑战。我国地方政府将进入“后土地财政”时期，财权与事权不相匹配的情况，可能导致公共产品和服务投入捉襟见肘和难以为继。同时，随着对公共安全管理和公共服务的需求日益增加，政府的工作不但不会减少，反而会继续增长，将对财政造成极大压力，地方政府财权与事权不匹配的矛盾将越发突出。因此，探索公共安全管理的“新举国体制”已成为迫在眉睫的现实任务。

一个基本结论是“举国体制”符合我国的国情，体现了社会主义制度的优势，功不可没。面向未来，特别是用发展的眼光看，“举国体制”也面临与时俱进的任务，即需要赋予“举国”以更广泛的内涵，不仅是举政府和财政之力，同时要更多地调动、利用和发挥社会和市场的力量，尤其是市场在资源配置上的决定性作用，用“社会”解决范围问题，用“市场”解决配置问题，在实现治理体系和能力现代化的同时，打造面向未来的“新举国体制”。

第三节　保险大势：融入并融合

一、审时度势

面向未来，我国保险业面临前所未有的机遇，更面临前所未有的挑战，基本判断是：机遇大，挑战更大。更重要的是：如果不能很好地解决挑战问题，那么再多再大的机遇也是枉然，至少是与你无关的。因此，在这个历史的关口，了解、理解和把握大势就显得十分重要。保险业需要从宏观、中观和微观三个维度对当前和未来的一个时期的形势做深入的研究、分析和思考，审时度势，找准定位，明确方向，清晰路径，确保驾驭大势，乘势而上，顺势而为，在服务小康社会建设和实现民族复兴大业中发挥应有的作用，做出更大的贡献。

从宏观维度看，这是我国社会和经济改革与发展的大势。在全面深化改革，社会和经济转型，尤其是实现治理体系和治理能力现代化这一目标的背景下，保险作为一种市场化的社会管理制度安排，迎来了巨大的发展机遇和空间。但这种发展机遇和空间只是一种可能，也并不是非保险莫属。因此，全面提升能力，尤其是创新发展的能力至关重要。更重要的是以更大的胸怀和视野，提高认识和站位，跳出传统保险思维定式的局限，将保险融入时代发展的大局中，以更大的能力，谋求更大的作为空间，在服务社会和经济发展与进步的同时，实现自身的跨越式发展。

从中观维度看，这是科技创新发展的大势。不同于以往，这个时代科技创新发展的特点是基础性、本质性和迭代性。因此，科技发展产生的能量不仅体现在“量变”层面，更体现在“质变”层面，推动了从量变到质变、从改变到变革、从变革到颠覆的演进。对保险而言，科技发展带来两个方面的影响。一是科技为保险经营管理能力的提升提供了迭代的可能，实现从传统的信息技术向保险科技的转变乃至迭代，这不仅是能力的提升与进步，更是商业模式的根本性改变。二是科技的发展与进步也给许多保险业之外的企业，特别是科技企业参与保险业的发展以可能和机会。有的科技企业扮演技术供应商和合作者的角色，已成为传统保险企业科技创新的同盟军；但有的科技企业则是扮演挑战者和逆袭者的角色，成为传统保险企业的竞争对手。但科技改变传统保险是一个不争的事实，不仅挑战了传统保险的效率和公平，更挑战了传统保险商业模式的合理性。

从微观维度看，保险的范围和边界正面临着相关行业和领域的挑战。从金融的角度看，传统的分业经营模式，无论是理论和制度层面，还是技术和实操层面，都面临着挑战和压力，固守边界的思维难以为继，或被动，或主动，银行、保险和证券均在寻求突破。从扩张的角度看，以财富管理的名义，保险业正不断向外扩张，涉足其他金融领域，谋求泛化式经营。从防守的角度看，其他金融板块对保险也虎视眈眈，如银行和证券纷纷打出“养老金融”的牌，试图涉足泛养老保险领域。从产业链的角度看，相关行业在发展的过程中，纷纷将目光集中到保险，希望依托自身的产业优势，进军保险业。最为典型的场景是汽车金融，在汽车产业转型升级中，大多数汽车制造商和经销商均将汽车金融和汽车保险作为发展的重点，以及业务和盈利的增长点。在这场较量中，传统保险业处于相对劣势，可以说凶多吉少。

面向未来，三个维度的影响是相辅相成的，即社会发展与变革为保险业创新发展提供了外部机遇和舞台，科技进步与发展为保险提高效率、创造价值、更好地融入和服务社会发展与变革提供了可能，但最基础和关键的是保险业自身的定位，核心是“跳出保险看保险”，以一个更高的站位和更广的视角看保险功能与作用，在服务经济社会发展的同时实现自身的发展。

二、社会发展与变革

我国社会和经济发展正处于深刻变革和转型的时期，国家层面提出了全面深化改革的一系列任务，其中一个重要目标就是要实现国家治理体系和治理能力的现代化，而其内涵之一是更好地发挥市场在资源配置中的决定性作用。国家治理从某种意义上讲，就是处理好“两个关系”：一是政府与社会的关系，二是政府与市场的关系。同时，在深化行政体制改革的大背景下，提出了几个重要观点：建立“惠而不费”的社会管理制度，“花钱买机制”“养事不养人”。

从“两个关系”的角度看，保险是社会保险基金的管理者，是全体被保险人的当然代表，其社会性是与生俱来的。同时，保险是现代经济制度的产物，其市场性也是显而易见的。保险业这种突出的双重属性决定了它与政府行政体制改革的逻辑有很好的交集，能够成为政府治理国家和管理社会的天然助手。在未来行政体制改革的过程中，保险必须积极地参与这种关系的调整，而调整的实质是事权的再分配。保险业应认真研究社会治理，特别是社会保障和公共安全管理的现状与需求，认清政府的职责边界在哪里，保险业能够承接的区域是什么，继而发挥好接手的作用。

从“花钱买机制”的角度看，政府的思路已明确，要让人更多地剥离行政管理职责，而且是花钱剥离，政府将从直接提供公共服务产品逐步过渡到调控保障公共服务功能，最终是“养事不养人”，这无疑是保险业发展的巨大红利。但要把可能变为现实，保险业需要回答两个问题：一是“能不能”，二是“贵不贵”。“能不能”是面对这些任务，保险业能否承担，以及能否很好地承担。“贵不贵”是行业的效率问题，行业应当从战略的高度及行业生存的角度看效率问题，否则就难以满足“惠而不费”的要求，所以能力至关重要。从我国社会变革与发展的形势看，在全面深化改革的大背景下，社会保障体系与公共安全管理是未来保险需要高度关注的领域。

社会保障体系包括养老和医疗两大范畴，我国将进入老龄化社会是一个不争的事实，而我国社会保障的“三支柱”体系仍不完善，无论是传统社会保障体系的市场化运作，如大病保险，还是企业年金和商业养老保险的发展与完善，均为保险业的发展提供了巨大的发展空间。我国医疗体制存在的矛盾和问题也是显而易见的，解决之道在于更好地发挥市场在资源配置中的决定作用。保险，特别是健康保险，作为一种市场化的制度安排，与卫生医疗事业密切相关。一方面能够为我国医疗体制改革起到外部的促进和推动作用，另一方面也能够为保险业自身的发展迎来一个历史性的机遇。

就公共安全管理而言，随着我国全面深化行政体制改革，政府要从社会管理产品的提供者逐步过渡到社会管理功能的保障者和协调者。一方面是随着社会的发展，公共管理的事务会越来越多。而且，要求的标准也会越来越高，政府，特别是财政面临巨大压力，因此，需要更多地发挥社会和市场的力量，承担社会管理，特别是公共安全管理的职责。另一方面是随着社会的进步，要更多地发挥社会自律和自治的力量，保险都是最佳的实现手段，通过制度设计，全面导入保险的“正外部性”功能，建立一种市场化的管理机制，并形成良性循环。

无论是从保险制度的本质特征看，还是从社会治理现代化的发展趋势看，保险已经成为各国在推动国家治理体系和治理能力现代化过程中的重要力量，并形成了重要共识。一是保险的社会性和正外部性特征，决定了其与社会治理具有内在的基因型联系，是政府行政管理的天然助手。二是保险具有放大和平滑效应，不仅能够放大公共资源的救灾效果，更能够平滑灾害损失可能对当期财政预算产生的影响。三是利用保险制度，能够将社会成员之间相对松散的关系紧密地联系起来，形成自治与互助机制。四是保险可以将灾害的事后和不确定的社会救助和补偿机制转化为事前和确定的保险赔偿机制，明确人们的预期。五是作为市场经济制度，保险具有专业和资源优势，并且更不容易发生道德风险和舞弊等问题，社会灾害管理的效率会更高。六是通过保险能够推动和强化人们的自我风险管理意识，发挥风险管理的主观能动性，减少对社会和政府的依赖，降低社会风险暴露水平，提高社会风险管理的总效率。

三、行业定位与任务："新国十条"

2014 年 8 月，国务院颁布了《关于加快发展现代保险服务业的若干意见》，这是继 2006 年颁布"国十条"之后，国务院再次以"顶层设计"的形式，对我国保险业的改革发展进行全面部署，被保险业称为"新国十条"，并成为国家和行业两个层面的纲领性文件。

"新国十条"的最大特点是面向全新的历史时期，从全局的视角去看保险业的发展问题，即从全面深化改革、完善国家治理、经济社会发展的角度看保险业的发展问题，特别是如何发挥保险的作用，以及如何与各个领域的改革和发展实现互动，在实现改革总体目标的同时，实现保险业自身的发展与现代化。"新国十条"提出的一个重要命题是要把发展现代保险服务业放在经济社会工作整体布局中统筹考虑。

第一，较好地解决了保险的定位问题。因为，有位才能够有为。"新国十条"明确指出，保险是现代经济的重要产业和风险管理的基本手段，是社会文明水平、经济发达程度、社会治理能力的重要标志。

第二，明确了保险的作用，指出发展保险业对完善现代金融体系、带动社会就业、促进经济提质增效升级、创新社会治理方式、保障社会稳定运行、提升社会安全感、提高人民群众生活质量具有重要意义。

第三，明确了保险的五大角色：一是完善金融体系的支柱力量，二是改善民生保障的有力支撑，三是创新社会管理的有效机制，四是促进经济提质增效升级的高效引擎，五是转变政府职能的重要抓手。

第四，明确了保险发展的大目标：到 2020 年，基本建成保障全面、功能完善、安全稳健、诚信规范，具有较强服务能力、创新能力和国际竞争力，与我国经济社会发展需求相适应的现代保险服务业，努力由保险大国向保险强国转变。

第五，明确了保险作用的三个目标：一是成为政府、企业、居民风险管理和财富管理的基本手段，二是成为提高保障水平和保障质量的重要渠道，三是成为政府改进公共服务、加强社会管理的有效工具。

除了在顶层设计层面的原则规定外，“新国十条”还在完善多层次社会保障体系、完善社会治理体系、促进经济提质增效升级、全面提升行业发展水平和优化保险业发展环境等方面提出了具体的要求和任务。关键是这些任务是从国家层面提出并明确的，因此，它势必会纳入国家全面深化改革的大局，将建设保险强国从行业意愿上升为国家意志，其重要意义和作用是不言而喻的，这势必为行业的发展奠定广泛和坚实的基础。

四、行业定位与任务：保险“十三五”规划

2016 年原中国保监会颁布了《中国保险业发展“十三五”规划纲要》（以下简称《规划纲要》），这是在国家“十三五”规划确立的基本框架下，结合行业实际的具体落实，是指导我国保险业改革创新的行动纲领。《规划纲要》明确指出：到 2020 年，基本建成保障全面、功能完善、安全稳健、诚信规范，具有较强服务能力、创新能力和国际竞争力，与我国经济社会发展需求相适应的现代保险服务业，努力由保险大国向保险强国转变，使保险成为政府、企业、居民风险管理和财富管理的基本手段，成为提高保障水平和保障质量的重要渠道，成为政府改进公共服务、加强社会治理和

推进金融扶贫的有效工具，从而让我国保险业在世界保险市场的地位进一步提升。

《规划纲要》有别于以往任何一个“五年计划”，因为这不仅是一个机遇与挑战复杂并存的时期，更是一个充满矛盾和未知的时期，所以，无论是企业还是行业，均应当清醒地认识到：机遇只是一种可能、一种相对，而挑战则是一种必然、一种绝对。能否把握机遇的重要前提是能否审时度势、与时俱进，充分运用新理念、新思维和新技术，从容面对挑战，尤其是创造性地化解复杂矛盾，战略性驾驭未知的能力。

保险业在“十三五”期间仍处于“黄金机遇期”，但与此同时，也面临着严峻的挑战。从表面看，这种挑战主要来自外部，有全球政治和经济的动荡与交错，以及全球化带来的深刻影响，同时，更有国内社会和经济层面的“三期叠加”，面临适应经济新常态的任务。但从根本看，所有的挑战均可以归结为行业观念和能力问题，即行业自身服务社会转型和创新发展模式的能力，而比能力更重要的是认识和观念，是宗旨与立场。

面对复杂的内外部环境，保险业要做到不辱使命，实现跨越式发展，关键是要解决好审时度势的问题。“明者因时而变，知者随事而制。”行业需要就面临的形势和任务做一个系统和科学的分析，有一个客观和清醒的认识，尤其是要学会“跳出保险看保险”，核心是把握好主要矛盾，统筹协调，求真务实地解决好主要矛盾。为此，“十三五”规划明确要以供给侧结构性改革为主线，展开并实现各项任务。

要把握供给侧结构性改革的主线，关键是解决好对“供给”与“结构”这两个关键词的认识问题。一是理解什么是保险的“供给”问题，为什么说“供给”是主要矛盾，解决“供给”的关键是什么。二是理解什么是发展的“结构”矛盾，“结构性”改革的含义是什么，行业应当如何实现“结构性改革”。这些均涉及基础理念和基本逻辑，乃至宗旨和立场。因此，解决好这些主要矛盾和主要方面是前提，更是保证。

能力建设的重要前提是对行业能力内涵与外延的再认识。传统的管理、技术、营销和监管能力的概念固然重要，但面向“十三五”，“跨界”和“融合”将成为行业能力的新要素。随着社会和科技的发展，任何一个行业均不可能独立存在和发展，所以跨界就成为一种基本能力，整合与协同是基本方法。同时，融合将成为创新的重要途径和形式，而信息和知识的融合是前提。因此,比培养复合型人才更重要的是建设涵养复合能力的体制机制。而作为前提和关键，只有跨越传统观念的“界”，才能够实现“融”的价值创造。

第三章

理论重构：时过境迁

第一节　保险理论重构的思考

一、重构保险理论的时代背景

理论，顾名思义是人类对事物的认识、理解与论述，是一种专业知识与智力成果，具有普遍适用性、指导性和稳定性。同时，理论源于实践，没有实践，就没有理论。理论指导实践，离开了理论的实践，是盲目的实践。此外，理论不是一成不变的，随着时代进步、环境变化、能力提升和探索实践，理论面临着与时俱进乃至重构的挑战。保险理论也面临着基础环境变化带来“与时俱进”的任务与挑战，需要在把握根本和联系实际的基础上，全面梳理、反思并重构。

首先是科技进步带来的变化。这种变化集中体现在科技赋能，即科技进步全面提升了人类的能力，不仅改变了对时空认知与利用的能力，更改变了对风险认知与管理的能力，继而改变了传统保险理论的基础与环境。具体而言，科技发展与进步可归结为三大能力的提升，即更加透彻的感知、更加全面的互联互通、更加深入的智能化。这三大能力的提升，将深刻地影响并改变保险理论的基础和根本，包括风险、预测、集合和信用等。一是更加透彻的感知。数字化发展的大趋势将从根本上改变传统的风险认知技术，包括保险精算的基础与环境，重新定义“不确定性”，并逐步从预测走到预知。二是更加全面的互联互通。互联网、移动互联网和物联网不仅从根本上改变保险集合的效率，更创造无限的可能，如碎片化、场景化和个性化的产品创新，更使保险从“被集合”走向“自集合”。三是更加深入的智能化。大数据和人工智能将重新定义风险，特别是“可保风险”的概念和范围，为风险管理提供了新技术、新可能和新思路。同时，区块链技术打造的“自然信任”模式，将重构保险的信用环境，不仅能提高效率，更能体现公平。此外，在信用重构背景下，保险将实现从“前信任”向“后信任”模式的进化，并迎来相互保险的2.0时代。

其次是社会变革带来的变化。这种变化集中体现在范围赋能，即在社会发展与进步过程中，将部分社会管理的职责，通过市场化的制度安排，由保险承接并完成，进一步提高社会管理的总效率。具体而言，随着我国社会发展与进步，从国家层面确立了实现治理体系和治理能力现代化的目标，同时，国家强调要进一步发挥市场在资源配置中的决定作用。保险作为一种市场制度安排，在政府的行政改革中，特别是在社会保障和公共管理领域，能够发挥更好和更大的作用。同时，政府应当将保险纳入治理体系，实现治理能力的现代化。因此，保险的范围和功能被扩大，需要重新定义保险的性质、职能与作用。

二、重构保险理论的基本思路

就当前社会进步而言，科技进步带来的是迭代变化，最大的特点是“坐标系转换”，这种变化也将对保险理论带来基础和根本性的冲击，给保险理论的重构带来压力、想象、可能与必要。因此，科技重构保险已经成为一个不争的事实和不容回避的现实。这种重构不仅仅是简单地重构保险业态，还将重构保险理论。理论是指导实践的基础和保证。面向未来，我国保险业将进入一个全新的发展时代，要取得更高质量的发展，有赖于理论创新、进步、指导与支撑。

面向未来，应更多地关注科技重构保险理论，包括风险认知、保险定义、可保利益、最大诚信、补偿原则、市场模式、定价技术、成本理论，乃至更基础层面的问题。就基础理论而言，科技发展与进步的最大特点是带来了许多在基础理论层面上的发展、创新、迭代乃至颠覆，保险理论也不例外。科技重构保险理论的问题，需要在一个更宏大的背景下去思考，思考那些更根本和更基础的问题。例如，量子理论带来的“测不准问题”将如何丰富和改变传统的不确定性理论。再如，当生命更“已知”时，人身保险将如何定价。

另外，广义保险理论包括保险哲学、保险社会学、保险经济学、保险发展学、保险法学、保险心理学、保险会计、保险税法、保险投资、保险监管等领域，这些领域同样面临着重构问题。所有相关领域的理论重构，将形成一种相互依存、相互制衡、相互影响和相互促进的态势，需要予以高度关注，需要更多的系统性思考。

面向未来，特别是在科技发展与创新日新月异的背景下，科技与保险理论，正互相推动着向前发展。一方面，科技将重新定义、丰富和重构保险基础理论；另一方面，保险理论将为保险创新，特别是基于科技的商业模式创新奠定坚实的理论基础。在科技进步的背景下，需要一部新的《保险学》，其最大特点是科技赋能、制度创新与理论迭代，继而实现保险从“更制度”走向“更技术”，为保险行业的持续健康发展奠定理论基础。

三、量子保险学的猜想

量子理论无疑是改变这个时代的基础和核心力量，它不仅从技术的层面改变世界，更带来思想、认识、观念和理念的变化。就保险而言，量子理论带来的变化也将是深刻和深远的，需要高度关注并深入思考。

传统保险理论是建立在经典物理学思维基础上的，其局限性是显而易见的，量子理论的出现，从根本上发展和改变了对于世界的认识，为保险研究和发展提供了更好的理论框架。量子理论认为事物是多态、复杂、纠缠和相对的。就保险而言，在经典力学思维下，认为风险与收益是确定的；在量子力学思维下，认为风险是一种感知，是相对、概率、动态和不确定的，收益也一样，二者之间可能存在一种纠缠态。在这个过程中，信息及其反馈机制扮演重要角色，这种机制将成为未来保险经营的重要理论基础。

尽管量子理论仍处于发展的过程中，但其中的“不确定”和“测不准”的概念均给了保险和保险理论以启发，如测不准的“观测即影响”思维一方面进一步揭示了风险的可变性，另一方面证明了风险管理的可能性。同时，量子理论对保险经营，特别是精算定价问题也提出了全新的思考，即技术的有限性问题。这种反思是建立在科学哲学层面的思考，这种思考将会对保险理论的基础逻辑带来影响。因此，未来也许会诞生一门全新的学科：量子保险学。

四、“自保险”时代的设想

“自保险”是指个人和组织独立自主地开展互助活动，而不再依赖保险市场和保险公司，它既有“自保”的概念，更有“互保”的概念。从个体的角度看，保险的本质是基于风险融资的互助，这种互助体现为“他助”和“自助”两种形式，或者说有两个主要形式和范围。通常认为，传统的寿险属于基于时间维度的“自助”范畴，以养老保险最为典型，体现为“积蓄基金”的功能。传统的财险属于基于空间维度的“他助”范畴，体现为“损失分散”的功能。一直以来，互助，尤其是“他助”，个体凭一己之力是难以实现的，或实现的成本很高。因此，商业保险、保险市场和保险组织应运而生。但在科技赋能的条件下，给了人们重新思考和实现互助的机会和可能。“自保险”则是在这一背景下提出的。

“自保险”的基本逻辑有两个。一是互助的“去中介”，即在科技，特别是区块链技术赋能的背景下，个体可以根据自己的风险情况和风险偏好，通过新技术与志同道合者结合成为一种互助组织。这种组织的重要基础是基于区块链建立的刚性信任。同时，利用智能合约技术，能够实现互助资金的管理和结算。二是消费者的“生产者化”，即金融消费者不再是简单意义上的消费者，他们利用以互联网技术为代表的科技手段，实现身份的转变，参与甚至组织金融活动，一方面提高了金融交易的效率，另一方面更好地实现了个性化的需求。

“自保险”的重要基础是科技。首先，互联网是前提，是联系、集合和交互的基础条件；其次，区块链是构建信任的基础，这种信任是基于算法的刚性信任，形成一种自我约束和刚性保证的环境；最后，智能合约是自动和高效地实施和执行的保障，并构建“机器保险公司”的概念。从部署的视角看，发展的初期可以考虑利用公共云计算资源，构建一个虚拟的“机器保险公司”或“清算平台”。未来在移动终端深度智能化和分布式技术普及的基础上，可以构建“分布式＋人工智能＋智能合约”的模式。

面向未来，可能迎来“自保险”时代，这个时代的基本诉求和特征是自主、平等、公平、透明和高效。从本质上看，“自保险”将推动保险从一种更制度的平台经营模式，走向一种更技术的平台经营模式，继而推动保险业从传统的依靠“价差”获得盈利的商业模式，走向依靠技术和服务创新并创造价值的商业模式。从总的发展路径看，初期将表现为在传统商业保险模式上的定制化变革，即通过产品和服务的创新，更多地体现“以客户为中心”。之后保险公司将逐步地从提供保险产品过渡到提供托管服务，经营主体也将逐步过渡为被保险人，保险公司的盈利模式也从一种“价差”模式走向“服务收费”模式。最终在数字化社会和科技进步的推动下，迎来一个“虚拟＋机器保险公司”时代。

第二节　风险相关理论变迁

一、不确定性

卡尔·博尔奇是现代研究保险经济学的开山鼻祖，在他的研究和教学生涯中有一个非常有趣和值得思考的经历。当年他在加利福尼亚大学开设保险经济学课的时候，选修的学生寥寥无几，后来，博尔奇把课程的名称改为不确定性经济学，报名情况就大为改观。从表面看，似乎是“不确定性”比“保险”更吸引眼球，但深入一步，需要思考二者的差别究竟在哪里。

被称为经济学历史上里程碑式著作——《风险、不确定性和利润》的作者富兰克·奈特给了这样的答案。他将可量度的不确定性和不可量度的不确定性做了区分，把前者界定为“风险”，而把后者界定为“不确定性”。

按照奈特的解释，作为“风险”的不确定性是指可以确定其结果的客观概率的情况，能通过保险来转移。作为真正的“不确定性”则指其客观概率完全不可知的情况，是不符合商业保险经营的大数法则基础的。

面向未来，无论是企业还是家庭和个人，均面临着诸多不确定性问题。从某种意义上讲，现代社会人们最大的不安来自对未来的预期不稳定，即未来的不确定性。就个体而言，工作和生活的稳定成为关注的焦点，特别是退休之后如何维持生活水平，疾病导致医疗费用的压力等。因此，稳定预期、解决不确定性问题就成为整个社会的核心诉求。保险应当在稳定人们对未来的预期方面发挥更大的作用，其中，有许多是传统保险能够解决的问题，但也包括处理和衔接好与社会保险制度的关系。

更重要的是保险应当对不确定性问题有一个再认识。尽管奈特认为广义的不确定性无规律可循，不服从大数法则，但并不等于保险在面对这种不确定性的时候就束手无策、无能为力。从奈特给出的解决不确定性问题的方法中,也能够得到肯定的答案。他提出了解决不确定性问题的两种方法：一是合并和归组，即通过某种方式将具有相同或者类似不确定性的个体进行合并和归组；二是专业化，让懂得“处理”不确定性的人来减少不确定性。另外，奈特还提出了备选方案：第一，对未来的控制；第二，增强预测能力；第三，分散。从奈特的建议中不难看出，这些“药方”均可以在保险的“药店”抓到“药”。

面向未来，无论是社会还是保险，均面临着如何理解“不确定性”的问题。就保险而言，面对“不确定性”则是矛盾的。一方面，社会的不确定焦虑给了保险机会；另一方面，自身的不确定往往使保险也陷入了一种焦虑。从表象上看，人们接受“不确定将成为一种常态”的观点或多或少是一种无奈的选择，因为人们的骨子里还是希望“确定”的。因此，接下来的话题是如何“解决”不确定问题。人们对于不确定的认识往往是在特定范围，而解决之道就在于对范围的突破，从社会和经济的视角看，保险是这种突破的重要制度安排。就个体而言,风险可能造成的影响是不确定的，但通过保险，就可以将这种影响确定下来，其基本原理是在一个更大范围内观察和管理不确定。

面向未来，在保险转型的过程中，不能固守传统保险领域，而应当将视野放到“不确定性花园”，在那里有着非常丰富和庞大的需求，这些需求给了保险的发展以巨大的想象空间，可谓广阔天地大有作为。因此，保险需要进一步清晰并坚定自我，尤其是作为一种社会和经济制度安排，对于“不确定性”管理的使命、逻辑与能力。从某种意义上讲，“不确定性”是因为范围的局限，如果能够在更大的时空范围内观察和管理，就能够破解“不确定性”难题，而保险恰恰是实现“更大”范围的途径和载体。要实现这一功能，最重要的是培养对更大时空的敬畏。因此，保险不能短视，更不能急功近利，要深刻理解时空的价值与意义，培养一种基于对时空敬畏的经营文化。

二、风险心理学

风险是客观存在的，但风险的大小在很大程度上是由人的主观及预期决定的。从静态看，人对风险的认识，在某种程度上决定了风险的大小。从动态看，人的行为可能成为另一种新的风险，至少是可能大大影响既有风险。风险往往不是由事件本身，而是由人，特别是集体对事件的反应决定的。认识到了风险的特征，就需要更加关注风险心理学问题。因为，既然风险与主观有很大的关联，而主观是由心理决定的，所以在研究风险的过程中就应当关注和研究其与心理的关系，只有这样才能够解释为什么市场是非理性的、环境是混沌的、模型是自我实现的。

面向未来，从风险管理的角度看，随着社会的进步、科学的发展，风险并没有降低，而是更加集中和复杂，在这个风险加剧的世界里，在社会风险管理领域，保险应当有更大的作为，而要做到这一点，就应当回归到人的层面，包括关注人的心理、主观和行为。从风险心理学的视角看，保险可以通过主动干预，解决客户和社会的信息不对称问题，缩短主观认识与客观实际之间的距离，实现社会风险心理学的构建，解决人们在风险和不确定性管理过程中的预期、决策与行动问题，继而降低风险总暴露，使社会稳定并和谐。

面向未来，在保险理论发展，特别是在学科建设中，应当高度关注风险心理学问题。在现代社会的发展过程中出现的一个突出问题是“大众盲从心理”，具体表现为在互联网等虚拟环境的“人云亦云”，继而导致以讹传讹，引发社会恐慌。因此，需要从社会治理层面导入保险机制，关注并解决社会风险心理管理问题，稳定人们的预期，促进社会和谐。

三、金融心理学和保险心理学

金融心理学是心理学的一个分支，是以金融行为中人的心理现象为主要研究领域的心理科学。概括地说，金融心理学是运用普通心理学的基本理论，采用系统分析方法，研究金融行为中人的心理活动过程及其规律，从而引导、控制、协调人的金融行为，提高金融行为的效益，以实现良性经济运行为目标的一门应用性、边缘性科学。

金融心理学的研究范围包括金融市场中行为主体的个体心理行为、群体心理行为，以及个体的心理调适等。从个体层面而言，微观金融主体的知觉、注意、记忆、想象、欲望、需要、思维、情绪、态度、性格以及意志等都是要研究的主题，主要解决个体如何克服投资决策中的心理障碍问题。从群体层面而言，金融行为主体对群体的归属需求、从众压力、群体思维以及社会性支持等也都是我们要研究的主题，主要解决金融行为主体在投资过程中如何保持正确的观察视角。另外，金融行为主体在证券市场的波动、震荡中出现的各种挫折和应激，以及其他一些影响投资决策的心理问题都需要人们去面对、研究和解决。

保险心理学作为心理学的分支，是经济领域中的一门应用心理学科。保险心理学研究的对象是面对风险时的人性以及心理活动。因此，保险心理学主要是回答人们为何要购买保险产品，即人们购买保险产品的心理需求是什么，人们购买保险产品的内驱力机制如何，人们对于保险产品的认知有何规律性，哪些因素影响着人们的保险决策，人们的保险决策有何偏差及其原因是什么。

四、风险与风险认知

风险的本质是一种损失的可能性，以及对于这种可能性的认知，因此，风险既具有客观性，即损失可能性的客观存在，又具有一定的主观性，即对损失可能性的认知，这种认知能力可能影响损失的发生与程度。同时，影响和决定认知能力的因素有很多，意识和技能是重要组成部分。就一般意义而言，风险往往又被认为是一种不确定性，而“不确定性”往往源于信息不对称，反映为感知和认识的能力。由此可见，解决信息不对称是风险管理的关键，而认知能力是解决信息不对称的关键。

在科技进步力量推动下，人们对风险的认知与管理的环境发生了根本性的变化，继而挑战了传统的风险理论与风险管理理论。首先，互联网改变了人们对时间和空间的认识、定义和利用，人们很容易就能够跨越时空，实现对损失可能性的认知。因此，信息不对称的说法不攻自破，这将从根本上改变传统的风险认知。其次，大数据和人工智能提升了人们分析风险的能力，提高了研判和预测能力，以及风险可能性的化解和处置能力。同时，互联网，特别是物联网的普及，使及时和实时干预成为可能，继而从根本上改变了损失的可能性。

面向未来，在科技赋能的背景下，人们需要重新审视风险、风险因素、风险性质、风险事故与损失的定义与分类，重新评估“可测定”（量化）和“不可测定”（量化）问题，重新认识风险处理的方式、风险的可变性、可保风险与管理等一系列问题。有一个基本判断是风险管理的环境和能力均将发生巨大的变化，这种变化不仅体现在“量”的提升上，更体现在“质”的改变上，因此，需要重新定义风险以及相关理论，继而重新思考保险的一系列基础性问题。

五、金融风险与特征

金融风险始终是社会风险的重要组成部分，具体可分为市场风险、信用风险、流动性风险、操作风险、法律风险和政策风险，此外还有道德风险。

同时，金融风险还具有系统性、隐蔽性、巨灾性和社会性等特点。进入21世纪以来，金融危机的发生给全球经济造成巨大影响，金融风险已成为全球高度关注的领域。与此同时，在国际政治、经济和金融的影响下，我国金融风险形势也不容乐观，特别是在以互联网金融为代表的各类金融创新的背景下，金融风险已成为影响社会稳定的重要因素，强化金融风险治理已经成为政府和社会高度关注的领域。

金融风险具有较强的特殊性，这种特殊性集中体现在时与空的维度上，一方面是风险的时空特征，具体表现为“一念之间”和“擦肩而过”，同时，风险的本质是信息不对称，这种不对称也是在时空背景下展开的。另一方面是金融的时空特征，金融的本质是资金融通，这种融通是基于时空的跨越，就保险而言，风险分散是基于时空的分散。因此，从某种意义上讲，金融风险是一种“时空风险的二次方”，这是金融风险复杂的逻辑基础。

“时空风险的二次方”仅仅是简单和静态思维，在金融创新的浪潮下，尤其是在“金融工程”的推动下，无论是金融主体和市场，还是金融产品和交易模式，均呈现复杂化的趋势，如主体结构的交叉持股、层层嵌套，再如产品的不断“打包”，不断“证券化”，“非标”产品千奇百态，还有交易的“离场”。这一切均让人越发感到“云里雾里”，不仅是“说不清道不明”，更是“剪不断理还乱”。让人不禁要问：金融产品真的需要那么复杂吗？

六、科技与风险治理

科技，特别是互联网金融业态的出现，给了金融创新以无限的想象空间，同时，也给金融风险防控提供了全新的机遇、可能与途径。但科技也是一把双刃剑，在带来机遇的同时，也带来了挑战。因此，科技对金融风险防控而言，是“减法”或是“加法”，不仅要思考，要警惕，更要行动。就互联网技术而言，也具有突出的“时空特征”。因此，“金融科技创新”如果处理不好，就可能使金融风险陷入时空多维交错、更加错综复杂，相互纠缠、相互叠加的困境。

在金融日益信息化时代，从防控风险的视角看，金融业面临三大挑战：一是数据，即数据的可获得性；二是算法，即缺乏足够的信息积累；三是算力，即数据处理的能力与速度。数据、算法和算力的相对有限，导致金融风险防控常常陷入“心有余力不足”的尴尬境地，对此，要有足够的认知与敬畏。

首先，要认识、掌握和利用大数据时代提供的“数据可能”，不仅是由于“更加透彻的感知”迎来“数字社会”，还由于“更加全面的互联互通”使数据的实时获取成为可能。就金融风险防控而言，数据维度的更加丰富，能够敏感和全面地反映风险特征，同时，数据的实时性更强，能够动态地反映风险变化。

其次，随着数字化社会时代的到来，特别是公共数据的开放与共享，利用外部数据将成为金融风险管控的重要能力，而数字一体化经营，使跨部门的数据整合成为必然。由此，金融风险管控将进入“全息时代”。

最后，就算法而言，基于神经网络技术的数据处理，特别是人工智能的应用，能够更好地通过关联、反馈和约束，表现和解释风险数据之间的复杂因果关系以及相互作用，为处理复杂关系、管理复杂结构提供了可能。同时，智能合约为实现自动和动态的风险管理提供了技术可能。就算力而言，超级计算和量子计算的应用，能够大幅度提高金融风险管控的处理速度，满足实时性的需要。

七、风险防范的技术路径

金融风险是一个复杂的系统，金融风险防控则是一个管理复杂系统的复杂工程，同时，无论是风险还是技术，发展均日新月异，因此，金融风险防控工作需要与时俱进，而最重要的是敏锐地把握科技前沿技术。一方面是将其可能带来的新风险纳入管理视野；另一方面是更好地运用科技新成果，运用“以技制技”的理念，打造风险管控的新能力。面向未来，金融风险防控要充分利用新科技提供的新可能，不断导入新思维，构建新模式，实现新突破，迎接新时代。就具体路径而言，需要关注以下五条路径。

路径一：扩大时空。金融风险防控面临的最大挑战是风险的“跨界”，而这种“跨界”的可能与影响力均超越了传统思维和管理能力。因此，无论是企业的视角，还是行业的视角，“扩大时空”是解决“跨界”风险管理的前提和基础，特别是对外部数据资源的合作与利用。

路径二：动静结合。从金融风险的发展趋势看，“更敏感”是一个大趋势。因此，实时和动态管理就成为必需，对于信息的维度和时效提出了更高的要求。但从管理的效率看，实时和动态管理就意味着更高的管理成本，不仅需要“硬”的投入，更需要“软”的维护。因此，应当建立风险管控绩效理念，解决好“动静结合”问题。

路径三：平行思维。面对庞大和复杂的金融风险数据，数据处理能力面临的挑战可想而知，问题的解决除了有赖于计算能力的提升外，基于处理逻辑的算法迭代也是需要高度关注的领域。量子理论为计算能力的突破提供了新思路，也给了金融风险数据处理新启发，特别要关注 GPU（图形处理器）带来的平行思维理念，从底层和顶层“两头夹击”，破解管理效率难题。

路径四：链化管理。“时间唯一性”是金融风险管理的重点，也是难点。区块链的时间戳技术，为“时间唯一性”管理提供了新可能。同时，区块链的分布式存在和全网共识机制，为金融风险管理提出了突破性的技术可能。

路径五：固化策略。金融风险管理核心工作之一是风险策略的执行。面对庞大复杂的运营系统，风险策略的复杂性可想而知。这种复杂的风险策略系统的管理，不仅难度大，而且效率相对低。智能合约技术为复杂关系管理提供了全新的思路。因此，利用智能合约技术，可以将风险管理策略固化，继而提高运行的效率，提升金融风险管理的绩效。

八、风险治理的“题外话”

“防范化解重大风险”是我国今后一个时期的工作重点，而金融风险无疑是“重大风险”的重要组成。因此，如何切实防范和化解金融风险是我国金融业不能回避的重大课题。在防范和化解金融风险的过程中，完善制度、提升能力固然重要，但思想观念和治理理念更重要。在改革开放的背景下，我国金融业发展中存在的一个突出问题是简单地照搬西方的理论、模式和技术，“囫囵吞枣”就难免消化不良，照搬就容易水土不服，更重要的是西方的许多“理论”已被历史证明是存在问题和值得商榷的。

在强化金融风险治理的过程中，首先要解决观念、理念和理论问题，一些问题看似是“题外话”，却可能对金融风险治理产生深刻影响。因为许多制度和技术均属于“术”的层面，要从根本上解决问题，则需要关注“道”的层面，即对风险心存敬畏、对金融事业心存敬畏，遵循金融经营的大道，即服务人民、服务社会、服务实体经济。道若不在，再多、再好的制度和技术也是枉然。

题外话之一：保险业“防风险”不能简单化，既不能“铤而走险”，也不能“谈险色变”

保险是现代社会风险管理的制度安排，面对、接受和处理风险是保险的本职工作。因此，保险不能，更没有理由简单地排斥、回避，甚至是拒绝风险，更不能“谈险色变”。只有保险的风险承接，才有社会的稳定发展和人们的安居乐业。社会不可能没有风险，但正是因为有了保险，才能够使社会和家庭更安全、稳定、和谐和安宁。

保险的立业之本是安全信誉，投保人正是因为担心风险才买保险，如果保险人也铤而走险，那么投保人又“何必当初”，又为什么要买保险。保险，特别是人寿保险是让人“托付终身”的行业，是不能“重来”的。因此，绝对和长期信任至关重要，这种信任是行业的“命根子”。这种信任培育难，毁掉却很容易。

当下保险业出现了一种倾向，即一些公司简单和片面地强调效益，并加大了绩效考核力度，从而导致一些基层经营机构，有的是为了调整业务结构，进行简单的风险选择，将社会的风险分散需求拒之门外；有的是为了改善经营成果，提高了承保条件和费率，社会的保险需求不能得到充分满足。从表面上看，企业的经营风险得到了改善，殊不知，却给行业的长期健康发展埋下了风险隐患。因为，保险存在的逻辑和价值就在于承担并处理风险。

题外话之二：处理风险，而不是简单转移

保险经营的本质是处理风险，而不是简单地转移风险。保险属于金融产品，又有别于其他金融产品。就风险而言，保险的经营逻辑不是简单的风险承接与转移，而是专业的风险处理与化解。从“转移”的逻辑看，更多地关注转移的可能与价差。因此，不关心，或可以不关心风险。从“处理”的逻辑看，则必须关注风险，因此，需要对风险进行定性和定量分析。科学和专业地“处理”风险，这是保险有别于其他金融产品的重要特征，也是行业安身立命的根本。保险，即便是再保险，也不能玩“击鼓传花”的游戏，否则，就可能异化为风险的制造者。

题外话之三：求真务实是防风险的前提和基础

“不实事求是”是经营管理的最大风险，也是行业许多问题的根源。在我国保险业发展的过程中，一些公司不顾发展规律和自身实际，盲目对标“头部企业”，一味追求规模扩张，总希望尽快做大，并坚信只要考核激励到位，就没有完不成的任务。殊不知，基层是“最实事求是”的。压力过大，就容易动作变形，政策之下必有对策，结果不仅是自欺欺人、事与愿违，还容易积累风险、引发危机。

都说“重赏之下必有勇夫”，但在市场和经营管理尚不成熟的情况下，“重赏”的结果更多是铤而走险，是违规操作、道德沦丧，甚至是违法犯罪。几年前，泛鑫事件给了行业发人深省的教训，在整个案件中，固然有一些个人因素，但行业的销售佣金制度不能不说是扮演了始作俑者的角色。这种“逆跨期”的制度安排，与保险的基本逻辑是格格不入且背道而驰的，成为销售误导背后的推手，值得行业深刻反省。

求真务实，无疑是防范风险的基石。求真务实的根本是回答好：靠什么发展？凭什么赢利？如果回答不好，结果必然是以牺牲合规和效益（长期）为代价，得不偿失。因为出来混总是要还的。因此，风险治理的关键是求真务实。同时，理顺关系，疏堵结合，解决好“官逼民反”是防止“趁火打劫”的前提。行业要认识到，每一分保费都有风险，不仅有赔付风险，更有管理风险。

题外话之四：“大”就真的不能“倒”吗

“大而不能倒”是指涉及国计民生的企业，特别是金融企业发展到了一定规模之后，就面临“不能”破产退出的问题。因为，这些企业一旦破产，将给社会带来重大影响，继而导致社会的不稳定。由此，国际社会在金融监管领域均以如何确保“大而不能倒”作为监管的基本逻辑和出发点，具体地讲，就是提出了“系统重要性金融机构”的概念。一方面制定特别监管要求，降低其发生重大风险的可能性；另一方面建立特别处置机制，以便妥善解决“大而不能倒”的问题。

从表面上看，这种监管理念、制度和技术无可厚非，但从本质上看，是预设了“大而不能倒”的合理性，而恰恰是这种预设，给了少数金融大鳄为所欲为、有恃无恐的机会。因为他们知道政府不会任其倒闭，进而采取更加激进的经营方式，巧取豪夺，中饱私囊。我国在治理金融风险中，率先对“大而不能倒”加以质疑，强调若与人民和社会的利益为敌，则没有谁可以是“大而不能倒”的。“能不能倒”的背后体现的是立场和出发点，提出“能倒”的智慧在于：从否定“不能倒”出发，最终确保“不倒”。

从治理的角度看，建立“系统重要性金融机构”监管制度固然重要，但监管的重点不应仅仅关注“不能倒”问题，而是要更多地关注为什么那些不良企业会“大而不能倒”，其背后的原因是什么，如何培育不让这些不良企业生长的土壤。我国在建立和完善金融风险监管机制过程中，提出首先解决“大而不能管”，继而解决“大而不能倒”的治理理念和思路，要从根本上解决“大而不能倒”的问题。

题外话之五：谁为“重监管”买单

自21世纪以来，全球的金融危机不断，而金融的准公共产品的特征决定了金融风险，特别是金融危机将对社会和经济产生重大和系统性的影响，为此，以2002年美国的《萨班斯法案》为标志，国际组织和政府部门纷纷开展了一系列监管体制改革的活动，包括银行领域的《巴塞尔协议》、保险领域美国的 RBC（风险基础资本）及欧盟的 Solvency Ⅱ（偿付资本监管体系），以及之后的 G-SIFIs（全球系统重要性金融机构）和 G-SIIs（全球系统重要性保险公司）等制度。

尽管人们认同金融体系的公共性决定了其需要更高标准和更加严格的风险管理制度，但一个不争的事实是，这种制度呈现越来越复杂的趋势，无论是内部为解决“符合性”的投入，还是外部监管的成本均是一笔不小的开支。据统计，早年在实施《萨班斯法案》的过程中，中型金融机构每年的开支均在数百万美元。可想而知，整个社会为此付出的代价将是一笔天文数字。

通过完善制度来加强监管，本无可厚非，但这种不断“强化”的监管却让制度越来越“繁重”，成本也越来越高，而效果却值得商榷。因此，在强化防范金融风险的同时，要高度关注监管效率问题，也包括社会公平的问题。因为，这种高额“安全成本”在换回金融机构更“安全”的同时，社会和消费者却扮演了最终“买单人”的角色。因此，金融安全和监管要树立风险效益理念，从全社会的角度观察和思考风险治理的总效率问题。

题外话之六：互联网金融风险问题

互联网金融似乎已成为金融风险的一个“代名词”，因为，无论是 P2P 还是 ICO（首次币发行），各种以互联网为名义乃至“噱头”的金融创新，可谓五花八门、千奇百态、层出不穷、屡禁不止，已成为金融风险聚集和爆发的重灾区，并从金融行为演变为犯罪行为，直接挑战社会安定和公平。人们从一开始的蜂拥而至、欣喜若狂，发展到现在的谈虎色变、退避三舍。同时，在防风险和严监管的形势下，互联网金融乃至金融创新都面临空前的压力和挑战。

在互联网金融的发展过程中之所以出现如此多的乱象，从根本上看，一是认识与观念问题。首先，缺乏对互联网金融的基本认知，出现了思想混乱。互联网金融仍属于金融范畴，因此，必须按照金融管理的基本“游戏规则”开展活动，不能游离于金融监管之外。其次，互联网金融的风险与传统金融的风险是一回事，又不是一回事。不能简单地用传统金融的风险观去看互联网金融的风险，既不能谈虎色变，更不能视而不见。最后，不能用传统金融管理风险的视角和方法去解决互联网金融可能面临的风险，要更多地用互联网的思维和技术去管理互联网金融风险，实现“以技制技”。

二是监管与制度问题。长期以来，人们对监管模式，无论是综合监管，还是分业监管，一直都争论不休，这导致在实践中的思想混乱，特别是在互联网金融快速发展的背景下，分业监管模式容易陷入画地为牢的监管思维，“谁家的孩子谁抱”的归责方法，与时代和现实要求格格不入。因为在互联网金融时代，已经很难界定清楚是“谁家的孩子”，简单分业监管的结果是谁都把“孩子”往外推，从而导致监管的真空，给一些别有用心之徒的“制度套利”以可乘之机，这正是金融领域风险积累的一个重要原因。

面向未来，应当认识到，金融科技，包括互联网，将成为推动金融创新发展，特别是迭代发展的核心动力，这是行业发展的方向与必然。金融监管应当认识、适应和服务这一趋势。因此，综合监管和科技监管是大势所趋，既然分不清楚是“谁家的孩子”，就应当建立“幼儿园”的监管思维与模式，确保监管的全面与统一。同时，科技应成为监管的重要内涵与能力，通过强化监管科技能力建设，不仅能确保监管有效，同时能够更好地服务金融行业的创新发展。

第三节　保险基础理论变迁

一、保险（可保）利益

保险（可保）利益是保险制度的最重要的原则，它要求投保人对保险标的应具有法律上承认的利益。与此同时，从根本上划清保险与赌博的界限，防止道德风险的发生，界定保险人承担赔偿或给付责任的最高限额。因此，《保险法》规定：投保人对保险标的不具有保险利益的，保险合同无效。从法条可以看出，保险（可保）利益有三个要件：第一，合法利益；第二，经济利益；第三，确定（可计量）利益。

从根本上看，保险利益原则的逻辑是顺着所有权展开的，所有权是所有人依法对自己财产所享有的占有、使用、收益和处分的权利。但随着社会和科技的发展与进步，特别是互联网时代和共享经济时代的到来，保险利益原则的基础环境已经发生根本性的变化。一是已经很难简单地界定所有权的范围，特别是基于某些时点。二是对于损失的“关系方”已经难以简单界定，经济的深度融合形成深度相关。三是能否计量完全取决于能力，以往是将能力不可及的部分简单地归为不可保，而能力提升了，势必重新界定可保范围。具体而言，典型场景如下。

场景一：共享经济。共享经济出现的一个重要基础是所有权的冗余与分离，即所有权人将部分所有权的“小权”暂时转移给使用人。就保险而言，这种经济模式带来的变化不能简单地以所有权界定保险利益。因为在共享期间，无论是所有权人，还是使用者，对于财产的保险利益均发生了变化。

场景二：经济全球化。在全球化和产业链的概念下，经济关联性不断深化的时代，对于保险利益的认识也在不断提升，如日本福岛核电站泄漏事件，不仅对日本经济和社会造成重大影响，也对全球的汽车和电子产业产生重大影响，许多企业与福岛远隔千里，却受到了直接和重大的打击。因此，重新引发了人们对保险利益的再思考，即对产业链上下游是否具有保险利益，以及相关风险管理与保险问题。

面向未来，作为一种理论，保险利益原则也面临与时俱进的问题。首先，经济关系的日益多元和复杂，特别是在经济全球化背景下，个体和局部损失“传染”效应的不断扩大，使可保利益的主体不再“清晰”。其次，对“合法”“经济”“确定”的界定也需要重新认识和思考，随之而来面临的是道德风险、逆选择与制度公平问题。最后，“可测定”“可度量”“可确定”也面临挑战。可与不可，更多的是基于能力。在科技赋能的背景下，将重新定义“可能”。因此，在传统的可保风险与不可保风险中，会出现一个“灰色（模糊）地带”，利用科技手段，可以不断改变这个地带的“灰度”和范围，保险就可以在这个“地带”开疆拓土、创新发展、服务社会、发展行业。

【辅助资料】GAP 保险

大多数车主均面临一个现实的问题，即当汽车发生重大保险事故时，达到实际全部损失和推定全部损失时，车主获得的保险赔款不足以让他重新购置新车。因此，车主为了重新购置车辆，不得不负担一笔额外的资金，可能对家庭的财务产生不利影响。针对这种市场需求，美国保险业率先开发了“汽车置换费用补偿保险”（GAP 保险），亦称为差额保险，目的是通过 GAP 保险的赔款，加上传统车险的赔款，能够满足被保险人重新购置汽车的资金需要。

目前，GAP 保险有三类产品：金融 GAP 保险、指数 GAP 保险、回到发票价 GAP（Return to Invoice GAP）保险。但市场主要提供的是回到发票价 GAP 保险，即确保保险赔款能够让被保险人达到再次购买的发票金额。通常 GAP 保险与汽车金融产品捆绑销售，这样做的目的是能够进一步保护为车主提供融资服务的金融机构的利益。

二、最大诚信原则

诚信是所有社会活动的基础，保险对于当事人诚信的要求更高，即“最大诚信原则”。这种制度安排的逻辑基础是：投保人对自身的风险信息和认知处于相对优势的地位，为了确保制度的社会效率，需要通过“告知”和“保证”等手段，实现一种责任分配的制度安排。从制度设计的角度看，告知义务的本质是合同责任的分配，分配的原则是社会效率最大化，即在信息获取手段有限的时代，保险人要获取被保险人的风险信息，存在不可能或获取成本过高的问题。因此，通过告知义务的安排，让投保人主动告知，就能够实现社会效率最优。

一直以来，最大诚信原则不断受到社会的质疑和诟病，尤其是在司法实践过程中，这种相对模糊和抽象的表述，往往容易让人陷入一种尴尬，即难以对所谓的“最大”做科学和严谨的界定和判断，“最大诚信”更像是一种道德要求。因此，如果继续简单地采用最大诚信原则，就可能面临新的不公平问题。在近年的一些司法实践中，一些法院对于保险公司以违反告知义务对被保险人拒赔的案件，采取了质疑和不支持的态度，这从一个侧面反映了法院在新的历史条件下对合同责任分配公平的再解读。保险行业需要重新思考对最大诚信原则的理解与实践问题。

从某种意义上讲，保险存在的一个重要基础是信息不对称。因此，当互联网带来了信息领域颠覆性改变的同时，势必对保险业的存在基础形成根本性的挑战，同时，也势必需要对最大诚信原则等保险基本原则进行根本和系统性反思，特别是告知义务问题。可以肯定的是，与早期的海上保险时代相比，合同双方的信息地位已经发生了根本变化，传统最大诚信原则的基础已时过境迁。因此，无论是立法，还是实务，均需要对最大诚信原则进行再认识和再适用，尤其是对告知义务进行再定义和再配置。

传统告知义务的逻辑是基于信息不对称的历史环境，同时，出于社会效率的考虑，做出的合同责任分配。面向未来，需要在新的历史环境下，重新配置合同的告知责任，重点应关注两大问题。一是降低投保人的告知责任。在信息平等的大环境下，增加投保人的告知责任不再公平，同时，保险人应当加强信息获取能力的建设，确保风险评估和定价的准确与科学。二是隐私保护带来的新问题。在保险经营过程中面临的大多数信息均可能涉及个人隐私保护问题，如基因信息隐私保护。投保人往往拥有基于隐私保护的信息优势，而保险人则难以合法获得和利用这些信息，从而导致新的信息不对称问题。

三、近因原则

近因是指在风险和损失之间，导致损失的最直接、最有效、起决定作用的原因，而不是指时间上或空间上最接近的原因。具体而言，近因不是指最初的原因，也不是最终的原因，而是一种能动而有效的原因。近因，既表示原因与结果之间有直接的联系，又表示原因的作用十分强大有力，以致在一连串事件中，人们从各个阶段上可以通过逻辑预见下一事件，直到发生意料中的结果。如果有数种原因同时起作用，近因则是对出现该结果起决定作用或强有力影响的原因。

近因原则是判断风险事故与保险标的的损失是否具有直接的因果关系，从而确定保险赔偿责任的一项基本原则，是保险当事人处理保险案件，或法庭审理有关保险赔偿的诉讼案，在调查事件发生的起因和确定事件责任的归属时所遵循的原则。但在实践过程中，对于近因原则的适用面临的最大挑战是对事实的确定，尤其是在时间上和空间上的认定。

互联网时代的最大贡献是重新定义并利用时空，继而解决信息不对称问题，当科技给理赔信息获取以更大的可能时，特别是在多种原因同时、连续或间断发生作用的背景下，对事故原因的认定，也包括近因原则的适用，这提供了全新的视角、技术和可能。面向未来，在大数据和人工智能的支持下，甚至能够开发出满足“近因原则”的归因模型。

四、补偿原则

补偿是保险的基本职能，是保险的出发点和归宿点。同时，保险具有射幸合同的特征，因此，补偿原则是确保保险不被恶意利用，防止不当得利的重要理论基础。补偿原则的基本思想是恢复原状，不可以通过保险获利，以防止道德风险。所以，损失的定义与确定就成为关键。在传统的条件下，由于保险公司对损失确定的能力相对有限，因此，更多的是采用相对“保守”的做法，这也是许多被保险人抱怨“十赔九不足”的一个重要制度原因。

补偿原则的适用，通常有两层含义：一是充分补偿，即保险合同订立以后，保险标的遭受保险事故而产生损失，被保险人有权按合同的约定，获得全面、充分的补偿；二是适度补偿，即保险人对被保险人的赔偿恰好使保险标的恢复到未出险前的状况，即保险补偿以被保险人的实际损失为限，被保险人不能因保险赔偿而获得额外的经济利益。

在实际操作中，保险补偿受到定性与定量两个层面的约束。就定性而言，保险补偿应当满足三个条件：第一，被保险人对保险标的必须具有可保利益；第二，被保险人遭受的损失必须是在保险责任范围之内；第三，被保险人遭受的损失必须能用货币衡量。就定量而言，保险补偿也有三个限制：第一，以实际损失为限；第二，以保险金额为限；第三，以可保利益为限。此外，有的保险合同还有免赔额的安排，这些均会对保险补偿产生影响。

科技的发展给了确定损失、实现合理和充分补偿以更大的可能。因此，需要重新定义和理解不可获利原则，提高保险补偿程度。同时，结合可保利益的反思，需要重新梳理损失补偿对象问题，即潜在的损失主体。此外，在确定损失和补偿过程中，还面临一个保险经营的重要因素：近因原则。就历史环境而言，无论是理论还是技术，均面临诸多挑战，但在科技赋能的背景下，需要重新认识近因的问题，包括定义与确定。

第四节　保险经营理论：回望与反思

一、回归社会性

近年来，在我国保险业的发展过程中，存在的一个突出问题是更多地强调了保险的市场性，有时甚至陷入了一种绝对和片面的思维，而忽视了保险的社会性，这恰恰是保险业许多问题的深层次原因。因为，市场出清是需要付出代价的，而这个代价往往是由行业、被保险人，乃至社会买单的。

在中国传统文化中，“保”有“养”“恃”“守”“安”的含义。因此，“保”更多地被解读为保护、守护和维护，是避免损失，是“救人于水火”和“扶危济困”。“保”还可以解读为保证、担保和负责，是保障和依靠，也表现为“一诺千金”和“为人养老送终”，继而实现保险意义下的“有恃”而“无恐”。

从自然法则的角度看，保险是基于共生理论，是“相依为命”和“相濡以沫”。从人性视角看，保险是一种互助与友爱精神的体现，是“一人为大家，大家为一人”。从现代社会管理的视角看，保险是一种社会合作、和合与共济，保险是最早的共享经济模式。从中国传统文化讲，保险是成人达己，是度人度己。

保险的根本诉求是满足并服务全社会的风险基金管理，这一根本诉求决定了保险与生俱来的社会性，保险是典型的群众事业，人民是保险的当然属性，这是保险的根本。保险市场、公司和产品都是实现这一目的的手段，但并不改变目的。古人说：君子务本，本立而道生。因此，无论世事如何变幻，都不能忘本。不忘本，才能“得始终”。

保险，不仅有他助，还有自助；不仅有损失补偿，还有财富管理和专业服务；不仅有原保险，还有再保险和另类转移；不仅有社会保障，还有社会治理和发展经济。但无论现代保险如何发展、形态如何多样、功能如何丰富，保险的本质依然，也应当是互助，只不过是以更高级的形态、更多样的形式，在更广泛的范围存在。

保险市场的基本功能是提供保险交易服务，相关参与方各司其职、各尽所能、分工合作、齐心协力，为这一目的服务，使交易更加便捷和高效，为社会提供更加丰富的服务。尽管现代保险业的运营方式已经脱离了初级和简单的交易，进化到了基于专门资本的“交易池”模式，为便捷与高效交易提供了更好的条件和更大的可能，但这一切均没有，也不应当改变保险交易的本质和逻辑。

现代保险以保险企业作为独立的责任主体，开展社会风险基金管理活动，相应的不仅有公司治理的要求，更有基于保险业特征，尤其是偿付能力的监管，其目的是确保和落实公共利益的维护。更重要的是，保险的社会性决定了保险公司，特别是寿险公司属于“天然”的公众公司。因此，保险企业不能简单地强调企业经营的独立性，更不能“任性”。因为，个体往往是难以“独善其身”的。

强调保险的社会性，并不是要否定保险的市场性。作为一种经济社会的制度安排，提高行业的效率和竞争力，为社会创造价值是毋庸置疑的。强调保险的社会性，关键是解决好行业的定性和定位问题。作为社会长期公共利益的管理者，保险业最重要的是培育“受人之托，忠人之事”的职业理念与操守。同时，“成人达己”既是行业存在的逻辑，也是对社会性的最好诠释。因此，在任何时候、任何情况下，行业均不能忘记：社会性是保险业的根本属性，是其存在的基础逻辑，行业不能“忘本”。

二、保险职能再认识

现代保险业在发展过程中，逐步形成了保险理论，特别是关于市场化分工条件下的行业职责界定。最初的保险职责是基于“基本（单一）职能论”，即基于风险分散和经济补偿的职能，这个阶段的保险更多的是关注结果（经济损失）。通过保险机制，在一定范围内实现风险的分散和损失的分担，减少个体因风险损失可能产生的影响。

随着社会的文明与进步，保险的职能也得到了发展和丰富，出现了“多元职能论”，即以“风险”为轴心，派生出相关的职能，包括风险管理（防灾防损）、风险融资和财富管理等。这个阶段的保险不再局限和满足于结果，而是导入积极和动态思维，发挥保险的专业价值，通过专业化的过程管理，实现风险暴露和损失的降低。

从保险学说的角度看，无论是“损失说”还是“非损失说”，或是“二元说”，均需要从外延到内涵的重新思考与界定。从保险职能的角度看，无论是“基本职能”还是“派生职能”，均面临再认识和再定位问题。传统理论认为，保险的基本职能只是分担风险和补偿损失，但近年来，在我国的保险发展与实践过程中，保险的职能不断地扩展与丰富，包括融资职能、防灾防损职能、财富管理职能、分配职能和社会风险管理职能等。与此同时，这也产生了一些模糊与争议。

保险学说和保险职能均属于相对宏观和中观层面的问题，而保险基本原则就属于相对微观层面的问题。保险基本原则不仅贯穿于各种保险法律法规和制度中，也贯穿于保险经营的各个环节中，还作为解决保险合同纠纷司法实践的重要依据。因此，在科技推动社会快速变化的时代，这些保险基本原则也面临“今非昔比”的问题，尤其是在开展保险创新的过程中，不断地挑战保险基本原则的认识底线。因此，在新的历史时期，有必要对其进行全面和系统的反思和再认识。

我国保险业在保险理论与实践的发展过程中已经开展了积极的探索，

形成了有中国特色的保险理论与发展模式，其中最重要的贡献有两方面。一是提出了“三元理论”，即经济补偿、资金融通和社会管理是现代保险的三大功能，尤其是赋予社会管理以广泛和丰富的内涵，为保险业的发展奠定了理论基础，营造了良好的发展空间。二是开展了大量卓有成效的社会实践，利用农业保险、责任保险、大病保险、信用保险等形式，通过产品和模式创新，广泛参与社会风险管理的各个领域，形成了极具特色的“保险 +”模式，一方面为社会管理创新探索了一条新路，另一方面为行业发展开拓了全新领域。

三、减量管理

传统的保险经营理论是基于简单地应用大数法则，通过保险的方式建立社会保险基金，并在被保险人范围内进行再分配。这种经营模式的特点是基于价值转移的再分配管理，是一种基于静态、存量，或者等量的管理。面向未来，这种模式将面临挑战。解决之路是基于价值创造的动态、减量和分享式的管理。

减量管理理论是对传统保险经营理论的进化，核心是在价值创造理念的主导下，改变传统保险的静态和等量思维模式，在制度创新和科技赋能的条件下，利用保险“集团利益代言人”的身份、地位和力量，发挥保险风险管理的专业优势，积极主动地干预并改善风险暴露情况，特别是基础环境的改善，从而实现社会风险总暴露的降低，不仅使社会风险总损失减少，更将减量管理的经济成果惠及被保险人和保险行业。

面向未来，保险行业要实现从等量到减量的转变，就必须基于价值创造的视角，必须确立并优化行业在相关产业链中的中枢地位，站在战略的高度，以被保险人利益代理人的身份，集合并重新整合被保险人的利益，采用前向和后向思维、价值链和价值生态圈思维。通过发挥保险专业化风险管理的作用，发挥保险的正外部性特征，从而对社会风险实现基于主动管理的再造，在推动相关产业效率提升的同时，实现风险暴露的降低，为全社会创造福祉。在这个过程中，一方面维护被保险人和社会利益，另一方面促进和成就自身的发展。

面向未来，保险业，特别是人身险，应遵循“减量管理”思维，引入“生命资产负债表”理念，不仅要关注生命的“资产”，也要关注生命的“负债”，尤其是生命的“或有负债”。通过科技创新，引导客户改善生活方式、提高健康水平、减少医疗支出。这样不仅能够使保险业走出简单的“拼收益率”的误区，还能够探索“大财富管理”的全新发展模式。要向客户传导生命管理“减就是加”的理念，即对“生命资产负债表”管理而言，资产管理固然重要，但负债管理更重要，降低了“负债”，就等于增加了“资产”。通过全面导入并实践“减量管理”，全面提升全民健康水平，全面提升公共卫生效率，彰显保险行业的价值创造和人文关怀，走出一条持续健康的发展之路。

在实现“减量管理”的过程中，应当关注两个层面：一是“附加保费”层面，关注行业内部运营管理成本，通过科技创新，尤其是互联网和人工智能的应用，结构性降低运营成本，特别是营销和理赔成本；二是“风险保费”层面，关注行业外部，通过科技创新，更好地发挥保险的“正外部性”作用，强化事前和过程的风险防控，实现价值创造，做好“减法”，全面降低社会存量风险暴露，不断提升社会风险管理的效率。

四、正外部性

外部性是指一个人或一群人的行动和决策使另一个人或另一群人受损或受益的情况。经济外部性是经济主体（包括企业或个人）在开展经济活动的过程中对他人和社会造成的非市场化的影响。因此，外部性通常被称为溢出效应、外部影响、外差效应或外部效应、外部经济等。外部性分为正外部性和负外部性。正外部性是某个经济行为个体的活动使他人或社会受益，而受益者无须花费代价。负外部性是某个经济行为个体的活动使他人或社会受损，而造成负外部性的人却没有为此承担成本。

保险作为现代社会的风险管理机制，具有很强的社会正外部性特征，即保险在履行自身的经济补偿、资金融通、社会管理功能的同时，会产生“溢出效应”，在实现自我利益的同时带来社会福祉。如在汽车保险经营过程中，保险公司从自身降低赔付、控制风险、实现盈利目标的需要出发，会采用“无赔款折扣”技术，将被保险人的出险率纳入价格制定，这无形中就对被保险人的驾驶行为起到了奖惩和激励作用。安全驾驶的驾驶员、不出事故的车辆，在续保时能够获得更大的保费折扣优惠。与此同时，这种制度能够起到鼓励安全驾驶、减少人身伤亡、改善交通环境、减少社会财富损失的社会效应。

保险的正外部性，即溢出效应既有被动（盲目）溢出，还有主动（设计）溢出。但从传统保险经营的视角看，更多的是被动（盲目）的。面向未来，保险业的一项重要任务是增强正外部性意识。通过主动的制度设计，更多地将给社会带来福祉作为保险产品开发和服务提供的一个重要考量，在成就自身的同时服务社会，如保险业利用车联网技术开展基于车联网保险的定价模式探索，将车辆的实际使用和驾驶员驾驶行为纳入定价中，这种定价模式不仅能够更加科学地定价，更重要的是：一是能够推动和激励驾驶员改变不良驾驶习惯，减少交通事故和社会损失；二是通过基于实际使用的定价模式，能够鼓励被保险人少开车，或者是错峰用车，对节能减排、绿色交通产生积极贡献。

面向未来，保险业需要思考的一个重要问题是，如何更好地认识并发挥正外部性，不仅为社会提供更好的服务，也为保险存在的逻辑与价值进行更加深入的思考与实践。这种思考可以有两个方向。一是自内而外，即在开发产品的过程中，从自身发展的视角出发，更多地考虑正外部性问题，也被称为主动（设计）溢出。二是自外而内，即从社会、企业和家庭管理视角出发，特别是从解决难点和痛点出发，更多地思考如何用保险解决存在的问题，在解决的同时，实现保险业自身的发展。

面向未来，保险业不仅要关注发挥正外部性问题，也要关注防止负外部性问题。就保险经营而言，射幸合同的特点决定了其可能面临道德风险和逆选择等问题，这些问题如果不能很好地解决，就可能带来负外部性问题。同时，在现阶段保险发展过程中，还面临两个需要特别关注的负外部性问题。一是渠道费用问题，即在无序竞争的背景下，保险行业的外部渠道费用畸高，形成了负外部性问题。二是“举牌”问题，个别保险公司为了追求自身利益，置社会和投资者利益于不顾，利用资本势力巧取豪夺，形成了负外部性问题。

五、保险创新

近年来，在我国保险创新，特别是互联网保险创新的过程中，出现了一些值得关注的现象和倾向，一些企业打着“互联网创新”的旗号，为了吸引眼球，创造“流量”，以“语不惊人死不休”的不良心态，推出了各种各样的“奇葩”保险产品，如“赏月险”“脱光险”“世界杯遗憾险”“贴条险”“跌停险”“摇号险”等。这些产品的开发者尽管均认为产品符合保险产品的基本原则，如“保险利益”“概率”“损失”等特征，却忘记了比这些保险原则更重要和更基本的是公序良俗，这是行业和企业的社会责任。

在保险创新的过程中要认识到，无论是生命还是人类社会的演化均遵循着遗传、变异与选择的规律。这一规律亘古不变，充满活力，主导着进化，推动着文明，成为这个世界最基本的法则。在这个法则面前，一切均面临着“顺我者昌，逆我者亡”，技术与创新也不例外。最重要的是理解这种演化规律的本质，遵循并践行。

首先，要理解“遗传”的意义，这种遗传不是简单的复制和延续，而是将最根本的“生物特征”加以传承，就是不忘初心，成为自己。就保险而言，保险的初心是风险管理，离开了这个初心，所有的创新都可能是数典忘祖。没有了自我，存在就失去了意义。更重要的是保险创新应当崇尚并遵循公序良俗、坚守并维护社会价值，离开了这些最根本的东西，保险创新终将黯然失色。

其次，要理解“变异”的含义，变化是一种必然，问题的关键在于是被动，还是主动；是盲目，还是自觉；是进步，还是倒退。回答这些问题，关键要解决好“为什么”的问题，即为什么变，变的目的是什么。如果“变”仅仅是炒概念、玩噱头、讲故事，那么这种“变”往往容易误入歧途，甚至难以自拔。从生物学的视角看，变异是生物繁衍后代的自然现象，是遗传的结果。保险创新要认识到，创新的根本是基于传承的发展，而不是简单的否定。

最后，要理解“选择”的逻辑。进化的过程就是一个选择的过程，即在遗传与变异过程中的选择。就生物而言，在自然选择下，有利的变异保存下来，不利的变异被淘汰。在长期的自然选择中，微小的变异积累为显著的变异，形成新的亚种或新的物种，从而形成达尔文的渐进进化论。就保险创新而言，选择有被动与主动，即不选择，则被选择。因此，在变化的过程中，选择是一个不能回避的问题。但问题的关键是如何主动地选择，这种选择不仅有传承的任务，更有创造的任务。

在创新的过程中，解构和重构是最重要和最基础的方法与能力，解构的本质是发现价值，重构的本质是实现价值。要实现解构的最大障碍是思维定式，即认识到原来看到的那张“图”并不是天经地义的，换一个视角，你就能够看到一片完全不一样的“风景”。但在这个过程中，既得利益集团总是千方百计地维护原有的结构，并成为阻碍解构与重构的最大阻力，认识到这一点是创新和创业的前提。同时，重构挑战着想象力，这种想象力的重要基础是角色转换，即从行业和公司视角转换为社会和客户视角，用客户视角实现重构是创新的成功之道。

保险创新属于前无古人的事业，因此，需要“摸着石头过河”，在战争中学习战争，在不断的探索与实践中回答保险是什么。当下有一个观点经常被滥用，就是“试错”。积极实践、大胆探索固然重要，但所有的探索均应当是理性的，应当在理论的指导下开展，否则就是盲目瞎干，甚至是愚昧的。就保险创新而言，可以肯定的是，并不是所有的保险产品均适合互联网经营模式的。因此，保险创新的基本法则是通过技术和制度创新，有效解决保险发展的难点和痛点。

保险创新的基本属性决定了科技创新能力至关重要，因此，加大投入也就势在必行。但问题的关键不是要不要投入，而是如何投入，回答如何投入的前提是回答为什么投入。当下让人忧心忡忡的是，不知道从什么时候开始，“烧钱”成了一种流行，甚至是时髦。不少企业在保险创新过程中，常常“不管不顾”地投入，并且往往将“投了多少钱”作为一种标准。加大对科技和创新的投入固然重要，但简单地“砸钱”并非明智之举。因为保险创新的本质是提高效率、创造价值。离开了价值创造，任何创新都将失去意义。

创新和创业都不容易。正因不易，更要心存敬畏，不能任性。有句话说：出来混，都是要还的。创业者更要有一份清醒，有的时候，你烧的不仅是投资者的钱，还有自己的大好时光和机会。要知道，钱属于“可再生资源”，生命属于“不可再生资源”。同时，要认识到任何事情均有个度，保险创新也一样，“度”的这边是鼓励探索，“度”的那边是纵容盲目。因此，要高度关注社会层面的保险创新总绩效问题，科学和理性应当成为保险创新文化的重要内涵。

六、“两轮理论”

在全球保险业的发展过程中，形成了独特的“两轮理论”，即承保与投资是保险经营的两个重要领域，是驱动发展和实现盈利的两个重要“轮子”。从表面上看，这一理论无可厚非，但在实际应用过程中，始终面临着主次和本末关系，以及孰重孰轻的问题，并形成了两个观点和立场截然不同的学术流派和市场阵营，即“海派”与“山派”。

“海派”阵营的典型代表是美国市场。这一阵营更注重保险的金融属性，将现金流作为经营管理的重点，同时认为投资收益是公司盈利的主要来源。“海派”的逻辑是保险的承保业务主要是获取资金，而公司的盈利主要依赖投资收益。在这种指导思想下，只要能够获取资金（保费），就不必太顾及承保的赢利性，甚至可以接受承保亏损，公司可以通过投资收益覆盖承保亏损，并获得盈利。

“山派”阵营的典型代表是欧洲大陆市场，特别是德国和法国市场。这一阵营更注重保险的风险分摊和处理功能，认为承保是保险的行业基础，也是保险盈利的主要来源。“山派”的逻辑是资金运用只是为了确保保险经营过程中获取资金的保值增值。在这种指导思想下，承保盈利是经营的目标和底线。

“海派”与“山派”的争论由来已久，一直以来，二者之间有点难分伯仲的味道，并对保险经营理论产生了影响。直到美国爆发金融危机，全球资本市场受到重创，“海派”的一些保险公司纷纷破产，或陷入深度经营危机，“海派”阵营的存在基础受到了巨大的冲击，投资主导的经营模式难以为继，继而让保险业对“海派”理论有了一个重新观察和思考的机会。

曾几何时，在我国保险业的发展过程中，也面临着“海派”与“山派”的思想和实践之争，尤其是在寿险定价利率管制的背景下，“海派”思想大行其道，一些保险公司放弃了承保经营的基本逻辑和原则，一味追求资金规模，简单地通过利差获得盈利，给日后的经营危机埋下了隐患。还有一些别有用心的“陌生人”，不惜通过各种手段，获取保险牌照，目的也是冲着保险的“融资”功能，并引发了经营和声誉危机。

纵观保险经营理论的发展，“两轮理论”本无可厚非，但问题的关键是不能简单地解读、理解和运用这一理论。科学和理性的解读应当是，承保与投资固然是保险经营的两个重要轮子，但它们分属于不同的跑道，有着各自的周期，并要在各自的跑道上实现价值的回归。不要把两个轮子，有意无意地放在一条跑道上，否则迟早会出问题。因此，在任何时候，都应当坚持保险和投资的独立赢利，尤其是作为保险的主业，如果承保不赢利，就违背了价值创造的基本逻辑，行业就缺乏了存在的基础。

七、反思“个人代理营销制”

1992 年，友邦保险进入我国市场，并引入美国市场的“个人代理营销制”。与传统行业的发展模式不同，个人代理营销制本质是保险公司（行业）“巧妙”地利用社会劳动关系管理制度的差异，即明确保险公司与个人代理营销人员的关系属于委托代理的“劳务合同”，而非“劳动合同”，并据此进行制度套利。从表面上看，制度的设计依法合规，因此无可厚非。但就本质而言，制度是将原本应由保险公司承担的社会责任，通过合同性质转换的方式外化给了社会，使保险公司没有了后顾之忧。因此，可以通过“高激励和低保障”的手段，快速扩张销售队伍，实现自身业务的发展。

个人代理营销制最显著的特征是强激励。一是通过特殊的佣金制度安排,使收入与业绩之间具有很强的相关性,激励个人代理营销人员发展业务。二是强化考核机制，通过业绩管理，强化对个人代理营销人员的发展和淘汰机制。三是通过特殊的组织架构，明确晋升通道，激励团队增员，形成一种类似于“金字塔”的管理模式。四是建立以晨会制度为代表的培训机制，快速提升个人代理营销人员的销售技巧，同时，营造和培育团队文化。大多数保险公司将个人代理营销制的相关内容，通过“基本法”的形式清晰、明确和合法化。

从客观看，个人代理营销制对于推动我国保险业，特别是人身保险的发展起到了积极且根本性的作用。保险作为一种特殊的金融服务产品，需要更多的营销，特别是“一对一”的宣传、解释和推广。同时，在我国传统文化的影响下，人们往往不愿意谈论风险。因此，特别需要通过更加专业、细致和人性化的辅导,建立科学的风险管理观。这一切均需要一支专业、激情和庞大的销售队伍,通过面对面和个性化的方式,普及风险和保险知识,提升保险的覆盖面，从这个视角看，个人代理营销制具有合理性与必要性。

问题的关键不是要不要，而是如何建立保险的营销制度和销售队伍。尽管个人代理营销制对我国人身保险的发展立下了汗马功劳，但随着我国保险行业的不断发展与成熟，个人代理营销制存在的问题也开始引起人们的关注，行业开始全面和理性地检视这一制度的利弊，以及背后的深层次问题。一个基本事实是，在“强激励”制度的驱动下，个人代理营销人员为了实现业绩，不惜采用各种手段，诱导消费者购买保险。因此，误导消费者、消费者满意度下降和行业信誉问题日益突出。

从根本上看，个人代理营销制的核心在于佣金制度，这一制度的逻辑基础是“逆跨期”，即将长期寿险保单的佣金变现，作为当期的激励，继而形成了一种高额的佣金激励制度。在这样的逻辑下，当期的佣金甚至可以超过保费，不仅让人难以理解，也成为诸如泛鑫事件等违规和违法活动的土壤。值得行业深刻反思的是这种制度的逻辑与保险的基础逻辑背道而驰。因为，保险的逻辑是基于未雨绸缪，通过一种“跨期”安排为未来做准备。个人代理营销制的逻辑是基于重赏之下必有勇夫，通过一种“逆跨期”安排，透支和牺牲未来。

这种佣金制度带来的另一个突出问题是保险定价和经营的合理性和公平性。由于个人代理营销制度的佣金模式，导致了保险定价中的“现金价值”概念，即在保险交易的同时，由于保险公司支付了较高比例的佣金，这就需要在被保险人的账户进行“扣除”。因此，在被保险人进行退保，特别是在投保不久后就退保的情况下，其得到的退保金只能是“扣除”后的“现金价值”，出现了大幅度“缩水”的情况。这在保险业看来是“合情合理”的，但在被保险人，乃至整个社会看来则是“不可思议”的。因此，这种佣金制度不仅极易引发保险纠纷，更使得投保人，乃至社会广泛质疑保险的合理与公平。

面向未来，保险业需要从社会责任和公平正义的视角，重新思考个人代理营销制问题，尤其是对个人代理营销制“基本法”的反思、检讨与重构。从表面上看，“劳务合同”的性质使保险企业能够简单和快速地形成销售力量，没有太多的后顾之忧，能够起到立竿见影的效果。但从根本上看，这种制度对于构建稳定的社会关系，建立劳动保护和保障制度均是不利的。同时，这种制度对于保险业的持续健康发展，特别是行业的队伍建设和专业能力提升也是不利的。因此，作为一种根本解，还是应当回归到劳动合同关系上，建立一种长期的合作关系，这是行业理性和健康发展的基础。

面向未来，科技，特别是人工智能的发展与应用，将对保险营销制度产生巨大冲击，“智能保顾”技术的出现，直接挑战了个人代理营销制，也包括各种传统保险中介存在的逻辑。从保险产品，特别是人寿保险产品看，不是一种简单的产品和服务，保险营销活动的本质是一种人际关系的构建，具有很强的服务性，个性化服务、客户体验和情感交流至关重要。因此，保险营销是不可能被人工智能简单取代的。

面向未来，保险业的发展需要一支高素质的营销队伍，未来的保险营销人员，不仅需要熟悉保险、风险和财富管理知识，还需要掌握现代科技手段，特别是大数据和人工智能技术。同时，还需要具备较强的沟通能力，最重要的是基于人性和人文关怀的能力与情怀。要实现这一目标，就需要重构保险营销管理理论与制度，特别是人力资源管理制度，建立一种科学规范、较为紧密、相对稳定和激励得当的管理机制。

八、集中，还是分布：形散神聚

对于现代金融的信息化建设而言，集中与分散始终是一对矛盾体。一方面是随着社会的发展，客户、销售和服务将越来越分散且移动，要“以客户为中心”，就势必要做到更加灵活，以适应客户和市场需求的变化。但经营管理，特别是内部的风险管控和外部的监管，均要求尽可能地集中，以有效控制风险。另一方面是越来越复杂的业务和管理与越来越灵活和多变的需求之间的矛盾，这些矛盾的背后挑战的是效率和创新能力。如果就事论事地看问题，二者的冲突和矛盾是绝对的、难以调和的。因此，需要从管理文化入手，实现知行合一。

从“以客户为中心”的视角看，客户肯定是分散的，进而销售和服务也是分散的，但运营管理和风险管理应是集中的。那么，如何处理好这个矛盾？传统智慧中的“形散神聚”给了我们很好的启发。“散”的是形态，是外在；“聚”的是神态，是内核。要知道金融的灵魂就是“形散神聚”，没有“散”的范围，就没有“聚”的基础，但离开了“聚”的实现，“散”也就失去了意义。更重要的是，“聚”不仅是管控的需要，更是价值实现的前提。

解决问题的出路在于导入“云管理”概念，其核心是运用中国传统文化“形散神聚”的理念，通过技术、制度和管理，尤其是“分布式”技术，实现集中、统一和刚性管理，即经营和服务的“形态”可以是分散的，而背后的管控，特别是风险管控的“神态”是集中的、可控的，从而较好地解决和平衡了集中管控与效率保证的矛盾，解决了集中运营与灵活服务的关系，最终实现“散而不乱”和“形散神不散”。

用发展的眼光看，无论是业务的视角，还是技术的范畴，均很难对“内”与“外”做严格的划分和界定。因此，内外兼修、内外融合和跨界思维就是一种必然。从本质上看，内外更多的是一种主观认知，而存在本身并无内外之分。从趋势上看，互联网给了跨界和融合以全新的可能，边界的模糊与重构，就成为一种必然。因为，无论是企业还是行业，很难去界定什么是“内”、什么是“外”。因为，内外的交错与融合已经成为一种必然。

从分布式的未来实施看，最大的挑战不是技术，而是理念，是对“内”与“外”再认识的理念进步。从纯技术的角度看，分布式的本质是企业内部范畴的概念。但面向未来，这种理解和认识肯定是狭隘的，是难以适应社会和经营管理变化需要的。因此，未来的分布式，无论是存在还是归属，均不是狭义的企业范畴，而是一种“跨界”的概念，是一种可以相互重叠的形式，即一种基于合作和利用的虚拟分布。这种虚拟分布，说到底已经不是传统意义上的“分布”概念，而是一种“你中有我，我中有你”的相互分布，其哲学基础是：内就是外，外也是内。

就方法论而言，充分理解金融行业信息化的发展规律，就能够更好地把握并实践分布式管理模式，尤其是平稳地推动转型与过渡。第一，要认识到，无论是“分”还是“合”，提升效率，强化管控，完善服务始终是不变的追求，因此，要做到万变不离其宗。第二，分布式是大集中的进化，二者之间不应当是割裂和断代的，而应当是一脉相承的，分布式需要传承大集中的“血脉”。第三，分布式与大集中需要有一个并行过程，这是一个客观和务实的需要，一方面是经营管理模式变化需要有一个过渡，另一方面是设备投入的消化也需要有一个过程。第四，区块链技术的出现给了分布式的应用以强有力的支持，因为区块链的基础逻辑就是分布式。同时，区块链的优势就在于支持分布式的落地，要高度重视并善加利用。

第四章

保险新存在：科技商业模式

第一节　商业模式新趋势

一、范式革命

“范式”一词本来源于信息技术，主要用于表述关系数据库的概念。这个词后来应用在管理学层面，得到了很好的发展。“范式革命”最早是库恩提出的，他提出了一个科学发展的历史阶段理论，认为每一个科学发展阶段都有特殊的内在结构，体现这种结构的模型就是范式。因此，可以把这种内在结构理解为一种关系。范式革命是指一个稳定的范式，如果不能够提供解决问题的适当方法，它就会变弱，继而就会出现一种范式革命，或者叫范式转移。范式革命基本遵循了这样的路线，即从遵循旧范式到修改旧范式，再到不得不摈弃旧范式，确立一种全新的范式。

从历史上看，挑战旧范式的力量往往是来自既有范式之外的，修改或者摒弃旧范式往往不是内部发起的。就当下互联网金融领域的变革来看，也可以得出类似的推论。作为一种曾经相对稳定的范式，传统金融已经不能提供与时俱进的解决方案了，势必使自己的能力越来越弱。这个时候，互联网技术作为一种外部力量的介入，倒逼金融业不得不修改，甚至是摒弃旧范式，继而建立一种新范式。

那么，新范式的内涵是什么？是基于新理论的经营理念和基于新技术的商业模式。范式理论告诉人们一个基本道理：新旧范式之间是不可通约的，它们之间没有公约数，是质的差别。回到互联网金融，从根本上看，互联网是要推动传统金融从一个旧范式向一个新范式转变。互联网金融是一个全新的范式，它与传统金融之间是没有公约数的，是不可能通约的。

事实上，关键是不能用传统金融的眼光和思维方式去看待互联网金融的风险。互联网金融肯定有风险，而且可能是更加复杂的风险，甚至是更为巨大的风险，解决问题的关键是要用互联网的思维去看这些风险，继而管理和控制这些风险。因为它与传统金融不属于同一个范式，二者之间存在质的差别。因此，需要以“范式思维”的视角，看待和管理互联网金融的风险，才能够对症下药，有效化解。与此同时，金融监管也面临全新的挑战，这些挑战不仅仅是控制和技术，还有理念与逻辑。

面向未来，将迎来数字金融时代，数字金融的本质是基于信息平等和技术民主的公平金融和普惠金融。从表面上看，数字金融带来的变化是改变了金融存在方式，继而提高了经营效率，为改善和深化服务创造了可能。从深层次看，数字金融将改变金融的格局，继而挑战并改变，乃至颠覆传统金融机构的强势地位，包括信息和专业优势，进一步满足消费者需求。同时，在分布式计算和人工智能技术的支持下，消费者能够更好地实现“自知之明”，从根本上实现“自主”。最终，数字化将让客户真正成为中心，从根本上推动“自金融”范式革命。

二、体验经济

作为金融服务业，保险提供的不是一种有形的商品，而是一种“看不见、摸不着”的服务，具体地讲是一种承诺，是通过承诺来稳定被保险人的预期。预期是一种典型的心理活动，是一个体验过程。由此可见，保险属于典型的体验经济的范畴。因此，需要高度关注体验经济问题，并将其作为改善保险经营，推动保险创新发展的基础视角。

纵观我国保险发展中出现的各种问题，其背后的一个共同因素是：体验。从社会和客户的视角看，保险的总体体验不佳是一个不争的事实。一方面是由于预期的偏离，即认为只要买了保险，所有的损失都应当得到赔付；另一方面是保险企业服务意识和能力不足，特别是对客户体验的认识不足。目前，我国保险企业仍处在发展的初级阶段，大多数保险企业仍处于“自我时代”，所有的经营管理均围绕着企业展开，产品和服务就容易陷入自以为是的盲目，客户体验被漠视就成为必然。

面向未来，保险业需要高度关注体验经济和客户体验问题。首先，随着社会的发展与进步，经济形态将从商品经济向服务经济过渡，体验是服务的核心元素，但客观地讲，大多数保险企业仍处于商品经济阶段。其次，随着消费者主体意识的增强，客户变得更“挑剔”是一种必然，关注并强化客户体验意识，将客户体验融入企业经营管理的各个方面，全面改善和提升客户体验是出路。最后，以互联网经济为代表的新生代，无不高举客户体验的大旗，向传统行业发起挑战，因此，重视并提升客户体验，已不再是“想不想”和“要不要”的问题，而是大势所趋，是历史的必然。

面向未来，保险业解决“客户体验”问题，能力固然重要，但更重要的是立场、观念和认识，即如何将“以客户为中心”从口号变为行动，成为一种意识、一种文化，继而成为一种行为习惯和自觉行动。同时，中国传统文化的智慧为领会客户的重要性并实际提升客户体验以很好的启发。中国人本文化的一个重要内涵与智慧是“将心比心，将人比己”，以换位思考、以同情心和同理心看“客户对待”问题，改善客户体验就不难了。

面向未来，要结合保险行业的特点，有针对性地解决客户体验问题。系统学习、研究和掌握体验经济理论是前提。在保险体验中，客户更关心的是理赔服务及其效率。因此，如何让理赔成为一种简单和轻松的过程是改善保险客户体验的关键，这不仅涉及理赔管理，也涉及产品改善和技术支持。此外，随着社会和经济的发展，人们的生活节奏不断加快，富裕而又忙碌的人们对消费体验有更丰富和更高标准的需求，如何满足和改善需求无疑是保险业面临的新挑战，产品、技术和服务的改善固然重要，但制度、技术和模式创新才是根本解。

三、共享经济

保险的本质就是共享经济，即投保人将自己的风险准备资金，通过保险的形式，在更大范围实行互助和共享，从而大幅度提高个体和社会风险保障基金的利用效率。这就是保险作为一种社会经济制度安排存在的逻辑基础。由此可见，保险是共享经济的鼻祖。在共享经济蓬勃发展的今天，保险不仅需要将共享的精神发扬光大，更需要在社会共享经济的发展中发挥应有和独特的作用。

在共享经济的时代背景下，保险业面临两大课题：一是共享经济保险，即如何为共享经济提供相应的保险服务，在有效分散共享经济风险的同时，促进共享经济的持续健康发展；二是保险共享经济，即如何利用共享经济的理念和环境，推动保险创新与发展，特别是更好地提高保险的经营效率。

保险在共享经济中将起到信用中介的作用。因为在互联网背景下，共享经济面临的最大挑战是信用，而保险的信用风险管理职能能够较好地解决信息不对称问题，为共享经济保驾护航。另外，保险在金融共生理论下，也面临共享与反哺问题，保险可以利用自身经营的资源优势，全面整合经营过程中的各种资源并加以利用，通过共享提高行业的运营效率。

共享经济的本质是“部分所有权”的临时性让渡，而所有权是风险与责任的基础和依据。因此，在所有权让渡的同时，风险与责任就出现了分离。尽管从归责的角度看，所有权人是最终承担者，但从促进共享经济发展的角度看，需要一个合理分配和有效分散机制。

共享经济保险的关键是确认受让方的可保利益，并将其纳入被保险人范畴，包括让渡物的财产损失和第三者责任。因此，共享经济保险的基本思路是基于所有权分离背景下的可保利益分解，即将原本全部属于所有权人的“四小权”，按照共享经济的形态进行分割，明确责任的期间和边界，并提供相应的保险。

共享经济保险的具体实现方式：一是采用由所有权人按照共享经济的形态，统一安排特别的“共享经济保险”，即将受让人纳入被保险人范畴，同时，在保险责任方面做出特别安排；二是采用要求受让人按照要求自行安排“使用责任保险”，同时，还可以将因“共享不能”期间给所有权人造成的“营业中断损失”纳入保险责任。

但在一些共享经济的实际场景中，可能难以满足传统保险对主体、责任和期间管理的需要。因此，也可以“笼统”主体、责任和期间的边界，采用“默认”动态让渡的现实，即“谁拥有，保障谁”的方式，确保在共享全过程中的充分保障。但这种做法将对产品、核保和风险管理提出更高的要求，需要确保可行与有效。

在保险行业的发展过程中，也面临着共享的课题。保险经营的重要依据是数据，而由于公司的历史和规模的因素，一些公司难以依靠自身的数据开展风险评估和定价，这需要将行业范围的数据共享。这种数据共享能够使风险定价更客观和科学，为科学和理性经营奠定基础，为此，保险行业通过保险行业协会、保险学会、保险精算师协会、保险资产管理行业协会、中国保险信息技术管理公司和保险交易所等平台对行业的数据开展了不同程度的共享，起到了较好的效果。

面向未来，保险行业在共享方面仍存在巨大的发展空间，特别是大量的中小公司的出现，不可能像大公司那样，构建自己“大而全”的运营支持体系，而通过行业共享的方式则是一条解决之道。最典型的应用场景是理赔和查勘能力的共享。行业可以构建“共享查勘”平台，通过培训和资格认证，形成“独立查勘人”队伍，保险公司可通过平台公布查勘需求信息，独立查勘人可通过“抢单”方式，获得并完成查勘工作，并向委托公司提交查勘报告，以获得相应的报酬。

四、碎片化经营

碎片化思维已成为创新和创业，尤其是互联网创新的一个重要概念和主要路径。但大多数人对于碎片化的认识是“碎片化”的。如果不能对碎片化有一个更加全面、系统和彻底的理解，那么基于碎片化的创新就缺乏了发展基础，特别是思想基础。如果用哲学的思维看，这个世界本来就是由一个个基本单元，即“碎片”组成的，因此，碎片是基本、广泛和普遍的存在形态，碎片化是与生俱来的，是一种回归。

碎片化概念之所以出现，一方面是因为人们在主观意识中有一种固有的“单位概念”，并将小于这种“单位”的单元称为“碎片”，这显然是一种相对概念，是一种思维定式。对“碎片”而言，仍然可以细分，即“碎片”的碎片。另一方面是因为长期以来，人们缺乏识别、管理和利用碎片的能力，互联网，特别是移动互联网技术的出现，给了人们利用“碎片”的可能。因此，“碎片化”的概念被广泛使用。

就保险而言，长期以来，由于客观条件的限制，许多碎片化的风险管理需求难以被满足，包括标的和时间维度的碎片化，不仅不可能，还不经济。互联网技术的出现，打破了传统的“单位概念”思维，能够以一个更小的单元视角，发现并满足人们对于风险管理的需求，给了保险的“碎片化”经营以全新的视角，实现路径将顺着“正”和“反”两个维度展开。

“正”维度更多的是从客户的视角出发，即利用互联网技术，对原来难以满足的客户碎片化的风险转移的需求进行发现、对接并满足，并为其提供更加全面和个性化的风险保障，提供更多的可能和更大的便利。例如退货运费保险、航班延误险等。

“反”维度更多的是从服务的视角出发，如何把传统的产品、价格和服务碎片化，更好地发现并满足客户的需要，而关键是打破行业的思维定式。这种碎片化通常是依托于场景的。因此，发现与实现均需要一种“场景思维”，场景的共享与联系是基本条件，以移动互联为代表的新技术是把握和实现的关键。

面向未来，“碎片化”将成为保险创新发展的重要视角、切入点和增长点。在推动“碎片化”创新发展中，除了要解决观念问题外，技术将成为决定的因素，其中，满足实时交互及管理的移动互联网将成为核心技术。通过这一技术，一方面能够实时发现、分析和确定保险需求，同时，能够实现便捷的保险交易；另一方面能够确保对风险的实时监控、度量和管理，防止道德风险和逆选择，同时能够最大限度地降低经营成本。

五、个性化经营

个性化的基本逻辑是人性化，即对人性的尊重和关照。一直以来，尽管大多数企业均声称要“以客户为中心”，但更多的还是从企业经营的角度出发，产品和服务的情况差强人意，其中有主观方面的因素，也有客观方面的原因，如难以了解客户的真实需求，或了解的成本太高。就保险而言，投保人面临的风险和需求均不相同，但传统保险提供的是相对标准和统一的产品。因此，由于这种经营方式在个性满足方面存在一定的缺陷，一些客户在损失发生之后不能得到充分补偿。

解决个性化问题的关键是客户的个性刻画，特别是基于风险暴露和风险偏好的描述。一直以来，保险业在客户个性刻画上面临两个挑战：一是大多数客户对自己的保险需求不清晰，所以也就难以描述，更谈不上刻画；二是对客户个性信息的获取渠道有限，传统经营是通过投保人填写投保单的方式，但这种方式获取的信息非常有限，而且面临信息真实性问题。

面向未来，大数据，尤其是社会和行为数据，为个性刻画创造了前所未有的条件。同时，个性刻画远远不只是产品和服务的个性化定制，还应该扩展为基于个性化的经营与管理，即不应局限于传统的客户视角，还应树立“消费者即生产者”的理念，通过与客户建立全面的互动关系，让客户参与产品开发、运营体系和服务模式的全过程。保险企业不仅仅是“以客户为中心”，更应成为“客户主导型”企业。

面向未来，就保险经营的个性化而言，大数据为保险的精准定价，特别是个性化定价提供了可能。通过精准定价，能够实现经营的科学与公平，防止“逆选择”，提供个性化服务。但与此同时，精准定价也面临一个“度”的把握问题，即“过犹不及”的问题。保险与其他商品和服务不同，不能追求简单的“一人一价”，需要有一定的“互助冗余”，只有这样才能够体现保险互助与友爱的社会性特征，才能够更好地发挥现代保险制度的作用。因此，精准定价不能走得太远，如果个性化定价走到了极致，就可能挑战保险的初衷和原则。

【相关案例】Slice Labs 科技保险公司

美国的 Slice Labs 成立于 2015 年，是一家以“个性化满足”为特色的科技保险公司。该公司希望利用技术赋能，打破传统保险行业的思维定式和经营模式，为共享经济和按需经济领域提供个性化的保险服务。它以爱彼迎和优步为代表的共享经济平台作为切入点，分析客户需求，打造按需服务的保险模式。同时，利用大数据、人工智能和互联网等技术，为客户提供简单、快捷、公平和可负担的保险服务。

六、场景营销

场景营销是未来营销，尤其是金融服务营销的主要形态。场景营销的最大特点是存在于“此时此地此景”。就保险而言，许多风险的存在均属于“转瞬即逝”，保险需求就在“一念之间”，及时发现、及时把握、及时满足成为关键。因此，保险场景营销必须具有快速发现、把握和实现的能力，特别是具有相应的技术能力。同时，场景营销具有很强的“或然性”，及时把握住并实现，就是商机和业务，否则，就可能成为过眼云烟。场景需求往往是碎片化的，往往存在于互联网经济场景中，因此，需要很强的洞察力、想象力和实现力，及时把握住客户基于场景的需求，并将其转化为保险产品与服务。

保险场景营销可以分为“主场”和“客场”。一直以来，保险业是以“主场”的角色出现的，即保险交易活动大多是在保险经营网点完成的，并形成了“主场思维”定式。随着互联网时代的到来，线下营业网点的作用在不断弱化，取而代之的是线上产品营销、业务处理和客户服务。因此，传统保险业必须面对并适应这一变化趋势。在发展互联网场景营销的过程中，传统保险业大多是通过公司的门户网站和 App（应用程序）开展场景营销的，但总体效果不佳，原因是保险公司的门户网站具有相对小众和专业的特点，加之保险具有低频属性，因此，不容易吸引客户和形成流量，客户的黏性相对较差。因此，保险公司的门户网站只能为存量客户提供服务，增量客户则需要通过与外部门户网站合作的方式获得。

随着互联网经济的崛起，作为金融服务业，保险不得不接受一个基本事实：未来的保险场景营销更多的是“客场”概念，即保险必须和只能在别人的主场，特别是公共门户和专业门户网站开展业务。这种“客场”处境，面临着“在人屋檐下，怎能不低头”的尴尬，带来的是引流和通道费用畸高、经营风险难以控制、售后服务无法保证等一系列问题。尽管一些保险公司也尝试着“反客为主”，将客场变为主场，但这并非易事。因此，保险公司应当更多地考虑如何在客场“作战”，即如何存在以及存在的方式，是独立存在还是附属存在，这需要在充分理解互联网商业模式的基础上，以合作共赢的思维，开展跨界合作，实现互利互惠、各尽所能、各得其所。

第二节　保险科技的发展与应用

一、保险科技

保险科技，从大的分类看，属于金融科技范畴，是从金融科技演化、分化和派生而来的。这种划分是基于保险与金融经营管理的共同特征，即维护信用、预测风险、实现集合、风险转移和专业管理等。因此，从采用的科技手段和解决方案看，保险科技与金融科技具有许多相似和共通的方面，如投资领域的智能投顾与保险领域的智能保顾，其核心技术基本相似。

保险科技与金融科技显著不同，最大的不同在于多样性，原因是保险的经营范围更广，服务内容更复杂和专业，与相关行业的关联性更大。一方面由于保险是一种“边缘学科”，保险经营管理的本质是基于服务对象的风险管理。因此，保险科技将涉及大量服务对象的领域，如人身保险，保险科技就可能涉及生命科学领域。再如农业保险，保险科技需要遥感技术和无人机技术的支撑。另一方面保险经营相对复杂，无论是保险产品设计和精算定价，还是查勘理赔和客户服务均涉及大量相关领域的技术。如车险查勘需要移动终端技术的支持，涉及图像比对技术。再如保险反欺诈涉及生物识别、数据挖掘等技术。

二、保险科技的分类

从保险科技的特征看，应用场景是主维度。因此，保险科技的分类也应顺着这一维度展开，具体可以分为三大类。第一类是传统经营管理的应用，侧重存量视角，即利用科技手段全面提升经营管理的效率，满足日益复杂的业务处理、风险管控和监管制度的需要，确保经营管理的平稳和高效运营，不断降低经营成本。第二类是提升服务能力的应用，侧重改善客户体验，即利用科技手段改善客户服务能力，满足客户需求，提升客户满意度和市场竞争力。第三类是创新发展的应用，侧重增量视角，即利用科技手段打造“保险+科技”的商业模式，提升保险服务在社会领域，尤其是在社会治理、社会保障和公共安全方面的能力，扩大保险的服务范围，实现跨越式发展。

国际保险监督官协会按照在保险领域应用的顺序对保险科技进行分类：第一类是已经或短期内可实现技术，包括数字化平台（互联网和移动互联网）、大数据和数据分析、P2P保险、按需保险、UBI保险；第二类是中期可实现技术，包括物联网、远程遥控、机器人、机器学习和人工智能；第三类是长期可实现技术，包括区块链、智能合约。国际保险监督官协会的分类具有浓厚的“非互联网”思维痕迹。因为，在互联网时代，一个最大的特点是“同时存在”，无论是个体还是区域，无论是技术还是模式，均很难进行清晰的界定和划分。

从保险经营管理的角度看，科技主要从三个层面给保险业带来深刻变革，即表层产品创新和销售渠道变革、中层业务和运营模式变革，以及底层架构和经营理念变革。普华永道在《2017年全球保险科技调查报告》中基于对40个国家和地区的189家保险公司的调查反馈，得出在未来一年内有超过84%的被调查者有投资大数据分析的可能性，投资移动技术的也占58%，很多保险公司在实际业务操作中已经同时使用了以上两种技术。

三、精算与定价领域的应用

近年来，我国保险公司和保险科技企业纷纷开展了人工智能在保险精算和定价领域的创新与探索，如太平洋保险公司推出了人工智能保险顾问“阿尔法保险”、泰康保险推出了智能保险机器人“TKer”、信美相互保险推出了机器人版的“精算师阿信”。此外，还出现了许多基于人工智能技术的智能保顾平台和服务模式，如“保险大白”等。

第一，精算的数据基础可能产生的变化，从以往主要依靠行业和公司内部数据，逐步发展到更多依靠外部数据；从主要依靠历史和静态数据，逐步发展到更多依靠实时和动态数据；从主要使用结构数据，逐步发展到更多利用非结构数据；从主要依靠标准，逐步发展到更多依赖语义能力。面向未来，能否把握数据的变化，是否具有获取新数据的能力，将直接决定精算能力。

第二，精算技术，包括建模等，将被人工智能技术改变，并催生按需、易构和产品化的趋势。同时，数据处理能力，特别是量子和超级计算的出现，将从根本上改变精算的基础。面向未来，计算模型和处理速度将成为核心能力。这种能力不仅意味着可能，更意味着权力，成为保险经营的关键能力。

第三，传统保险经营是建立在基于历史数据的“前定价”模式基础上的，但随着基于互联网的场景经营模式的出现，“前定价”模式已难以适应发展的需要，因此，需要“后定价”和“中定价”模式，甚至是“动态定价”模式。这种模式的主要应用领域是场景营销，特别是风险单位相对小、数量相对大、能够在一定范围和时期实现风险回归和平衡的业务。退货运费险就是典型代表，其本质是构建了一个“自平衡”的动态价格管理系统。

第四，传统保险精算是基于保险公司内部视角，即根据保险产品，通过对数据的分析和建模，确定保险价格。面向未来，随着保险经营管理的前置与外化，保险精算也将逐步从内部视角过渡到外部视角，实现前置与外化，即在业务前端构建计算能力和精算模块，就地获取外部数据，实时和动态确定保险价格。

第五，在全面数字化的背景下，准备金精算，尤其是未决赔款准备金精算，将进入智能化管理时代，即通过全面整合相关数据，利用人工智能和智能合约技术，从根本上改变定期评估的模式，实现实时、动态和自动的评估和校正，并将评估结果直接对接财务系统，实现实时的经营结果核算。

【相关案例】Insurify

2016 年成立的美国第一家在线车险经纪平台 Insurify，是一家以人工智能为核心技术的科技保险服务公司。该公司推出了人工智能保险代理人 Evia（Expert Virtual Insurance Agent，虚拟保险代理专家），用户只需要向其发送一张包含车牌照的车辆照片，Evia 即可实时为用户提供较为合适的车险报价。Insurify 连接了第三方数据库来核实用户的个人信息与驾驶记录，然后通过匹配来为用户提供合适的车险报价。

【相关案例】Acko General Insurance

Acko General Insurance 是一家以探索新型技术在保险行业应用为宗旨的印度保险公司，它致力于打造覆盖保险分销、承保和理赔的全流程和完全数字化的保险公司。该公司利用大数据等技术收集和分析互联网上的客户信息和数据，以精准定价，为客户提供个性化产品。利用基于客户信息数据的定价模型，使该公司提供的产品能够比传统保险公司的同类产品便宜 30%～40%。除了车险业务外，该公司还推出定制化的保险产品，如怀孕险和共享出行险等。

四、承保与核保领域的应用

首先是基于人工智能的承保系统。依托智能承保系统，保险公司根据不同的保险产品特点与要求，对不同保险产品的承保条件分别设置对应的承保选择规则。如在投保人身险的健康状况调查环节，根据被保险人不同健康状况，设置不同选项，通过系统将投保信息自动推送至智能审核系统。再如在汽车保险承保过程中，人工智能通过 VIN（车辆识别码）、行驶证、车牌号、车型、发动机号、行驶里程等多种信息的识别，实现自动验车和承保，过程简单、自动、高效、准确，为客户带来较好的体验。

其次是基于人工智能的核保系统。智能核保系统由基础数据库和分析规则组成，包括风险的分类、分组和量化分析，不同标的的风险相关性分析，承保标的与承保条件相关性分析。因此，有赖于大量、丰富和有效的基础数据以及专门化的训练。前期需要在人工的参与、训练和引导下，利用专业的核保知识、案例和经验，构建智能核保系统知识库和审核规则，实现专业、准确和高效的自动核保，有效释放劳动资源，降低企业经营成本。同时，有效降低和防止“逆选择”和道德风险。

【相关案例】Blue 保险公司

2018 年中国香港成立了第一家纯互联网寿险公司 Blue，该公司采用全互联网思维模式开展保险业务，灵活、快捷、简单和便宜成为该公司产品的主要特征。在投保方面，投保人只需回答三条健康评估问题即可获得保障，同时免付佣金。同时，灵活弹性是该公司的另一特征，被保险人可随时更改保障金额、保障年限及保费缴付期，并且无须支付手续费。Blue 的出现从根本上挑战并改变了一直以来的寿险经营模式，为客户提供了一种全新的选择和体验。

五、理赔领域的应用

保险理赔的本质是确定损失和适用条款。就确定损失而言，其核心是确定损失原因和损失程度，特别是损失程度。就人工而言，保险理赔属于专业性很强的工作，需要大量的专业知识，同时，需要长期的经验积累。因此，无论是专业知识，还是工作经验，均面临个体差异，理赔水平参差不齐，并且难以准确评估。同时，在人力成本不断上升的背景下，成为提高企业经营效益和竞争能力的障碍。

近年来，在保险业快速发展的同时，保险理赔能力和资源，无论是数量还是质量均跟不上行业发展的需要，理赔队伍超负荷运行，理赔和服务质量就无从谈起。为解决这些问题，加大投入固然重要，但利用科技手段，改变理赔模式才是根本出路。物联网、图像识别、人工智能、区块链、深度学习等新技术的发展与应用，为保险经营的定损和理赔创新提供了强有力的技术支撑，推动移动互联时代的保险定损和理赔模式发生迭代进步。

首先是基于图像识别的智能化保险定损。不同于传统定损的繁杂环节，基于图像识别的保险定损只需要上传证件照和保险标的出险现场照片、图像定损、用户确认、赔付四个环节即可完成。在智能定损过程中，人工智能充当定损人员的“大脑”和“眼睛”，通过部署在云端的算法识别事故照片，经连接保险公司后台，即可给出准确的定损结果。整个定损过程更加及时、简单、高效，极大地提升了客户体验，有效降低了企业成本，同时最大限度地降低了人工操作带来的工作失误和徇私舞弊风险。

其次是基于人工智能的数字化核赔理赔新模式。利用人工智能技术，在大数据和相关算法的基础上，结合保险理赔管理的规则引擎，对理赔案件，尤其是小额、高频、碎片化的互联网保险的理赔案件，进行智能审核、校验和处理。利用历史数据和内置算法，通过系统自动搜索数据，完成定损的数据计算任务，进行审核理算，在人机互检的基础上，快速进行核赔、理赔，协助保险工作人员快速、准确、高效、经济地处置理赔事件，实现数据处理的自动化，以及核赔、理赔的高效化和准确化，全面提升保险理赔的质量与服务水平。

最后是基于区块链的网络互助保险的自动分摊。区块链，尤其是智能合约，在相互保险组织领域的应用，能够实现保险合同在分布式系统下损失分摊的自动和自主执行，能够同时实现对保险合同主体身份等相关信息的真实和有效性验证，推动互助保险组织实现“自验证+自执行”的组合形式，打通互助保险自动交易、分摊、执行与管理各个环节，提供一个基于网络共识和自动执行机制的线上交易平台，由此催生基于信息化平台的互助保险组织，在安全、公开、可靠的基础上，实现高度自动和智能化运行。

【相关案例】定损宝

定损宝是阿里巴巴旗下的蚂蚁金服公司开发的一个基于互联网的车险定损工具，并于2017年开放给所有保险公司使用。定损宝是利用图像比对和人工智能技术，模拟车险定损环节中的人工作业流程，帮助保险公司实现简单高效的自动定损。目前，定损宝已被多家保险公司采用，使用次数超过千万次，节省定损人员工作量超75万个小时，并为行业节省赔案处理成本超过10亿元，减少理赔漏损约10亿元。

定损宝的核心能力包括：一是利用图像比对和人工智能技术进行损失确定，同时利用后台的零配件和工时费数据库进行修复费用的测算，实现简单和快速定损，大幅度降低理赔人员的工作量，继而降低保险公司的理赔成本；二是利用大数据和人工智能技术，能够对损失的类型和原因进行分析，高效开展保险反欺诈工作；三是能够为客户的自助理赔提供技术支持，对于一些小的擦碰事故，可以由被保险人自行进行取证和定损工作。

【相关案例】Tractable

Tractable是一家成立于2014年的科技公司，该公司致力于通过人工智能技术，特别是计算机视觉和图像比对技术，为汽车保险行业提供精准、高效和廉价的定损技术服务。其基本商业模式是，客户包括保险公司的理赔部门和车主，只需将车辆保险事故的受损图片上传到该公司，该公司就可以通过图像比对和调取维修成本库的数据，出具受损情况和修复费用的报告，同时，还可以为保险公司和车主推荐最近的修理厂。

【相关案例】Lifechain

Lifechain是美国大都会人寿保险公司利用区块链技术开发的基于智能合约的人身保险理赔服务平台。由于人寿保险具有较强的隐私特征，有时家属对死者是否已买保险并不知情。Lifechain可帮助死者的家属和亲人便捷和快速地确认相关保单的情况：是否属于保险责任范围，理赔条件和要求。同时，确定死者的家属和亲人是否为保单持有人和受益人，并自动提出理赔申请，大幅度简化保险理赔流程和手续，提升理赔效率，改善服务体验。

【相关案例】中保车服科技服务股份有限公司

在车辆保险的发展过程中，中小财产保险公司面临的一个突出问题是车险查勘能力不足和经营效率之间的矛盾，即中小财产保险公司不可能独立建立和维护一支庞大的查勘人员队伍，而查勘人员数量相对不足，就难以保证服务水平。为了解决这一难题，在中国保险行业协会的协调下，三十多家中小财产保险公司联合一批互联网企业，共同发起设立了中保车服科技服务股份有限公司。

作为互联网保险服务平台，该公司针对行业痛点和难点，依托互联网思维和科技手段，借鉴共享经济成功模式，整合社会资源，创建“互联网＋资源共享”的全新车险查勘模式，为保险公司的查勘理赔服务提供支持，从而提升保险行业服务能力，实现保险行业、保险公司、保险消费者和社会多方面的“互联互助，共享共赢”，成为保险行业基础设施和领先的科技应用平台。

六、保险反欺诈领域的应用

神经网络法是近年来使用越来越多的一种识别保险欺诈的方法，是以现代神经科学研究为基础、基于生物学理论、通过利用数学方法抽象和模仿生物体的神经系统而总结出来的一种方法，是一种信息处理和统计计算系统。神经网络法以实验取得的数据为基础，不需要预先建立函数，具有很强的自我调整、处理非线性数据以及容错抗干扰能力，能够反映所进行的实验数据之间的内在复杂联系，善于处理量特别大的统计资料，通过概括、对比和推理，总结出内在规律形成一个完整的欺诈因子识别系统。

神经网络法识别保险欺诈的原理（见图 4.1）是，首先输入欺诈识别因子，之后系统会根据因子所对应的权重计算出预测的概率以及误差，然后将误差重新输入系统，不断重复此过程，以将误差降到最低，最后得到最接近实际情况的输出结果。当有新的索赔案件发生时，将相关数据输入系统，系统就会根据已知相对应的权重得到估计值。这种动态非统计模型方法是一种依循经验来推理的方法，就是以过去发生的车险欺诈案例为主要的经验依据来判断未来可能发生的问题。当输入一个新的索赔案件到系统时，系统会从现有的案例库中搜寻相似的案例，判断新案例是否为欺诈。

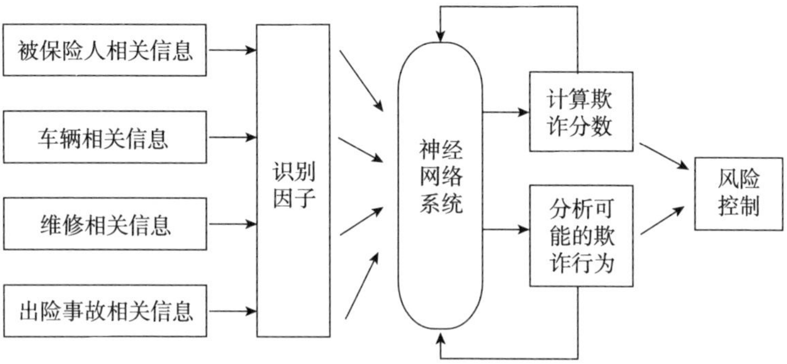

图 4.1　神经网络法识别保险欺诈的原理

第三节　保险新商业模式

一、保险新模式

科技发展，特别是互联网、大数据和区块链技术的出现，同时，社会变革，特别是保险型社会理论和“保险+”商业模式的发展，重新定义了保险理论、产业结构、市场机制、组织形态、产品和服务模式等。面向未来，保险行业面临本质创新可能带来全新的商业模式。

第一，在互联网，特别是移动互联网和物联网的推动下，集合作为保险商业模式中核心的环节，面临根本性的改变，不仅是集合的效率，更有集合的可能，进而孕育出互联网保险的商业模式。这种模式不仅表现为对传统经营模式的改变，更表现为创造出许多基于场景的商业模式，其本质是基于平台化思维，实现从“被集合”到“自集合”的转变，最终将催生“自保险”模式。

第二，在区块链技术的推动下，信用作为保险经营的前提和基础将面临根本性的改变。区块链能够提供基于算法的刚性信任，为保险信任模式的创新提供可能，并实现从“前信任”逐步发展到“后信任”模式，从基于中介的信任过渡到基于算法和机器的信任。最典型的应用场景是相互保险，在区块链技术的推动下，相互保险将实现回归，并开启相互保险 2.0 时代。

第三，在互联网和场景经营的背景下，保险经营管理将出现“外化”和“前置”的趋势，即保险经营的主要环节，如定价、承保和理赔等，均前置到业务场景中。这种模式是对传统经营理念和模式的颠覆，并挑战传统的监管模式。最典型的案例是退货运费险，无论是定价还是承保，无论是理赔还是服务，均被前置和外化到了淘宝的业务场景中，保险公司只是规则的制定者和结果的接受者。

第四，在全面深化社会治理体系改革的过程中，我国保险业探索出了“保险 +”商业模式。这种商业模式的根本是依托保险，不断延伸保险行业服务社会的范围，从参与社会风险管理和社会保障体系，到参与医疗、养老、汽车等相关产业链，从传统的保险服务，渗透到消费信贷、农村金融、投融资等相关金融服务领域。

第五，在传统保险商业模式下，通过投入资本金，形成承保能力，是保险公司经营的前提和基础。在互联网、区块链和智能合约的支持下，利用保险交易所平台，能够提供偿付能力的实时交易系统，打造偿付能力流动性管理平台，为偿付能力的动态管理提供可能。这种商业模式将从根本上颠覆传统的保险经营理念，并打造“没有资本金的保险公司”，并大幅度提高保险经营的金融效率。

【相关案例】Lemonade

美国的 Lemonade 保险公司成立于 2016 年 9 月，是一家以“保险科技”为标签的新型保险公司，其经营的业务是为出租的房屋、公寓、合作产权公寓、独立单位公寓等各种类型的房东和租客提供保险，产品包括租客保险、公寓保险、合作公寓保险和房屋保险四大类。

Lemonade 经营的最大特点是“标新立异”和“另辟蹊径”。

所谓“标新立异”，即Lemonade提出以行为经济学为理论基础，以人工智能作为经营核心，以互联网等技术作为运营支撑，从根本上区别于传统保险经营模式。所谓“另辟蹊径”，即Lemonade提出了“共益企业”的概念，从根本上区别于传统保险公司，并获得了客户的认同。同时，摒弃了传统中介模式，依托互联网，采用B2C（商对客）模式，直达并服务客户。

Lemonade的一个重要亮点是“共益企业”。共益企业，顾名思义是共同利益企业。它从根本上改变了传统企业“股东价值最大化”的逻辑，提出更加公平和正义的企业经营模式（见图4.2），即保险公司只按照保费的一定比例（20%）收取固定的运营管理费用，这一比例远低于一般商业保险公司的水平。保费的40%作为一般性理赔支出，另外的40%作为再保险安排（20%购买商业再保险，20%建立自己的再保险资金池），理赔资金如有结余，将捐给慈善机构，回归社会。这种模式，从根本上改变了被保险人与保险公司的对立关系，在经营的基本原则上取得共识。

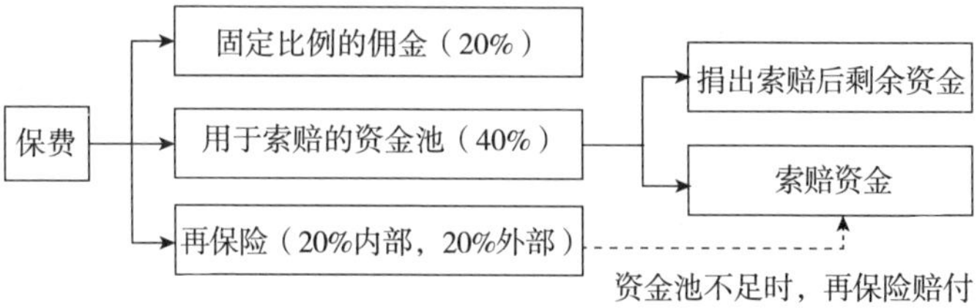

图4.2　Lemonade经营模式

Lemonade之所以能够承诺只按照保费的一定比例（20%）收取固定的运营管理费用，不仅依靠其独特的商业模式，如要求客户索赔前签署诚信公约，最大限度地减少道德风险，更重要的是其以科技，包括大数据、人工智能和互联网等，重构保险运营模式，最大特点是全面智能化，这不仅降低了运营成本，更改善了客户体验。

【相关案例】意时网

2011 年成立的上海意时网络科技有限公司以基于科技创新的“保险+”模式为主导，以消费场景为切入点，通过技术创新，改变传统的风险管理理念和模式，辅之以商业模式创新，推动保险的迭代发展，其中，最具代表意义的是手机碎屏保险。

随着手机的普及，手机维修成本也成了社会和消费者关注的焦点，利用保险解决手机使用风险，催生了手机碎屏保险。但在业务发展的初期，面临的最大问题是需求和供给的不匹配，即为了控制道德风险，保险公司只为新购置的手机提供保险，大多数的保险需求得不到满足。同时，保险公司面临着经营风险难以控制、营销成本相对较高、客户体验不佳等问题。为了解决问题，意时网设计了一系列小游戏作为验机风控的手段，让用户在趣味游戏投保的过程中适度降低已碎屏用户投保的概率，为客户直接投保提供了技术和经营管理的可能性。

同时，为了从根本上解决风险控制与客户服务问题，意时网成立了上门维修手机品牌“PaTica”，通过“保险 + 科技 + 服务”模式，将科技与制度创新在手机碎屏险领域的应用做到极致。通过上门服务，能够有效控制道德风险；通过专业维修，能够有效改善客户体验；通过自主运营，能够降低维修成本和解决旧机回收等问题。因此，意时网能够以较低和可控的成本，为客户提供优质的保险服务。

二、保险营销新模式

营销管理是保险公司经营管理的重要内容，也是保险公司经营的起点。就传统意义而言，保险营销主要是依靠保险公司的机构和员工。随着保险中介的发展，尤其是保险营销员制度的引入，从根本上改变了我国保险营销管理的基础环境，保险营销人员不再局限于保险公司的员工，也包括与保险公司形成保险代理（劳务合同）关系的机构和个人代理营销员。同时，互联网技术的普及，使保险营销逐步从线下发展到了线上，一方面扩大了营销人员的发展空间，提高了保险营销的效率；另一方面也给保险营销管理，特别是渠道管理提出了空前的挑战。

从表面上看，保险营销管理是人的管理，包括规范与激励；但从本质看，保险营销管理是一种信息管理。首先是营销人员的身份信息管理，这是渠道管理的基础。其次是合同信息管理，这是调整权利义务的基础。再次是业务信息管理，这是考核和评价的基础。最后是核算信息管理，这是分配与激励的基础。在传统管理理念和技术下，保险营销管理属于"金字塔"模式，包括"自下而上"的申报和"自上而下"的审批，这种管理模式的最大问题是层次多、结构和规则复杂，导致效率较低，更重要的是难以适应互联网时代的开放和平台思维，给营销模式创新造成基础制约。

面向未来，利用保险营销的数字资产管理平台，可以构建以互联网为依托的扁平化"同心圆"模式，实现更开放、灵活和高效的营销管理模式。一方面，将传统的保险代理机制，演进为基于互联网的全网营销网络，将传统保险公司与营销员的代理关系，以智能合约的方式在区块链中重构，构建新型信任关系。另一方面，以数字资产的方式，重塑对保险营销员的激励体系，营销员可以在社交网络中自主、灵活和高效地进行查询、报价、承保和结算，实现更加及时和灵活的激励，有效激发营销员展业活力。

【相关案例】人保 V 盟

为了解决保险营销管理中存在的问题，中国人保财险探索利用区块链技术，构建新型的保险营销管理体系——"人保 V 盟"。通过这个项目，一方面解决传统营销管理模式下存在的问题，另一方面为互联网时代的营销模式创新奠定技术基础。"人保 V 盟"的核心设计理念是，依托区块链技术，构建围绕保险营销的数字资产管理平台。对初期应用而言，按照营销人员和客户两个维度构建数字资产体系，依托这一体系：一是实现对营销人员的身份、业绩、考核和激励的管理，进而构建全新的营销管理模式；二是实现对客户的基本资料、投保情况、赔付情况、增值服务和回馈的管理，进而构建全新的客户关系管理模式。

三、客户服务新模式

首先是基于大数据的差异化服务。利用数据挖掘与全量分析模式，实时了解和捕捉客户的保险需求，并对客户保险需求进行科学分群，进而提供适销对路的产品与服务。大数据有效增加了保险业与客户的接触点和接触频率，创新了客户交互的维度和视角，使保险销售与服务更有针对性、更加人性化，有效解决客户痛点，降低了销售误导，提升了客户体验。

其次是基于人工智能的智能客服。利用语音与人脸识别、语义分析、深入学习等技术，智能客服可以准确捕捉客户需求，实现拟人化的人机交互，为客户提供更加耐心、更加专业、更加愉悦的服务建议和解决方案，在实现客户服务网络化和自助化的同时，大幅改善了保险与客户接触界面的友好性与和谐性，改变了保险客户服务与管理模式，有效提升了保险公司的运营效率、管理水平与客户满意度，降低了保险公司的人力成本、管理成本和培训成本。

最后是基于区块链的客户关系管理。依赖可靠、不可篡改的数据库，区块链将改变信息的登记与验证方式，打造“数字身份证”，并基于全网的多方验证形成数据信息的“自证明”模式，在被许可的前提下，保险公司可以实现对客户专属身份以及交易信息全面验证与管理，数据真实性和准确性全面提升。与此同时，投保人可自行添加被保险人，建立“家族谱”式的投保管理，从而使保险客户关系管理更加安全、高效和人性化。

四、再保险新模式

传统再保险业态具有显著的“黑箱”特征，即合约类型、交易层次和主体结构的相对复杂，导致严重的信息不对称。传统再保险，无论是合约的安排，特别是条件和费率的确定，还是赔款摊回的处理，均不得不陷入相对复杂和冗长的业务和账务处理流程，同时，还面临较为突出的信用风险。因此，人们越来越质疑传统再保险，一方面是结构过于复杂，导致制度效率较低；另一方面是由于不透明，公平性缺乏基础。

传统再保险商业模式中存在的问题，在传统业务环境下是难以破解的。科技，特别是互联网、大数据和区块链技术的出现，将彻底改变传统再保险的经营条件与环境，为问题的解决提供全新的视角和可能，其最大的突破在于重构再保险交易的技术环境，特别是利用区块链技术，打造基于刚性信任的交易平台。同时，利用智能合约技术，全面提升经营和交易的效率，孕育全新的风险融资机制，取代传统的再保险模式。

利用区块链技术，特别是共识机制、时间戳和智能合约等技术，结合再保险交易和风险管理特点，可以有效改变传统保险的风险分散模式，探索一种新的风险分散模式，其核心是用全新的“平面模式”取代传统的“层级模式”，实现对再保险交易的简化管理，有效降低交易的复杂性，明晰交易和信息传递的路径，实现一种更加简洁、灵活、透明、便捷和高效的风险分散模式。同时，为风险分散模式的创新、扩大分散范围、创造供给提供了可能。

【相关案例】ChainThat 区块链再保险解决方案

ChainThat 是一家成立于 2015 年 10 月的英国保险科技公司，该公司位于伦敦。以劳合社为代表的伦敦保险市场是全球保险和再保险的交易中心。通过对传统保险和再保险的剖析不难发现，保险行业的商业模型过于复杂化和中心化，各个业务流程运作缺乏透明度，十分低效。

该公司希望利用科技手段，尤其是区块链技术为保险公司和再保险公司提供技术服务和解决方案（见图 4.3），改变保险市场传统的合作模式，简化保险流程，降低交易过程中信息造假的可能性，提高保险市场的效率。

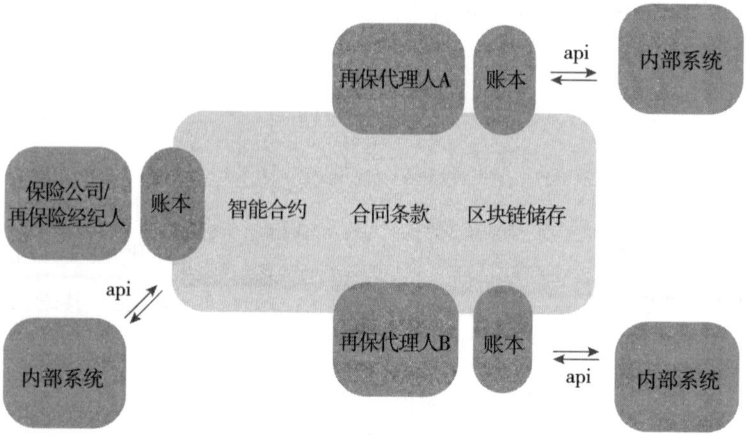

图 4.3　基于区块链技术的技术服务和解决方案

ChainThat 提出将伦敦劳合社再保险市场交易方式作为模型，把保险公司、再保险经纪人、再保险代理人和再保险公司等交易方通过点对点网络技术连接起来，建立以分布式账本存证、智能合约驱动的去中心化虚拟再保险交易市场。该解决方案简化了传统再保险交易的复杂流程，缩短了再保险交易的时间，并保证再保险交易过程中数据信息在各个交易方中的实时同步。同时 ChainThat 的再交易平台还支持电子签名技术，保险公司和再保险公司可以直接在平台上签署合作合约。

第四节　保险的未来形态

一、数字化社会与保险

全面数字化是社会发展的大趋势，数字化社会意味着全面和深度数字化，具体表现在两个主要维度：一是人的数字化，即包括人在内的所有生物将被逐步数字化，不仅是标的的数字化，也包括行为的数字化；二是物的数字化，即所有物体均被数字化，也包括物体状态的数字化。数字化社会包括“后数字化”和“原始数字化”两种形式，未来将逐步趋同于“原始数字化”，即社会的数字化是“与生俱来”的。同时，在互联网、移动互联网和物联网的支持下，数字化还将体现为互联互通、实时共享的形态。

保险的数字化转型以数据应用为基础，以现代信息通信技术为驱动，通过业务流程的优化和再造，实现以客户为中心、以体验为导向的商业模式创新。数字化本身是技术概念，数字化转型则是战略性业务转型。数字化转型的关键是技术，但不止于技术，核心是以客户为中心，通过实现商业模式转型与创新，以实现更优的客户体验、更高的运营效率。

面向未来，数字化转型是一个大趋势。就保险行业而言，数字化技术将引发行业边界、运营模式、交易频率、风险管理和服务领域等方面的一系列变化，逐步改造乃至重塑保险业态。同时，保险作为一个数据密集型行业，更应该积极顺应趋势，通过数字化赋能，优化保险经营管理的各个环节，实现移动化、线上化、一体化、智能化和平台化。通过数字化重塑，进一步孕育新的商业模式。

从全球实践看，保险企业数字化转型的关键是基于危机感和紧迫感的专业认知，即企业真正认识到数字化转型势在必行，没有退路。同时，理解什么是数字化，为什么要进行数字化转型，如何开展数字化转型，继而有针对性地制定转型战略和实施方案，通过强有力的组织保障，确保项目的实施并取得预期的效果。如安联集团在实施数字化转型的过程中，提出了实现“完全数字化”目标，有针对性地提出“数字默认”和“技术卓越”战略，并设立了五大转型支柱，从多角度推动集团的数字化转型。

就我国而言，保险业也面临着数字化转型的任务和挑战，保险企业也纷纷提出了以数字化转型为主题的战略举措。但数字化转型知易行难，尤其是传统保险企业的数字化转型更非易事。因为，数字化转型不是一个课题，也不是一个项目，而是一场深刻的变革，改变的不仅是经营技术和管理模式，还有经营理念、行为习惯和企业文化。

二、数字孪生技术与风险管理

数字孪生技术，是指对物理世界中的物体，通过数字化的手段在数字世界构建一个一模一样的实体，借此来实现对物理实体的了解、分析和优化。随着全面数字化时代的到来，尤其是物联网、感测技术、大数据、人工智能和虚拟现实技术的不断发展应用，越来越多的“物体”被数字化。同时，在更加全面互联互通，特别是在5G技术逐渐应用的环境下，这种数字化将呈现更加实时互动和镜像的特征，为风险管理提供全新的可能与视角。

利用数据孪生技术，可以实现对生产过程的预演，继而全面和仿真地评估风险。在产品生产之前，就可以通过虚拟生产的方式来模拟在不同产品、不同参数、不同外部条件下的生产过程，实现对产能、效率，以及可能出现的生产瓶颈等问题的提前预判，加速新产品导入的过程。这种技术应用的典型场景包括新药研发、汽车安全性实验、风洞试验等。

利用数据孪生技术，可以实现对各种实体的运行情况，特别是风险情况进行实时监控和干预，实现动态和有效管理。通过采集生产线上的各种生产设备的实时运行数据，实现全部生产过程的可视化监控，并且通过经验或者机器学习建立关键设备参数、检验指标的监控策略，对出现违背策略的异常情况进行及时处理和调整，实现稳定并不断优化的生产过程。这种技术应用的典型场景，首先是航空航天飞行器的健康维护与保障。其次，可以推广至各种设备、生产线、工程项目和工厂的风险管理与保障，尤其是工程项目具有原始数字化属性。最后，未来可以应用于人类的健康管理领域，通过穿戴式技术，能够获得更加全面和实时的生命数据，继而就可以构建一个数字化的个体，利用这种数字孪生技术，就可能对生命体进行实时、动态和全面的管理。

三、“动态生命表”遐想

《生命表》一直是人身保险的基础，但传统《生命表》主要是依托保险行业的数据，包括保单数据和赔案数据，这类数据的最大特点是基于保险经营环境下产生的，因此，既具有“共同语言”，又符合保险经营的逻辑。但与此同时，这类数据也存在总量相对有限，难以科学和客观地解释生命、健康和医疗现象的问题。此外，还存在时效性差的问题。一般而言，《生命表》的数据均是5～10年前的数据，在环境、社会和医疗技术快速发展的今天，将这类数据作为经营的基础依据，也面临着科学性和有效性的质疑。

面向未来，在大数据时代，特别是在“数字人生”和“数字医疗”的背景下，全社会的生命、健康和医疗将被极大程度地“原始数字化”。即生命体，以及相关的医疗、医药和健康等活动均以数字的形式表现：一是表现为多维特征，即数字出现多维性特征，能够更加全面和细致地观察生命；二是表现为实时性，即在互联网、物联网和可穿戴设备的共同推动下，大幅度提高数据的时效性；三是表现为系统性，即个体之间和部门之间的数据相互共享，为系统观察和解释提供了可能。在这一趋势下，将迎来生命、健康和医疗海量数据时代，不仅为生命和健康管理提供了便利，也给保险业带来了全新课题。

面向未来，从技术和经营的稳定性视角看，《生命表》仍具有合理性。但一个基本的判断是，仅依靠《生命表》开展产品开发、精算定价和责任准备是远远不够的。一方面是《生命表》的时效性将面临越来越大的挑战，诸如“平均余命”和“重疾”等问题。另一方面是医疗技术，特别是检测技术（检出率）的发展，挑战了传统的“发病率”和“死亡率”，同时，也为保险的创新与发展营造了巨大的空间。因此，在第三套《生命表》编制的同时，中国精算师协会同步搭建了数据资源强大的生命表资料库，为产品开发和更加科学的经营提供数据支持。

面向未来，特别是大数据和计算医学时代的到来，将从根本上挑战传统的人身保险经营的基础，包括定价理论和精算技术，一方面要建立“动态生命表”的理念与技术，即《生命表》不再是一个静态数据库，而是一个动态数据平台，确保能够实时地反映生命相关风险水平。另一方面，要解决数据和风险的实时性与定价和经营的稳定性之间的矛盾。因此，要建立新的人身保险价格管理机制，通过基础风险与调整风险相结合的动态调整机制，确保经营的科学、稳定和可行。

四、保险的未来 = 分布式 + 结构力

科技给保险带来的影响和变化是深刻和显著的。科技在保险领域的应用则更为广泛和深入。因为，相对而言，保险的业态更交错、更复杂，正是这种交错和复杂，给了科技的创新和应用以更多的可能和场景。在科技创新的背景下，保险的未来属于“分布式 + 结构力”，未来社会将进入“自（智）保险”时代，包括自我（自主）的“自”和智慧的“智”，并实现保险的迭代发展。

首先，就分布式而言，本质上是改变传统保险集合（营销）的逻辑，打造基于“以客户为中心”的分布式商业模式。从技术路径看，从分布式存储到分布式（边缘）计算，从分布式计算走向分布式网络，从相对静态的分布走向动态的分布，从相对随意的分布走向相对刚性的分布，从相对简单的分布走向一种基于自定义、自结构和智能化的分布。就“人”的分布，将从智能手机、简单的可穿戴设备走向植入式设备。就“物”的分布，包括物联网背景下的车联网与家联网。此外，未来分布式的特点是“自带计算”，即 AI（人工智能）边缘化和边缘化 AI，使每一个终端均具有很强的数据存储和处理能力，作为具有“自知之明”的终端，能够成为“专属营业网点”，使真正意义上的 P2P 成为可能、成为现实。

其次，就结构力而言，在分布式背景下秩序是关键，因此，结构力至关重要。区块链技术具有极强的结构力，这种结构力不仅体现在数量上，更体现在功能上，即它不是简单意义上的结构，能够将一种简单的关系结构进化为一种复杂的利益结构。面向未来，这种结构力将体现为：从联系到管理，从简单的信息联系到复杂的信任结构与管理，从信息网络到价值网络，从简单地连接到可定义结构，从相对弹性的结构到更加刚性的秩序，从预先的设计到智能化的存在。结构的本质是权力和利益的（再）分配，信用、刚性和效率将成为关键，结构力决定了未来“分布式保险”的秩序与管理。

第五章

汽车保险

随着社会和经济的发展，汽车已走进千家万户，从奢侈品变成日用品，汽车保险也从一个遥远和陌生的概念，成为与人们生活密切相关的金融服务。同时，2018 年我国汽车保险业务的规模已达到了 7 834 亿元，占据了财产保险市场的一大半，可谓举足轻重。

面向未来，随着新能源汽车、共享汽车、二手车、汽车金融、汽车延保等概念的出现，尤其是无人驾驶汽车时代的到来，汽车保险将面临何去何从的抉择，值得认真思考。把握机遇，创新思维，融入时代，也许是唯一的选择。

第一节 车联网保险

车联网保险的本质是将车联网技术融入汽车保险经营中，打造全新的车险商业模式。大多数人将其理解为“按照使用付费的保险”，即 UBI，或者说是一种新的定价模式。车联网保险除了能够使定价更加科学，更好地解决投保人之间的公平外，还能够为提升保险服务、改善驾驶行为和交通环境、促进社会和谐方面做出更大的贡献。因此，UBI 还有另一种定义，即“按照驾驶行为付费的保险”，其本质是“PAYD”，即按照驾驶情况付费，包括驾驶里程和驾驶行为。通过将驾驶行为导入保险定价，特别是“奖惩型定价体系”，对驾驶行为良好的驾驶人员予以保险奖励，这能够更好地鼓励安全驾驶，改善道路交通环境。

一、车联网的基本情况

车联网是物联网的一个分支，也属于 TMT 产业，即技术、媒体和通信产业的一个分支，因此，车联网是一个十分复杂的产业链群。通过不同的视角，车联网可以划分为不同的门类。

从应用的对象上看，可以分为营业客货运车和乘用车两大类。近年来，各国为了加强对运输行业的管理，特别是一些公路客运和危险品运输的安全管理，均强制要求运输单位使用车联网技术，并在此基础上建立实时动态的监控与管理。对乘用车而言，更多的是由整车厂和用户根据实际情况自主选择使用，目前大多是由整车厂作为一种专门的配置提供。

从安装的模式上看，可分为前装市场和后装市场。前装市场是以整车厂主导的面向乘用车消费者的前装车联网，如通用汽车的“安吉星”（OnStar）系列。后装市场分为两个部分：一是面向营业客货运车的后装车联网；二是以定位导航厂商为主导的后装车联网，如高德地图等。未来保险业将在后装市场上扮演重要角色，利用车联网设备，能够为汽车保险的UBI业务模式创新提供技术支持。

保险业在开展车联网保险过程中，主要取决于内、外部两个方面的因素。从内部因素看，规模和专业决定了不同保险公司采取不同的对策，就一般情况而言，规模相对大和专业化程度相对高的保险公司更倾向于自建平台的模式，即由保险公司负责提供“一揽子”的车联网服务。但规模相对小的公司，往往难以独自运行和维护平台，所以更多的是采用与外部车联网技术服务商，或者是电信运营商合作的方式，有的则直接把车联网的数据采集、传输和处理全部外包给外部合作伙伴。从外部因素看，目前我国车联网技术服务商的经营仍处于起步阶段，专业性相对较差，无法提供专业服务。从发展的角度看，专业化是未来我国车联网技术服务商发展的方向。同时，全面整合相关数据的能力，尤其是交通环境信息，将成为未来车联网技术服务商的核心能力，也将成为与保险业合作的重要基础。

二、国外车联网保险的发展与实践

从全球范围看，特别是在保险发达市场，越来越多的保险公司参与车联网保险的领域中，其中有的保险公司采用相对独立的方式开展应用，但更多的保险公司是与车联网公司合作开展应用的。此外，在应用程度上也不尽相同，有的保险公司应用的程度相对较深，即将驾驶行为等动态的因素纳入考量。但也有一些保险公司仅仅是将行驶里程纳入定价，采用“基础保费”加“里程保费”的模式。这种模式比传统汽车保险的保费能够降低20%~50%，因此受到了消费者的欢迎。同时，在国外有一些群体，如年轻人，驾车风险相对较大。因此，大多数保险公司不愿意承保，故在承保条件上相对苛刻，导致这些群体无法获得汽车保险的保障。车联网技术出现后，一些保险公司开始利用这一技术开发针对这些特殊风险群体的保险业务，即它们要求投保人在汽车上安装车联网设备，通过这些设备，能够有效地评估驾驶人的驾驶行为，从而确定是否可以承保。这种做法，一方面使这一群体能够获得保险服务；另一方面也能够在有效控制风险的基础上，扩大业务。一项调查表明：发达国家有 65% 的驾驶员对在车上安装车联网设备表示感兴趣，高达 84% 的消费者表示愿意参与车联网设备的试点，以根据他们的驾驶行为来确定车险保费。

美国是较早开展车联网保险的国家，各主要保险公司大都积极推广车联网保险项目，超过一半的州有四款以上的车联网保险产品，车联网保险业务在个人车险市场中的占比呈现不断增长的态势。目前，美国大约有 140 万辆车的车主参与车联网保险业务，其中有 2/3 的车主最终获得平均 10% ~ 15% 的保费折扣。同时，美国的保险监管机构对车联网保险产品，一改以往对保险产品创新的审慎态度，予以积极的支持，目前已经有几个州通过制定法律法规来保障车联网保险产品的顺利推进。

美国好事达保险公司是美国第二大车险服务提供商，已在全美 22 个州推广车联网保险产品。通过采集驾驶里程数、刹车次数和超速情况等数据，科学确定保险费率。客户在首次投保车联网保险产品时，可享受 9 折优惠。据统计，大约有 70% 的客户在长期使用后，保费得到了优惠，平均优惠折扣为 14%。同时，79% 的客户愿意购买 UBI 产品，特别是在得知保费会下降时，有 89% 的客户愿意购买。

美国前进保险公司是美国较早推出基于车辆驾驶信息保险计划的公司，具有较为成熟的车联网保险产品，获得了基于 100 万份保单的 50 亿英里（约 80 亿千米）的行驶数据。通过 Snapshot（快照）计划，在车辆上安装驾驶行为记录仪收集驾驶人 30 天的驾驶数据（包括是否常开车、是否经常急刹车、是否在夜间驾车等），可以为被保险人厘定差异化的费率。但该产品无 GPS（全球定位系统），无法检测位置和时速。通过 30 天的检测期，即可根据驾驶习惯，给予客户不同程度的优惠，如果客户坚持用满半年，将会另外得到一笔优惠，但费率折扣的上限为 30%。

美国全国保险公司的车联网保险产品主要是针对青少年驾驶群体及其

家庭，通过收集行驶里程数、夜间行驶里程数、加速次数、刹车次数等，协助父母了解孩子的驾驶行为和习惯。同时，还提供免费的驾驶行为课程，帮助青少年养成良好的驾驶习惯。24 岁以下的青少年购买该产品可获得最高 5% 的优惠。

美国利宝互助保险公司的车联网终端是一款带 GPS 监控的里程检测产品，主要的目标客户是大型车队。通过这一产品，能够帮助车队开展车辆的安全管理，有效管控风险，同时，还可以实现对驾驶人员的管理。如驾驶人的驾驶习惯有改善，保险公司将提供油卡和保费折扣优惠。利宝互助保险公司车联网保险服务的特点是，关注车队内部管理，为车队提供专门化的服务，包括提供各种分析报告、驾驶人驾驶行为报告、车辆油耗报告，协助车队强化内部管理。同时，改善驾驶行为的车队，平均可以获得 15% 的保费优惠。

美国州立农业保险公司是北美最大的汽车保险公司，其车险业务在美国的市场份额超过 20%。2011 年 8 月，该公司与车联网服务提供商 Hughes 合作，推出 Drive Safe & Save（安全驾驶和节省）保险计划，通过已安装在车辆上的安吉星、SYNC（车载通信互动系统）或自有 in-drive（车载系统）收集驾驶信息，可为驾驶行为良好的优质客户提供最高 50% 的保费折扣。此外，该公司还利用车联网技术，为客户提供更加全面的服务，如道路救援、驾驶监控等。还为一些家庭的父母提供对年轻子女驾驶行为的监控，以消除他们的担心。

美国 Metromile 公司是一家成立于 2011 年的汽车保险公司，该公司利用车联网技术，改变了传统的固定收费模式，提供按里程收费的汽车保险，让开车少的人支付更少的保费，实现里程维度上的个性化定价。Metromile 还能为车主提供更多的智能服务，例如，最优的导航线路、查看油耗情况、检测汽车健康状况、汽车定位、一键寻找附近的修车公司、贴条警示等服务。

英国 Insure the Box 公司是一家成立于 2010 年，专注经营车联网保险产品的保险公司。该公司走出了一条车辆保险经营的“另类”道路。该公司针对年轻的男性客户设计了一个“保险充值”的概念。客户通过购买以里程为单位的充值卡进行保险消费，在客户使用车辆的过程中，公司利用车联网技术，为客户建立一个“保险账户”，记录客户的实际驾驶里程，和客户的驾驶行为，据此确定客户的实际“消费里程”，并从充值卡上扣除。这种充值卡没有保险期限的限制，而是按照实际使用情况进行消费，因此，受到了客户的欢迎。

意大利忠利保险公司与西班牙电信公司 Telefónica 开展合作，推出了“按里程付费”的汽车保险产品，并将目标锁定在按照传统保险属于“高风险”的年轻人群体，通过这种新的汽车保险技术和定价机制，原本需缴纳高额保费的年轻人可能节省高达 40% 的保费。

南非和德保险公司是南非市场上最早采用车联网技术的保险企业，开发了专有按里程计费与按驾驶行为计费的车险产品，结合驾驶行为记录仪收集的数据，制定每辆车的专属车险价格。

三、车联网保险需要关注的几个问题

我国车联网保险起步较早，从总体的发展情况看，虽取得了一定的成绩，但与预期相比，仍存在较大差距，关键是没有形成相对成熟的商业模式。究其原因，有汽车产业方面的，有相关技术方面的，也有保险业自身的。特别是这个时期，恰好我国全面开展商业车险改革。因此，在一定程度上制约了车联网保险的发展。

在车联网保险的发展过程中，重点围绕破解技术选型、建模技术和商业模式三大难题展开。技术选型的关键是解决“刚性绑定”问题，建模技术的关键是解决验证问题，商业模式的难点是隐私保护问题，特别是个人业务领域，而这个问题的解决又依赖于技术和建模的配合，需要综合解决。商业模式的另一个难点是与现有的定价体系之间的矛盾问题，相对而言，车队业务更容易达成共识。在开展车联网保险过程中，面临以下突出问题。

第一，前装还是后装。在车联网保险的发展过程中，面临的第一个问题就是回答和选择“前装”还是“后装”，这是一个非常复杂和现实的问题。无论是整车厂还是相关行业均陷于这一难题中。这也是在发展车联网保险中绕不过去的一个问题。从发展的大趋势看，“前装”是必然，是大势所趋。

但就未来相当长的一个时期看，“后装”是必要，特别是二手车将成为未来汽车消费的主流。

就“后装”市场而言，谁将成为主角，是定位还是维保，或是保险，关键是谁能够形成一种“杀手级”的应用，并形成相应的商业模式。汽车保险凭借数以千万计的客户群和数千亿元的保费规模，同时，车联网技术又是推动汽车保险产业升级的关键技术，能够带来可观的经济效益和社会贡献，因此，有理由相信汽车保险是车联网“后装”市场的主角。

第二，刚性绑定问题。车联网保险面临的最现实的挑战是：如何存在，即刚性绑定难题。从市场实践看，有三种存在模式，并各有千秋。独立存在模式，面临的最大挑战是要“破线”，不仅可能影响整车的安全和质量，同时还面临客户接受度问题。OBD（车载自动诊断系统）存在是最成熟的模式，也是市场最常见的模式。App 存在面临的最大挑战是刚性绑定，即道德风险，同时还面临数据有限的问题。此外，通信成本也是发展车联网保险需要关注的一个现实问题。

面向未来，车联网技术发展仍存在较大的不确定性，随着我国“北斗”卫星定位系统的发展，特别是在民用精度方面的突破，汽车动态信息将实现从“主动模式”向“被动模式”转化，进而从根本上改变技术的基础。与此同时，建筑物内定位技术的突破，将实现无缝衔接和全覆盖。iBeacon（必肯）技术为建筑物内的定位和导航提供了新途径，除了能够很好地解决停车场定位外，还能够实现与卫星定位系统的衔接，为客户提供更加全面精准的服务。

第三，计算维度。车联网保险应用的基础是计算，早期的车联网保险的计算维度相对简单，难以客观和全面反映和评估驾驶行为。赛车游戏的基本框架建立在汽车运动的“三维计算”基础上，即包括汽车、环境和驾驶人，是基于三维的实时和动态数据的叠加计算。车联网保险的本质也是三维的计算，但早期的车联网保险只是基于定位的动态计算，进而判断驾驶行为。但在汽车驾驶和运动过程中，以路况为代表的环境是一个重要因素，即“人在车上，车在境中”。因此，应当将环境因素纳入计算。

未来的车联网保险应当构建基于“三维”思维的技术架构，关注三维数据的获取、计算和合成。在三维计算中，“车”是运动的主角。因此，“车”的计算是基础和前提，也是最终的指向。随着全面“前装时代”的到来，车况，包括工况和操作数据的获取将成为自然，同时，姿态数据也是重要的风险数据，需予以高度关注。此外，位置计算是汽车状态计算的重要实现，包括对驾驶行为的计算。但面临的挑战是模型的有效、可靠和公信，包括与驾驶行为之间的关系解释。

“境”的计算往往容易被忽视，而“境”恰恰是重要的风险因素。在智能和无人驾驶时代，“境”的计算问题会越来越突出和重要。“境”的计算包括微观、宏观和条件三个维度，微观计算主要是相对距离计算，这是“自动避碰系统”的基础；宏观计算主要是中尺度和大尺度计算，一方面解决预警问题，另一方面解决路况判断与选择问题；条件计算主要是与行车和驾驶相关的气候条件计算，重点关注影响能见度的雨、雪、雾和霾等，同时，也要关注影响驾驶环境的风，特别是侧风，以及路面结冰和涉水风险等路况信息。

尽管“车”与“境”均至关重要，但起决定性因素的是人。因此，“人”的计算是关键。同时，“人”的计算不是属于最复杂的计算。从目前的情况看，一种是基于驾驶结果的计算，即通过汽车状态和姿态来判断人的驾驶行为，这种计算更多的是基于表象的判断和评价。另一种是基于心理学基础的计算，通过驾驶心理模型，对驾驶员的驾驶心理和技能进行评估，这种计算对于车队的驾驶员录用与管理具有显著的实用价值。此外，在汽车保险定价过程中，还面临的一个突出问题是“指定驾驶员”。面向未来，基于车联网、生物识别和区块链等技术，将为真正意义上“从人因素”的分类和归因分析提供可能。除上述三个维度的计算外，从汽车使用的实际需求看，连接计算也是需要关注的重点领域，特别是在停车和加油上，包括寻找、推荐和预约。

第四，通信方式。通信是车联网保险的重要因素。技术选型和实现方式，不仅涉及速度、精度和效率，还涉及成本。从通信技术发展趋势看，在形式上，将出现不同对象之间的互联互通，如 V2V（车对车）、V2P（车对人）、V2R（车对路）和 V2I（车对基础设施）等，核心是类似 BT（英国电信）的“接力模式”，实现就近和高效的“点对点”，将推动通信的低成本化，甚至是免费化，给车联网保险的发展以无限的想象空间。

与通信成本相关的一个重要因素是传输量，而影响传输量的一个重要因素是计算安排。早期车联网保险采用的是“后计算”模式，即将前端数据实时传回，通过后台的计算分析，判断汽车姿态和移动轨迹，在这种模式下，数据传输量相对较大。在车联网保险的发展过程中，逐步采用了“前计算”模式，即采用边缘和分布式计算，将计算能力前置到车联网终端，最终只是将计算结果传回。在这种模式下，数据传输量相对较小。同时，前计算能力和异常触发机制是重点。

第五，隐私保护问题。在车联网保险，特别是在个人业务发展过程中，面临的最大挑战是隐私保护问题。对于这一问题，制度解决固然重要，但更彻底的是技术解决。需要换一个思路重新考虑“算什么”“算与不算”等问题，特别是精准计算问题。也许“模糊计算”是一条出路，即不需要确定车辆的精确位置，只需要确定其在某一个费率区划即可。

生物识别技术将成为车联网保险发展的关键技术，一方面能够有效实现“验明正身”，提高定价的准确性；另一方面能够进行安全预警，为客户提供增值服务。生物识别技术发展可谓日新月异，技术的采用面临适用性和经济性的分析与权衡，更重要的是解决好信息安全与隐私保护问题。

区块链的技术特征与车联网保险具有高度的相似性，一方面是能够较好地解决原始数据的公信记录问题，从而解决基础数据的真实性问题；另一方面“去中心化”，为“点对点”的信息交换与价值转移提供可能。同时，还能够很好地解决隐私保护和身份认证问题。

通过车联网技术的应用，保险业已逐步探索建立了基于车联网和移动终端的保险服务新模式，并形成了清晰的技术路线图，包括基于安全驾驶的全面信息服务体系和基于交通事故的全过程保险服务体系。面向未来，保险业需要以更加开放的态度，加强与相关方面的合作，包括与整车厂、交通管理部门和车联网企业的合作，共同打造综合服务型的车联网保险体系。

【辅助资料】传感城市与智慧交通

“传感城市”是一种基于感测技术、生物识别、物联网和人工智能的“新城市形态”，是一个能够感知环境信息和人类行为数据的“智慧体”，不仅能够为城市治理提供全新的思路，更能够为市民的生活提供更加智慧的服务。在初期的应用中，交通治理和环境保护是两个重点。

从交通管理的角度看，通过网络化的监控体系，能够及时发现道路上的异常情况，如交通事故，并及时处理，实现智能交通管理。同时，能够对道路资源进行有效利用，通过红绿灯时间间隔调整、潮汐车道管理等手段，对车辆进行动态诱导，大大提高道路通行效率。此外，运用人工智能技术，还能够实现人行道的交通信号灯自动跟踪行人、自行车和汽车，以确保行人的安全。

【相关案例】Next Generation Platform

Next Generation Platform 是 Octo Telematics 科技公司打造的一个基于物联网（车联网）保险的信息和技术服务平台，这个平台可以整合任何应用平台接口，提供完全模块化的车载信息通信架构。通过传感器收集的信息，可以进行多面向分析，除了车载信息通信服务的核心项目，例如，驾驶人行为方式评比以及车祸和保险索赔分析，还可以为保险公司提供更精准的风险分析。

Octo Telematics科技公司已与超过100家保险公司达成合作，为它们提供保险用户的驾驶行为、背景和驾驶习惯数据分析等服务。除了个人保险远程信息处理外，主营业务还包括商业保险和商业车队的远程信息处理、共享移动解决方案、风险评分服务、远程信息处理数据市场、咨询服务等。

【相关案例】Root

Root 是一家完全依靠手机化和基于 App 的美国汽车保险公

司。Root通过使用移动电话技术、机器学习以及车载信息服务等来设定保费。Root通过分析驾驶变量来评估驾驶员在驾驶过程中面临的风险，如刹车、转弯以及驾驶时使用电话等，利用专有算法识别驾驶习惯被评级为“良好”的驾驶员，并仅向这些驾驶习惯评级为“良好”的驾驶员提供车险保障。

【相关案例】里程保

里程保是中国第一家倡导车险按里程付费的保险科技公司，通过整合车载后装硬件、手机App、前装主机厂等多个数据源，打造一个与保险公司交互的车险按里程付费的支撑平台。通过里程保，车主可以根据自己实际驾驶里程数，支付差异化的保险费用，并获得包括车况监测、车辆定位等在内的增值服务。保险公司可以实现低成本获客，细分到低里程、低风险、低赔付的车主，实现多样化市场运营，获得更细分的车险市场。目前，里程保在南京、苏州、无锡、上海四个城市发展业务，实名认证车主100 000人，续保率超过80%，实现了细分群体的品牌定位，用户体验得到广泛认可。

里程保为用户提供了硬件版和非硬件版两种选择。硬件版需要安装车载智能硬件，并将用户每年年行驶里程，分为5 000千米、10 000千米、15 000千米三个“车险套餐”，用户只要不超过这些里程数，就可享受专属的车险折扣和优惠服务，整个环节均自动采集发送完成，用户只需通过里程保App，就可以随时随地查看到自己每次驾驶的里程数和所花费的车险保费。非硬件版无须安装车载智能硬件，里程保每月固定拍照开放时段，用户只需拍摄自己当月里程表上传照片，即可完成里程数的采集和收集。里程保还发明了基于实时拍照技术的数字编码防作弊技术和审核机制等。里程保也可以直接接入前装汽车主机厂车主生态，为前装汽车用户提供车险按里程付费的服务。

第二节　新能源汽车保险

一、新能源汽车发展情况

新能源汽车已成为我国未来汽车的主要技术选型。国家大力推广应用新能源和清洁能源汽车，加大新能源和清洁能源汽车在城市公交、出租汽车、城市配送、邮政快递、机场、铁路货场、重点区域港口等领域的应用。综合考虑国家发展战略、技术发展阶段、市场接受度等因素，预计我国短期内将以混合动力汽车和纯电动汽车为发展重点，并逐步更加侧重纯电动汽车的发展。

预计到 2020 年底前，城市公交、出租车及城市配送等领域新能源汽车保有量达到 60 万辆，重点区域的直辖市、省会城市、计划单列市建成区公交车全部更换为新能源汽车。预计 2030 年新能源汽车年销量将达 1 520 万辆，新能源汽车保有量将达 8 000 万辆。据此估算，2030 年新能源汽车保费规模将达 4 700 亿元。

二、新能源汽车的关键风险因素

从总体情况看，新能源汽车的风险因素不同于传统汽车，新能源汽车不同车辆种类的出险频率差异较大。家用车中，新能源汽车出险率远高于非新能源汽车，大约高出 11.7 个百分点。公路客运汽车中，新能源汽车出险率明显低于非新能源汽车，大约低 7.1 个百分点，其他车辆种类出险率差异较小。

动力电池是新能源汽车的主要风险因素。技术和制造的良莠不齐，导致其在使用过程中易受到加热、振动影响，进而缩短使用寿命，或出现破损进而危害行车安全等问题。同时，一旦发生交通事故，受到挤压、碰撞、高压、短路等很容易引发二次事故，而且电池燃烧过程中还会产生有毒气体，使新能源汽车的使用安全问题面临不同于传统燃油车的巨大挑战，由此，直接影响新能源汽车保险。同时，一些厂商（如特斯拉）出于对专利技术保护等因素的考虑，在电池发生事故受损后，免费为消费者更换并回收电池。这一做法在一定程度上隐藏了车辆真实风险，使保险公司无法准确评估车辆赔付情况。

技术成熟度与普及度直接影响车辆赔付成本。新能源汽车生产商制造关键设备的技术水平各异，导致在不同厂商间的赔付状况有较大差异。同时，由于关键技术仍被少数厂商掌握，新能源汽车发生事故后，普通汽修厂不具备修理能力，消费者只能回 4S 店（汽车销售服务店），或直接由生产厂商维修，零配件及工时费价格通常比传统燃油汽车更高。与传统燃油汽车相比，新能源汽车，特别是纯电动汽车，车载电子设备的集成化程度更高、维修技术难度大，成本也可能更高。

混合动力汽车车身重量大，增强了车内乘客安全性。据美国高速公路损失数据研究所（HLDI）的分析报告，混合动力（主要是插电式混合动力）汽车车身重量比同类型传统燃油汽车平均重 10%，车辆在发生碰撞事故时安全性更强，车上人员受伤概率比传统汽车低 25%。

电力驱动汽车的噪声小，不利于保护行人安全。根据 2011 年美国国民高速交通安全管理局（IIHS）的报告，除油电混合动力汽车外，其他新能源汽车行驶时噪声小，不易引起行人和骑自行车的人注意，因而发生碰撞的概率更高。

三、动力电池：新能源汽车的关键技术

就新能源汽车而言，动力电池是一个核心技术，也是新能源汽车普及应用的关键，同时，也是新能源汽车保险需要关注的领域。高能量密度、长使用寿命、低廉的价格和安全可靠是动力电池的四大重要指标。电动汽车电池分两大类：蓄电池和燃料电池。蓄电池包括铅酸蓄电池、镍氢电池、

钠硫电池、锂电池、空气电池和钠离子电池等。在未来相当长的一个时期内，锂电池仍会成为电动汽车主流模式，占据绝对份额。但钠离子电池有望成为后起之秀，这种电池的优点是价格低，其能量密度已达到锂电池的60%，价格也低30%～40%。

与动力电池相关的一个领域是电池管理。在电动汽车的设计过程中，电池管理系统的设计能力、生产的管理、电池的一致性、电动汽车的设计以及新材料的研发能力，这些都会决定电池整体的性能和安全性。同时，从客户使用的角度看，电池管理即如何正确地使用和管理电池也是一个“痛点”。

充电也是电动汽车发展过程中的一个瓶颈问题。目前，充电桩的运营采用两种模式：一是设置在公共场所，成为公共服务的一部分，如公共楼宇、商场、公共停车场和居民小区等；二是设置在车主的停车场所，是专用的充电设施。充电桩通常提供常规充电和快速充电两种充电方式。充电桩大多实现了自助管理模式，用户可以利用刷卡等形式，完成充电过程。未来可能颠覆充电桩模式的一项技术是电池更换，即在电池相对标准化的前提下，使用者可以像加油一样，到“电池站”用很短的时间更换电池。

电池可以成为保险的一个切入点。因为电池是电动汽车的关键零部件，并直接影响电动车的使用寿命以及使用成本。因此，以电池管理作为一个切入点，通过电池质量保证保险的方式，为车主因电池质量以及在电池使用过程中产生的各类风险导致的损失提供补偿。

四、我国新能源汽车保险的发展

随着我国新能源汽车的加快普及，新能源汽车保险业也呈现快速发展的态势，2013—2017年的年均承保车辆增长达78.6%，年均保费增速为72.0%。2017年新能源汽车承保车辆数达171.7万，同比增长47.0%，保费规模为101.6亿元，同比增长50.4%。但新能源汽车有别于传统汽车，无论是风险特征，还是维修成本，保险业都面临着与以往不同的基于数据积累的风险评估，以及产品设计与定价。

综观美国、欧盟和日本保险市场，普遍认为新能源汽车除驱动力与传统汽车不同外，面临的风险类型与传统汽车并无本质差异，故保险条款大多沿用传统汽车保险条款，并结合各国新能源车赔付状况和车型差异，设计差异化的费率。如美国盖可保险公司和日本东京海上日动保险公司，均认为新能源汽车的车主多为环境友好型且驾驶里程普遍比燃油汽车短，因而为混合动力汽车、电动汽车的车主提供 5% ~ 10% 的保费折扣。

我国新能源汽车保险仍处于发展的初期阶段，由于缺乏风险数据积累，产品、精算和定价体系尚不能完全体现新能源汽车与传统燃油汽车之间，新能源汽车不同品牌、车系、车型之间的风险差异。与此同时，新能源汽车的承保和核保技术也处于探索阶段，尤其是风险因子的确定和量化。但我国保险业已经启动了新能源汽车保险专属条款的开发工作，推动新能源汽车保险的发展，在新能源汽车的普及和环境保护方面发挥更大的作用。

第三节　二手车保险

一、二手车市场情况

从全球汽车消费的发展趋势看，汽车消费在发展到一定程度后，特别是随着节能环保意识的普及和翻新技术的提升，将从“新车时代”进入“二手车时代”，其最重要的标志是“新车与二手车的交易比”。2018 年我国汽车产销量达到 3 000 万辆，二手车交易量接近 1 500 万辆，新旧车交易比为 2 ∶ 1。2017 年美国新车销量超过 1 700 万辆，二手车交易量则接近 4 000 万辆，新旧车交易比为 1 ∶ 2.4。据估计，未来我国的二手车的交易量有望达到 3 000 万 ~ 4 000 万辆，交易额可达 1.5 万亿 ~ 2 万亿元。为此，保险业应将目光从新车转向二手车，并针对二手车的特点，开展产品与服务创新。

在二手车交易过程中，面临的最大制约是管理制度和信息共享问题。为此，国家出台了一系列文件，提出要推进维修行业信息化建设，建立覆盖全国的汽车电子健康档案系统，实现包含保险信息在内的汽车全生命周期的信息透明和共享体系，并建立二手车信息联网核查机制，加强二手车交易和登记信息实时比对、核查。同时，通过市场化运作向二手车市场开放数据服务。

二手车交易面临的一个突出问题是身份和历史，即二手车的真实身份和使用历史，特别是事故和维修的历史信息。同时，面临的另一个突出问题是信用和背书，即二手车相关信息的真实性及其担保。保险在这两个领域均具有独特的优势，可以更好地发挥作用。作为基础，保险应当积极参与汽车电子健康档案系统的建设和维护，形成建设、维护与利用的有效互动机制。

二、二手车保险

在二手车交易主体中，由于受到贷款、产权登记和实际交付等环节的制约，二手车车商、汽车金融机构和消费者往往容易陷入信任博弈的怪圈，结果是互不信任、相互掣肘，导致交易难度较大，不仅提高了交易成本，也降低了交易的效率和便利性，继而导致了二手车交易市场的发展受阻。保险业在改善二手车交易的“过程管理”、破解“信任怪圈”中具有独特的优势。

一是在“汽车电子健康档案”系统的基础上，进一步细化和深化交易信息服务，如引入车辆识别码、合格证、款型配置、质量召回、电子健康档案、维修保养等外部数据，将这些信息进行深度整合、加工、挖掘后，可为更多二手车市场参与主体提供更精准的数据服务。

二是通过信用保证保险开展个人征信服务，动态评估风险，及时调整授信额度，形成动态风险预警机制，开展贷前、贷中和贷后的风险提示。同时，为交易各方提供增信服务，提升交易的便利性。

三是利用车辆延长保修责任险，能有效解决二手车消费者对车辆质量的后顾之忧，促进二手车交易健康发展。

三、二手车市场与保险理赔

从一些发达国家的情况看，保险公司往往扮演着二手车市场主要买家的角色。在这些国家的汽车保险理赔过程中，鉴于修复费用特别是人工费用较高，往往会采用推定全损的理赔模式，即当受损车辆的修复费用加上残值超过二手车价格时，保险公司就会采用置换二手车的模式进行赔付。具体操作流程是将受损车辆卖给二手车回收公司，同时，购买一辆同款二手车给客户。这样不仅能够降低赔付成本，大幅度简化赔案处理流程，还能够改善客户体验，提高客户满意度。

面向未来，置换二手车模式在我国也具有很好的应用前景，但一个重要前提是二手车市场足够发达、交易足够便捷。一是二手车的供给足够充分，采用置换二手车模式理赔，需要同品牌、同车型、同年份、同里程的车辆，而我国的车型种类较多，在一个区域市场要满足这一要求，存在一定难度。二是二手车的信息足够及时，在这种模式下理赔，需要有一个可交易的实时信息系统，即能够实时获得受损车辆的卖出价格，以及需要置换的二手车价格，确保查勘人员能够及时地进行评估判断。三是二手车的交易足够便利，目前，我国二手车交易的手续相对烦琐，导致这种理赔模式缺乏可操作性。

面向未来，无论是汽车保险业，还是二手车市场，均需要高度关注置换二手车模式，这是一个多赢的市场。一方面是能够推动汽车保险经营管理和服务模式的转型升级；另一方面也能够为二手车市场带来一个全新的动能，并表现为供给和需求的两头驱动。与此同时，这种模式也能够推动“绿色维修”，进一步降低汽车维修可能对环境造成的不利影响。为此，汽车保险行业与二手车流通行业要加强合作，解决存在的问题。同时，相关部门要为二手车的流通营造更加便捷的环境，共同推动这一模式在我国的推广与普及。

第四节　汽车金融

一、汽车金融的发展

汽车金融是针对汽车消费的一种专门化的金融业务，主要由汽车金融公司提供服务。从汽车金融的发展历史看，最初的汽车金融是为了促销汽车而产生的，即汽车厂家为了解决汽车销售问题，或独立，或与银行合作，为汽车的潜在消费者提供分期付款的融资服务，以促成他们最终购买汽车。

随着汽车金融的专门化和专业化发展，汽车金融已逐步成为汽车产业中的重要领域和重要的利润来源。从全球汽车产业利润分布看，汽车金融的利润贡献达到23%，成为全球汽车产业最重要的利润来源（见图5.1）。因此，在汽车产销量全面放缓的大背景下，汽车产业链的各个环节，尤其是汽车厂家均将目光聚焦到汽车金融上，汽车保险业也不例外。

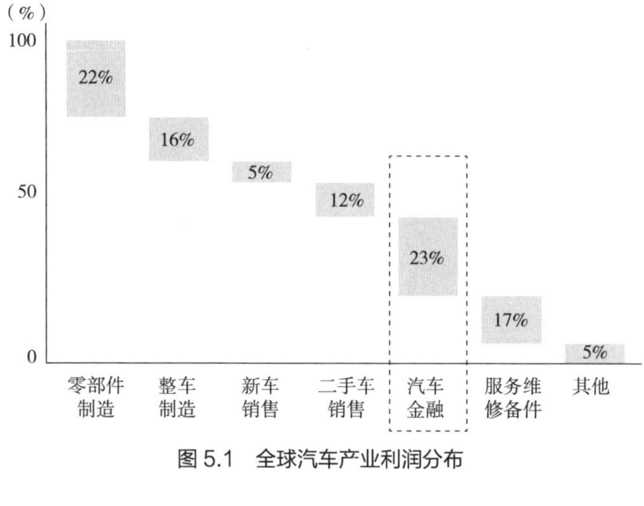

图5.1　全球汽车产业利润分布

美国汽车金融服务模式主要有两种，即直接融资和间接融资。直接融资是由银行或汽车金融公司直接贷款给用户，用户使用贷款向经销商购买汽车，然后按分期付款的方式归还贷款。间接融资是用户同意以分期付款方式向经销商购买汽车，然后经销商把合同卖给汽车金融公司或银行，用以清偿经销商存货融资的贷款。据统计，在美国，直接融资的比例约占42%，间接融资的比例约占58%。

汽车金融公司最大的优势是专业化经营，它能够为汽车消费者提供全方位和全过程的专业化服务，同时，提供的金融服务产品相对灵活，能够更加针对、贴合和满足消费者的购车特点和需求。此外，大多数汽车金融公司依托作为汽车制造商的股东优势，能够更好地融入汽车消费链，特别是融入4S店等汽车消费场景，形成一种先入为主和“捆绑推销”的优势。

二、我国汽车金融市场与发展

我国汽车金融市场潜力巨大。与欧美国家汽车金融70%左右的市场渗透率相比，我国汽车金融的市场渗透率仅为10%～15%，相关研究预测，2020年我国汽车金融的市场渗透率将达到50%，市场规模达到1.8万亿元。

我国汽车金融的主要形式是银行为消费者提供的汽车贷款，包括汽车消费贷款和信用卡分期贷款，总占比达到70%，汽车金融公司的消费贷款比例为24%左右，其余为其他渠道。我国汽车金融公司提供两类汽车消费信贷产品，即面向个人的消费贷和面向企业的经营性租赁业务。保险公司主要是为银行的汽车消费信贷提供汽车消费信用保险。

随着我国汽车产业的发展，产业结构正发生深刻的变化，最重要的特征是基于产业链，尤其是汽车后市场的相互渗透、相互竞争和相互融合，汽车生产厂家凭借自身优势，通过对渠道的控制，进一步深耕汽车消费服务链，包括汽车金融和汽车保险，并成为重要的业务收入和利润来源。就汽车保险而言，面临不断提高的渠道费用压力，这不仅加大了经营风险，还面临着合规风险。

面向未来，汽车保险面临着不进则退的挑战，如果固守传统汽车保险，无论是业务发展，还是稳定经营，均面临巨大的压力，最终可能被取而代之。作为金融行业，保险行业不仅提供了汽车保险服务，还为汽车金融提供贷款信用保证保险服务,这种服务是汽车金融风险控制的核心功能。因此，保险行业正在探索更加深入地参与和融入汽车金融产业，通过产品、服务和商业模式创新，更加直接地参与汽车金融领域，改变汽车金融市场格局，巩固自身市场地位。

第五节　汽车延保

一、汽车延保的基本情况

汽车延保，即汽车延长保修期，曾经是汽车厂家或汽车经销商的一种增值服务内容。但汽车延长保修期业务具有成本的不确定性问题，给汽车厂家带来了较大的经营风险。为解决这一问题，美国市场出现了保险介入汽车延长保修期业务的探索与实践。从汽车厂家的视角看，一方面希望通过保险的方式，将汽车延保的成本相对固定；另一方面希望保险公司通过第三方介入的方式，能够有效控制风险，改善服务。从保险公司的视角看，与传统的保险业务不同，汽车延保业务具有很强的专业性，属于典型的管理型业务，其中，管理难度最大的环节是汽车经销商风险。

汽车经销商风险具体表现为：一是故意扩大汽车延保维修范围；二是汽车经销商在购买汽车延保前，不对二手车进行维修，而是在汽车延保生效后，利用汽车延保来获利。针对这些情况，经营汽车延保业务的公司，采用了垂直一体化的服务模式，打造专门化的经营管理模式，通过建立专业化的平台，提供专业风险评估、定价、销售、检验、承保、定损和理赔的全过程服务，有效管控经营过程风险，取得了较好的经营效果。

从市场推广的形式看，通常由汽车经销商与保险公司合作进行销售。

在大部分欧洲国家，如法国、英国、意大利、德国和西班牙等，汽车延保是作为保险产品推荐给客户的，新车延保的渗透率约为30%，二手车延保的渗透率约为50%，而英国和意大利的二手车延保的渗透率超过70%。在拉美国家，汽车延保可以作为保险，也可作为服务销售，没有强制的规定。

二、美国汽车延保市场情况

美国属于汽车延保业务较为发达的国家，保费收入超过100亿美元。汽车延保供应商有保险公司、第三方管理机构和汽车主机厂商。美国市场上共有超过90家主体参与汽车延保业务，其中20家左右是保险公司，此外，约1/4的汽车延保业务是由汽车厂家或其下属的自保公司经营的。

在美国，大多认为汽车延保属于服务合同，因此，保险公司承保的是合同责任保险。保险公司提供的汽车延保产品有两种：一种是服务合同赔偿保险，另一种是机械故障保险。服务合同赔偿保险的销售成功率较高，特别是在新车销售阶段，达成率在40%左右。机械故障保险通常由保险公司进行直销，但是销售成功率很低，达成率在5%左右。

保险公司销售汽车延保业务的渠道有四种：一是直接通过经销商进行销售；二是通过第三方管理机构进行销售；三是面对消费者的直销方式；四是通过银行、信贷联盟等其他渠道销售，主要销售方式是前两种。在汽车延保业务中，第三方管理机构扮演着重要角色，不仅直接参与营销，更重要的是负责业务经营的许多核心环节，包括业务方案制定、相关文件收集、审核和确定赔付等工作，同时，收取相关服务费用。从美国的汽车延保市场情况看，第三方管理机构往往是实际控制人。

在美国，汽车销售大多采用分期付款方式，汽车经销商在店内均会设置金融保险专员，汽车销售人员只负责和客户洽谈汽车销售相关业务，金融保险专员负责向客户销售相关融资贷款和保险产品，主要采用菜单式销售方式，一般是汽车延保和车辆贷款结合起来，采用分期付费方式。

三、我国汽车延保发展情况

随着我国汽车消费市场的不断发展与成熟，汽车延保也被引入我国市场，成为保险市场的一个新兴业务。但从目前的情况看，我国延保业务的总体渗透率偏低，大约不足5%。无论是从发达国家的经验，还是从我国的发展实际看，随着汽车消费进入相对成熟期，汽车延保将进入一个快速增长阶段，预计我国汽车延保业务的年均增长将超过100%。按照美国市场对标测算，我国汽车延保的市场潜在保费规模在600亿元左右。

当前，我国提供机动车延保服务的主体众多，主要包括整车厂、汽车经销商、保险公司、第三方管理机构，业务模式按直接与消费者签订延保合同的主体不同可区分为保险公司主导、整车厂和经销商主导以及第三方管理机构主导三种模式。

由于汽车延保业务能够稳定和促进车险业务，特别是续保业务，加强和深化保险公司与汽车厂家和汽车经销商的合作，对于抢占新兴业务发展先机具有重要的战略意义。因此，保险公司均已将汽车延保列为战略险种，加紧布局，并投入大量资源抢占市场，包括全面整合销售、承保、理赔、信息、精算和再保等资源，建立完整的产品体系，制定业务承保和理赔标准，开发独立的业务处理系统，为开展汽车延保业务奠定了较好的基础。面向未来，一方面，汽车延保将成为车险业务发展的重要领域，并发挥重要作用；另一方面，这个领域的竞争也将呈现更加激烈的态势。

第六节　汽车租赁保险

一、汽车租赁业务

汽车租赁业务，按性质不同分为经营性汽车租赁和融资性汽车租赁。

经营性汽车租赁，即传统意义上的租赁，是指汽车租赁公司将购置的自有车辆出租给承租人使用，由承租人按期支付租金，租约到期后承租人返还车辆，汽车租赁公司继续将车辆出租给其他承租人。融资性汽车租赁，是指针对有长期用车需求的企业或个人，汽车租赁公司将购置车辆长租给客户使用，客户按月支付租金，待租期届满，汽车租赁公司将车辆所有权过户给客户，是汽车租赁与金融相结合的创新业态。目前，大多数的汽车租赁均是指经营性汽车租赁。

二、我国汽车租赁行业情况

我国汽车租赁行业仍处于早期发展阶段，渗透率较低，未来潜力巨大。我国的汽车租赁服务也是根据租赁性质分为融资性汽车租赁和经营性汽车租赁，其中经营性汽车租赁，可以根据租用时长划分为短租和长租。

目前，全国有汽车租赁企业 6 300 多家，租赁车辆总数约 20 万辆，其中，分时租赁企业 40 余家，车辆总数超过 4 万辆。从业务结构看，长期租赁仍是市场的主角，大约占 70%，短期租赁占 20%，融资租赁占 10%。从近年来的发展情况看，在互联网等技术推动下，线上交易模式日渐成熟，推动了短期租赁业务出现快速增长的情况，并将成为未来汽车租赁业务的重要形式。

我国的汽车租赁公司一半以上位于北京、上海、深圳等一线城市，在二、三线等城市的分布有限。从市场占有率来看，排名前十的租赁汽车公司市场占有率约为 12%，集中度有所提高，但市场成熟度仍然较低。从企业数量分布来看，经营区域性长期租赁业务的公司数量最多，平均车辆规模在 50 辆左右，这难以形成规模效应。融资性汽车租赁公司的数量较少，同时，车辆租赁量也不高。近年来，国内业已形成了十余家颇具规模的短租汽车租赁公司，例如神州租车、一嗨租车、首汽租车、瑞卡租车、赢时通等，但市场发展仍然面临许多限制和困难。

三、美国汽车租赁保险的情况

美国汽车租赁保险分为两种情况。一种是《撞车损毁弃权书》，即碰撞损害豁免条款。其实，这种条款不属于保险的范畴，只是汽车租赁公司与租赁人的一种约定，即如果在租赁期间发生交通事故，导致车辆受损，租车人可以不用承担修车费用或车辆报废的损失，其实质是对消费者赔偿责任的一种豁免。在这种情况下，可以理解为汽车租赁公司承担了租赁人的驾驶风险，当然，这种承担也是有代价的，只不过这种代价以租赁费用的方式涵盖了而已。但这种保障仅仅是针对车辆损失，对于租赁人可能面临的其他风险仍然需要租赁人自行承担。因此，另一种是汽车租赁公司作为代理人，代表租赁人向保险公司投保相关保险，一般包括车损盗抢险、人身意外伤害险、车内财物盗窃险、补充第三者责任险等。美国的一些汽车租赁公司，如 Budget 和 Alamo，自身具有商业租车保险的代理人牌照，可以直接销售保险产品。

四、我国汽车租赁保险的情况

从本质上看，汽车租赁保险仍然属于传统汽车保险范畴，是一种专门化的汽车保险业务。与传统汽车保险不同，汽车租赁业务，尤其是短期和分时租赁业务，其使用性质决定了驾驶员具有一定的短期行为特征，汽车停放往往处于相对开放状态，风险相对较大且具有不确定性。同时，投保的方式不同，在一定程度上属于汽车租赁公司代为投保的性质，因此，在资格和责任界定上存在一些不同。

就经营而言，汽车租赁公司有两种选择。一是作为汽车保险的代理人，即以租赁人（驾驶人员）作为投保人，汽车租赁公司作为代理人，代其向保险公司购买短期汽车租赁保险。二是作为汽车租赁保险的投保人，即以车辆所有人的身份，向保险公司投保汽车租赁保险。目前，我国汽车租赁保险领域出现的问题是，汽车租赁公司以代理人的身份开展业务，但收取的保费大幅度超过保险公司的保费水平，严重侵害了租赁人的利益。

第七节　共享汽车保险

一、汽车共享的历史与发展

汽车共享的概念最早出现在 20 世纪 40 年代，是由瑞士人率先提出的。按照共享的理念，他们在全国组织了“自驾车合作社”，社员之间开展汽车共享活动。相对成熟的汽车共享模式和市场首次出现在欧洲。1990 年欧洲汽车共享协会的成立，标志着汽车共享市场出现。

就汽车共享的发展而言，包括存量和增量两种基本模式，前者是在既有车辆的基础上，从提高利用率的角度入手，通过平台和共享模式，实现利用效率的提升。后者是针对汽车生活和出行方式的新变化，提供社会化的专门服务。科技是这种商业模式最重要的特点和基础。汽车共享也发展出了多种业态，如顺风车、拼车、网约车、分时租赁、P2P 租车、传统的经营性汽车租赁。从经营特点看，共享汽车企业可分为三类。

一是汽车生产企业经营的汽车共享企业。其目的是另辟蹊径，实现生产与销售，不仅可以开辟销售新领域，更能够拓展经营范围，实现盈利模式多元化。从国外的情况看，宝马、戴姆勒、通用等汽车生产厂家均积极参与汽车共享行业，最典型的汽车共享服务有戴姆勒的 Car2Go、福特的 GoDrive、宝马的 DriveNow、大众的 Quicar 和通用的 RelayRides。

二是传统租车企业。除机场店以外，大多数的传统租车企业并不是全天候运营的，尤其是在假日。因此，一些传统租车企业开始提供按小时租赁的自助式租车服务。

三是专业的共享汽车企业。这类企业大多属于互联网经济的范畴，是汽车共享行业的专营企业，兼具科技和资本背景，是租车市场的增量。如美国的 Zipcar 是全球规模最大的汽车共享服务公司，服务范围除了美国本土之外更遍及加拿大、英国、西班牙与奥地利，会员数达到 85 万人，提供服务的汽车超过 1 万辆。

二、我国汽车共享的基本情况

我国汽车共享的发展情况具有显著特征，网约车即利用互联网预约的汽车共享成为汽车共享领域异军突起的典范，并衍生出多种共享模式，如专车、快车和顺风车等，以满足不同用户的需求。同时，出现了滴滴出行、神州专车、易道、首汽约车和曹操专车等大型平台企业。2017 年我国网约车用户达到了 3.36 亿人，交易规模达 2 120 亿元，并且未来几年仍将保持 20% 的增长速度。

但总体来看，我国汽车共享行业的发展仍处于起步阶段，还存在总体经营管理水平较低、服务能力不足、法规政策建设滞后、企业经营风险较高、新业务模式发展亟待引导等突出问题，与经济社会发展和人民群众不断增长的个性化出行需求不相适应。其中，网约车的问题尤为突出。近年来，网约车出现了一系列恶性事件，引发了社会的广泛关注，暴露出网约车在运营安全管理、产品合规性、应急管理、非法营运、信息安全保护、公共安全管理等方面存在诸多问题和安全隐患。

三、共享汽车（网约车）保险

从共享汽车业态看，作为一种汽车租赁新业态，共享汽车企业的风险与传统的营运车（租赁）企业并无本质区别，只是经营管理模式变化带来的风险不同。保险业需要关注的是，网约车作为一种全新的业态，给行政管理和保险经营带来了新挑战，同时也带来了新需求。保险业不仅需要从自身经营和发展的角度看问题，更需要本着“跳出保险看保险”的立场，思考并提出解决方案，使保险更好地成为政府、企业、居民风险管理的基本手段，成为政府改进公共服务和加强社会治理的有效工具。

要认识到网约车可能带来的新风险以及行政管理的新要求。作为一种新业态，相关法规明确了网约车的合法地位。因此，保险业需要顺应和适应这一现状，将其纳入经营范围。同时，网约车作为一种新业态，面临着新风险，尤其是私家车挂靠的情况，它既有别于家庭自用车，也不同于传统出租车，是一种新的风险类别，需要相应的经营管理模式。此外，平台公司是网约车管理的关键，保险行业要通过保险产品设计，更好发挥社会风险管理的正外部性作用。一方面协助政府部门和社会强化对平台公司的监督和约束，另一方面为平台公司提供增信和风险管理服务。

从目前的情况看，各地相关部门对网约车业态的风险认识存在差异，风险管理的水平也不同，同时，对利用保险开展风险管理的意识仍显不足。因此，保险行业要从强化社会风险管理的视角，充分发挥自身专业化风险管理的技术、资源和能力，协助相关部门更好地完善管理制度，特别是利用好保险承接网约车行业的风险管理职能。保险行业要加强与相关部门的联系，提供网约车行业风险管理和保险建议，为制度建设出谋献策，确保顶层设计更加先进和科学。

要开发专门的保险产品，与相关规定衔接，以配合和强化相关管理制度落地。在网约车业态中，平台公司无疑是重要环节和主要矛盾，在强化“先行赔付”和“无过错责任”的基础上，要通过承运人责任保险和雇主责任保险，确保风险分散和责任落实。同时，从事网约业务的车辆面临使用性质变化问题，其车损险和商业第三者险也需要做出相应调整。再者，从事网约车的个人面临一定的职业风险，可以通过专门的职业责任保险进行分散。

面向未来，网约车将进入全面规范和强化管理阶段，为保险业务创新和发展提供了新机遇。如各地均将安装“具有行驶记录功能的车辆卫星定位装置”作为刚性要求，这无疑为车联网保险业务提供了重要基础。同时，建立驾驶员的信用管理体系也纳入新规，为丰富定价“从人因素”提供了可能，也为控制风险创造了条件。此外，明确要求专人驾驶，“指定驾驶员”模式有了基本保障。再者，明确了“合乘”除外的原则，为“合乘”保险产品的开发营造了外部环境。

第八节　智能驾驶时代

一、智能驾驶

无人驾驶技术对保险业的影响是肯定的，但首先要认识到无人驾驶是一个相对抽象的概念，往往容易产生误导，准确的表述应当是智能驾驶。智能驾驶是一种依靠感测技术、自动控制、互（车）联网、通信、人工智能等一系列技术，通过智能化的感知、决策和执行的能力，辅助或完全替代驾驶员，实现更安全、高效、便利和舒适地操控交通工具的现代技术。

智能驾驶技术的最大特点是综合利用与协同，因此，各个领域的技术进步都可能带来系统和应用的突破。同时，不同领域的技术之间具有很强的协同效应，一个领域的技术突破可能成为另一个领域的技术突破的环境和条件。智能驾驶技术的进步将直接关系到汽车面临的风险和风险管理，为此，汽车保险应予以特别关注。

智能驾驶程度的分级有两套标准。一套是由国际自动机工程师学会制定的，另一套是由美国交通部下属的美国国家公路交通安全管理局制定的。前者将汽车智能驾驶技术分为 0 到 5 级，分别对应完全手动驾驶、辅助驾驶、部分模块自动化、特定条件下自动化、高度自动化以及全自动化驾驶。后者将“高度自动化”和“全自动化驾驶”都归类为 4 级。从发展趋势看，两套标准逐步趋同，即逐步以国际自动机工程师学会的标准为主。

英国萨彻姆研究中心的研究报告《协助及自动化驾驶技术评估》提出了关于自动化驾驶技术的 10 项安全标准，包括合规、设计、性能、撞击干预、紧急模式等方面。美国国家高速交通安全委员会也发布了关于自动化驾驶汽车发展的指导意见，提出了 12 项应优先考虑的安全设计指标，包括信息安全、人机互动、撞击数据记录、消费者教育、撞击后驾驶技术表现等。

我国保险业应高度关注并积极参与我国相关技术和风险评估标准的制定工作，并将其纳入保险的产品、理赔和服务标准体系。

二、智能驾驶汽车的发展情况

从全球范围看，智能驾驶汽车已成为各国竞相发展的重点领域，美国、德国、荷兰、西班牙等地相继立法批准无人驾驶汽车合法上路进行测试。谷歌、特斯拉、福特和奔驰等企业纷纷开展无人驾驶汽车测试，法国汽车厂商 EasyMile 生产的无人驾驶公交车 EZ10 已在芬兰、瑞士、荷兰等地正式运营，新加坡无人驾驶出租车 nuTonomy 也已经正式开始营运载客。英国、日本等国家初步将无人驾驶技术的商业化应用时间确定为 2020 年。

我国高度重视智能驾驶技术的发展。《智能汽车创新发展战略》是指导我国智能汽车发展的纲领性文件。文件明确，到 2020 年，我国标准智能汽车的技术创新、产业生态、路网设施、法规标准、产品监管和信息安全体系框架基本形成。智能汽车新车占比达到 50%，中高级别智能汽车实现市场化应用，重点区域示范运行取得成效。智能道路交通系统建设取得积极进展，大城市、高速公路的车用无线通信网络的覆盖率达到 90%，“北斗”系统的高精度时空服务实现全覆盖。

预计 2020—2025 年可实现完全自动驾驶汽车量产，同时，研究数据显示，自动驾驶技术将在 2020 年实现商用，在 2050 年市场占有率可达到 80% 以上。高度自动驾驶已经进入试验车阶段，预计 2020 年可达量产水平。市场研究公司 IHS Automotive 预测，到 2035 年，全球无人驾驶汽车销量将增长至 2 100 万辆。但最终实现完全自动驾驶，特别是这种技术的广泛应用，则需要根据技术、法律和社会等各个方面的因素决定。

智能驾驶技术尽管仍处于发展的初级阶段，但一些汽车生产企业，一方面为了抢夺未来汽车制造的制高点，形成技术优势；另一方面为了吸引消费者、提升市场地位，纷纷推出“无人驾驶”概念的汽车。这些汽车不仅存在“偷换概念”的问题，更重要的是将尚未成熟的技术推向市场，结果导致了一系列车毁人亡的恶性事故。令人担忧的是，事故发生后，汽车生产企业更多的是以“使用不当”为理由，将责任推给消费者，让人不禁对促销时“无人驾驶”的宣传产生怀疑。同时，社会也逐渐认识到“无人驾驶”并不像想象的那么简单。

从智能驾驶的发展进程看，完善相关法律法规迫在眉睫。要建立和完善与智能驾驶技术相关的法律制度，确保有法可依。同时，在相当长的一个时期内，路测是智能驾驶的一项基础性工作，如何从法律层面规范路测，仍是一个亟待解决的问题。此外，在智能驾驶时代，相关责任主体增加且复杂，如何明确主体和界定责任也是一个挑战。智能驾驶汽车的出现必将带来新的风险。因此，设立相应的安全标准是十分必要的。

面向未来，智能驾驶无疑是一个发展方向，特别是5G时代的到来，为破解智能驾驶的基础和瓶颈问题提供了技术可能。同时，作为5G技术应用的重要场景，智能驾驶势必受到更广泛的关注、重视和投入。此外，人们逐渐意识到，“单打独斗”地发展智能驾驶技术，即单纯依靠“单车智能”方式不可能实现广泛和实际应用的突破，而“车路协同”才是正道。为此，需要在智慧城市和智慧交通的大框架下，思考人、车、路和环境的相互关系，并构建基于人工智能的“一揽子”解决方案。同时，可以预见未来以物流、公交、运输等限定场景为代表的自动驾驶商业化应用将率先落地，如固定线路公交、无人配送、园区微循环等。

三、汽车保险面临的问题与挑战

智能驾驶技术的全面和广泛应用，将对人类社会，特别是交通出行方式带来一场革命。这场革命不仅仅体现在人们出行方式的层面上，更将对社会的方方面面产生深刻的影响。随着智能驾驶技术的发展、推广与普及，对汽车保险产生的影响和冲击是毋庸置疑的。美国国家公路交通安全管理局的一项调查发现，自2015年安装智能驾驶技术装置以来，特斯拉汽车的碰撞率下降了40%。乐观估计，智能驾驶技术一旦普及，交通事故将减少80%。加拿大的一项专题研究显示，智能驾驶技术将给加拿大带来每年650亿加元的收益，包括374亿加元的碰撞损失、200亿加元的时间损失，26

亿加元的燃油损失以及50亿加元的拥堵损失，与此同时，汽车保险保费会同步下降40%。《福布斯》预测，智能驾驶汽车将导致汽车责任险保费下降75%。

首先，将大幅度降低社会因交通事故付出的代价，特别是生命。统计显示，每年全世界因交通事故死亡的人数大约为120万，在美国，交通事故是25岁以下人口死亡的主要原因。在所有交通事故中，超过90%的事故都与人为因素相关。因此，智能驾驶技术的应用将大幅度降低人为因素导致的交通事故，不仅能够减少财产损失，更能够减少人身伤亡。在这一背景下，汽车保险的风险保费降低将成为一个大概率事件。就传统保险业而言，风险保费降低并不可怕，可怕的是保费规模降低，带来附加保费的减少，这挑战了保险行业的存在基础，即运营成本的分摊。我国财产保险公司的车险占比超过70%，因此，离开这部分风险保费产生的附加费用的支撑，许多保险公司将面临“难以为继”的挑战。

其次，就保险而言，智能驾驶带来的变化集中体现在两个方面。一是风险性质和特征的变化。传统的汽车保险，面对的主要是财产损失风险。智能驾驶时代，需要面对更多的是设计和责任风险。同时，风险之间关系复杂，不仅是交错，更有融合。二是责任主体和归因的变化。智能驾驶时代，整车厂扮演的是集成商的角色，合作生产带来的问题是责任主体的多元与复杂，一些关键零部件的质量是整车厂难以知晓和控制的。同时，在使用过程中，智能驾驶还需要依赖许多汽车之外的因素，如地图的准确性，通信系统的稳定性等，这些因素一旦出现问题，对智能驾驶而言，无疑是灭顶之灾。在如此复杂的风险性质和责任主体的背景下，汽车保险面临的挑战不仅是产品和定价层面的，更涉及理赔与服务层面。

再次，对于智能驾驶，人们始终存在一个认识误区，即智能驾驶来了，汽车就绝对安全了，就不再有损失了。殊不知，作为一个财产标的，无论是人工驾驶还是智能驾驶，汽车仍然是汽车，物质损失仍然是物质损失，汽车作为一个财产的基本风险依然存在。但与此同时，物质损失的特征也在发生变化，如智能驾驶的维修工艺将更复杂，因此，修复不再是传统的钣金工能够解决的，而需要信息技术工程师的参与，其费用增加就不言而喻。

还有，汽车作为一种交通工具，修复期间的间接损失，也是一个需要关注的痛点。

最后，在未来相当长的一个时期，社会和保险业需要面对的一个问题是“平行存在”，即道路会有不同等级的智能驾驶汽车共处一路。这种不同等级的智能驾驶汽车同时和平行的存在，带来的不仅是风险识别和反应能力的不同，更有不同责任主体归责逻辑的不同，还会让法律、制度和技术面临“鸡同鸭讲”的尴尬，而保险将首当其冲。汽车保险需要思考并解决的第一个问题是“状态管理”，即如何确定出险时的车辆状态，因为不同状态决定了责任主体以及法律适用。

四、汽车保险的应对之策

智能驾驶时代的到来是一种必然，同时，智能驾驶技术对汽车保险可能产生的影响是基础和根本性的，甚至是颠覆性的。保险别无选择，只能面对。但智能驾驶对保险的影响，也不像许多人想象的那样绝对，因为任何事物均具有两面性，同时，任何事物和风险均具有可变性。保险行业需要以一种更加积极的心态和一种更加理性的方法，关注智能驾驶技术的发展与应用，并与时俱进地参与其中，不断发现新的商机，为社会的发展与进步发挥保险应有的作用。

首先，保险业要高度关注智能驾驶技术的发展。目前，保险业对智能驾驶技术及应用，以及智能驾驶技术对保险可能产生的影响，更多的是谈虎色变。智能驾驶涉及两个重要领域：一是技术，二是法律。技术的发展与风险和保险密切相关,因此,保险需要培养自身智能驾驶技术的专业能力,一方面是对智能驾驶技术的发展，特别是前沿技术予以高度关注，既发现可能带来的进步，也关注可能产生的风险；另一方面是对相关法律制度的高度关注，智能驾驶不仅属于专门法律调整的范畴，也涉及许多基础法律制度，这些均是评估风险和提供保障的基础。

其次，保险业要加强与相关企业的交流与合作，其中不仅有传统的汽车生产企业，还要关注相关的合作供应商，如人工智能技术、地图技术、定位技术和通信技术的提供商，特别需要关注相关企业在生产制造智能驾驶汽车过程中的作用和地位。此外，未来保险与智能驾驶行业的合作也将产生深刻的变化，包括结合汽车金融、产品责任保险等业务，为智能驾驶汽车提供“一揽子”的保险服务，乃至“使用周期保险”服务模式。

再次，保险业要关注相关技术的发展与应用。车联网是智能驾驶的基础，保险行业在发展车联网保险时，除了要关注智能驾驶与车联网保险的联系，更要关注其在智能驾驶领域的作用。同时，还要关注智能驾驶辅助技术。该系统不仅能够收集急加速、急转弯、急刹车、车速、里程、里程分布等用户驾驶行为数据，更重要的是能够收集与事故直接发生相关的智能驾驶辅助技术的预警信息数据，如前车碰撞预警、疲劳驾驶等，同时考虑天气、路况等其他因素，通过多维度的用户风险因子分析，结合传统的从车和从人因子，能够实现更加科学合理的定价。特别是在智能驾驶尚未广泛应用之前，可以考虑采用“智能驾驶辅助技术 + 车联网”模式提供保险产品与服务。

最后，保险业要积极开展智能驾驶保险的探索与实践。从全球的情况看，一些发达国家的保险行业已经开始关注并开展智能驾驶保险服务的探索与实践。加拿大保险局提出自动化驾驶汽车保险应遵循两条原则。一是“单一保险政策”，即智能车辆保险应同时覆盖驾驶人责任和自动化技术责任，避免相互推诿，确保相关事故的受害人能够得到合理、及时的赔偿。二是数据共享原则，即汽车制造商应与车主及保险公司共享数据，以便追溯事故发生的原因，确定事故责任。法国安盛集团与英国政府在无人驾驶方面展开了合作，包括利用传感器探测路况、驾驶员驾驶行为研究等。英国保险公司 Adrian Flux 开发了一款无人驾驶汽车保险产品，并投放市场。日本东京海上日动保险公司把自动驾驶期间的交通事故纳入汽车保险的赔付范畴，并在汽车保险合同签约和续约时，以特别条款的形式，将这项保障免费提供给所有保户。

【辅助资料】无人驾驶汽车保险

英国保险公司 Adrian Flux 于 2017 年推出了一项无人驾驶保

险业务，该业务主要针对无人驾驶车辆事故频发引发的市场需求，成为保险行业针对自动驾驶领域的首次尝试。该产品的基本思路是，在传统汽车保险的基础上，扩展“无人驾驶”可能产生的新风险，例如：

第一，一些系统的更新或者安全补丁，例如无人驾驶系统、防火墙、电子地图等在用户被通知的24小时内没有成功安装的；

第二，发生了无卫星信号或信号故障造成导航系统失效或者是整车操作系统软件异常时；

第三，当防止碰撞系统、操作系统或者导航系统发生故障，需要人为干预而没能及时进行干预时；

第四，无人驾驶车辆遭到黑客攻击时。

第六章

家居保险

随着住宅条件的改善，传统的家庭财产保险也与人们渐行渐远，因为，现在住宅的安防条件已今非昔比，家里的财产，能够保的不值钱，想保的“细软”保险公司又不接受，于是家庭财产保险就走进了困境。

但可以肯定的是，住宅已成为每一个家庭最大的财产，况且许多住宅还是“按揭”的，因此，一旦地震等巨灾风险发生，不仅可能一贫如洗，还可能负债累累。同时，随着智能家居时代的到来，也面临着许多新风险。有风险，就需要保险，只不过未来的家居保险肯定不是过去的家庭财产保险，它不仅要有传统保险的功能，更要有各种基于科技的综合服务功能，并成为新的增长点，值得思考和想象。

第一节　社区保险

一、社区是未来社会的重要单元

在社会发展过程中，社区一直是人的原始和基础属性。但在我国社会的发展过程中，特别是在计划经济体制下，单位属性渐渐取代了社区属性，即人的自我属性认知为“某某单位人”，而不是“某某社区人”。但随着社会的进步，特别是随着我国政治和社会保障体制改革的不断深入，人们将逐步回归到社区属性。

驱动人的社区属性回归有两大动力。一是社会保障体系的变革，从单位养老逐步过渡到社会养老，在城市具体表现为社区养老，特别是国家加大了社区养老设施建设的投入，社区成为我国养老的微观基础和实现平台。二是政治体制改革，在政治民主改革过程中，社区将成为基层选举和选民归属的基本单元。因此，社区将在我国社会特别是人们的经济生活中发挥越来越重要的作用。

面向未来，社会治理将进入“三共格局”，即打造共建、共治、共享的社会治理格局。同时，要明确加强社区治理体系建设，推动社会治理重心向基层下移，发挥社会组织作用，实现政府治理和社会调节、居民自治良性互动。与此同时，“四社问题”（社区、社会保障、社会组织和社会工作者）将全面进入社会的主流视野，保险需要思考的问题是：在新时代的大背景和大趋势下，保险应当如何发挥作用。同时，探索“社区保险”发展的新模式。

在我国未来的社会和经济发展过程中，社区将扮演越来越重要的角色，并成为经济体系的重要微观基础。未来社区经济形态,具体表现为三种形式：一是纯市场化的属性，即为社区提供各种服务的第三产业；二是纯公共产品的属性，即政府为社会提供公共服务的平台，主要是社会救济（孤寡老人救济）、免费服务（儿童疫苗接种）等；三是社会保障服务属性，即养老、医疗和长期护理保险在社区的“落地”平台，最典型的是社区医院、社区养老，包括长期护理服务平台等。

保险业在发展“社区保险”的过程中，应高度关注两个领域的发展与进步。一是社会制度领域。在我国社会管理和社会保障体系的建设和完善过程中，也包括在“三共格局”的基本思路下，政府将越来越摒弃“大包大揽”的思维方式，更多地发挥市场，特别是保险业力量，实现共建共治共享，保险将更多地承担社区服务体系的工作，逐步接替政府功能，进一步提高公共管理效率，减轻财政压力。二是科技创新领域。科技的发展与创新，特别是人工智能等技术的应用，将从根本上改变传统的社区和家庭管理模式，最重要的领域是健康管理和老龄化问题。保险应当利用自身的“在位优势”，将先进的科学技术融入保险的管理与服务中，一方面为社会提供更好的服务，另一方面实现自身的跨越式发展。

二、保险在社区经济发展中的作用

保险的性质决定了保险业能够而且更应当在社会保障和服务体系建设中发挥更大的作用，成为政府社会管理的助手和接手。作为社会保障体系的重要组成部分，保险应当在社区经济，特别是与养老保险、健康保险、长期护理保险等密切相关的基础设施的“共建”过程中，发挥更大的作用。

保险业应当认识到，社区将成为未来人们健康和财富管理的重要平台，重视和参与平台建设是保险业未来发展的关键。这不仅涉及服务问题，更涉及发展问题，二者之间是高度相关的。解决好这个问题，保险业就能够发展，而且是持续健康发展。同时，社区无疑是保险中介发展的重要领域，即依托社区，发展一大批小微型、社区化、门店化的区域性专业代理机构，形成一个自主创业、自主经营，体现大众创业、万众创新精神的独立个人代理人群体。

在我国保险业中，华泰财险和人保财险均开展了进社区活动。从总体情况看，一是起步不晚。早在2010年华泰财险就率先开展了进社区工作，之后，人保财险全面启动相关工作。二是起点不低。无论是华泰财险，还是人保财险，均是以美国的社区保险作为模板，引进的不仅有技术，更有人才。三是投入不小。门店是进社区的前提和基础，门店建设往往需要较大的投入。同时，队伍建设也需要大量的投入。但从总体情况看，我国保险业进社区的情况仍差强人意，特别是与近年来其他一些进社区的力量相比，有点“起了个大早，赶了个晚集”的味道。

究其原因，除了外部的环境和条件因素外，内部的战略和模式是两个突出和关键问题。从战略的角度看，进社区的意义是不言而喻的。但是，由于它挑战了既有的经营管理模式，冲突和矛盾在所难免，如果不能以公司战略的形式统一思想认识，坚定并持之以恒地加以推进，就容易出现各种质疑、争议和犹豫，使本来就面临重重困难的工作陷入进退两难的局面，甚至半途而废。

从模式的角度看，进社区需要一套行之有效的商业模式。在进社区的初期，固然需要一定的政策倾斜，包括以输血方式推动相关工作，但与此同时，要清醒地认识到这种做法不能作为长久之计。否则，久而久之，就容易产生依赖，甚至不了了之。作为解决之道，需要建立一种基于“内生动力”的商业模式，即前期的投入是为了培育自身发展的能力，而这种能力是市场化的、可持续的。因此，保险业进社区要重点解决好以下问题。

一是国家要从社会保障体系建设层面、从产业政策层面明确保险业在社区经济和社区服务保障体系建设过程中的作用和定位，明确保险业应当成为社区经济和社区服务保障体系建设的重要力量和组成部分，通过政策引导，鼓励保险业以多种形式参与社区经济和社区服务保障体系建设。

二是保险业应当从战略高度重视进社区问题，处理好履行社会责任与企业自身发展的关系，特别是要针对我国社会转型过程中面临的问题和困难，充分发挥保险的社会风险管理的功能，从产品和服务两个层面推动保险进社区。

三是保险参与社区经济和服务保障体系建设，应当与业务发展和服务形成一种内生联系，通过发展保险社区门店，与保险，特别是健康保险和养老保险的履约紧密结合，通过建设和参与建设社区医疗服务和养老服务机构，形成一种良性循环，确保持续健康发展。应当将社区服务作为保险产品和服务的重要内容体现。

四是行业发展政策层面需要对保险进社区予以更多扶持，包括投资政策、税收政策、监管政策等方面，特别是要积极扶植社区保险网点的建设，探索将社区保险网点作为保险服务升级的重要途径。

五是保险行业需要探索社区保险的发展模式。要重新界定服务范围，从产品开发、营销方式和服务模式开始，全面导入社区思维，并界定范围。同时，要探索发展社区保险的商业模式，核心是要打造一种具有内生动力的商业模式，即不能靠简单的输血模式，而应当探索造血模式，将业务发展与服务延伸、品牌建设、队伍培育等结合起来，探索保险发展的新模式。

六是保险行业需要培育社区保险人才队伍。社区保险，与其他保险不同，需要一支专门化的人员队伍。社区保险人才不仅要熟悉保险业务，更要熟悉社区管理，尤其是老龄化社会背景下的社区管理。同时，社区保险人才要有长期经营的理念，将社区作为一项事业来经营，要有持之以恒的精神，形成一种更人性化的服务和长期积累的人脉效应。

【辅助资料】国外的社区门店模式

社区门店模式，即EA（专属代理人）模式，以专属代理门店的形式植根于社区，在保险公司的支持下独立开展业务。目前在美国、德国、日本等发达国家的市场已经发展得相当成熟。如美国州立农业保险公司和好事达保险公司，以及德国安联保险公司，都是采用的这种专属代理门店模式在运营。

美国好事达保险公司拥有专属代理门店14 000多家，2013年保费收入201亿美元；美国州立农业保险公司拥有专属代理门店18 000多家，2015年保费收入241亿美元。德国安联保险专属代理门店达到 10 400 余家，2009 年保费收入 400 亿欧元，成为德国保险销售的主渠道。

日本的 LPH 公司是典型的非专属保险代理超市，实质上是大型保险代理公司。LPH 公司在 2000 年设立了第一家保险超市门店，当时和大部分保险代理店一样，只代理 3～4 家保险公司产品。经过 10 多年的苦心经营，LPH 公司代理的保险公司达到了几十家，使消费者能够在可比较的环境里自由选择自己所需要的产品。LPH 保险超市最大的优势是，它并不倾向于推荐或销售某个保险公司或某个保险产品，而是以中立的立场，公平、公正地推荐和销售所有保险公司的产品。2016 年，日本东京海上日动保险公司拥有专属代理门店 9 200 多家，保费收入为 6 331 亿日元。

【相关案例】华泰保险社区门店模式探索

2010 年华泰保险公司率先将社区门店模式引入中国，门店以周边社区为核心开展保险经营，主要面向社区家庭、社区商铺、中小微企业等客户，提供保险咨询、投保出单、理赔受理等综合性保险服务，业务涵盖汽车保险、家庭财产保险、人身意外保险、中小企业责任保险等产品和增值服务。

2018 年，华泰保险公司已在全国 32 个省（自治区、直辖市、计划单列市）开设社区门店 5 000 余家，服务网络覆盖近 200 个城市，并延伸至三、四、五线城市及县镇，服务 2 万多个社区和 300 万客户。2017 年社区门店渠道累计保费收入 42.33 亿元，同比增长 26.29%，社区门店渠道业务在公司业务中占比达 51.26%。

【相关案例】国安社区服务模式

国安社区是我国社区服务模式探索的先行者，以“让生活更丰富、更便捷”为使命，通过“线上 + 线下”的多方位渠道，搭建了线上的全商品体系，以及线下的数百家门店，与社区居民建立了良好的信誉交互关系和情感纽带。通过布局“家务事”“老年之家”“商业创新”“国安优易”“公共服务”“健康”“旅游”等服务内容，构建智慧社区生态体系，为社区居民提供15分钟生活圈服务、1小时本地快速周边服务、24小时全天候和其他预约类服务。

经过多年的经营，国安社区的业务已覆盖北京、上海、天津、广州、深圳、沈阳、昆明、贵阳、黔东南州、长沙、乌兰察布11座城市，拥有门店427家。公司计划到2020年，进入全国100个三线以上城市联动运营，门店总数预计达1万家，累计注册用户6 000万户、2.5亿人，可覆盖7亿人口。但在2019年初因各种因素，国安社区业务出现收缩的情况，关了近1/3的门店，公司面临何去何从的抉择，同时，也给了我国社区服务模式一次反思的机会。

第二节　智能（互联网）家居保险

一、智能家居的基本情况

从科技发展与社会进步的总体趋势看，智能家居未来具有巨大的发展空间，并呈现四大特征。一是更多不同领域的智能设备互联。传感器、芯片、屏幕等技术快速发展，智能硬件设备越来越往多元化、多功能发展，更接近用户的日常生活。二是更注重贴合用户需求和体验。在新的经济环境下，随着技术成熟带来的产品成本降低，系统稳定性、外观设计、安装使用的人性化水平提高，智能家居的用户体验和性价比会越来越好，更大范围地实现智能家居用户普及。三是“人工智能 + 智能家居”。人工智能最好的应用场合是家庭，需要与智能家居相结合，开发更具有人性、智能化的连接交互体验。四是建立智慧社区用户群体。打造集安全、便利、娱乐、医疗于一体的社区生态圈，从顶层设计到治理机制再到服务落地，为居民、服务商、街道、物业公司提高日常效率。

从全球看，美国 2018 年智能家居市场的收入为 1 887 万美元，家庭普及率为 32%，预计到 2022 年家庭普及率达到 53.1%。高德纳预测，到 2022 年，一个普通的美国家庭就可能拥有超过 500 件智能家居设备。欧洲 2016 年智能家居市场的收入为 2 803 万美元，家庭普及率为 0.61%，预计 2020 年家庭普及率将达到 3.13%。亚洲 2016 年智能家居市场的收入为 2 496 万美元，家庭普及率为 0.19%，预计 2020 年家庭普及率将达到 0.97%。我国智能家居市场，已从 2014 年的 700 亿元发展到 2017 年的 1 500 亿元，预计 2019—2020 年可达到 2 500 亿元。

随着智能家居产业的迅猛发展，越来越多的家居开始引进智能化系统和设备。智能家居系统涵盖的内容也从单一方式向多种方式相结合的方向发展，从简单安防向综合服务，特别是养老服务升级。但较之于欧美发达国家，我国的智能家居系统起步稍晚，市场主流的产品和服务，还不能很好地解决产品与市场需求的矛盾，导致智能家居市场的需求尚未被激发，在很大程度上阻碍了智能家居产业的发展。保险业需要高度关注这一领域相关技术和标准的发展与制定，特别是利用智能家居平台，实现家庭财产保险的转型升级。同时，为健康保险和养老保险提供技术支持，实现商业模式的创新与发展。

互联网，尤其是物联网时代的到来，将推动“家联网”模式的出现，这将为智能家居的发展营造一个必要和重要的基础环境。可以预见，人类社会将全面进入基于“家联网”的智能家居时代，不仅能为人们的生活提供更加智慧和舒适的环境，更可能改变人们的生活方式，甚至是学习方式和工作方式。与此同时，这一领域将成为未来科技创新和经济增长的“风口”。为此，保险需要高度关注这一领域的发展，及早布局，提前介入。

从总体趋势看，智能家居的发展将经历三个阶段。一是家用电器的物联网化和智能化。传统的家用电器是相对“孤立”的。因此，所有的售后服务均需要上门服务，同时，售后服务也仅限于维修保养。但家用电器一旦被物联网化，就为远程服务提供了技术可能，除了能够开展“远程诊断”，使上门服务更具针对性且更高效，在家用电器物联网化的背景下，还可以提供远程维修服务。同时，还可以提供基于远程控制的服务，如基于物联网空调，厂家能够为老人，特别是失能老年提供温度调适服务。家用电器智能化的重要特征是基于“人机交互”的便捷化，即使用者可以使用语言，甚至是“意念”控制家用电器。二是住宅和装修的物联网化和智能化。智能化将成为未来住宅建设和装修的一个重要内容，即从住宅设计开始，就全面导入智能化的理念，并将各种智能元素运用到住宅建设中。此外，在住宅装修中的一项重要内容将是智能化改造。三是家居环境的全面物联网化和智能化。智能家居的终极目标是家居环境的初始智能化，这是一种全面、系统和深度的智能化，满足和实现居家养老是核心诉求，这也是推动智能家居成为一种“刚需”的关键。

二、智能家居保险

随着人们生活水平的提高，特别是住宅质量和安防水平的提升，加之家庭财产形式的改变，传统家庭财产保险面临“无险可保”的尴尬。与此同时，单位福利性质的团体家庭财产保险业务也“风光不再”，储金和投资连接型产品的退出，都导致传统家庭财产保险业务“每况愈下”。近年来，保险行业加大了发展非车险的力度，在家庭财产保险方面投入了大量人力财力，如利用互联网手段，开展营销活动，再如开展地震住宅保险等，但效果均不尽如人意。

深入分析现阶段我国家庭财产保险发展存在的问题，其根本原因在于未能了解、研究和掌握“家庭风险”的变化。风险环境变了，需求也随之变化。在这种环境下，保险产品与服务如不能与时俱进，不能很好地针对客户的“痛点”，满足客户的新需求，“无人问津”就是必然的。因此，不能简单地认为家庭财产保险就“无用武之地”了，而是应当关注和研究新时期“家庭风险”的新变化，乃至家庭管理的新需求，有针对性地开展创新活动，开拓家庭财产保险的新天地。

从全球发展的趋势看，基于物联网的智能家居将不断普及，未来会有越来越多的家庭进入智能家居的行列，并将催生基于智能家居的家庭财产保险新模式。美国的一项研究表明：第一，接近60%的家庭有意购买具有感测、监控和预防功能的智能家居设备；第二，近50%的美国家庭表示愿意购买能与保险公司产品和服务直接对接的智能设备；第三，近40%的投保人会因智能家居产品而更换保险公司；第四，20%~30%的投保人有可能购买消防安全类保险产品，预期价格为200~400美元；第五，51%的美国家庭认为物联网设备能“非常有效”地警告吸烟行为和消除火灾隐患；第六，41%的美国家庭认为物联网设备能“非常有效”地消除漏水隐患；第七，20%~30%的美国家庭对其保险公司的额外服务“非常感兴趣”。

在智能家居时代，传统的家庭财产保险面临三大机遇。首先，改变了“可保风险”概念。就传统的家庭财产保险而言，许多“不可保”风险往往是由于保险行业的能力所限，因为难以和无法评估与管理这类风险，所以只能将其拒之门外，同时也失去了发展的空间。基于物联网的智能家居系统能够重新定义风险，这就为风险管理提供了全新的可能与思路。因此，一些传统意义上的“不可保”风险将可以纳入保险责任范围。

其次，将扩大保险服务的边界。传统的家庭财产保险是基于事后和消极的损失补偿，而在智能家居时代，利用家庭财产保险，保险业全面参与家庭风险，乃至家庭管理过程中，发挥事前风险防范的作用。这种变化的最大特点是突破了传统保险损失补偿的局限，实现了“保险+技术+服务”的商业模式进化。

最后，将打造全新的健康管理和老龄化社会的新保险（服务）模式。随着人们生活水平的提高和老龄化时代的到来，健康管理和养老服务成为社会的新需求和保险发展的新领域。同时，基于5G的物联网智能家居系统为保险产品和服务提供了有力的技术支持，具有了创新的想象空间。在健康保险方面，智能家居能够提供远程健康监测服务。同时，提供互联网医疗的相关服务，包括远程会诊和健康教育等。在居家和社区养老背景下，智能家居能够提供适老化的服务，特别是在长期护理保险方面，提供专门化的服务，在老人摔倒、突发疾病和走失的情况下，可以及时提供报警和救助服务。

从国外的实践看，越来越多的保险公司参与基于物联网的保险创新，其中“智能家居＋家庭财产保险”是一个重要领域。如美国的州立农业保险公司和 ADT（安全服务公司）合作打造的智能化住宅，为客户提供智能家居产品和服务，实现家庭自动化和无线医疗服务。同时，房主可以实时监控家庭环境，及时收到各种潜在损失的风险警报，还能够节省各项能耗成本。此外，作为科技保险的新秀，Neos（保险科技公司）与传统保险公司合作，开发了“保险＋智能安防”服务模式。

智能家居不仅能够为保险公司开拓新的业务领域，还能够有效控制风险。在智能家居环境下，通过感测技术，能够有效防范水管爆裂、火灾、盗窃等风险。研究表明，在应用智能家居技术后，家庭财产保险的赔付率将降低 40%～60%。因此，在开展业务的初期，保险公司也可以通过给安装智能家居设备的家庭提供保费折扣的方式推广业务。

在智能家居保险的实施中，许多保险公司采取与智能家居设备厂商合作的方式，合作程度可分为三个阶段。一是初级阶段：保险公司为使用智能设备的客户提供费用折扣；通过智能设备厂商销售房屋保险产品；对客户进行市场教育，鼓励共享数据。二是中级阶段：保险公司与智能设备厂商合作引流数据；使用传感器数据进行核保、精准定价、预防损失。三是高级阶段：保险公司为客户提供定制化的保险产品和服务，与智能设备厂商合作打造智慧家庭解决方案。

【相关案例】Neos 的“保险＋智能安防”

Neos 是一家成立于 2016 年的保险科技公司，它利用智能家居技术，赋予传统的家庭财产保险以更加丰富的内涵，并探索出了全新的“保险＋智能安防”商业模式。《泰晤士报》称赞这种模式具有革命性意义。由于 Neos 不具备保险主体资格，因此，其目前采用与保险公司合作的模式。

“保险＋智能安防”产品设计的初衷在于依托家庭财产保险，利用科技手段，积极开展各类家庭风险防御，包括及早提醒、及早发现、及早处理。同时，一旦发生风险，提供24小时全天候紧急服务，启动应急方案，如可以通过App内快捷键紧急呼叫急救、报警、火警，还可以通过手机控制智能水阀，远程关闭水阀，确保有效降低损失。此外，为高端客户提供后续的免费上门维修等服务。

目前，Neos提供的智能安防设备包括：室内安全监控摄像头、移动感应器、漏水感应器、烟雾感应器以及门窗感应器。所有的摄像头和感应器数据均可以集成并发送到App上。客户通过手机就能够实时监控，不必返回家检查门锁上了没有，煤气关了没有。Neos根据客户的房屋情况，给出财险报价，价格包含相应的智能安防设备和后续服务。Neos的保险保障分为三种类型：第一种是只保建筑物，第二种是只保建筑内容物，第三种是两者都保。每种保险都设置了三个级别的保护，不同级别所包含的家居设备数量也不同，提供的安防服务也不同，保护级别越高，智能家居设备数量和服务也越多。以一个价值为60万英镑的伦敦东一区一居室为例，年保费从260英镑起，最高在570英镑左右。

【相关案例】Hippo Insurance

Hippo Insurance是一家成立于2015年的美国保险科技公司。该公司致力于通过技术手段为家庭提供简单、智能的新型房屋保险。通过科技赋能，该公司让用户可以通过网络在短时间内，平均用时60秒快速获取产品报价并完成投保，大大简化了房屋保险的办理流程。这一模式突破了传统房屋保险依靠代理人的销售模式，省去了中间环节，其保险价格与同类保险产品相比可节约25%以上。在产品创新方面，将保障的重点从原来的传统房屋物品转向了消费电子产品、家庭办公室和家电。同时，为被保险人免费提供智能漏水监测仪和冰冻警报器，通过科技手段预防家庭事故的发生，从而降低用户损失。

第三节　住宅质量保险

一、住宅质量保险制度

住宅质量保险，也称工程质量潜在缺陷保险，是以住宅由于各种原因存在潜在缺陷，在使用期间发生的损失为标的的保险。工程质量潜在缺陷保险是以工程质量作为保险对象的一种保证保险，即由保险人为住宅潜在缺陷的可能责任主体向有关利益方提供的一种工程质量保证。

工程质量潜在缺陷保险于 1804 年最早出现于法国，法国是这一制度相对完善且推行较为成功的国家。随后，一些国家，如比利时、巴西、芬兰、瑞士、加拿大、哥伦比亚、西班牙、突尼斯、意大利、菲律宾和沙特阿拉伯等也在本国建立了工程质量潜在缺陷保险体系，但世界上大多数推行工程质量潜在缺陷保险的国家都或多或少地借鉴了法国的模式和经验。

二、工程质量潜在缺陷保险的三大制度

由于工程质量潜在缺陷风险具有一定的特殊性，为了确保工程质量潜在缺陷保险能够对工程建设行业的健康发展起到积极的推动作用，体现其经营的社会公共利益维护的特点，同时，为了确保工程质量潜在缺陷保险的经营能够有效地控制风险，使这一业务能够健康发展，工程质量潜在缺陷保险确定了三个较为特殊的制度：生效选择权制度、技术检验服务制度和放弃追偿制度。

生效选择权制度是指投保人如果需要投保工程质量潜在缺陷保险，应在项目立项或者开工时就与保险人达成投保工程质量潜在缺陷保险的意向。随后，保险人开始介入项目建设的整个过程，对于项目建设的过程进行必

要的监督和检查。在项目建设完工时，保险人可以根据其掌握的情况判断决定是否承保工程质量潜在缺陷保险，即有权在完工时，对原来达成的潜在缺陷保险意向进行是否生效的选择。

技术检验服务制度是指保险人在与投保人确定了意向书之后，将聘请独立的专业机构对项目建设的全过程进行技术监督服务。这种服务的作用：一是能够对项目建设的工程质量进行监督，二是能够为保险人提供一个对于工程质量的客观和科学的判断。工程质量潜在缺陷保险的一个重要特点是，它不是事后和消极的补偿，而是前期和积极的监督和管理。这样既符合保险人控制风险的需要，也反映了工程质量潜在缺陷保险维护公共利益的特征。

放弃追偿制度是指在工程质量潜在缺陷保险中事先进行约定：保险人对有关方面履行了保险赔偿责任之后，不再向保险单列明的责任方进行追偿。根据保险的原则，工程质量潜在缺陷保险属于保证保险（担保）性质，其赔款属于一种垫付性质的支出，保险人在向被保险人支付赔款之后，有权向有责任的第三方进行追偿。但在实务中，由于工程质量潜在缺陷保险的初衷除了向被保险人提供一个风险保障外，另一个目的就是让承包商等有关责任人能够有条件地“脱逃”。为此，在事先约定的情况下，对于追偿权，保险人可以明确做出放弃的安排。

三、我国工程质量潜在缺陷保险发展情况

2001 年原建设部住宅产业化促进中心与中国人民保险公司在认真研究了国外住宅质量保证制度的基础上，结合我国住宅产业的实际情况，开发了我国的住宅质量保证保险产品，并于 2002 年 10 月 31 日正式推出这项业务。2002 年启动之后，仅在北京和深圳做了象征性地推出，之后就搁置了。直到 2005 年 8 月，原建设部与原保监会联合下发了《关于推进建设工程质量保险工作的意见》，标志工程质量保险试点工作正式启动。根据试点工作安排，北京、天津、上海、重庆、深圳、厦门、大连、青岛、甘肃、福建、江苏、陕西、广东和河北等地区全面开展业务，但从试点的情况看，除了

上海的情况相对较好外，总体情况一般。

但客观来看，我国工程质量潜在缺陷保险和住宅质量保险的发展一直处于“叫好不叫座”的尴尬境地。究其原因，关键是我国法律法规中对住宅工程质量潜在缺陷保险、责任保险都没有明确规定其为强制性险种。我国最新修订2011年版《建筑法》中仅规定建筑工程意外伤害保险为强制性险种，国家及地方出台的多项推进工程质量保险办法和意见也没有强制性规定。为了解决存在的问题，进一步加大工程质量风险管理的力度，推动工程质量潜在缺陷保险，2017年8月住房和城乡建设部发布了《关于开展工程质量安全提升行动试点工作的通知》，明确在上海、江苏、浙江、安徽、山东、河南、广东、广西、四川试点工程质量保险制度。

第四节　物权保险

一、物权保险

物权保险是指被保险人支付给保险人一定数量的保费，保险人承诺当投保标的物，即房地产的物权出现纠纷或瑕疵并导致被保险人发生损失时，由保险人赔偿其经济损失。由于物权保险的标的是房地产产权，所以在大多数情况下，可以把物权保险理解成房屋产权契约保险。

物权保险主要与房地产交易有关，所以其分类可以按照房地产经营的环节来划分，相应的产品主要分为两种。一是银行贷款抵押物物权保险。这种保险是为发放住房抵押贷款的银行提供物权保障的，对由于作为质押品的物权存在瑕疵导致的损失进行赔偿，并保证银行作为第一权利人对物权所指向的财产行使抵押权。二是业主物权保险。在物权交易成交后，这种保险保障买方免受保单列明的不可预期因素（包括人的过失或伪造的证件等）引起的损失。

物权保险属于传统的保证保险范畴，最早起源于美国。美国的物权保险开办最早，也最成熟。物权保险的最初形式是 1868 年在宾夕法尼亚州出现的房地产物权摘要和律师意见书。物权保证的发展经历过多种形式，包括房地产物权摘要和律师意见书、物权担保、物权保险等。

第一美国产权保险公司成立于 1889 年，是全球最大的产权保险公司，拥有近 1 800 家产权办公室和数千家产权代理机构，为客户提供优质的产权保险，同时通过专业托管服务，确保交易无缝衔接。它还为房主提供高质量的财产和意外伤害保险，并为它的主要家电和家庭系统提供可再生房屋担保，每年年收入超过 20 亿美元。

二、美国物权保险的主要特征

从实践看，物权保险在美国的出现和发展是具有十分特殊的原因和环境条件的，具体地讲是由美国特殊的法律制度、市场环境和特点、过高交易风险决定的。

一是复杂的法律法规。来源于英国封建时期地产法的美国财产法，与现代资本主义的一些财产原则相结合，其中的所有权、抵押权、典质权和留置权等相互交错，形成比较复杂的法律规定。与英国法相比较，在美国，地产购置的登记程序比较复杂，产权的取得往往需要经过许多法律手续。

二是发达的房地产市场与频繁产权交易。发达的房地产市场是美国物权保险的重要基础，而且与欧洲国家相比，美国的房地产换手率较高、交易频繁，这使购买者会产生许多担心：购买的房地产可能转让过多次，故可能存在其他人对该房地产有所有权争议；该房地产也可能被抵押出去或被其他人作为债务的留置物，该房地产还有可能卖给别人地役权，或者因为政府的管理使该房地产的使用受很大的限制。这些因素都是房地产购买人的障碍。为了消除这些障碍，物权保险业务应运而生，并有庞大的市场需求。

三是严格的房地产登记制度是美国物权保险运作的重要保证。美国多数州所采用的房地产登记制度属于契据登记制度。该制度的特点：登记机关对于其所应登记的房地产物权变动没有实质的审查权限，即进行形式审查主义；登记没有公信力，当登记事项在实体法上不成立或无效时，可以对抗善意的第三人；登记簿是以地产权利人为标准按登记先后顺序编制的，而不以房地产为标准。

三、我国发展物权保险的可行性

物权保险在我国的潜在市场需求很大，尤其是在住房金融不断深化的过程中，未来具有广阔的市场前景。随着住宅商品化改革的深化，房屋产权由原来单一形式发展为多元形式。由于多元产权的存在，产权关系比较复杂，住宅产权纠纷随其多元化而日益突出。在住房商品化的过程中，围绕商品房的各种行为（产权变更、抵押、留置、法律纠纷、税务、遗产问题等）和权利关系（房产权、抵押权、留置权、继承权等）会越来越复杂。

目前，我国房地产市场仍然处于发展的初期，管理、信息与法律上的不完善，使房地产市场上的欺诈、投机行为屡见不鲜，房地产纠纷急剧上升，商品房交易的参与者面临诸多风险，解决这些问题均需要物权保险的参与。同时，金融业为了扩大业务量，解决资本充足问题，纷纷提出了在我国进行住房抵押贷款证券化的需求，在进行住房抵押贷款证券化的过程中，物权保险将是一种不可或缺的配套制度。

从美国物权保险的发展情况看，物权保险的重点不是损失赔偿，而是交易服务，即经营的逻辑不是关注因物权交易可能产生的损失，而是为物权交易提供产权调查、咨询和评估的专业服务，由此来控制物权交易的风险和损失。这一点从第一美国产权保险公司的经营成本结构就可以看出，在该公司的成本支出中，调查、咨询和评估费用的支出占比高达 80%，赔付占比不足 10%。因此，从本质上看，第一美国产权保险公司其实是一家专业的房地产交易信息服务公司。

面向未来，我国将从购买新房为主的模式逐步发展为以二手房交易为主的模式，二手房的交易相对复杂，尤其是在清晰产权方面，因此，需要为产权交易提供专业服务和信用保证。我国保险业应高度关注房地产交易过程中的痛点，学习借鉴美国物权保险的发展经验和模式，积极开展产品和服务创新，发展具有我国特色的物权保险。

第五节　电梯保险

一、电梯与风险管理

随着高层建筑特别是高层住宅的普及，电梯已成为与人们工作和生活相关的重要工具。目前，我国的电梯保有量为 628 万台，每年的电梯产量约 80 万台。从单台电梯服务的人数看，2015 年的数据显示，我国为 380 人，而欧洲和日本、韩国等国家均在 100～200 人，这意味着我国的电梯仍存在巨大的发展空间，尤其是在人口日趋老龄化的背景下。同时，按照电梯平均使用年限为 15 年计算，我国每年需要更新的电梯超过 10 万台。

电梯作为一种公共安全设备，安全使用问题已成为一个社会问题，为此，国家高度重视电梯安全管理，并出台了相关法律，包括《特种设备安全法》《电梯主要部件报废技术条件》等。同时，各地加大电梯管理的法制建设力度，全国共出台了 57 部涉及电梯安全管理的地方性法规和规章。

近年来，为了更好地避免日益增加的电梯故障和电梯伤人事件的发生，许多城市建立电梯应急处置平台，使电梯救援处置与监管、检验、维保、服务等应用融合，落实企业安全主体责任，进一步提升电梯公共安全治理能力。与此同时，如何发挥保险的作用，为电梯安全特别是居民住宅的电梯安全建立一种市场化的保障机制，也被提上了议事日程，各地均开展了探索与实践。

二、电梯责任保险

传统的电梯保险属于公众责任保险，即承保在电梯运行过程中，因电梯故障导致乘梯人员的人身伤亡和财产损失，电梯所有者和运行管理者依法应当承担的经济赔偿责任。此类保险业务有电梯责任保险、特种设备责任保险、特种设备第三者责任保险等。

长期以来，社会的法律意识，特别是受害者的维权意识淡薄，客观上导致市场需求不足。从总体情况看，电梯责任保险的发展情况并不理想，全国电梯责任保险的年度保费收入徘徊在千万元级别，除了江苏和广东因开展了地方电梯责任保险统保,电梯责任保险的保费超过了 1 000 万元以外，其他地区的电梯责任保险的保费均相对较少。

三、电梯安全综合保险

电梯责任保险发展不利的一个重要原因是，其责任范围相对较窄，不能解决在电梯使用过程中的许多“痛点”。为此，在认真研究市场需求的基础上，保险业开发了“保险 + 服务”的电梯安全综合保险。通过电梯安全综合保险的开展，保险公司全面参与电梯使用、管理与监督的全过程，包括组织制定并实施电梯维保服务的团体标准，引导企业提供高于国家标准、技术规范的电梯维保服务，开展电梯维保标准自我声明和服务质量公开承诺，参与对电梯使用维保的监督机制。

在电梯安全综合保险引入“保险 + 服务”机制，通过市场手段，为电梯运行提供安全综合保险保障，是保险参与社会治理的新实践。在宁波的试点中，中国人保通过成立风险管理实验室，开发了“电梯卫士”手机 App，结合后台运行的监督系统，跟踪和监控电梯维保人员的维保行为，利用重要节点记录的方式，通过物理性设置保证维保人员按时查勘电梯的主要部位，避免虚假维保行为并保证每次维保质量，使电梯安全的事前防范、事中维保过程监管、事后责任溯源和赔付都有了切实的抓手。两年来，已累计为 2 315 台电梯提供维护保养 31 000 次，风险保障达 463 亿元。

电梯日常维保过程中，维保单位通过这一平台，按照国家相关标准完成维保工作，保险公司运用信息化管理系统提供维保质量监督和管理服务。保险公司作为电梯安全风险的管理方、监控方和保障方，主动控制风险预防工作，督促维保单位执行统一严格的标准，监控运行风险并及时处理。如发生电梯安全事故造成乘坐人员的人身伤亡及财产损失，保险公司直接进行经济赔偿。每人最高可赔偿 100 万元，每部电梯累计最高可赔偿 2 000 万元。

四、电梯养老保险

在电梯，特别是居民住宅电梯的使用过程中，除了公众责任和维修保养的问题，还面临着一个十分突出且现实的问题，就是电梯老化之后的更换问题。未来我国大量电梯将进入“生命晚期”，电梯的更换问题日益突出且难以回避，但电梯更换需要大额的资金，资金筹措无疑是一个难题，如果没有足够的资金，电梯就不能更换和使用，居民的生活将受到严重影响。

为了解决这一问题，保险行业提出了电梯全生命周期保障方案，俗称电梯养老保险，即在电梯“保险 + 服务”模式的基础上，将电梯维修、零件更换和电梯置换费用纳入保险赔偿范围。通过每年缴纳保险费，积累保险基金，一旦电梯需要更换，以保险公司赔偿的方式提供相关的更换服务和资金保障。从根本上解决业主和政府部门最为关心的电梯维修和老旧电梯更换问题。

近年来，广东、浙江和江苏等地率先开展了电梯综合保险的探索实践。浙江宁波计划从 2017 年开始，用 3 年的时间，基本实现全市住宅及公众聚集场所电梯安全投保全覆盖。2018 年 1 月在浙江杭州全面启动了全生命周期综合保险模式试点，已经有近 2 000 台电梯参保。故障率平均下降 20% 以上。

目前，全国 31 个省、自治区和直辖市均以不同形式开展电梯责任保险工作，10 多个省出台实施方案，覆盖电梯 130 多万台，占全国在用电梯近 25%。面向未来，电梯保险的发展空间巨大，按照目前我国拥有 628 万台电梯估算，保费规模大约在 600 亿 ~ 1 000 亿元。更重要的是，这将实现电梯安全管理从依靠行政监管为主向以市场和社会综合治理为主的转变，开创多元共治的工作格局。

第七章

农业保险

都说“民以食为天”，因此，农业问题至关重要。2007年以来，我国农业保险进入了快速发展时期，2018年农业保险的规模已达到572.65亿元，成为保障农业生产安全的重要制度安排，同时，我国已成为全球第二大的农业保险市场。

面向未来，在我国农业现代化，尤其是推动精准农业和数字农业的过程中，保险将发挥重要和独特的作用，不仅是传统种养植保险，更需要创新和探索设施农业保险、农机具保险、种业保险、指数保险、“保险+期货”和收入保险等新模式，同时，随着我国农业产业的“走出去”，还需要全球风险管理的视野和能力。

第一节　我国农业保险发展的基本情况

我国农业保险的发展历史可以追溯到 20 世纪 30 年代。这 80 年的发展历程可谓是风风雨雨，特别是 1949 年以来，农业保险一直是我国财产保险的重要业务领域。但一直以来，由于经营管理不善，农业保险长期陷入亏损，成了“坏业务”。在我国保险市场化改革的过程中，大多数公司，特别是上市公司均摒弃了农业保险业务。直到 2007 年我国全面启动政策性农业保险业务，开启了我国农业保险发展的新时代。

经过了 10 年的努力，我国的农业保险得到了长足的发展，不仅为农业生产提供了强有力的风险保障，更成了财产保险的第二大业务，并且经营效益稳定。同时，我国也已经成为全球第二大农业保险市场。2017 年农业保险实现保费收入达到 477.7 亿元，参保农户 2.13 亿户次，向 5 388.3 万户次的受灾农户支付赔款 366.1 亿元，承保主要农作物 21 亿亩（约 1.4 亿公顷），提供农业风险保障 2.8 万亿元。

这一轮的农业保险发展是在中央一号文件背景下展开的，国家出台了农业保险保费补贴政策，并采用了分级补贴的模式。但即使这样，一开始，大多数保险公司仍持观望态度，只有人保财险、中华联合和地方性专业农险公司等少数保险公司加入。直到近几年，越来越多的保险公司开始加入，形成了大发展的局面，并将发展领域从政策性农业保险扩展到商业性农业保险。同时，基于农业保险的创新层出不穷，不仅有无人机和区块链等科技手段的应用，更有指数保险和“指数 + 期货”模式的探索。

但与此同时，在农业保险的经营过程中也出现了许多问题。这些问题仍是围绕着老问题，即信息不对称引起的道德风险和效率低下问题，而这些老问题在财政补贴的背景下就显得更为复杂，最典型的是套取国家财政资金问题。为此，监管部门提出了“五公开、三到户”的服务规范要求，即惠农政策公开、承保情况公开、理赔结果公开、服务标准公开、监管要求公开，以及承保到户、定损到户、理赔到户。

“五公开、三到户”对全面提升政策性农业保险的经营管理水平提供了标准和政策依据，但在实际过程中，仍面临难以落地的问题。究其原因，是农业保险的环境特殊，制度的合理性以及效率问题值得反思，如农业保险的大省，大多是西部相对欠发达地区，各地财政本身就捉襟见肘，农业保险的配套保费补贴往往难以落实。因此，不少专家提出应适当减免地县两级的配套补贴。

在“五公开、三到户”的实施过程中，也面临着社会效率问题。为了做到“公开”，保险公司需要投入大量的资源，发生相应的成本。同时，近年来我国农村也发生了很大的变化，简单地到户也面临许多现实问题。但随着“按图承保”和“按图理赔”模式的推广，给了“到户”以全新的视角，通过标示地块属主，绑定属主的身份证和信用卡信息，就能够便捷、高效和准确地实现“到户”。

面向未来，我国农业保险面临巨大的发展机遇，并呈现出转型升级的趋势。从大趋势看，农业保险将成为推动我国农业现代化的重要力量，并相得益彰。从业务模式看，将从以政策性农业保险为主逐步过渡到政策性与商业性并重。从经营模式看，科技，特别是物联网、大数据、区块链、遥感技术、基因技术等，将从根本上改变农业保险的经营模式，从而在风险防控、提升效率和扩大服务等方面实现跨越。

第二节　精准农业

农业作为一个古老的行业，相对低级、高耗和粗放。一方面是属于高耗能产业，特别是土地和水资源；另一方面是大量的化肥、农药、生长素的使用，导致食品安全和环境保护问题日益突出。在科技发展的背景下，精准农业的概念被提出，并在科技赋能的背景下，不断发展和提升。精准农业与农业保险可谓是天然的同盟军，精准农业的一个重要特征是提升产业管理水平，也包括风险管理水平，从而为农业保险的发展营造良好环境。农业保险能够为精准农业提供更好的风险保障，为精准农业的推广与普及营造良好的制度环境，特别是农业投资环境。

精准农业是美国等发达经济体在20世纪80年代末期提出的概念。精准农业又称精细农业、精确农业、精准农作，将高科技与现代农业技术相结合，打造一种基于信息和知识管理的现代农业生产系统。精准农业是采用3S技术，即定位系统（GPS）、地理信息系统（GIS）和遥感技术（RS），对农资、农作物实施精确定时、定位、定量控制，可最大限度地提高农业生产力，是实现优质、高产、低耗和环保的可持续发展农业的有效途径。精准农业并不过分强调高产，而是关注总效益，将农业带入数字和信息时代，是未来农业的发展方向。

精准农业是由信息技术支持的根据空间变异，定位、定时、定量地实施一整套现代化农事操作技术与管理的系统，其基本含义是根据作物生长的土壤性状，调节对作物的投入。一方面查清田块内部的土壤性状与生产力空间变异；另一方面确定农作物的生产目标，对“系统诊断、优化配方、技术组装、科学管理”进行定位。充分调动土壤生产力，以最少的或最节省的投入达到同等收入或更高的收入，并改善环境，高效地利用各类农业资源，取得经济效益和环境效益。精准农业的核心是建立一个完善的农业地理信息系统，是信息技术与农业生产全面结合的一种新型农业。

第三节 农业保险与农业现代化

农业是农业保险的发展环境，更是农业保险的存在依据。在我国农业保险的发展过程中，面临的一个突出问题是经营风险相对较大。究其原因，是由我国农业的生产方式决定的。即在相当长的时期内，我国大部分地区的农业生产仍处于相对分散的“小农模式”。一方面，农户作为经营的基本单元，生产规模相对较小，生产水平相对低下，自身抵御风险，包括支付保费的能力较低；另一方面，较小和分散的作业单元难以实现现代化作业，风险改善缺乏基础条件。同时，由于势单力薄，无力改善经营环境，如对水利设施的投入，只能处于“靠天吃饭”的状态。

我国农业处于相对初级阶段的现实，导致我国农业保险的发展处于相对被动的局面。要破解这一困局，保险业固然可以通过加强管理、导入技术，在一定程度上解决经营风险较大的问题，但这些都治标不治本。因为如果农业生产环境的制约因素不解决，农业生产风险就不可能得到根本性改善，农业保险也就不可能彻底摆脱经营风险，其中也包括效率和道德风险的困境。

面向未来，在全面建成小康社会的目标下，实施乡村振兴战略要加快推进农业农村现代化。构建现代农业产业体系、生产体系、经营体系，完善农业支持保护制度，发展多种形式适度规模经营，培育新型农业经营主体，健全农业社会化服务体系，实现小农户和现代农业发展有机衔接。对于农业保险而言，农业现代化既是机遇，更是责任。农业现代化意味着农业生产环境将发生根本性的改善，继而改善农业生产的风险状态。同时，农业保险在推动农业现代化的过程中，能够发挥其独特的作用，并形成一种良性循环的局面。

就传统农业而言，农业生产风险相对较大，导致社会资金难以进入农业生产领域。缺乏资金的投入，农业的集约化和产业化就无从谈起，抵御风险的能力就不可能提升，继而导致农业生产长期陷入低水平的境地，并形成一种恶性循环的局面。通过农业保险的导入，建立起有效的农业风险转移和化解机制，为农业资金的进入营造了良好环境。大量资金的进入，势必推动农业的集约化、规模化和现代化，继而全面改善农业生产风险。这种改善将“反哺”农业保险，形成一种良性循环机制。

在农业保险的经营过程中，风险补偿功能固然重要，但通过行业风险管理，有效降低风险更重要。因此，农业保险应当形成一种“经济补偿 + 风险管理”的盈利模式。通过农业保险，汇集行业的利益和资源，加大对于农业风险管理的投入，包括制度和技术方面，特别是以精准农业为依托，全面导入农业科技手段，实现动态减量管理，提升农业风险管理水平。同时，在推动我国农业现代化的过程中，无论是政府、企业，还是社会各界均会加大对农业的投入，农业保险的发展应当站在产业链的高度，用前向和后向的思维方式，积极探索与相关机构的合作，特别是要注意加强与其他金融企业的合作，共同开拓农村金融市场，共享信息、客户、渠道和服务资源，优势互补、强强联合，实现共同发展。

第四节　设施农业保险

设施农业是利用现代技术，在环境相对可控的条件下，采用工程技术等手段，进行动植物高效生产的一种现代农业方式，主要有设施种植与设施养殖。设施种植的主要形式有大棚与温室。大棚是设施农业的主要形式，可以细分为单体钢架、连栋钢架、温室钢架、竹架和水泥柱大棚（网式大棚）五种类型，不同类型大棚的造价和抵御风险的能力不同。

设施农业具有高投入、高产出、高技术含量的特点，同时也面临着高风险。设施农业一方面能够抵御自然风险，构建一个相对可控的农业环境；另一方面设施农业本身将面临较大的自然风险，暴雨、台风、龙卷风、暴雪、冰雹以及空中运行物体坠落等风险一旦发生，不仅设施会被损坏，设施内的种植物也会遭遇灭顶之灾，严重的可能造成农户因灾致贫、合作社或生产企业破产等。

设施农业代表现代农业发展的一种趋势，是促进农业规模化的有效途径，同时也是提升农产品核心竞争力、促进农民增收致富的重要保障。据统计，我国设施农业面积达到了 410 万公顷，产值已达到 9 800 亿元。设施农业保险是通过农业保险手段为设施农业提供风险保障，确保设施农业健康发展的政策性保险，能够有效稳定农村正常的生产和生活秩序，提高设施农业和农户抵御自然灾害和意外事故风险的能力。

在我国的设施农业发展中，蔬菜生产已成为设施农业率先发展的领域，并呈现快速发展的态势，逐渐成为主要生产方式。设施蔬菜种植面积从 2000 年 2 749 万亩（约 183.3 万公顷）到 2016 年增长至 5 872.1 万亩（约 391.5 万公顷），成为世界上设施种植面积最大的国家，设施蔬菜产量 2.52 亿吨，占蔬菜总产量的 30.5%，全国设施蔬菜产业净产值为 5 700 多亿元。

从 2008 年开始，我国就开始了设施农业保险的探索，如江苏省就将积极发展设施农业保险列入农业保险的工作重点，提出要大力发展高效设施农业保险，按照“政府引导，市场运作，自主自愿，协同推进”的模式，一方面政府投入一定的财政资源，对投保农户进行保费补贴；另一方面与保险公司合作，开展“政企联共保”模式，取得了较好的效果。同时，内蒙古自治区也通过政府引导、保费补贴的方式，积极开展设施农业保险。

但就全国而言，设施农业保险开展的情况并不理想，大多数农户错误地认为设施农业具有较好抵御灾害的能力，不会有风险，不愿意参与设施农业保险。而且设施农业的保额相对较高，保费也较高。因此，就现阶段而言，如果没有政府保费补贴的引导和设施农户的风险意识提升，设施农业保险的开展仍然面临投保比例不高的问题，为以设施农业为代表的农业现代化发展埋下一定的隐患。作为我国设施农业的典型代表，山东寿光在 2018 年遭遇的洪水灾害就是一个实例，是一个深刻的教训。

在我国农业现代化的发展过程中，设施农业无疑将扮演越来越重要的角色，成为农业生产的主要形态。因此，如何为设施农业提供更加全面和完善的风险保障是一个需要积极和认真面对的问题。一方面要不断完善保险产品和服务体系，确保有效满足设施农业生产的需要；另一方面要解决好社会化的风险意识普及问题，除了政府引导、保费补贴外，还要通过融资管理和行业组织等手段，进一步强化风险意识，提升设施农业保险的覆盖面和保障程度。

【相关案例】2018 年寿光洪灾

2018 年 8 月，受台风“温比亚”的影响，山东省寿光等地连降暴雨，致使弥河流域上游冶源水库、淌水崖水库、黑虎山水库入库流量远超出库流量，造成寿光沿岸多个村庄遭遇河水倒灌，大量民居、农田、大棚及养殖场等损失惨重。数据显示，这次洪灾导致农作物受灾面积达 16.79 万公顷，受损大棚 10.6 万个，占大棚总数的 72%，农业总损失达到 97.63 亿元。

针对寿光蔬菜生产的风险问题，当地政府高度重视设施农业保险问题，早从 2013 年开始将 13 个镇街的 10 万亩（约合 7 000 公顷）蔬菜大棚列入政策性农业保险范围，并予以了保费补贴，参加设施农业保险的农户每亩只需交纳 50 元保费。但由于农户的风险意识相对较弱，因此，投保率不高。在 2018 年的洪灾中，寿光的温室和大棚总量为 14.7 万个，仅有 120 个大棚投保了设施农业保险，投保率不足千分之一。

第五节　农业指数保险

一、指数保险

指数保险是指基于某一特定事件的物理参数或参数组合，而触发赔付的保险产品。如降雨量和气温等气象指数，地震烈度和震中位置、台风风速和风眼位置等自然巨灾事件物理参数通常作为触发参数。农业保险通常采用与农业生产关系密切的天气指数作为指数保险的参数，如降雨量指数、洪水指数、干旱指数和温度指数等。

根据选用的指数不同，指数保险可以分为自然灾害指数保险和市场价格指数保险。同时，还可以根据衡量标准和风险类型进行分类。就农业保险而言，大多数采用衡量标准进行分类，如气象指数保险、卫星指数保险、巨灾指数保险、区域产量指数保险、价格指数保险和收入指数保险等。

二、农业指数保险的优势

传统农业保险是以实际灾害损失作为赔付依据的，由于存在信息不对称问题，往往容易引发道德风险和逆选择等问题。同时，我国的农业生产仍处于初级阶段，存在小规模、低水平、多样性和复杂化的特点。因此，在农业保险的经营过程中，核保和查勘定损的成本相对较高，效率相对较低，并且容易产生各种纠纷，从而制约了农业保险的发展。

指数保险是一种新型的保险形式。与传统保险不同，它不以个体被保险人的实际损失作为理赔的依据，而是将承保风险与损失程度指数化，每个指数都有对应的农作物产量和损益。保险合同以这种指数为基础，并以该指数作为理赔的触发条件，当实际计算的指数达到保险合同约定的水平时，保险人就对被保险人按照保险合同的规定进行赔偿。与传统的农业保险产品相比，农业指数保险产品具有以下突出的优点。

第一，有效防范逆向选择和道德风险。保险，特别是农业保险中存在着信息不对称问题，因此，始终面临着道德风险和逆向选择问题。指数保险的赔付，不是根据个体农户的损失情况，而是依据政府气象部门提供的气象信息，或统计部门提供的区域产量等公开信息，是人为无法控制或改变的，从而避免了信息不对称，有效防范了道德风险和逆向选择。

第二，大幅度降低交易成本。与传统农业保险不同，指数保险不需要对个体农户进行监督，既不需要逐户进行核保，也不需要实地进行查勘定损，而是根据保单约定的指数确定赔付金额，有效降低了经营成本。同时，可以迅速进行理赔，提高理赔效率和公信力，大大减少保险人与被保险人发生纠纷的可能性。

第三，产品费率厘定更加科学合理。在农业指数保险产品的开发过程中，尤其是费率厘定，需要利用长时间连续观察的大量气象和农业历史数据，还需要在农作物风险区划和保险费率区划等科学方法的基础上才能完成。所以，产品的科学性强，可以最大限度地减少主观因素的影响。

第四，有利于激励农民主动防灾减损。由于最终的赔付与实际的个体损失没有直接联系，灾害发生时，所有被保险人将获得相同水平的赔款，额外的损失责任由被保险人自己承担，这样有利于充分调动被保险人在防灾、减灾和降损方面的积极性，使其有更大的动力采取更多有效的风险防范和减少损失的措施。

第五，产品的透明性强，有利于推广。传统的保单术语繁多，复杂难懂，难以被农户接受，无论是投保还是理赔，均容易产生歧义和纠纷。指数保险的原理简单，保险合同简洁明了，承保和赔付均直观确定。因此，易于投保人理解和接受，能够大幅度降低交流成本，市场接受度相对较高。

第六，标准化的指数产品可流通性好。农业指数产品不仅仅适用于农户，与农业指数相关的利益方都可以购买，这有利于在更大的范围内分散农业风险。同时，指数保险也更容易产生二级市场，将农业系统风险转移到再保险和金融市场，进一步扩大农业保险的风险分散范围。

三、发展农业指数保险需要解决的问题

农业指数保险的优点是显而易见的，但发展农业指数保险也面临许多问题和挑战，特别是指数体系的数据和技术基础。同时，农业指数保险具有一定的局限性，并不适用于所有环境。在发展农业指数保险的过程中，要重点关注并解决以下问题。

一是“基差风险”的解决。农业指数保险最大的缺点就是“基差风险”的存在。就区域产量指数保险和天气指数保险而言，分别是以一个区域的总产量和一个客观的天气指数作为起赔标准的。那么，某一个或者一些农户的实际产量变化则有可能与上述两个指标的变化不相符，从而可能出现农户遭受了损失却不能得到赔付，也可能出现没有遭受损失却得到了赔付，即“有损无赔”或者“无损有赔”的情况。因此，无论是对保户还是对保险公司而言，“基差风险”都是不利的。农业指数保险的有效性也很大程度上取决于是否控制了“基差风险”，即取决于农户与该地区总体水平的相关

度。相关度越大，“基差风险”越小，购买农业指数保险对该农户的保障效果越好，反之越差。

消除“基差风险”的办法是通过合理的区划，让同一保险区域内的保户的产量变化与上述两个标准之间建立尽可能敏感的相关性。即将一个风险异质的大区划划分成若干个较小的、风险更为均质的亚区，让“基差风险”在每一个亚区内尽可能小。目前运用的主要方法仍然是基于统计学的聚类分析，所以，要开发指数保险产品，必须以长时间序列完备的农户产量数据和气象数据为基础。

二是应用农业指数保险的地区的配套技术条件是否完备。包括是否具有较为完备的气象资料、气象站等基础设施是否齐备、是否能开发出精确的模型等。对区域产量指数保险而言，要确定合理的区域产量指数，需要有长时间完备的农户和区域产量数据；对天气指数保险而言，农作物产量是多方面、多因素相互影响及共同作用的综合结果，要综合考察多种灾害性天气造成的农作物减产而确立一种综合指数。如何剔除最主要灾害性天气以外的其他因素对农作物产量的影响，也是面临的难题。

三是适用范围比较有限，不适合大面积推广。天气指数保险产品开发的前提条件是，区域农作物产量损失与区域某一种灾害性气象条件相关性比较强。所以，对于地形地貌或气象条件复杂的区域，设立统一的指数来确定理赔标准是不合适的。因此，要认识到天气指数保险产品的适用范围比较有限，只适用于自然地理环境相对类似、地形地貌相对单一、气象条件相对简单的小范围区域。此外，也不适用于某些特定的耕作方式或作物，如受天气风险影响很小且灌溉系统十分发达的地域，农作物的产量变化与天气指数变化的关联度就很小。

四是如何建立有效的风险分散机制。农业指数保险可能面临较大的风险暴露，因此，需要建立有效的风险分散机制，除了再保险和共保体的传统模式外，需要更大范围的风险分散。从国外的经验看，通常需要在资本市场建立指数保险产品的二级市场，通过这种二级市场，能够获得更大的承保能力，包括保险、再保险、资本市场，也包括国内和国际市场。将农业指数保险产品融入资本市场的另一个优点是，能够为资本市场提供全新的风险对冲机制，因为农业指数保险产品的风险系统与传统金融市场的风险系统相关性不强。

五是农业指数保险的宣导与接受。农业指数保险条款比传统农险保险条款更简单，然而，由于农业指数保险条款与传统农业保险条款存在较大不同，所以需要更多的教育培训和宣传推广，使农户能够更好地理解并利用农业指数保险来管理经营风险。另外，如何处理好农业指数保险与现行的政策性农业保险之间的关系，确保相互协调、互为补充，防止农业指数保险产品和现有政策性农险产品的交叉重叠，避免农民重复投保，并充分寻求政府支持，将农业指数保险产品纳入政府政策支持范围，也是农业指数保险成功推广的关键。

四、农业指数保险发展态势

从全球范围看，农业指数保险方兴未艾。其中，世界银行无疑是重要的推动力量，原因是大多数发展中国家均属于农业大国，农业生产与这些国家经济发展及社会稳定息息相关。因此，为农业生产提供更加有效的风险管理服务，成了国际社会关注的焦点。但发展中国家的金融保险业发展相对滞后，无论是供给能力提供，还是潜在需求挖掘，均面临许多挑战，特别是效率问题。

农业指数保险能够较好地平衡供给与效率之间的矛盾。因此，在世界银行的推动下，越来越多的发展中国家接受了农业指数保险，截至 2010 年农业指数保险在全世界范围内农业领域的应用情况如表 7.1 所示。

毋庸置疑，农业指数保险具有独特的优势，但同样也面临着独特的挑战，特别是数据和技术基础。同时，从技术的角度看，农业指数保险的应用也存在一定的局限性。就目前的情况看，农业指数保险的规模占农业保险总保费规模的比例为 3.4%。但大数据时代的到来，将为农业指数保险提供更加坚实的数据和技术基础，为更加广泛和深入的应用创造条件。

表 7.1　截至 2010 年农业指数保险在世界范围内农业领域的应用情况

项目	国家	项目	国家
天气指数保险（为种子生产贷款提供保险保障）	阿根廷	雨量指数保险（为牛奶生产提供保险保障）	阿根廷
冰冻指数保险（苹果种植保险）	南非	季风指数保险（多种农产品种植的保险）	印度
天气指数保险（得到再保险支持）	墨西哥	天气指数保险（饲草种植保险）	加拿大
旱灾指数保险（玉米种植保险）	加拿大	天气指数保险（冬小麦种植保险）	乌克兰
天气指数保险（花生种植保险）	马拉维	旱灾指数保险（世界粮食计划署支持的项目）	埃塞俄比亚
旱灾指数保险（小麦种植保险）	摩洛哥	旱灾指数保险（玉米种植保险）	赞比亚
天气指数保险（花生种植保险）	尼加拉瓜	天气指数保险（世界银行支持，作物旱涝灾害保险）	泰国
天气指数保险（水稻种植保险）	越南	天气指数保险（作物干旱灾害保险）	坦桑尼亚
天气指数保险（水稻种植保险）	孟加拉国	牲畜死亡率指数保险（保护牧民利益）	蒙古国
农作物天气指数保险	哈萨克斯坦	厄尔尼诺指数保险（洪水保险）	秘鲁

【相关案例】印度农业指数保险

印度属于农业大国，农业约占印度国内生产总值的 1/5，从事农业或者农业相关产业的人口约占总人口的 3/5。印度农业以小规模农业生产为主，气候变化是影响农作物产量的主要因素。印度除了传统的国家农业保险计划以外，还开发了 Varsha Bima（干旱指数保险）和 Sookha Suraksha Kavach（干旱指数保险）、咖啡豆降水指数保险和地区产量保险等多种天气指数保险产品。但考虑到降雨对其农作物产量的影响占 90% 左右，印度天气指数保险的风险责任以旱灾为主（见表 7.2）。

印度是发展中国家实施气象指数保险较为成功的国家，其实施的天气指数保险涵盖的天气风险繁多，参保人数达到了一定的规模，一直以来受到世界银行的青睐。据世界银行统计，2004 年，印度农业保险公司实施的气象指数保险计划覆盖该国的 4 个州的 20 个县，近 1 100 名农民参加。2005 年，该计划覆盖到印度的 10 个州，与 12.5 万农民达成协议。2009 年，大约 160 万农民参与这一计划。印度农业保险公司实施的这一计划之所以能够快速地发展起来，是因为基于农作物的天气指数保险的保费得到了中央和地方政府的补贴，补贴率最大达 80%。

表 7.2　印度气象指数保险产品总体实施情况

首次实施时间	天气风险	天气指数	目标客户	实施目的	投保人数
2003 年	干旱、洪涝、高温、与天气相关的作物疾病、雾、湿度	多种多样，主要是简单的天气变量	农民（小、中及大规模）	促使农民获得发展机会	150 000
2004 年	干旱和洪涝	降水量	农民（小、中及大规模）	灾害救济	700 000
2007 年	虫害灾害	温度和湿度	与百事公司签订合同的种植马铃薯的农民	促使农民获得发展机会	4 575

2003 年，印度通过跨部门合作的形式，为农户提供指数保险和银保互动的小额信贷。在实际操作中，BASIX（小额信贷机构）与 ICICI Lombard 保险公司合作，由世界银行提供技术支持，在安得拉邦的一个地区共同将气象指数保险付诸实施。BASIX 作为中间商，通过向自己的客户销售指数保险获得佣金，在分销渠道上实现银保合作。最初，该指数保险将过度降雨引起的洪涝灾害作为天气风险，以单一的降雨量作为指数。随着指数保险计划在印度的不断扩大，其所覆盖的天气风险也逐渐扩展到干旱、洪涝、高温、雾及湿度，以及与天气相关的作物疾病等，相应的指数也从单一转变为多种多样。

2004 年雨季，印度农业保险公司推出了 WBCIS（天气指数保险试点计划），推广到位于安得拉邦地区的另外两个地区。该气象指数保险计划是一种纯保险型气象指数保险产品。印度农业保险公司对降雨不足导致的农作物损失予以承保，该种气象指数保险涵盖三种风险事件：整个种植周期的降雨不足，作物发育关键阶段的降雨不足，种植季节初期的降雨不足。气象指数保险合同提供给BASIX的贷款人和非贷款人，覆盖面更广。

另外，印度是一个重要的咖啡豆生产国，为了促进咖啡豆生产，印度政府实施了咖啡豆保险，该保险将给予那些特定地区和特定时间由于降水不足或一些不可抗力的自然原因而造成的咖啡豆减产的农民以补偿。保险费因咖啡豆品种、地点、历史降水量、历史产量、保险金额、选择的触发水平和种植面积的不同而存在差异。

【相关案例】蒙古国农业指数保险

畜牧业在蒙古国经济中占有重要地位，并且吸纳了约1/3的就业人口。但是畜牧业容易受到干旱和冬季严寒的影响，造成牲畜产量波动。例如，2000—2002年，由于冬季的暴风雪和严寒冰冻，造成1/3的牲畜大规模死亡，并对非农部门造成冲击，导致大量失业。

2005年，蒙古国政府与世界银行签订协议，同意其在蒙古国试点以县域为主的牲畜死亡率指数保险项目。2009年，项目试点扩大到蒙古国四省，参与保险的牧民贷款可以获得较低的利率或享受优惠贷款。

蒙古国项目的特点体现在风险的分层管理设计以及公私合作的风险管理上，即采取自我留存、私人保险公司提供商业保险和政府管理社会保险相结合的资金安排模式。一是设计分层融资结构，即不同层次的风险管理方式对应不同的风险融资方式，牧民自我融资承担低于6%的小额损失、销售基础保险产品的商业保险公司用保费收入赔偿牧民的损失比例占6%～30%、政府提供灾难应急产品，通过向私人保险公司提供再保险，商业保险公司用再保险赔款或世界银行贷款赔付30%的巨灾损失。二是建立牲畜保险赔偿资金池，由所有提供畜牧业保险产品的保险公司存入，政府监管，用于保证商业保险公司赔付。

【相关案例】墨西哥农业指数保险

墨西哥种植业保险是通过天气指数保险衍生工具进行再保险的试验。天气市场的发展促使人们有了分担农业巨灾风险的新想法。2001年，墨西哥农业保险计划利用天气市场对它们的多重农作物保险进行再保险。通过利用基于主要生产地区气温和降雨量的天气指数，创造了一种与墨西哥农作物保险损失经历高度相关的天气指数。这种再保险方法证明比传统的再保险更为有效。

除了在再保险中利用天气指数以外，墨西哥农业保险计划还开始与相互保险基金合作来实施天气指数保险。相互保险基金购买天气指数保险，然后再决定向它们的成员提供什么类型的相互保险。这种努力仍处于早期尝试阶段。农业保险计划的研究者也试图将指数保险作为连接墨西哥新兴水资源市场的重要工具。在此计划下，水利灌溉官方机构将在可获得的水资源限制了灌溉水的传输数量时提供一定数量的水资源损失赔付。理论上，这可以改善水市场的效率，实际是向水利灌溉官方机构提供了一种比较完善的水资源管理的激励机制。

【相关案例】秘鲁农业指数保险

尼尔尼诺现象对秘鲁农业生产和农业信贷造成严重影响。例如，在1998年之前，所有小额信贷机构在皮乌拉省北部沿海地区的违约率约为8%，但在厄尔尼诺现象之后，违约率升至

18%。1998—2003年，秘鲁小额信贷量增长了350%，但同期农业小额信贷增长缓慢，农业小额信贷额只占小额信贷总额的10%。

为了提高农业风险管理能力，减少违约率从而提高秘鲁农村金融市场的信贷投入，2006年，秘鲁推出厄尔尼诺指数保险产品，投保农业自然灾害风险。厄尔尼诺指数由美国国家海洋学与大气管理局测量、维护以及发布，日常记录采用已经存在50年的成熟技术。该保险产品通过小额信贷机构与天气指数保险互动，通过指数保险减少小额信贷机构风险。厄尔尼诺指数保险容易操作，为巨灾事件提供了重要的风险转移。

【相关案例】互联网指数保险公司：WeatherBill

WeatherBill［现已更名为The Climate Corporation（气候公司）］是美国的一家运用互联网和大数据开展天气保险的公司，该公司的目标客户群为从事农业生产的农民和农场主，并以“全天候保险”作为主要产品，提供传统农业保险之外的更加全面和充分的保障。同时，该公司也为个人、家庭和企业提供天气保险服务。

该公司的核心能力是全面整合美国国家气象局等气象信息组织的数据，同时，构建强大的数据处理能力。因此，该公司不仅能够利用不同地区的气象信息相对准确地进行预测，还可以对客户的需求迅速做出反应。客户登录公司网站后，只需要在谷歌地图上选择某一地区，就能够得到某一个特定时间段内，该地区的相关气象指标数据。客户可以选择在某个特定时间段内不希望遇到的温度或雨量范围，系统会根据承保人的信息给出保险的价格，并出具保单。因此，任何人都能以特定地理区域为条件购买一份天气保险。

第六节　“保险 + 期货”模式

一、“保险 + 期货”模式

“保险 + 期货”模式最多表现为“农产品期货价格保险”，同时，还包括“农产品收入保险 + 期货”“订单农业 + 价格 / 收入保险 + 期货”“价格 / 收入保险 + 期货 + 信贷”等模式。通过保险与期货两个市场的对接互通，帮助农民有效规避价格风险、保障收入，助力农业企业、合作社等经营主体融资，解决贷款难问题，分担财政压力，放大财政资金使用效能，促进农业产业发展。

“保险 + 期货”模式的基本原理是，保险公司基于期货市场上相应的农产品期货价格，开发农产品价格保险产品，农民或涉农企业通过购买保险产品来稳定收益。保险公司购买期货公司风险管理公司提供的场外看跌期权产品来对冲赔付风险，达到“再保险”的目的。期货公司、风险管理公司在期货市场进行相应看跌期权复制，从而转移和分散市场价格风险，并通过权利金收益获取合理利润。

“保险 + 期货”模式很好地利用对接模式，将农户、保险市场与期货市场三者有机地联系起来，既打破了传统农业保险难以承保农产品市场价格的尴尬，也消除了农户无力直接参与期货市场的障碍，使农户通过保险的形式，充分发挥农产品期货市场风险转移和价格发现功能，利用农产品期货合约交易进行套期保值，从而转嫁农产品价格波动所带来的风险。

二、保险与期货的“同宗性”

保险价格和期货价格的英文表述都为“premium”，保险与期货原理上一脉相承。保险与期货均具有风险管理功能，并且保险与期货结合之后可以实现期货市场与保险市场之间的互通，更好地保护投资者和投保人，实现期货和保险风险转移的封闭管理。

首先，保险与期货的内在功能都是风险管理功能，在功能上具有共通性。风险的存在是保险得以产生、存在、发展的客观原因和条件，并成为保险经营的对象。保险一直是风险管理的主要工具,其基本作用是分散风险、消化损失。保险人可以通过提供损失管理服务来实现防灾防损功能，即帮助投保人对潜在的损失风险进行预测、分析与评估，提出合理的事前预防方案和损失管理措施，投保人可以通过购买保险进行风险管理。规避风险是期货市场建立的初衷，期货市场的功能有价格发现、套期保值和提高资产配置的效率。套期保值功能是指企业为规避风险，指定一项或一项以上套期工具，使套期工具的公允价值或现金流量变动，预期抵销被套期项目全部或部分公允价值或现金流量变动风险的一种交易活动。投资者可以通过期货市场的套期保值功能来有效地规避市场价格风险。保险的原理与期权是一致的,二者都是花较少的资金购买一定的权利,当符合一定的条件时,买方将会行使自己的权利，得到一定的收益，保费就相当于权利金，保险金相当于期权收益，两者付出的成本，即保险的保费和期权的权利金是固定的。保险实际上就是一种期权。

其次，保险与期货的实现形式相同。保险的基本功能体现保险的机制，投保人可以向保险公司购买保险，当灾害或者意外事故发生的时候，投保人有权依据保险合同向保险公司要求索赔，即投保人愿意支付小额确定的保险费来换取相对大额不确定的损失补偿。期权是指买方向卖方支付权利金后拥有的在未来一段时间内（指美式期权）或未来某一特定日期（指欧式期权）以事先规定好的价格向卖方购买或出售一定数量的特定标的物的权利。保险投保人和期货套保者都是用比期望损失价值更小的套保成本或保费来转移损失的不确定性的，将不确定损失转变为确定性成本。

保险是保费，期货是套保成本。保险和期货套期保值都保证了风险收益。保险和期货都是对客观存在的未来的风险进行转移，都是风险管理的有效手段。

三、我国的探索与实践

近年来，国家大力支持发展“保险 + 期货”模式。2014 年 4 月，国务院办公厅发布的《关于金融服务“三农”发展的若干意见》明确鼓励农产品生产经营企业充分利用期货市场的价格发现功能和风险对冲机制开展套期保值业务。2015 年 8 月，国务院办公厅印发的《关于加快转变农业发展方式的意见》提出“支持新型农业经营主体利用期货、期权等衍生工具进行风险管理”。2016 年中央一号文件在完善农业保险制度中首次提出，要稳步扩大“保险 + 期货”模式试点。2017 年的中央一号文件又指出要扩大“保险 + 期货”模式试点。

2014 年，我国开展研究“保险 + 期货”模式。2015 年，我国针对玉米、鸡蛋等农产品开展了“保险 + 期货”模式试点探索，取得较好效果。随后两年间，“保险 + 期货”金融创新项目快速发展，小麦、玉米、棉花、白糖、天然橡胶、鸡蛋等农产品“保险 + 期货”试点项目陆续进行。到 2017 年，据数据显示，三大交易所（上海期货交易所、大连商品交易所、郑州商品交易所）共开展了“保险 + 期货”试点项目 79 个，总试点规模 80 万吨，交易所的补贴额度达到 1.3 亿元。目前，我国开展的“保险 + 期货”业务，主要有以下模式。

第一，“价格保险 + 期货”，即“农产品价格指数保险”，是对农业生产经营者因市场价格大幅波动、农产品价格低于目标价格所造成的损失给予经济赔偿的一种产品模式创新。该模式的创新点主要体现在：一是将农产品生产的市场风险纳入农业保险保障范畴，拓宽了保险服务领域，促进了农业生产和农产品市场价格基本稳定，保障了农民利益，对农业生产自然风险保障形成了有益补充；二是通过探索推广农产品价格指数保险，可以逐步向收入保险过渡，有助于实现农业保险从保成本向保收入的转变。

第二，“收入保险 + 期货”。2016 年，我国开展的“保险 + 期货”项目保障的是“价格险”，如果农民的售粮价格低于保险价格，则对农民提供差价补偿，从而在一定程度上规避价格波动风险。但是，当出现自然灾害等原因造成粮食产量大幅减产的时候，粮食售价可能较高，但由于产量低，农民的收入仍然得不到保障。为解决这一问题，从 2017 年开始，我国开展了 9 个“收入险”项目试点，即保障的是农民的预期收入，也就是当实际收入低于预期收入的时候，赔付农民差额部分，兼顾了农业生产中价格和产量两个核心要素。相较于“价格险”,“收入险”提供的保险保障更为全面，能更有效地满足农民多层次风险管理需求。

第三,“价格（收入）保险+期货+订单农业”模式,即在“保险+期货”模式的基础上引入大型企业集团，在稳定农民收入风险预期的同时，降低农产品流转风险。从 2017 年开始，我国“保险 + 期货”试点项目不满足于通过保险保障农民的基本收入，开始引入大型企业集团，探索打通粮食销售渠道。2017 年南华期货在黑龙江开展的“大豆收入险”项目和永安期货在吉林开展的“玉米价格险”项目、在东北地区开展的“大豆价格险”项目，分别引入了大型龙头企业九三集团和云天化集团这两家大豆压榨和粮食经营企业。在该试点项目模式中，龙头企业承诺对于投保的品种，按照事先约定的基差，农民可以自主选择售粮的时机和价位。同时，企业在期货市场进行套期保值操作，锁定基差风险。由此，价格保险与粮食销售实现了无缝对接，也将农业风险管理体系推向更深层次。

第四，“价格（收入）保险 + 期货 + 信贷”模式，是指将银行引入“保险 + 期货”模式，形成“保险 + 期货 + 银行”的合作模式，银行可根据保单及粮食购销合同为投保农户提供融资服务，解决农户现金流不足的问题。这种模式的优势体现在农民参与“保险 + 期货”，不仅收入得到保障，而且农民在银行的信用水平提升了，银行以此对通过信用评估、符合贷款条件、有融资需求的农户发放贷款，可以部分解决农民购买农资的资金问题。

第七节　农业收入保险

一、农业收入保险

在农业保险的发展过程中，面临的两个突出问题是保障范围不足和赔付情况的不确定，这在很大程度上抑制了农户投保的积极性。为了解决这两个问题，近几年，许多国家，如美国、加拿大、西班牙、巴西等，积极开展农业收入保险的探索，在大大提高了农户的保障水平的同时，也激发了农户购买农业保险的热情，取得了令人瞩目的成就。

农业收入保险以农业生产的收入为保险标的，提供因产量和价格波动导致被保险人产生经济损失的补偿，以保证被保险人的最低收入水平。农业收入保险是一种有效降低产量风险、价格风险以及产量和价格复合风险的农业保险产品。由于可以提供对产量和价格风险的全面保护，农业收入保险已经成为一种非常有效的农业风险管理工具。

农业收入保险的基本结构是“产量保险 + 价格保险”。因此，其包含两个基本要素：产量和价格。产量部分通常是基于当地有代表性的历史产量，一般由近 5 ~ 10 年连续产量的平均值确定。价格部分通常是依赖于成熟的价格发现机制，如期货市场来确定，即在保单起期和理赔的两个时间段里，基准价格和收获价格是基于本地市场的大宗商品期货合约价格来决定的。

二、美国农业收入保险

美国的农业收入保险起步于 1996 年，并迅速发展成为农业风险保障和农业保险的主要形式。在过去的 20 年，农业收入保险持续发展，目前已经成为美国农业保险的主要产品，保费占比达到 90%，已为 130 多种农作物和牲畜提供保险保障。

1996 年，农作物收入类保险的保费占农业总保费的份额为 7.9%，到 2016 年占比增长至 80.6%（见图 7.1）。从不同保障保险覆盖面积来看，1996 年农作物收入类保险面积覆盖率为 5.7%，承保面积为 1 165.4 英亩（约合 471.6 公顷），之后逐年递增，到 2016 年已上升至 68.1%，承保面积达到 1.97 亿英亩（约合 8 000 万公顷）。

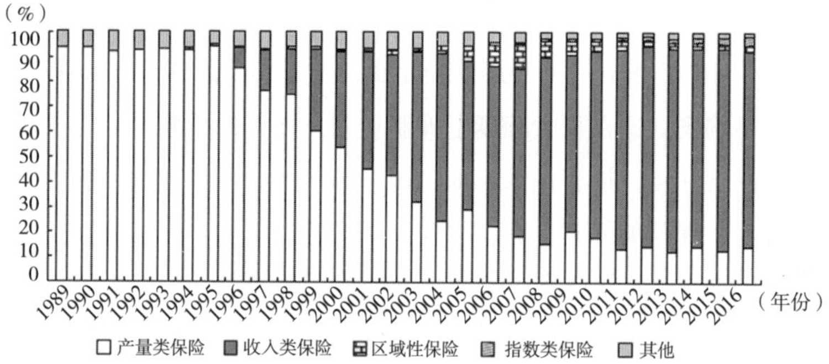

图 7.1　1989—2016 年美国不同类型农业保险保费分布

（一）基本模式

种植业价格保险。美国的种植业价格保险主要表现为收入保险。农业收入保险以收入为保险标的，当在保险责任范围内的某些因素导致的农作物产量、价格波动或二者共同导致投保人实际收入低于保障的收入水平时，保险给予赔偿。总体可以分为两大类。

第一类是针对农作物收入的保险产品，包括带收获期价格期权的个体农场作物收入保险、不带收获期价格期权的个体农场作物收入保险、附带收获期价格期权的区域作物收入保险、不带收获期价格期权的区域作物收入保险。

第二类是针对农场收入的保险产品，包括调整的总收入保险，实际历史收入保险。

为鼓励农场主积极投保，联邦政府对投保人给予保费补贴，补贴比例为 38%～80%。实施差别补贴政策，同一保险单位的保费补贴率随保障水平的提高而下降，以加大对经济状况较差农场主的支持力度。

养殖业价格保险。2002 年，美国联邦农作物保险公司先后推出两款畜牧保险产品：畜牧价格保险和畜牧收益保险，并在艾奥瓦州生猪养殖上进行试点。

（二）主要特点

美国农产品价格保险脱胎于传统的产量保险，从保产量发展到保价格，险种不断丰富，保险体系不断完善。2000 年，美国出台《农业风险保护法》，联邦政府对农业保险的支持力度进一步加大，农业收入保险的参与率迅速提升。据有关统计，当前美国农产品价格保险的保费规模约占全部农业保费收入的 90%。总体来看，美国农产品价格保险主要有三个特点。

第一，产品体系内容丰富。在承保风险方面，风险保障范围覆盖各种自然灾害和意外事故等纯粹风险造成的价格损失，以及因为市场行情波动因素造成的价格下跌，兼顾了产量、价格、利润和收入等不同类别风险保障；在承保品种方面，几乎囊括各种不同类别的农产品，既包括小麦、玉米、水稻和高粱等主要粮食作物，也包括甘蔗、油菜和向日葵等糖料、油料作物，苹果、香蕉和蓝莓等水果，以及烟草、果树、牧草、鲜花和牲畜等。

第二，财政支持力度较大。美国联邦政府对价格保险的保费补贴比例取决于投保人选择的保障水平与保险单位，最低为 38%，最高可达到 80%，大幅降低了农业生产者的投保成本。除此以外，美国联邦农作物保险公司还对私营保险公司的经营管理费用给予补贴，补贴水平为保费收入的 20%。在税收减免方面，对农业私营保险公司只收取 4% 以内的营业税，免征其他税额。

第三，保障水平较高。美国农产品价格保险的保障程度从 50% 到 75% 不等，以 5% 的差距递增。在少数地区或针对少数农产品，保障程度最高可达到 85%。此外，所设定的价格水平通常为农产品期货市场价格，在大多数情况下高于传统产量保险所设定的农产品价格，保障水平得到了进一步提高。

三、我国的试点情况

2018 年 8 月我国全面启动了三大粮食作物完全成本保险和收入保险的试点工作，在各种成本的基础上，进一步增加劳动力成本覆盖至全部农业生产成本或直接开展收入保险，切实促进农业保险转型升级，保障农户种粮积极性，推动保障水平提高。

试点保险品种和保障对象：试点保险品种为完全成本保险和收入保险。完全成本保险即保险金额覆盖物质与服务费用、人工成本和土地成本等农业生产总成本的农业保险。收入保险即保险金额体现农产品价格和产量，覆盖农业生产产值的农业保险。保障对象为全体农户，既包括规模经营农户，也包括小农户。

试点期限和保险对象：试点期限暂定为 2018—2020 年，共 3 年。试点保险对象为关系国计民生和粮食安全的水稻、小麦、玉米三大主粮作物。

试点地区：内蒙古、辽宁各选择 4 个玉米主产县，其中两个县开展完全成本保险试点，两个县开展收入保险试点。安徽、湖北各选择 4 个水稻主产县开展完全成本保险试点。山东、河南各选择 4 个小麦主产县开展完全成本保险试点。

保险方案：试点经办机构应当公平、合理地拟定保险条款和保险费率，保险费率应按照保本微利原则厘定，原则上风险保费（含大灾风险准备金）不低于 80%，费用附加不高于 20%。试点产品不得设置绝对免赔，相对免赔不得高于 30%。原则上，试点险种应将不低于 20% 的风险成数分保给中国农业保险再保险共同体。

补贴标准：在农户自缴比例不低于 30% 的基础上，中央财政对中西部地区和东北地区补贴 40%、对东部其他地区补贴 35%，取消县级财政保费补贴。同时，支持有条件的地区对建档立卡贫困户自缴部分保费给予减免。

面向未来，无论是从美国等农业保障体系发达国家的情况看，还是从我国农业现代化建设的目标看，农业收入保险均是基本方向和重点领域。尽管在我国的农业收入保险发展过程中仍面临许多问题和挑战，但可以肯定的是农业收入保险是农业保障体系的终极解决方案，因此，保险业需要站在国家战略的层面，认识和理解发展农业收入保险的意义，并通过制度和技术创新，积极探索和发展我国农业收入保险，为我国农业现代化做出应有的贡献，并实现农业保险的跨越式发展。

第八节 农业保险“走出去”

随着我国改革开放的不断深入，农业产业“走出去”逐步提上了议事日程。一方面，加快推进农业对外合作是提升我国农业国际竞争力、服务国家外交大局和实施“一带一路”倡议的迫切需要。另一方面，“走出去”也是重构我国农业产业空间结构的重要举措，增强参与国际粮农治理的话语权，不仅能够参与全球农业产业分工，更能够在全球配置资源，缓解我国农业资源相对匮乏的情况。但我国农业仍处于发展的初级阶段，“走出去”无疑是一个极具挑战的任务。

首先，认识新形势下推动农业对外合作的重大意义，以培育农业国际竞争新优势、构建新型农业国际合作关系、开创全方位农业对外合作新局面为目标，以培育具有国际竞争力的涉农企业为抓手，以加强国际型人才队伍培育和科技体系建设为支撑，统筹谋划重点国别、重点产业和重点产品的战略布局，建立健全农业对外合作支撑保障体系，推动农业装备、技术、标准、品牌、服务等方面的对外合作，着力提升两种资源两个市场的利用能力，为保障国内农产品有效供给，推进农业现代化做出积极贡献。

其次，农业生产本身就具有较大的风险，“走出去”将进一步放大这种风险。由于对当地农业生产的基础情况，特别是气候情况不熟悉，在农业生产过程中将面临传统生产性风险。同时，由于是在国外开展市场活动，还会面临各类法律风险，特别是劳工法、土地法、环境保护法、税法等风险。因此，我国保险业应高度关注我国农业“走出去”问题，研究这种模式可能产生的风险。一方面要开发相应的保险产品，为企业提供风险保障服务；另一方面要为“走出去”企业提供相关风险管理的服务，包括技术和法律。

最后，保险业在为我国农业“走出去”提供服务的过程中，需要关注自身经营风险的风控。一是缺乏当地农业生产和风险数据，信息不对称，难以准确拟定费率。二是业务空间距离大，难以开展有效的风险评估，并且承保理赔成本相对较高。三是对当地法律制度、土地权属、生产管理以及农产品适销收益等情况，缺乏权威性的了解，易诱发保险道德风险等。四是财政保费补贴政策对农业保险“走出去”业务尚不明确，补贴政策的实施存在一定的困难。

从总体情况看，国家对“十三五”时期的农业对外合作提出了明确要求，要进一步统筹用好国际国内两个市场、两种资源、两类规则，完善农业对外开放战略布局。同时，要强化政策创新，构建适应农业对外合作要求的财政、金融、保险、产业等支持政策。保险业一要深入了解我国农业“走出去”的发展现状和战略内涵，加强市场研究和客户调研，摸清风险特点和保险需求。二要做好相关基础性工作，加强保险产品研发创新，研究承保理赔模式，探索建立工作推进机制。三要积极加强与相关部门的交流与合作，推动出台相关支持政策，如对境外农业项目保险给予保费补贴支持，对保险机构开展境外农业项目保险给予费用补贴、税收减免等优惠政策。四要与有关各方加强农业“走出去”信息互联共享，搭建保险需求与供给对接平台，建立健全工作协同推进机制，为保险业支持农业“走出去”打下良好基础，创造更好的工作氛围和政策环境。五要积极探索开拓海外农业保险项目，加强与相关企业，尤其是“走出去”的龙头企业的沟通与合作，推进保险业务合作事宜。

第九节　农业巨灾风险管理

就现代科技水平而言，农业生产仍属于高风险行业，因为其始终面临巨灾风险的威胁，而面对这些风险，人类往往是无能为力的。作为农业大国，我国农业巨灾风险暴露巨大。据相关部门的统计数据，我国农作物年平均受灾率约为30%，平均成灾率为15%，平均绝收率为3.29%。畜牧业年平均猪发病1 160万头，牛发病45.3万头，禽发病5.3亿羽。同时，林业年平均发生近1万起森林火灾，年均受灾森林面积近13万公顷。农业生产的巨灾风险特征决定了农业保险的特殊性，即农业保险的风险难以通过商业和市场的方式解决，这也是大多数国家均赋予农业保险"政策性"的原因之一，农业保险需要政府动员公共资源进行干预，不仅因为农业涉及国计民生，也因为农业生产的巨灾风险特征。

我国政策性农业保险的基本模式是"政策支持，市场运作"，即政府通过制定相关政策，以保费财政补贴的方式，调动农户投保的积极性，解决市场需求问题。同时，保险公司在市场制度下，按照商业运作方式，自主经营，自负盈亏。这一模式，较好地解决了代理模式可能导致的各种弊端，但同时也带来了保险公司，乃至整个行业无法承受的风险暴露，导致行业经营的不稳定和不安全问题。例如，2007年吉林发生了中等强度的干旱灾害，保险损失约15亿元，当年全省农业保险保费收入仅6.8亿元。同年，内蒙古的农业保险损失高达12亿元，当年农业保险保费收入为3.4亿元。2017年黑龙江特大洪灾赔付27亿元，辽宁特大旱灾赔付超过9亿元。

从全球范围看，各国在开展农业保险的过程中，均高度重视农业巨灾风险的管理问题，并结合本国实际，积极探索解决方案，形成了各具特色的农业保险巨灾风险管理模式。根据各国农业保险巨灾风险管理发展的历史、特点、操作方式、法律法规和政府作用等不同，逐步形成了四种典型模式：以美国为代表的政府主导参与型模式，以日本为代表的政府支持下的共济分担模式，以法国为代表的政府和社会联办的互助保险模式，以西班牙为代表的公私合营的共保体模式。

为了解决农业保险面临的巨灾风险，2012年发布的《农业保险条例》提出"建立财政支持的农业保险大灾风险分散机制"，旨在建立一种农业保险大灾风险分散机制，以平滑大灾之下农业保险的经营波动，保障其持续发展，使农业生产经营风险得以持续分散，进而保证粮食安全。2013年财政部颁布《农业保险大灾风险准备金管理办法》，明确提出了农业保险的"大灾准备"概念，并细化为保费准备金和利润准备金，目的是通过税收政策，引导保险行业建立巨灾风险准备金制度，以丰补歉，增强风险抵御能力。

随着我国农业保险的快速发展，参与农业保险经营的主体也不断增加，特别是中小保险公司的加入，以公司为单元的巨灾风险准备金管理模式已难以适应行业风险管理的需要，于是，2017 年中国农业保险再保险共同体（简称“农共体”）在北京成立，由人保财险等 23 家保险公司和中国财产再保险有限责任公司共同组成。“农共体”综合运用市场化和行政化手段，建立多层次的农业大灾风险分散机制。同时，“农共体”作为保险业农业风险管理的专业平台，不仅为农业保险提供充足稳定的再保险保障，而且有利于经验交流和信息共享，通过共同的研发创新可以提升行业整体的农业风险管理水平。

面向未来，农业巨灾风险依然是制约农业生产和农业保险的瓶颈，因此，无论是确保粮食生产安全，还是发展农业保险，都需要一种更加彻底和有效的解决方案。就目前情况而言，由于农业巨灾风险的存在，导致农业保险不得不“低保障”，牺牲了制度效率和发展空间，但即使这样仍难以摆脱偿付能力危机的压力。面向未来，应将破解农业巨灾风险难题作为发展农业保险的当务之急。解决之道在于，通过制度创新，更大范围分散农业巨灾风险。首先，应在“农共体”的基础上，尽快组建中国农业再保险公司。一方面能够搭建一个更加市场化的农业巨灾风险分散机制与平台；另一方面能够全面整合行业资源，开展制度与产品创新。其次，应在中国农业再保险公司的基础上，从制度上理顺政策性与商业性业务的关系，理顺中央财政和地方财政的关系，确保公共资源的投入、效率与监督。最后，以中国农业再保险公司为平台，打通保险与资本市场的联系，通过农业巨灾保险产品创新，在资本市场进行风险融资，不仅可以突破保险市场的风险资本的局限，也能够为资本市场提供基于“自然风险相关产品”，有利于资本市场完善产品结构，为理性发展提供产品保障。

第八章

健康（医疗）保险

人们在解决了温饱问题之后，就更多的关注健康。因此，在国家层面提出了“健康中国”的目标，但要做到广大民众的身心健康，并非易事。几乎所有国家均面临社会卫生医疗的效率难题，尤其是医疗保险问题。从社会层面看，一方面是医疗资源的严重不足，另一方面是过度医疗导致的资源浪费。市场化的商业健康和医疗保险成为破解悖论的契机。

在科技赋能的大背景下，医疗大数据、精准医疗、智能医疗和互联网医疗推动了“保险 + 科技 + 健康管理”模式的出现，美国奥斯卡健康保险公司成为先行者。同时，我国健康（医疗）保险也呈“异军突起”的发展态势，2018 年业务规模达到 5 448.13 亿元，“互联网”和“大病”成为发展的关键词。面向未来，我国健康（医疗）保险发展的前景广阔，不仅要关注自身的发展，更要助力“健康中国 2030”目标的实现。

第一节　背景与困境

一、世界性难题

随着社会的进步，健康已成为全社会关注和关心的焦点问题。但与此同时，健康也是一个难点问题。为了解决人类共同面临的健康和医疗问题，保险应运而生，但由于种种原因，无论是社会医疗保险，还是商业健康保险均陷入“世界性难题”困境，美国的医保改革就是一个最典型的写照。健康、卫生和医疗的社会总效率不高，已成了世界各国难以跳出的“魔障”和必须面对的问题。

医疗（健康）保险难题的根源在于面临双重压力。一方面是作为一种“公共产品”或“准公共产品”的普遍、均衡和公平供给形成的压力。同时，支付能力和监管能力成为制约的主要障碍。另一方面是各个利益主体道德风险聚集的压力，以及公共主体可能“缺位”带来的监管无效问题。在这个过程中，个体既是问题的制造者，又是问题的受害者，因此陷入了一种难以自拔的恶性循环。

在医疗（健康）保险的发展过程中，医疗机构和医药企业也扮演着重要角色，在西方国家，它们甚至可以影响和左右政府的政策制定。我国的情况则不同，更多的是从微观和中观层面影响医疗和健康领域。其中一个重要原因是医疗领域简单的“市场化改革”，引入大量民营医疗机构的参与，部分医疗机构在利益驱动下，导致了过度医疗现象非常突出，甚至引发了医疗机构的社会道德危机。同时，医药企业利用市场，特别是医疗机构存在的问题，通过高额回扣，引诱医生过度开药、医院过度检查，不仅增加了患者的医疗负担，使社会的医疗总效率降低，加剧了医患关系的紧张，逐渐演化为一个十分突出的社会问题。

近年来，在医疗体制改革的总体框架下，国家出台了一系列政策，加强对医药价格的管理，包括通过推出市场化招标、药品零加成等政策，在一定程度上解决了药品价格高的问题。但这些举措仍存在治标不治本的问题。要从根本上解决问题，关键是要解决“支付与定价主体一致”的问题。2018 年，国家启动了管理体制改革，组建国家医疗保障局，按照“谁付费、谁操盘”的原则，全面接管人社部、卫计委、发改委、民政部中涉及医保基金、医保目录、招投标的多项职能，实现定价与支付主体的统一。

但客观上看，这种改革仍是一种行政化的安排，而要从根本上解决问题，还是要充分发挥市场在资源配置中的作用，商业保险就是最典型的市场制度安排，即商业保险作为消费者的天然代表，能够更有效地推动“支付与定价主体一致”的落地。同时，保险业要认识到自身的使命与责任，发挥自身“集团采购”和专业管理的力量和优势，倒逼医疗和药品行业的转型升级，实现医疗服务领域的社会公平。

从本质上看，医疗（健康）保险是一个社会问题，因为在一个由自利个体组成的大型社会中，合作是一个至关重要但又难以实现的目标。通常情况下，众多个体完全理性地按照其自身利益行动，就难免发生“公地悲剧”，这势必消耗并破坏公共资源，从而对每一个人都不利。保险能够在解决“公地悲剧”方面发挥作用，更多地扮演“物业管理”的角色，通过评判、监督、激励和维护，将“负外部性”转换为“正外部性”，使医疗（健康）保险走在持续健康发展的道路上。

二、个体认知的局限

在社会化的医疗保险制度中，尽管政府相关部门始终扮演着重要角色，包括制度的建设、完善和监督，但居民个体才是这个制度的真正主人。医疗保险之所以会成为世界性难题，正是因为参与其中的个体往往扮演着两种角色：既是问题的制造者，又是问题的受害者。对此，各国政府均采取了多种办法，但收效甚微。究其原因，是个体的认知和觉悟。解铃还须系铃人，提高个体的认知和觉悟是解决问题的基础和关键。

随着社会与经济的发展，特别是科技的快速发展，人们在生活水平提高的同时，开始思考生命质量问题。这种思考顺着“内”和“外”两个维度展开。“内”是指自我健康管理意识的觉醒，个人健康管理受到普遍关注，并推动了我国体检行业的井喷式发展。同时，各种养生保健业也大行其道。“外”，是指参与医疗服务，但在医疗信任缺失的情况下，人们利用互联网技术，开展自我诊断和自助医疗，还出现了“颠覆医疗”的思潮。这种思潮的本质仍是源于一种无知。这种无知，更多的是一种信息不对称。人们对生命的认识，存在信息的“相对不对称”和“绝对不对称”，前者是就个体而言，后者是就集体而言。

“相对不对称”问题需要基础和系统性解决，需要制度安排。用邓小平同志的话说，要从娃娃抓起。将卫生、生理、医疗和健康管理纳入基础教育，并成为终身教育的内容。同时，保险，特别是健康保险应当成为普及医疗和健康知识的社会平台和机制。经验证明，国民健康知识水平的提高，将大幅度降低全社会的卫生和医疗成本支出，提高社会资源利用效率。

“绝对不对称”是人类作为集体，对生命认知的不足。在很长的一个时期内，由于理论和技术的局限，人类对自我的认知是相对有限的。随着以人类基因组项目为代表的“数字生命”时代的到来，生命科学的一系列基础理论和技术将实现突破，为破解“绝对不对称”提供了全新的可能。为此，有理由相信，21 世纪是属于生命（生物）科学的世纪。

三、集体认知的困境：以美国为例

美国的全民医保体系，特别是 2010 年奥巴马的“医疗保险改革法案”，以及特朗普的全面否定，经历了 100 多年的风风雨雨，可谓众说纷纭，莫衷一是，进退两难，难以自拔。与此同时，社会医疗成本不断上升。根据美国联邦医保及医助服务中心的数据，到 2017 年，美国在医疗方面的支出将达到 6 万亿美元，占 GDP 的比重高达 19.4%。人们不断质疑医疗的社会效率和公平。

巨大的医疗支出牵涉到巨额的利益分配和社会道德问题，政府支出在医疗支出中具有举足轻重的作用，医保改革也成为美国民众关注的焦点。近年来，“医保改革”更是成为美国总统竞选的必谈话题，但无论是在位者的辩护，还是竞选者的质疑，在民众看来，均属于隔靴搔痒，不过是政客的作秀，结果还是换汤不换药。因为，医改的本质是基于对生命的认知与尊重。

作为全球发达国家中少数没有社会医疗保险制度安排的国家，除了极少数人外，绝大多数人的医疗问题均交给了商业保险，将一个具有很强“公共性”的领域完全交给市场，这也许是所有问题的“根”。在这种基本制度安排下，势必出现官僚组织、医疗机构和药品制造商之间的相互勾结、坐收渔利。而大多数的民众，一方面抱怨制度不公平，基本需求难以保证，医疗保险的成本居高不下；另一方面又自觉不自觉地成了被利用的对象，扮演着助纣为虐的角色，形成了一种“无解”的怪圈。

四、过度医疗：保险解决

医疗领域的问题，包括医疗保险制度和医疗市场化，引发了一个社会性危机：颠覆医疗。这一思潮以 2012 年美国埃里克·托普的《颠覆医疗》为代表。该书引用了伏尔泰的话作为开场：医生开着自己不熟悉的药，诊治着自己不甚了解的病情，评判着自己一无所知的人体。这句 250 年前的话，在今天，依然引起了众多对医疗制度不满者的极大共鸣，继而引发了在一段时间内，各种类似主题的书籍和言论充斥社会，让人莫衷一是。

医疗领域存在问题是毋庸置疑的，但不能因此否定医学、否定医生。作为一种科学，医学也有自身的局限性，特别是针对“人”这个极其复杂的生命系统，循证医学面临的最大挑战不仅是“证据不足”，更有内外环境的错综复杂。同时，作为医疗体系主体的医生，他们首先也是人，因此，不仅是医术，也包括思想和觉悟，均不可能是尽善尽美的，存在问题在所难免，问题的关键是如何约束和解决问题。

过度医疗是一个世界性的问题，但解决方案需要因地制宜，甚至是因时制宜，其中一个重要的力量是保险。保险作为广大患者的利益代表，同时具有相对专业的医学知识，能够通过诸如“控费”等手段，对治疗方案和用药的科学性进行监督，从而实现对过度医疗的遏制与引导。

五、破解难题的基本思路

无论是从国际视角看，尤其是从美国“医保改革”面临的问题看，还是从我国医疗制度建设、改革与发展的情况看，建设和维护一个理想的医疗保险制度绝非易事，但同时又是一个无法回避的问题。解决之道在于基于“把握根本”的顶层设计，融入科技的总体方案，充分调动商业保险的力量。

从顶层设计的角度看，关键是明确医疗保险的社会和公共属性，让医疗事业“回家”。从社会管理的基本逻辑看，医疗是社会公平的基石，没有医疗公平，其他公平就无从谈起。因此，不能将医疗简单地市场化是基本原则与底线。在此基础上，构建社会医疗保险与商业健康保险管理的大框架，形成一种互补和制约的态势。

就社会医疗保险和商业健康保险而言，其所处的环境的相同，二者面临的问题和挑战具有相似性。因此，二者之间具有千丝万缕的联系。商业健康保险是以社会医疗保险为基础和依据的，形成一种相互影响和作用，相互依托和制衡。近年来，一些地方政府已将基本医保交由保险企业经办，并将其与“大病医保”合二为一。同时，鼓励商业保险公司在此基础上开展“二次开发”，满足居民差异化的医疗保险需求，其背后的逻辑是更好地破解制度的“社会总效率”难题。

面向未来，保险无疑将成为改善和完善社会卫生医疗体制的重要力量，但这只是一种可能，如何将可能变为现实，不仅需要保险行业的能力建设，更需要集体觉悟、定力和耐心。回顾过往，在行业参与“大病医保”和“基本医保代办”的过程中，人们看到更多的是行业的竞争，是简单的“走账”，那么，行业的专业管理和价值创造能力何在。在发展健康（医疗）保险的过程中，“百万医疗”在“爆款”的同时，也给人们留下了许多疑惑和不解，且不说“赔得起”的问题，至少让人们对未来的服务水平存疑，更令人担忧的是少数企业“宽进严出”的经营想法。

面向未来，在“健康中国”的大舞台上，保险如何扮演好重要角色，需要行业的顶层设计、理论指导、制度保障、技术支撑和平台建设，但更需要的是行业的认识、理念和觉悟。同时，行业要清醒地认识到，保险能做或想做的都不是“专利”，相关的各行各业均将卫生、医疗、健康和养老作为未来发展的重要领域，其中不仅有作为“地主”的医疗行业，更有作为“新秀”的互联网行业。它们要不有在位、资源和技术的优势，要不有资本、技术和获客的优势，保险需要思考的是，如何“同场竞技”，又如何“胜人一筹”。因此，不仅要提升能力，更要思考定位、合作与融合问题。

【辅助资料】PBM

PBM（药品福利管理）是医疗服务市场中的一种专业化第三方服务，提供该服务的机构一般在市场内的支付方（商业保险机构，雇主等）、药品生产企业、医院和药房之间进行监督管理和协调工作。PBM 基于患者就诊数据的采集分析，药品处方审核等对整个医疗服务流程进行管理和引导，从而达到对医疗服务进行有效监督、控制医疗费用支出、促进治疗效果的目的。PBM 的核心价值在于减少医疗费用的浪费、滥用、虚高，其本质是利益重新分配。通过技术手段，节省出一定药费分配给相应的群体，患者和医保优先，即“节余分成，百姓优先”。

PBM 最早起源于美国，是一种专业化的细致控费解决方案。通过与药品企业、医疗服务机构、保险公司或医院签订合同，以求在不降低医疗服务质量的前提下，影响医生或药剂师的处方行为，对医疗费用进行有效管理、节省支出、增加药品效益，达到控制药品费用增长的目的。数据显示，2014 年美国公立医疗保险共承保 3 780 万名老人，总医疗费用 806 亿美元，PBM

为其节省了近470亿美元的费用，降费幅度达到58%。

美国的PBM具有八大功能。第一，药品目录管理。药品目录分为封闭式、开放式和半开放式，通过内部和外部专家评审方式确定。通过对药品的价格、疗效和个人支付比例等方面进行评估，将性价比更高的药品推荐给消费者。药品生产企业为了扩大市场份额，可以通过折扣的方式，获取消费者关注。第二，用药评价、替换与管理。通过对药品的评价，确保患者用药的科学性，其中最重要的是推荐低价同效药品，如仿制药。此外，还提供基于群体和个体的药品疗效评价，确保合理用药。第三，处方集中管理。根据不同患者、不同保险、不同的医疗单位，提供个性化的“处方管理”服务，以提高医疗效率、降低医疗成本。第四，药品集中采购和流通。通过与药品厂家的直接议价，集中采购，能够获得更优惠的价格。同时，通过自建的连锁药店和合作药店，为慢性病患者提供就近取药服务。第五，药品邮购服务。针对慢性病患者长期规律用药的特点，定期给患者寄送药物，节省患者的时间、成本和精力。第六，理赔管理。通过对被保险人用药情况进行跟踪管理，能够确保合理用药，并与保险责任范围相符，防止“张冠李戴”等道德风险。第七，综合疾病管理。建立以患者为中心的综合健康管理服务体系，包括预防医学服务、行为监测、健康追踪、用药和治疗评价等覆盖健康的全方位服务。第八，信息和信用中介。建立一个连接药品厂家、药店、医院、医生、患者的完整信息链，实现信息共享，提供信息的利用效率，继而提高患者健康管理和医疗保险管理水平。

美国ESI（快捷药方公司）成立于1986年，是美国最大的从事PBM业务的公司，每年处理20亿份经审核处理的处方，占美国市场份额的33%，与美国超过98%的零售药店，即69 000家合作，并拥有7 400家连锁药店，提供面对面的咨询服务，同时，拥有呼叫中心和邮购渠道，2016年公司的年度营收达到

1 002 亿美元，净利润为 34 亿美元。

根据美国医药保健管理协会的预测，2012—2021 年，PBM 将为保险公司和患者节约 35% 的药品消费，达 2 万亿美元。我国 2016 年医疗费用支出高达 10 767 亿元，按照 PBM 能为医疗支出节省 35% 计算，我国的 PBM 业务市场规模将达 3 700 亿元。

【相关案例】CVS Health 与安泰保险并购案

2018 年 11 月美国最大的处方药零售商 CVS Health（西维斯健康集团）以 700 亿美元完成了对安泰保险的收购，不仅引发了资本市场的高度重视，更是为保险业，特别是健康（医疗）保险的发展带来了许多值得深刻思考的话题。

CVS Health 是美国的大型药物管理公司，旗下拥有 9 800 家药房，形成了覆盖美国大部分地区的药品销售网络。同时，设有 1 100 家零售模式的诊所，年营业收入达 1 780 亿美元。安泰保险是美国第三大医疗保险公司，拥有 2 220 万客户，年度保费收入为 630 亿美元。两家公司合并之后，CVS Health 的药房业务将与安泰的保险业务合为一体，并把重点放在社区，力求打造出一种新的以数据为驱动力的更加人性化、更加便利和定制化医疗保健模式。

第二节　医疗科技：三大力量

一、分子生物学（分子医学）

分子生物学是指从分子水平研究生物大分子的结构与功能，从而阐明生命现象本质的科学，其主要研究领域包括蛋白质体系、蛋白质 – 核酸体系（中心是分子遗传学）和蛋白质 – 脂质体系（即生物膜）。生物大分子，特别是蛋白质和核酸结构功能的研究，是分子生物学的基础。

分子医学的核心任务是阐明人类疾病在分子、细胞和整体水平的生理、病理机制，并通过综合集成，将有关成果转化为临床预测、诊断、干预和治疗的有效手段，增进人类健康。分子医学以“从分子到人”、多学科综合交叉、研究与应用并重为特色，是功能基因组时代生命科学发展的大趋势。

以人类基因组计划为代表的分子生物学突破性发展，将给人身保险领域带来重大影响，一方面，分子生物学的发展，使疾病诊断，乃至发病率评估技术领域产生了革命性的变化，继而对健康保险的经营基础产生影响。另一方面，分子生物学技术在制药领域的应用，不仅能够大幅度提高新药研发效率，缩短研发周期，还将改变对“不治之症”的判断。由此可见，分子生物学技术的发展对保险的影响无疑是极其深刻的，保险业应对其予以高度重视。

【辅助资料】基因与基因检测

基因是DNA（脱氧核糖核酸）分子上的一个功能片段，它通过指导蛋白质的合成来表达自己所携带的遗传信息，从而控制生物个体的性状表现。基因是遗传信息的基本单位，是决定一切生物物种最基本的因子，一切生命的存在与衰亡的形式都是由基因决定的。因此，它是生命的操纵者和调控者。

现代医学研究证明，除外伤外，大多数的疾病都和基因有关。引发疾病的根本原因有三种：第一，基因的后天突变；第二，正常基因与环境之间的相互作用；第三，遗传的基因缺陷。基因检测可以诊断疾病，也可以用于疾病风险的预测。疾病诊断是用基因检测技术检测引起遗传性疾病的突变基因。目前应用最广泛的基因检测是新生儿遗传性疾病的检测、遗传疾病的诊断和某些常见病的辅助诊断。目前有1 000多种遗传性疾病可以通过基因检测技术做出诊断。

基因检测是通过血液、其他体液或细胞对DNA进行检测的技术，通过特定设备对被检测者细胞中的DNA分子信息做检测，预知身体患疾病的风险，分析它所含有的各种基因情况，从而使人们能了解自己的基因信息，从而通过改善自己的生活环境和生活习惯，避免或延缓疾病的发生。目前基因检测的方法主要有：荧光定量 PCR（聚合酶链式反应）、基因芯片、液态生物芯片与微流控技术等。

二、医学影像学

医学影像学是研究借助一种介质，如 X 射线、电磁场、超声波等，与人体相互作用，把人体内部组织器官结构、密度以影像的方式表现出来，供诊断医师根据影像提供的信息进行判断，从而对人体健康状况进行评价的一门学科，包括医学成像系统和医学图像处理两个相对独立的研究方向。

医学影像学的最大贡献在于，能够把人体看的“清清楚楚”和“明明白白”，为医疗提供强有力的技术支持。这种支持不仅体现在诊断，也体现在手术治疗，尤其是微创手术。而推动这一领域进步的核心力量来自技术进步和设备研发。目前的主要设备，包括 X 光成像仪器、计算机断层扫描（CT，包括普通 CT、螺旋 CT）、正子扫描（PET）、超声（B 超、彩色多普勒超声、心脏彩超、三维彩超）、核磁共振成像（MRI）、心电图仪器、脑电图仪器等。

目前，医学影像学发展已进入功能与分子时代，由此产生了一门崭新的分支学科：功能与分子医学影像学。功能与分子医学影像学概念的形成，充分体现了现代医学影像最新技术和研究成果在医学领域的最高端应用，它使诊疗疾病理念和思维模式发生了根本变化，真正达到早期诊断、早期预防和早期治疗疾病的目的，使现代诊疗水平有了质的飞跃。

从广义上讲，功能与分子影像学内容包括两大范畴：功能成像和分子成像。它涵盖了现代医学影像各个领域，包括数字减影血管造影（DSA）、核磁共振成像、计算机断层扫描、正电子发射计算机断层显像（PET-CT）、正电子发射型计算机断层成像仪（磁共振成像仪，MR-PET）、单光子发射计算机断层成像（SPECT）、超声、脑磁图、光成像、单克隆靶显像、受体显像以及基因显像等。现代医学影像学的最终目的不仅是要显示解剖结构的异常变化，更重要的是要在解剖结构异常变化之前显示器官功能的异常改变。分子影像是当今最前沿的医学影像技术，代表了目前诊断疾病的最高水平。

三、可穿戴设备

可穿戴设备是指以某种方式与人体直接联系的电子设备。按照基本功能的不同，可分为三大类：健康管理类、信息资讯类、体感控制类。但大多数的产品均是按照目标客户群的需要，整合多种功能。

从功能的角度看，通常由四部分组成。一是传感（器）功能，即通过各种感测技术获取以生命体征为主要对象的实时信息，同时，还可以包括射频识别和全球定位系统等信息传感设备。二是处理（器）功能，即对获取的数据进行前端处理，成为传输数据。三是通信功能，一般分为具备独立无线通信功能和不具备无线通信功能两种，前者与智能手机相似，后者是通过 Wi-Fi，或蓝牙与智能设备，或网络连接。基于功耗和续航能力的考虑，绝大多数的可穿戴设备均采用后者。四是存在功能，即通过手表、眼镜、手环、戒指、挂件、头带、手套、胸罩、鞋子、衣服、背包等各种形式与人体联系，从未来的趋势看，皮肤型和内置式将成为发展的主流。

从技术的角度看，通常可以分为基础硬件和操作系统两个部分，就基础硬件而言，包括微控制单元和应用处理器，其中的 MEMS（微机电系统），即 MEMS 传感器是可穿戴设备的“灵魂”，并成为驱动发展和应用的关键技术。

从应用的角度看，健康管理是其最基本和主要的应用。近年来，以小米手环为代表的各种健康管理应用得到了极大的普及，并产生了很好的社会效果。此外，国内外的保险和健康管理机构纷纷利用基于手环的运动信息，开展产品和服务创新，取得了较好的效果。同时，基于定位功能的老年痴呆患者和儿童的“走失”管理应用，也得到了消费者的认同。

从发展的眼光看，可穿戴设备只是一种过渡，它肯定会被“植入式”

设备取代。就现阶段的情况看，心脏起搏器和人工耳蜗属于“先行者”，但它们带来的“启示意义”重大。相信在不远的将来，大多数的可穿戴设备将被植入式设备取代，而小型化、低耗和通信是需要突破的技术瓶颈。一旦植入式设备被广泛应用，将迎来真正意义上的“数字人生”时代，从根本上改变健康管理，甚至整个医疗领域。

可穿戴设备是保险创新的重要基础，通过可穿戴设备，保险公司可以实时和动态地掌握被保险人的生命体征信息，特别是运动情况，从而间接地评估和判断被保险人的健康状态。近年来，许多保险公司利用通过可穿戴设备获取的被保险人运动量信息，开展保险产品和服务创新，成了人身保险创新的一个重要形态，即将“运动量”作为调整保险费，或是进行“健康改善激励”的手段，并取得了较好的效果。面向未来，随着可穿戴设备的不断完善与普及，特别是“嵌入式”穿戴设备的推广，将为人身保险创新提供更大的想象空间，因此保险行业要高度关注这一领域的发展与进步。

【相关案例】美国恒康保险

恒康保险公司成立于 1862 年，主要经营领域为人寿保险、养老保险、健康保险、长期护理保险，是美国十大人寿保险公司之一。2018 年该公司宣布将停止承保传统人寿保险，只销售通过可穿戴设备和智能手机追踪健身和健康数据的“互动式”保单。

具体而言，是销售与 Vitality Group（活力公司）合作的名为 Vitality 的“活力健康保险计划”，这一产品的理念是客户和保险公司都能从鼓励健康的生活方式中受益。据称活力计划的数据显示，全球 Vitality 保单持有人的寿命比其他受保人群延长 13～21 年。此外，与其他受保人群相比，他们的住院费用降低了 30%。

客户的健康数据共享问题。软件服务商 MuleSoft 的调查表明，如果能降低保费，全球 44% 消费者愿意让保险公司收集他们的个人数据，包括通过健康监测App和智能家居设备，以及来自脸书等的第三方数据。年青一代（18～34岁）对此表现的特别开放——几乎62%的人表示接受保险公司以这种方式使用个人数据。

第三节　医疗大数据

医疗大数据将成为医疗的基础资源和关键能力，主要指：医院信息系统数据、检验信息系统数据、医学影像存档和传输系统数据、电子病历数据、个人健康档案。同时，随着互联网医疗、在线医疗咨询服务、医药电商和可穿戴设备的快速发展，这些领域的相关医疗数据也呈现快速增长的态势。医疗大数据的主要来源为医院、医生、患者、医药、医疗保险、医疗检验六个方面，并逐步形成国家、省、地市和县的四级区域人口健康信息平台。此外，互联网医疗领域也成了重要的信息来源。

在医疗大数据的应用过程中，电子病历与个人健康档案无疑是重点。电子病历是以电子化方式管理医院诊断治疗全过程的原始记录，它包括首页、病程记录、检查检验结果、医嘱、手术记录、护理记录等，表现为文字、符号、图表、图形、数据、影像等数字化信息。个人健康档案是记录每个人从出生到死亡的所有生命体征的变化，以及自身所从事过的与健康相关的一切行为与事件的档案。具体的内容主要包括每个人的生活习惯、以往病史、诊治情况、家族病史、现病史、体检结果，以及疾病的发生、发展、治疗和转归的过程等。

2016年国务院办公厅颁布了《关于促进和规范健康医疗大数据应用发展的指导意见》，明确健康医疗大数据是国家重要的基础性战略资源。健康医疗大数据无疑是保险产品开发、定价、营销、服务和反欺诈的重要基础，但如何获得健康医疗数据始终是一个难题。在国家全面实施医疗大数据战略的时代背景下，保险业需要摒弃单打独斗的思维模式：一是要认识到企业和行业自身的数据是极为有限的；二是保险公司个体不足以，也不应当试图去构建自己的健康医疗大数据。理性的选择是集合行业的力量，发挥“中保信”的平台和中枢作用，全面融入国家的健康医疗大数据战略，最终实现有序利用的目的。与此同时，要高度重视被保险人的健康医疗数据的隐私保护问题。

【辅助资料】国家健康医疗大数据“1+7+X”规划

随着“健康中国2030”的不断推进，健康医疗大数据正成为国家重要的基础性战略资源。在国家卫计委牵头下，由国有资本主导的三大健康医疗大数据集团正式成立，“1+7+X”的健康医疗大数据规划逐步成型。

“1+7+X”规划为建设一个国家数据中心、七个区域数据中心和X个应用发展中心，应用发展中心包括医疗、科技、教育与文化等领域，形成行业治理、临床科研、公共卫生、管理决策、便民惠民以及产业发展六大核心应用。在此基础上，我国健康医疗大数据已初步形成“一纵一横”的产业链体系，即以数据产品为核心的纵向结构和以数据技术为核心的横向结构。

近年来，在“健康中国2030”的推动下，利用大数据和互联网技术全面提升健康管理和医疗服务水平已经成为全社会的共识，也催生了一大批相关科创企业，其中不仅有百度、阿里巴巴和腾讯为代表的互联网企业的参与，更有一批专注细分专业领域的企业崛起，共同推动了我国健康医疗大数据产业的发展。

第四节　智能医疗（AI医疗）

医疗面临的最大挑战是优质的医疗资源不足，背后的一个重要原因是一个优秀医生的知识和经验积累需要较长的过程。就传统思维而言，这是一个必须经历和难以逾越的过程，而正是这种特征，导致优质医疗资源匮乏成了一个难以破解的问题。人工智能技术的出现给了破解这一难题的希望，甚至颠覆了传统的医疗管理思维和模式，并孕育出全新的医疗服务和健康管理模式。研究表明，人工智能将能够提升医疗效率 30%～40%，同时降低医疗成本 50%。保险，特别是健康（医疗）保险是社会医疗管理的重要参与者，需要对这一领域予以高度关注并加大投入。

医疗是人工智能应用的典型场景，同时，也将成为人工智能最具想象空间的应用领域。从应用主体的角度看：首先是医疗机构的应用，包括医疗影像、病理诊断、医疗搜索、虚拟助手、医疗机器人、医疗单证识别等；其次是个人的应用，包括健康管理，尤其是慢病管理、医疗搜索、可穿戴设备、医疗单证识别等；最后是药物研发与生产机构的应用，包括病理分析、药物研发、药物测试等。

人工智能在医疗领域的应用包括三个层次，即计算智能、感知智能和认知智能。计算智能是人工智能在医疗领域应用的基础环节，大数据为主要表现形式，最典型的应用场景是基因测序和药物发现。感知智能是信息采集和信息控制的执行环节，人机交互为主要表现形式，最典型的应用将围绕"望闻问切"展开，包括医疗智能语音、医疗智能视觉、医疗机器人、可穿戴设备和远程医疗等。认知智能是人工智能在医疗领域应用的高级阶段，最典型的表现形式为能够理解非结构数据，如声音、语言、图像、视频等，并据此开展或辅助开展疾病诊断工作。

人工智能的医疗领域应用，从技术的角度看，分为三层（见图 8.1）。第一层是基础数据层：通过医疗信息化的软硬件基础设施，收集用户数据（电子病历）、药物及病理数据（智能医疗设备），并使数据互通互联，为人工智能的应用提供支持与可能。第二层是技术架构层：通过语音和语义识别、计算机视觉技术、医药数据库等，对非结构化数据进行分析提炼。用深度学习的方式，通过大量病理学数据文本，掌握问答、判断、预警、实施的能力。第三层是应用层：通过人工智能与不同细分领域的结合，以解决医疗行业中的某种业务需求，如虚拟助手、医疗搜索、药物研发、智能健康管理等医疗场景。

在医疗领域的众多应用场景中，医学影像处理是最具潜力和希望的领域。医学影像在医疗数据总量中占比约90%，包括CT、核磁、超声、病理、内窥镜、眼底等。一直以来，对医学影像的诊断依赖于人工主观分析，人工分析只能凭借经验去判断，容易发生误判。据中国医学会数据资料显示，中国临床医疗每年的误诊人数约为5 700万人，总误诊率为27.8%，器官异位误诊率为60%。从本质上看，医学影像处理属于相对典型的“计算”领域，人工智能的应用优势相对明显。这个领域的人工智能应用也已初见成效。

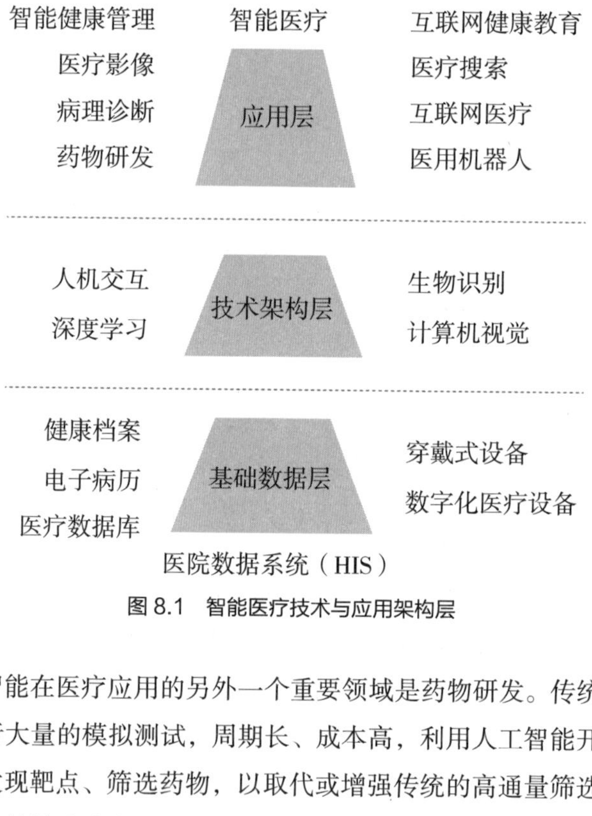

图8.1 智能医疗技术与应用架构层

人工智能在医疗应用的另外一个重要领域是药物研发。传统的药物研发需要进行大量的模拟测试，周期长、成本高，利用人工智能开发虚拟筛选技术，发现靶点、筛选药物，以取代或增强传统的高通量筛选过程，提高潜在药物的筛选速度和成功率。通过深度学习和自然语言处理技术可以理解和分析医学文献、论文、专利、基因组数据中的信息，从中找出相应的候选药物，并筛选出针对特定疾病有效的化合物，从而大幅缩减研发时间与成本。

人工智能在医疗领域应用的过程中面临的一个突出问题是资格与责任，即人工智能能否作为一个独立的“主体”参与医疗活动。因为，“它”肯定不是物，但也不是人，那么它的属性是什么？我国医疗监管部门对于利用人工智能技术提供诊断功能的审核要求非常严格，明确禁止虚拟助手软件提供任何疾病的诊断建议，只允许提供用户健康轻问诊咨询服务。

根据我国2017年颁布的《医疗器械分类目录》中的分类规定，若诊断软件通过算法提供诊断建议，仅有辅助诊断功能不直接给出诊断结论，则按照第二类医疗器械申报认证。如果对病变部位进行自动识别并提供明确诊断提示，则必须按照第三类医疗器械进行临床试验认证管理。从这份文件的视角看，人工智能是被纳入医疗器械范畴的。因此，相关的技术规范和标准以及责任认定均是按照医疗器械来执行的。

在保险参与医疗和健康管理过程中，人工智能是一个特别需要关注的领域。一方面，医疗机构将大量采用人工智能技术，并改变传统的医疗环境和风险因素，成为保险产品开发和风险管控的重点。另一方面，人工智能在保险参与医疗和健康管理过程中，无疑是一个利器，通过对人工智能的利用，能够为保险客户提供更加专业和个性化的服务，并孕育出全新的商业服务模式。

【相关案例】科大讯飞的“智医助理”

2017年我国的执业医师为283万人，每千人平均医生拥有量仅为2.1人，医生资源缺口问题较为严重。为了解决我国医生资源，特别是经验丰富的医生资源相对不足的问题，科大讯飞与清华大学合作，将人工智能应用到医疗诊断领域，开发了基于人工智能的“智医助理”系统。通过认知智能相关技术，“智医助理”学习了相关医学专业教材、临床指南和经典病例等，掌握了大量医学知识，从而能够为医生提供鉴别诊断。2017年“智医助理”在国家临床执业医生考试综合笔试评测中取得了456分，在安徽省20 000多名考生中位列前100名，并以超过合格线96分的成绩，成为通过国家执业医师资格考试的人工智能机器人。

2018 年 3 月，“智医助理”人工智能辅助诊疗系统已在合肥市庐阳区双岗街道社区卫生服务中心正式上岗“实习”。“智医助理”将辅助基层全科医生每天完成大量的诊疗工作，真正让人工智能医疗技术普惠居民。对于慢性病患者及其他重点人群，“智医助理”会根据家庭医生制定的随访方案，自动对患者和社区居民进行随访，辅助医生对居民进行病情跟踪和健康管理，并完善居民健康档案等健康医疗大数据。

未来随着“智医助理”等人工智能辅助诊疗系统的不断完善和投入应用，将大幅度提高我国医疗诊断水平，并能够有效缓解医生资源不足的矛盾。同时，人工智能辅助诊疗系统还将不断的“终端化”，成为个人智能手机上的应用。结合可穿戴设备数据，将在每个人的智能手机上构建一个专属的“私人医生”平台，提供个性化和专业化的健康和医疗管理服务建议。

【相关案例】“人机读片大战”

2018 年 6 月一场人工智能与人类医生的“读片大战”在北京举行，这是由国家神经系统疾病临床医学研究中心、首都医科大学人脑保护高精尖创新中心和中国卒中学会联合主办的，是全球首场神经影像人工智能人机大赛。

作为人工智能参赛的是由国家神经系统疾病临床医学研究中心与首都医科大学人脑保护高精尖创新中心、北京安德医智科技有限公司共同研发的“BioMind 天医智”系统，号称全球首款 CT、MRI 神经影像人工智能辅助诊断产品。代表人类医生的是由 25 名全球神经影像领域顶尖专家、学者和优秀临床医生组成的团队，他们中有拥有几十年临床工作积累的影像学专家，也有有志于 AI 系统研究的青年科技人才。

经过紧张激烈的角逐，在两轮比赛中，“BioMind 天医智”分别以 87%、83% 的准确率，战胜医生战队 66%、63% 的准确率。

值得一提的是，两轮比赛“BioMind天医智”均仅用15分钟左右的时间便答完所有题目，而医生战队几乎答到最后一秒。

第五节　精准医疗

一、精准医疗的概念与发展

精准医疗是利用现代遗传技术、分子影像技术、生物信息技术，结合患者的生活环境和临床数据，实现精准的疾病分类和诊断，制定具有个性化的治疗方案。精准医疗是集合现代科技手段与传统医疗方法，科学认知人体机能和疾病本质，属于一种最有效、最安全、最经济的医疗服务，实现个体和社会健康效益最大化的新型医学范畴。

精准医疗的概念源于精准外科，是2004年提出的，之后这一概念的内涵和外延得到了不断丰富和完善。2008年由哈佛商学院的教授提出较为完整的“精准医疗”概念，意指医生借助分子诊断等方法，为临床疾病治疗做出更为精确的决策。2011年，美国国家科学研究委员会在《走向精准医疗》报告中首次对“精准医疗”做了全面、详细的阐述，其要点是对疾病进行基于分子机制的重新“分类”和在此基础上的“对症用药”。精准医疗更重视“病”的深度特征和“药”的高度精准性，是在对人、病、药深度认识的基础上形成的。

早期精准医疗的概念相对局限于恶性肿瘤的治疗，即通过分子医学的手段，增强对于恶性肿瘤治疗的有效性，分子靶向治疗是最典型的形式。随着精准医疗概念的普及，其已逐步发展成为以个性化医疗为特点，借助并整合现代科学技术各学科领域的方法技术，开展疾病的精准预防和管理、精准诊断和治疗，实现临床治疗效果最优、医疗投入成本最低、社会健康效益最高。精准医疗将改变现有的医学模式，并带来一场革命性的变化。

精准医疗将推动医疗模式从粗放型向精准型转变。精准医疗的重点不在“医疗”，而在“精准”。这种“精准”离不开精准检验。精准医疗综合运用诸多现代医学科技发展的知识与技术体系，体现了医学科学发展趋势，也代表了临床实践发展的方向。目前大多数诊疗手段都是针对“患者群体”采用“一刀切”疗法，在一些患者身上非常成功，而另一些患者则收益甚微。“精准医疗”将改变这种粗放式的诊疗现状，为临床医生提供对患者进行精准分类的工具，从而选择最精准有效的治疗手段，迈向基于数据的更精准医疗服务的新时代。同时，精准医疗将推动医学科技进一步与大数据和信息科学交叉融合。精准医疗计划将收集数以百万志愿者的健康数据，形成海量数据库，通过将现代医学技术与大数据和信息技术相结合，将全面提高疾病预防、诊断、治疗水平和相关研究及药物研发的效率，有力推动医学科技的发展。

二、美国“精准医疗”的发展

长期以来，经济学家和医保专家都一致认为美国的医保体系存在严重问题，高昂的医疗开支成为美国政府和美国居民难以承受之重。据估计，全美每年两兆美元的医疗费用中，至少有 30% 花在了不必要的甚至是有害的治疗上。美国的医疗成本居高不下且不断上涨，2013 年高达 2.9 万亿美元，占 GDP（国内生产总值）的 17.4%，人均医疗费用高达 9 255 美元，均远超其他国家。

2011 年，美国国家科学研究委员会在《走向精准医疗》报告中首次将精准医疗的概念介绍给社会公众，同时，美国国家科学院、美国国家工程院、美国国立卫生研究院及美国国家科学基金会共同发出迈向精准医疗的倡议。奥巴马当选总统后，把推动新医改即《患者保护与平价医疗法案》作为其内政工作的重中之重。而控制医疗费用，降低医疗成本，既是奥巴马医改的三大目标之一，也是新医改能否取得成功的关键。

2015 年 1 月 20 日，奥巴马在国情咨文演讲中提出了“精准医疗计划”，通过为每个患者提供精准的疾病预防、筛查、诊断、治疗和康复手段，促使医疗模式从粗放型向集约型、从低效能向高效益转变，实现以最小资源投入获取最大健康保障，从而在提高全民医疗保障水平的同时降低医疗成本，为确保新医改的成功和可持续性提供支撑。

奥巴马呼吁美国要增加医学研究经费，推动个体化基因组学研究，依据个人基因信息为癌症及其他疾病患者制定个体医疗方案，把按基因匹配癌症疗法变得像输血匹配血型那样标准化，把找出正确的用药剂量变得像测量体温那样简单，为恰当的人在恰当的时间使用恰当的治疗，继续引领医学进入全新的时代。这一计划得到了普遍的支持，并在2015年1月30日宣布启动该计划，从同年10月开始投入数亿美元资助相关研究。

三、我国“精准医疗”的发展

我国从2015年开始全面启动精准医疗工作。2015年3月，科技部举办首届国家精准医疗战略专家会议并成立由19人组成的专家委员会，计划在2030年前投入600亿元，精准医疗已上升为我国的国家战略。

我国精准医疗从三个层面展开。一是基础层次方面，基因测序是精准医疗的基础。无论是细胞治疗还是基因治疗，首先要通过基因测序诊断病情才能设计方案。在实施精准医疗方案过程中，需要大量的细胞和分子级别的检测。基因测序工具分为测序仪和试剂，医疗器械公司可以顺势介入测序设备生产领域。二是中等层次方面，主要涉及细胞免疫治疗。通过对免疫细胞的功能强化和缺损修复，提高免疫细胞的战斗力。这种技术治疗癌症效果好，但操作难度大，对患者身体素质要求较高，难以大面积推广。三是最高层次方面，即基因编辑。癌症本质上是人体基因变异导致的细胞分裂失控。基因编辑就是对患者癌变细胞的变异基因进行批量改造，使之成为正常细胞。

我国精准医疗的重点任务将分两步走，2016—2020年组织实施“中国精准医疗”科技重点专项，我国精准医疗研究和应用步入国际前沿，部分我国特色疾病的诊疗水平引领国际发展。针对某种肿瘤疾病、心脑血管疾病、糖尿病、罕见病，分别制定8～10种精准治疗方案并全国推广。加强创新能力、监管法规、保障体系建设。2021—2030年我国精准医疗整体实现创新突破和临床应用，带动相关企业和产业发展。重点研究疾病的诊疗标准和指南，在精准医学主要研究单位和试点地区，重要肿瘤早诊率由目前的20%提高到40%以上，遏制新生儿出生缺陷率上升趋势，将发生率由5.6%降低到3.0%以下，主要心血管疾病的病死率和致残率降低10%。

第六节　（移动）互联网医疗

互联网医疗是互联网在医疗行业的新应用，包括以互联网为载体和技术手段的健康教育、医疗信息查询、电子健康档案、疾病风险评估、在线疾病咨询、电子处方、远程会诊及远程治疗和康复等多种形式的健康医疗服务。

移动互联网医疗，即通过移动设备提供医疗或健康信息和服务。移动设备主要是指手机、定制的移动设备如平板电脑、其他移动设备如无线植入式器械和检测器以及可穿戴医疗设备等。移动医疗应用和服务包括：远程患者监测、视频会议、在线咨询、个人医疗护理装置、无线访问电子病例和处方等。按照提供的功能，可以分为问诊、医疗学术、医疗健康资讯、挂号、医药电商、导诊平台、自诊自查和疾病管理8大类。

从具体实践看，互联网医疗仍然处于探索阶段，就现阶段而言，互联网医疗主要围绕着四个维度展开，包括医疗、医药、医保和健康。同时，各个维度的实践模式也呈现多种多样的形态，各种形态之间相互交融，但总体和趋势均是围绕提高卫生、医疗和健康管理的社会总效率展开。

从患者的角度看，通过在线的轻问诊，能够解决80%以上的基础健康问题，不仅大大降低了看病费用，而且改善了看病体验。从医生的角度看，利用远程医疗，能提高其工作效率和收入，利用互联网的传播优势，更能提高知名度。从医院的角度看，互联网医疗将成为其开拓业务和提高资源利用效率的重要工具，并能提升医院的品牌影响力。

2018年国务院颁布了《关于促进“互联网＋医疗健康”发展的意见》

（以下简称《意见》），明确提出要充分利用互联网技术，建立健全“互联网＋医疗健康”服务体系，全面推进实施健康中国战略，提升医疗卫生现代化管理水平。《意见》提出了七项具体任务：发展“互联网＋”医疗服务，创新“互联网＋”公共卫生服务，优化“互联网＋”家庭医生签约服务，完善“互联网＋”药品供应保障服务，推进“互联网＋”医疗保障结算服务，加强“互联网＋”医学教育和科普服务，推进“互联网＋”人工智能应用服务。

互联网医疗企业的一个重要业务模式，是与保险公司开展合作。这包括合作成为健康保险公司的一项增值服务，帮助保险公司减少长期保费开支，或能进入其保险报销列表以及成为其采集用户数据的终端入口。然而，此前许多人认为中国的商业健康保险市场较弱、规模有限，因而走通这条路存在障碍。就政策上来看，丰富商业健康保险产品，支持发展与基本医疗保险相衔接的商业健康保险，鼓励以政府购买方式，委托商业保险机构开展医疗保障经办服务，这些都是政府明确表示的导向，从长远来看商业保险会有更大的发展空间。自主开发，或与互联网医疗创业公司合作，保险公司已经在行动。

【相关案例】Clover Health

Clover Health（三叶草健康）是成立于2014年的一家美国医疗保险公司，专注于为65岁以上的老年人提供联邦医疗保险优良计划。该公司的创新在于使用先进的技术手段，实现了对用户健康状况的监测及预测分析，并以此为依托采取预防护理措施，降低老年高风险人群患病的概率及医疗费用支出。

该公司希望通过使用软件和数据，为高龄人群，特别是那些使用私人医疗保险的老年人提供更便宜的选择。其提供的医疗保险服务主要包括三个方面的内容。一是开发了创新性的技术，通过整合成员的各种数据，分析确定患者何时可能发生风险，以帮助医生提供更好的医疗服务。二是雇用专业的医疗护理队伍，提供预防护理服务，尽量减少住院治疗，降低相关费用。

三是提供更多的优惠服务。例如提供无障碍的医生咨询以及费用折扣等。整合用户数据、建立软件模型，以区分不同人群的患病风险，是该公司提供保险服务的重要基础。为了找出患病风险较高的人群，Clover Health 通过保险理赔信息来追踪用户的病史，以判断哪些患者具有较高的疾病和理赔风险。Clover Health 从各个方面收集相关数据，比如实验检测结果、放射结果，以便获得更为完整的用户健康数据。然后利用软件模型对这些数据进行分析识别，比如了解患者不定期服用的处方药等情况等。

当确定了高风险人群后，Clover Health 会安排护理人员定期对其上门体检，或者在患者中断了某个检查或者治疗时提醒患者继续，以帮助患者尽量避免住院治疗。数据显示，这项措施能够为公司平均节省 1 万美元的费用支出。通过采取预防护理措施，Clover Health 确实降低了患者的住院率。根据其提供的数据，2015 年上半年，相较于新泽西没有使用它服务的人群，其用户的住院率低了 50%，再次住院率低了 34%。如果有病人住院，Clover Health 也会在其手术后派护士上门，确保患者服用适当的术后药物。

Clover Health 的创新经营围绕着几个方面展开。一是创新技术，解决了非结构化数据的处理问题。二是变治疗为预防，主动管控风险发生的概率。三是瞄准特定的人群，提供差异化的服务。四是解决了不同主体之间的协调问题。

【相关案例】平安好医生

“平安好医生”项目是平安保险公司布局互联网医疗产业的一个重点项目。2014 年 11 月平安健康医疗科技有限公司成立，2015 年 4 月定位为“健康管理 + 移动医疗”的“平安好医生”正式上线。“平安好医生”旨在建立一个连接用户、保险公司、医保、医院、诊所、检验检测机构、新兴智能设备以及各类健康服务提供商的平台，以在线问诊为切入点，研发了智能辅助诊疗系统，通过“互联网＋医疗＋AI”的组合，为客户提供医疗服务。

“平安好医生”构建了“三圈层模式”，即用三个圈层搭建起医疗服务体系。三个圈层分别是：核心服务圈层，由来自三甲医院的1 000名主治医师组成，为患者提供全职一对一服务；次外圈层，则是与5万余名社会化医生签约，可提供分诊转诊、线下首诊及复诊随访服务；外圈层，通过建立名医预约体系，为用户提供名医一键呼叫服务。

“平安好医生”的业务模块包括：家庭医生服务、消费型医疗、健康商城、健康管理及健康互动。到2018年初，“平安好医生”的注册用户为1.93亿人，平均月活跃用户为0.33亿人。在线咨询累计超过1.5亿次，日咨询及问诊量的峰值已超100万，每次问诊15分钟，收费40元。同时，“平安好医生”已建立了覆盖全国的医疗健康服务网络，覆盖3 100家医院，包括1 000多家三级甲等医院、1 100家体检中心、500家牙科诊所和7 500家药店。此外，与美国、日本、中国台湾、中国香港等国家和地区的260家医院建立合作。

【相关案例】大特保

大特保是一家成立于2014年7月的保险科技公司，创始人为周磊，该公司属于互联网保险经纪公司。公司提出以健康险为核心，以保险科技为支撑，为用户提供综合的健康管理服务、医疗服务、药品服务，成为用户全生命周期一切健康需求的综合入口。与此同时，为保险公司和跨行业伙伴提供综合保险运营服务，帮助各行业建立保险服务的丰富场景，为用户提供更加简单、便捷和智能的投保体验。

大特保提出重塑保险经纪的价值，将公司打造成为互联网健康险服务平台。公司聚焦意外险、人身健康险以及各种场景化产品的研发和定制。通过科技创新，不断赋能传统保险业务，升级用户体验。公司致力于实现三个“连接”的目标，即深度连接用户需求和保险的承保能力、连接保险公司和互联网用户、连接健康险和医疗大健康产业，为每一个用户提供适合且值得信任的好产品，为特定的客户群提供专业化的健康保险服务。

针对我国慢性病人群巨大，慢性病管理效率低，客户体验相对差的实际情况，大特保在大数据分析的基础上，与保险公司合作推出了我国首款全线上糖尿病保险“退糖鼓”，专为慢性病人群定制，保障4种糖尿病并发症，并联合糖尿病管理平台，为用户提供集保障、监测和健康管理为一体的综合服务包。

客户不仅可获得10万元的糖尿病并发症保障，还可以获得一系列专门化的服务，包括个体化血糖监测目标评估、线下糖尿病管理知识培训、专业饮食运动方案制定、心血管并发症风险评估、糖尿病知识推送在内的系列服务，上海地区的患者还可获得每年4次的预约专家门诊和线下控糖课程。

2016年，大特保用两年左右的时间，用户数量就突破了500万，成长为我国较大的互联网人身健康险服务平台之一，估值达10亿元。2017年，公司荣获第二届中国互联网保险发展大会“互联网保险创新领导力奖”，还被美国知名的创投研究机构CB Insights评为“全球最具价值的金融科技250强”。

第七节　管理式医疗

一、管理式医疗与管理式医疗保险

提出管理式医疗的逻辑基础是医疗属于“强管理型”范畴。医疗不仅管理的维度多，而且关系错综复杂，信息透明度低；不仅涉及技术层面，也涉及利益和道德层面，而由于不同主体之间的专业知识、信息和地位的不对称，极易引发效率和公平问题。同时，医疗又属于公共服务范畴，需要更高的公平和道德标准，因此，需要一种更加专门化的管理模式，为此，管理式医疗应运而生。

管理式医疗的基本原理是，集合并强化医疗付费集体的地位，即通过提供专业服务，或代理和经营保险的模式，将原本处于弱势地位的医疗消费个体团结和集合起来，通过“集中采购”的模式，提升地位和话语权，一方面经过挑选医疗服务提供者，如医院和医生，与其达成基于医疗服务标准、质量和费用的协议，确保医疗服务的规范、公平和高效。另一方面加强对药品的管理，通过对药品疗效和性价比的评估，选优除劣，不仅确保药品价格合理，更推动药品生产行业的良性发展。

管理式医疗保险的实质是，把保险与医疗服务更加有机地融合在一起，保险组织与医疗服务提供者在共享利益、共担风险的机制下，形成一体化的经营模式。通过健康风险管理、服务利用管理和医疗质量管理等方式，共同参与医疗服务的管理，从而实现医疗服务的成本效用最大化。

在传统的医疗保险模式下，保险公司采用的是“事后审核”模式，即在客户完成医疗行为并支付相关费用之后，保险公司根据客户提供的相关资料进行审核与赔付。在这种模式下，保险公司处于相对被动的地位，特别是存在道德风险的情况下，这种审核往往难以发现问题，给保险欺诈以可乘之机，或者是保险公司简单拒赔，影响客户体验和满意度。

为了解决这些问题，20 世纪 60 年代，美国出现了将医疗保险与医疗管理深度融合的经营管理模式。起初，这种模式采用简单的病种固定费用模式，即与医疗提供者约定以固定的费用为客户提供全部医疗服务，类似于“病种治疗费用包干”的模式。之后，随着社会的进步、科技的发展和需求的提升，管理式医疗逐步发展到全面和深度参与医疗行业的阶段，从一种基于“第三方”的管理，到作为当事人的服务。这种做法最大的优势是从根本上解决了信息不对称问题，同时，解决了有效干预和管理问题。

二、美国“蓝色计划”

美国的“蓝色计划”由“蓝十字计划”（Blue Cross）与“蓝盾计划”（Blue Shield）组成，最初属于非营利医疗保健组织联盟。是美国历史最悠久、规模最大、知名度最高的专业医疗保险服务机构。

蓝十字计划是由国家级健康联盟下的区域性医疗组织提供的特定住院医疗费用保障。最早的蓝十字计划于1929年出现在得克萨斯州，由当地的一家医院与一所大学的1 500名教师签订了医疗预付制合同，即教师按月缴纳固定费用后，可以免除他们住院期间的食宿费、护理费和日常用品费等。之后，这一模式推广到了其他机构和地区。

蓝盾计划最早出现在美国西北部太平洋沿岸地区，当地的伐木工人和采矿工人面临相对较高的工伤事故率。为了维护工人利益，1939年开始，一些相关企业共同发起设立了蓝盾计划，蓝盾计划保证每月向医生支付一定的费用，医生则保证及时为受伤工人提供治疗。

作为美国规模最大的专业医疗保险机构，蓝色计划一直是联邦医疗保障和联邦医疗补助的主承办单位，蓝色计划的地区医保公司作为该项目最大的保险理赔机构，为近1亿参保人（占美国总人口的1/3）提供医疗保障和健康保险产品，服务地域覆盖全美50个州，每年代表联邦政府处理近9亿笔医疗保险赔付，总金额约3 000亿美元。

三、按病种支付

DRGs（Diagnois-Related Groups，按病种支付），从某种意义上讲是一种不得已而为之的选择。由于医疗服务的复杂性，医疗费用的关键取决于医疗方案，而医疗方案不仅取决于医务人员的能力，也取决于医务人员的主观能动性，甚至包含道德风险的因素。因此，就目前的技术而言，很难有一种行之有效的管理手段，于是这种“包干模式”应运而生。这种模式不仅能够有效锁定费用，更能够调动医务人员的积极性，尽可能地控制和压缩医疗费用。这种模式已被公认为相对先进的医疗费用管理模式。

具体而言，按病种支付模式是将疾病治疗，特别是住院治疗的病例进行分组和分级，根据历史数据进行科学分析，确定其需要支付的“标准”医疗费用。这种方式的最大特点是“包干”，即如果医疗机构在提供医疗服务的过程中，费用超过了标准费用，则由医疗机构承担。这种模式能够有效兼顾患者、医疗机构和保险公司的利益，能够有效控制费用、保证质量、提高管理水平。通过激励医疗机构强化医疗质量管理，迫使它们为利益而主动降低成本，缩短住院时间，减少诱导性治疗费用支出，继而实现有效控费。

按病种支付模式诞生于美国，其核心是疾病诊断组别分类与标准费用确定，经过 10 年的努力，美国于 1976 年完成了第一代的 DRGs，将疾病分为了 492 个诊断组，分门别类进行费用管理。到了 2000 年，美国的 DRGs 已经发展到了第六代。同时，各国也开始纷纷效仿美国的做法，有的是直接采用美国的 DRGs，有的则是在美国 DRGs 基础上，结合本国实际，研发本国的 DRGs。

四、管理式医疗保险的发展

最初的管理式医疗模式，即 HMO（健康维护组织），人们往往只是看到其“按人付费”的控费机制，却忽视了这一组织的最大特征是 HMO 大多是由医疗机构和医生发起设立的，它可以理解为“医疗财务管理中心”，更可以理解为“医疗保险组织”。因为，在控费方面，它比保险公司更具有优势，所以，就成了商业保险公司的竞争对手。

随着社会的发展与进步，特别是传统商业健康保险经营面临“制度性困境”，经营亏损严重，而 HMO 的优势日益凸显。因此，商业保险公司开始寻求与 HMO 机构的合作，或是将 HMO 的经营模式导入自身的经营管理，渐渐就出现了商业健康保险公司与 HMO 机构相互融合的趋势。HMO 也逐渐从非营利机构向商业保险化的运作方式发展。所以，HMO 从本质上来说，既是一种保险计划，也是一种医疗和保险结合的一体化财务管理机制。它的核心是让医疗和保险双方的利益保持一致，损失共担，利润共享。

相关数据显示：1988 年美国团体健康保险市场上按传统服务支付的保险产品占比高达 73%，但是到了 2015 年，这一比例已不足 1%。HMO、PPO（优先医疗机构保险）和 POS（定点服务组织）等管理式医疗保险计划占比已超过 75%。同时，目前在美国 50 个州中，至少有 25 个州的半数以上人口均成为管理式医疗公司的客户，而在其中的 16 个州，这一比例更是超过了 70%。在不领取国家医疗补助的美国人中，大约有 3/4（1.25 亿人）加入了各种管理式医疗计划。

五、我国保险业的启发与借鉴

在我国健康（医疗）保险的发展过程中，“控费”始终是一个难题。保险公司的无奈在于无论如何倾其所能、竭尽全力，仍然面临无能为力、于事无补的尴尬。究其原因，是保险公司始终处于信息的相对弱势，在较强的利益驱动下，被保险人与医疗机构很容易形成一种“合谋”关系，引发道德风险。

为了解决这些问题，近年来，一些保险公司开始参股、控股和直接投资医疗机构，希望通过这种方式从根本上解决信息弱势和管控乏力问题。就个案而言，这种方式无疑能够有效解决存在的问题，同时，可以为自己的客户提供“专属服务”，不仅能够提高服务水平，还可以为客户提供更加个性化的保险产品与服务。但问题是，这种解决方案不具备推广价值。就保险公司而言，控制几家医疗机构，并不能解决所有问题；就保险行业而言，大多数中小保险公司不具备投资医疗机构的能力。

从国外的先进实践看，与管理式医疗服务机构合作，也包括与不同地区的不同管理式医疗服务机构合作，不失为一条相对务实且行之有效的解决之道。目前，我国的一些保险机构开始与第三方医疗管理机构合作，为高端客户提供更加高水准的服务。同时，保险行业需要高度关注按病种支付模式问题。这种模式不仅能够有效解决健康和医疗保险经营过程中的控费问题，还有利于改善客户体验，提高客户的满意度，同时，也为健康保险的产品开发营造了良好的外部环境。

在推广“按病种支付”的过程中，也面临许多挑战，首先是基础制度问题，推广“按病种支付”需要一套标准，而这套标准需要在医疗主管部门的指导下完成，没有标准，“按病种支付”就无从谈起。其次是我国的“按病种支付”的标准建设仍处于起步阶段，只有少数地区，如北京开展了相关工作，但覆盖的病种相对有限。最后，这种标准更多的是立足于基本医疗保险的，对商业保险而言，仍存在适用性问题，一方面是覆盖面相对有限，不能满足商业保险的需要；另一方面是“按病种支付”的数据基础与商业保险的定价基础存在一定的“基差”。

【相关案例】北京市“按病种支付”项目情况

北京是我国较早开展“按病种支付”项目研究的地区，早在1988年北京市卫生事业研究所就开始关注并研究“按病种支付”。2004年启动了系统研究工作，开发了“按病种支付”分组器软件与DRGs-PPS（疾病诊断相关组）管理模型，完成了ICD-9（国际疾病分类标准第九版）、ICD-10（国际疾病分类标准第十版）临床版制定，成立了DRGs-PPS项目推进办公室。2011年7月北京开始在4家医疗机构开展试点工作，将“按病种支付”应用于医疗保险支付，覆盖108组病例，占医疗保险全部病例的39%，医疗费用占总医疗费用的49%。2014年依托“按病种支付”技术开展基本医疗保险总额预付试点的医疗机构扩大到263家，并明确对于结余部分，医疗机构可以留用，超出部分，医疗机构应负担10%～520%，这形成一定程度的激励机制。

从北京市的试点情况看，“按病种支付”的优势得到较好的体现，制度运行平稳。一是在服务量不断上升的情况下，医疗保险支出增速放缓。二是“按病种支付”执行情况良好，指标使用率在101%，科学合理性得到实证。三是不合理用药情况得到初步遏制，药费占比同比下降了1.1%。

第八节 健康保险的作用与探索

一、健康保险的创新发展思考

面向未来，可以肯定的是健康保险将在“健康中国 2030”中扮演越来越重要的角色，并发挥特殊的作用。瑞士再保险发布的《亚洲健康保障缺口》报告显示：我国健康保障缺口为 8 050 亿美元。健康保障缺口是指因预期外的大额医疗费用造成家庭财务压力的自费医疗支出与因支付能力有限而未治疗的费用估值的资金之和。对自身健康状况的认知、慢性病患病率和对健康相关活动的参与度是导致健康保障缺口的三大因素。

数据显示，在我国全社会的卫生费用总支出中健康保险的支出占比仅为 2%。从发展的视角看，日益突出的医疗财务支出负担与医疗卫生需求增长间的矛盾，一方面体现了我国健康保障的巨大缺口，另一方面反映了我国商业健康保险存在巨大的发展空间。按照 2010—2016 年我国健康保险的增长情况，预计到 2020 年市场规模将超过 10 000 亿元（见图 8.2）。

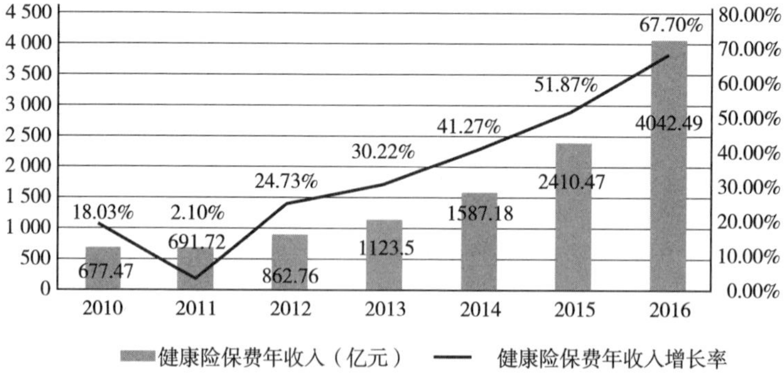

图 8.2 我国健康保险增长情况

但客观地看，我国商业健康保险发展的历史相对较短，并且在相当长的时期内，商业健康保险是以附加险的方式出现的，更多的是配合主险，加上缺乏专业管理能力，规模小、水平低、效益差就成为必然。因此，大多数保险公司对健康保险是望而却步的。但随着社会与经济的发展与进步，特别是社会保障体系的不断完善、医疗体制改革的不断深入，为商业健康保险营造了良好的发展环境，保险业需要在国家医疗体制改革的总体框架下，充分利用自身优势，特别是通过制度和技术创新，为全面提升全社会的医疗服务和健康管理水平贡献力量，分享成果。

二、打造健康保险新模式

在我国保险业的转型过程中，关键要解决发展模式和盈利模式问题，特别是通过新技术创新应用的商业模式创新去解决。就健康保险而言，这种新技术之一就是大数据，而支持大数据的是物联网应用。在“数字人生”和“数字医疗”时代，保险业需要通过大数据的创新应用去实现经营管理模式的创新，包括产品创新、服务创新和管理创新。与此同时，我国物联网健康应用产业也面临着挑战，一方面是市场存在巨大需求，另一方面是缺乏一种可持续的商业模式，容易陷入一种恶性循环，陷入一种好事办不好的尴尬境地。而如果将保险，特别是将健康保险与物联网健康应用有机结合，能探索一种跨界合作创新。同时，把这种创新与提高国民健康水平、提升国家卫生总体绩效、实现公共医疗服务的公平供给、完善社会公共服务体系紧密联系，就可以在推动国民健康水平提升的同时，成就我国健康保险业和健康大数据应用产业的大发展。

从全球发展的大趋势看，数字化、预防医学和保险理念正在不断地融合，将打造一个全新的基于科技的健康管理的新时代，这个时代的重要特征是更加科学地管理个体的健康，同时有效降低个体和社会的管理成本。最为典型的是依托人工智能等技术，打造一个基于个体健康管理的“语义模式”。所谓“语义模式”是指，能够将客户的健康信息放到“个体语境”下进行“定义”，根据“个体定义”给出基于个体的健康状况解释并提出解决建议。

这种模式能够透过历史、专业和实时的数据，对客户的健康状况进行更加专业的评估，更加深入了解客户的风险和需要的保障。同时，根据客户的生活方式，实时重新评估和动态调整其保险保障范围，使保险变得更加个性化。

作为一项基础工程，保险业需要加快建设远程健康管理与救助的管理平台，集成社会和个人的健康数据，为客户提供远程医疗健康管理服务。管理平台将物联网、无线通信技术与现代医学科技相结合，通过健康手机、数字化医疗设备、移动网络、呼叫中心、医疗平台等构成一套集预防、监测、救助、康复指导于一体的远程健康救助服务系统。利用该系统，客户可以实时测量血压、心电、脉搏、血氧、血糖等健康参数，将这些代表生命体征的健康参数由数字化医疗设备采集、发送并显示在健康手机上，再通过健康手机发送到保险公司的健康管理中心的个人电子健康档案库中。同时，还可以按照客户的要求，绑定其亲友手机，以便其亲友实时掌握客户的身体健康状况。

通过这一平台，保险公司还可以向客户实时推送各种健康管理和辅助治疗的知识和建议，指导客户自主管理。2013 年美国安泰保险公司创建了 CarePass（移动医疗平台），利用这一平台，确定被保险人的健康管理目标，如体重或者血糖控制目标，制定实现目标的个性化健康管理方案，辅之以集成可穿戴设备（如心跳侦测器）的数据，实现与被保险人积极互动，为被保险人提供基于实时数据和专家意见的指导，形成对被保险人健康管理的外部和专业督促，最终促进被保险人达成健康管理目标并改善健康状况。

再如美国 Quealth 是一个开放的健康评分平台，它们利用健康科技，为客户提供健康风险分析和预测，特别是将健康、医疗和生活方式数据相结合，提供类似于“芝麻分”的评估结果，业界专家给予了高度评价，称其为市场上较准确的风险预测工具之一，准确度为 75%～80%。康语（CareVoice）不仅为客户提供专业的个性化健康状况评估，还提出了“语义保险”的概念，重点是打通保险和健康管理的通道，形成一种类似“大众点评”的外部评价和约束的机制，不仅为保险公司和客户提供更加优质和高效的选择，也能够有效推动相关行业的优胜劣汰，形成良性循环的态势，从根本上解决过度医疗和医疗效率相对低等问题。

作为另外一项基础工程，保险行业需要加快建设医疗专家库，在共享相关数据的基础上，为客户提供个性化和有针对性的健康管理、疾病预防和治疗解决方案。专家库可以分为现实和虚拟两种形态，现实专家库是指与医生签订服务协议，利用互联网和远程技术，让专家通过文字、音频和视频在线为客户提供直接的指导和服务。虚拟专家库是指利用人工智能技术，将大量的医学知识、诊断和治疗技术、典型病例等整理入库，利用先进的信息技术手段，实现人机交互和可视化展现，帮助客户开展自助式的健康知识获取和自我诊断管理。未来数字化医疗将成为医疗行业的重要生产力，使医疗专业人士变得更加高效、更加了解患者病情，从而实现与患者交流效率的最大化。全球医疗数据分析市场 2012 年估计为 37 亿美元，在 2018 年将达到将近 110 亿美元，年均增长 23.7%。

在运用大数据开展健康管理和健康保险过程中，需要高度关注的一个问题是隐私保护问题，这既是大数据时代的一个共性问题，更是在开展与人的健康相关的数据采集、研究和利用过程中需要高度重视的一个问题。美国白宫发布的《2014 年全球大数据白皮书》中也指出，尽管医学技术不断变化，但健康数据仍然是我们生活中非常私密的部分。在大数据使得较之以往任何时候都更为强大的发现成为可能的同时，重新审视相关信息被所有医疗保健机构共享后的隐私保密方式也显得相当重要。同时提出，构建一个更为广泛的信用框架，使得不同来源、不同隐私保密程度的健康数据得以汇聚。这一框架需要附加《健康保险便利和责任法案》与《反基因歧视法》中的隐私保护条款，并同时设计标准化数据结构以提高其跨平台适应性。我国尚无对个人健康数据的隐私保护的专门法律，但从社会道德和法律基本原理的角度看，对个人隐私保护是一个基本要求。因此，保险公司在利用大数据技术开展健康保险的过程中，需要高度重视相关法律的规定。同时，需要有一个相对严格的内部管理机制，确保客户的相关数据不会被泄露和被恶意利用。物联网在卫生体系和健康管理中的应用属于社会管理层面的系统工程，需要政府从社会发展战略的角度加以定位、协同、协调和推动。同时，政府有关部门要尽快制定相关数据标准，确保不同系统的数据能够共享和交换。

面向未来，无论是人类社会还是保险行业，均需要关注并面对一个“更技术”的问题，即生命的未来。随着生命科学，特别是分子生物学的突破性发展，一些“匪夷所思”的概念接踵而来，如数字生命、基因编辑、设计生命、合成生命和生命转移等。从社会伦理的角度看，生命科学的发展，挑战了人类社会的底线，即从生物学的角度看，人与人是平等的，即谁都难逃生死。但正如尤瓦尔·赫拉利在《今日简史》道破的：未来，资本优势将转化为生物优势。在一定程度上，财富决定了生命的长度，并可以通俗地理解为生死。作为保险，需要关注两点。一是生命科学的发展，将如何改变对健康和寿命的认识，继而重新思考《生命表》的逻辑和“重疾”的定义等一系列基础性问题。二是在医学提供技术可能的同时，如何解决“支付可能”问题，是保险业需要关注和思考的问题。

【相关案例】美国凯撒模式

凯撒整合型医疗模式的雏形形成于20世纪30年代。第二次世界大战后，凯撒医疗集团成立，共设有35个集医教研于一体的国家级医疗中心，并将这种预付式团体医疗服务开始向社会开放，允许其他企业以团体预付费用的方式购买服务。

凯撒医疗集团奉行的是集医疗保险和医疗服务于一体的管理理念，即医疗机构和保险公司是利益统一体，提供服务后的结余资金可以在集团内部进行再分配。有分析认为，这改变了在按项目付费方式下，医疗机构缺乏节约资金动力的问题。

目前，凯撒医疗集团在美国拥有近900万会员，覆盖8个地区、9个州和哥伦比亚特区。会员群体中78%为公司企业集体参保，17%为政府购买的穷人、老人医疗保险服务，5%为个人参保。总体而言，有近30%的美国人选择了凯撒医疗集团作为参保单位。

【相关案例】奥斯卡健保公司

2013 年 10 月，奥斯卡健保公司以“硅谷思维”，利用“快速移动，打破传统”的思路，以技术和思维的创新，搅动了美国健康保险市场这一潭死水，并脱颖而出，逐步发展成为“互联网健康管理”概念的“独角兽”公司。

公司确立了“不是选择健康人作为自己的客户，而是让自己的客户变得更健康”的经营理念，从医疗总效率和客户体验入手，利用互联网技术和远程医疗手段，与客户保持适时联系，全面导入可穿戴设备，将防病和治病结合起来，可以敦促顾客对自己的健康状况进行主动管理，及早进行预防和治疗，减少患病的痛苦。奥斯卡健保公司提供远程医疗、免费体检、注射流感疫苗等服务，能保证患者打电话后 25 分钟内得到一名医生的解答。目前它已发展成健康保险领域第一家能够实现主动干预用户医疗费用的公司。

【相关案例】谷歌公司

2014 年谷歌启动了一个名为 Baseline Study（基线研究）的全新科研项目。该项目希望通过诸如可穿戴设备等感应终端，全面和实时地获取与人的身体健康相关的信息，随后利用其庞大的计算能力来寻找这些信息中隐藏的“生物标签”，从而帮助医疗研究人员提前发现疾病。如该项目会发现一些能够帮助人们分解高脂肪食物的生物标签。拥有这些生物标签的人，可以将患上高胆固醇和心脏病的时间延后，没有这类生物标签的人则会更早患上心脏病。一旦该项目发现了这一生物标签，研究人员便可通过检查了解哪些人缺乏这类标签，并帮助他们纠正不正确习惯，或者开发出新的治疗方法，帮助其更好地分解高脂肪食物。同时，系统能够帮助研究人员及早发现心脏病、癌症等致命疾病的迹象，推动医学向疾病预防而非疾病治疗方向发展。

三、保险的应用构想：同心圆模式

作为公共管理的重要市场制度安排，我国保险应全面融入“健康中国”建设，充分发挥自身作为社会风险管理的制度和专业优势，充分应用现代科技进步成果，特别是互联网、人工智能、生命科学，打造全新的专业高效的健康管理新模式。保险业健康管理模式创新应遵循“同心圆模式”，构建真正以客户为中心的服务与管理模式。

“同心圆模式”是以家庭作为逻辑起点，凭借并依托社区资源，构建以个人（被保险人）、家庭和社区（单位）为“圆心”，自内而外的三层服务与管理结构，提供三种解决方案：一是家庭（个人）解决方案，二是社区（单位）解决方案，三是医院（养老院、康复中心等）解决方案。通过“同心圆模式”，能够从根本上提升医疗资源的利用效率，解决老龄化社会面临的问题。同时，通过“保险 + 服务”的模式，为客户提供“一揽子”服务，提高保险产品的使用价值。

第一，家庭（个人）解决方案是基础。从经营理念上，应当将健康保险与健康管理有机结合。从根本上讲，人们并不希望得到健康保险的赔偿，因此，要全面导入健康管理的理念，让更多的人能够真实地感受到他们从保险公司得到的不仅仅是保险保障，更重要的是基于健康管理的健康状态，也体现了我国传统文化中“治未病”的理念。

充分利用物联网技术，在家庭建立“虚拟和自助的检查和诊断中心”，利用不断发展的感测技术，围绕着生物计量识别与表述，重点解决“望闻问切”的问题。从现有的技术看，可以通过各种感应终端，如高清摄像头、体重秤、体温计、血压计、血糖仪、心电图仪、血液检测器等，实现对气色、体重、体温、血压、脉搏、脉象、心率、舌苔、眼球、血液、体姿、平衡能力等主要健康指标的监测。

同时，还可以根据特别需求，配备专门的检测设备，如为孕妇提供胎心仪，为婴儿提供温度监控仪等。再如为老人提供专项的慢性病观测设备。可以预见的是，可穿戴设备将成为个人健康管理的重要基础和平台，通过可穿戴设备能够实时、持续和全方位地观测生命体征信息，继而为健康管理提供重要的信息支撑。

20 世纪六七十年代，我国上海等地区就开始进行“家庭病床”的尝试，针对慢性病患者，鼓励其在家治疗。医院，特别社区医院提供相应的治疗服务，取得了很好的效果。无独有偶，近年来，美国约翰·霍普金斯大学的医学院与公共卫生学院也在开展居家医院的尝试，并已在美国各地进行测试，得到了社会的充分肯定。随着老龄化时代的到来，医院的各项资源，特别是病床资源难以满足需要，通过“家庭病床”打造以家庭为依托的解决方案势在必行。

家庭（个人）解决方案的核心是专属管理，保险公司应当结合保险产品，为客户提供更加全面和专门的服务，这种服务的特点是个性化健康管理，因此，要全面导入健康指标动态评价和监测体系，特别是要建立持续和动态的评价和观测体系，根据被保险人的健康指标监控情况，有针对性地提出运动、康复和治疗方案，确保被保险人体质和健康水平不断提升。

第二，社区（单位）解决方案。从发展的角度看，在未来社区将成为社会管理的微观基础，特别是将成为社会保障体系的重要微观基础。同时，作为一种辅助，单位也应纳入社会卫生医疗管理的微观基础。这些微观基础的特点是具体实施社区（单位）成员的健康管理，同时，提供一种就地和中继的医疗服务平台。

通过构建基于互联网的“社区医疗和健康服务中心”，可以实现对社区（单位）成员医疗和健康服务的三大功能。一是提供电子健康档案服务，通过建立实时监控系统，能够动态评价社区（单位）成员的健康状况，提出医疗和健康管理建议，并监控和评价实施情况。二是提供前端检查和远程诊疗服务，社区（单位）医疗和健康服务中心可以通过相对专业设备的配置，为成员提供各类专业的检查，并与医院远程诊疗中心对接，为成员提供远程专家会诊服务。三是提供对慢性病患者以及各类有特殊需求的社区（单位）成员的动态监控、健康管理和紧急救助。我国慢性病的特点是缺乏早期筛查和发现机制，缺乏个性化治疗和动态评价，缺乏有效的健康指导和管理等，而社区（单位）医疗和健康服务中心依托互联网，能够很好地承担起前置管理和处理的职能。

随着老龄化社会的到来，“空巢老人”数量将日益增加，老人的安全问题已成为一个十分突出的社会问题，以智能家居为基础，构建运动、体姿、生理和环境感应系统，能够及时发现老人走失、摔倒、触电、煤气中毒、心脏病突发等风险，并及时予以救助，为老人的安全和健康生活提供技术支持平台。

第三，医院（养老院、康复中心等）解决方案。医院在一个国家的卫生体系中始终处于中心位置，并承担着管理中枢的职责。目前我国卫生管理中存在的一个突出问题是，医疗资源的总体短缺且分布不均衡，而这些问题的形成具有一定的历史原因，问题的解决具有一定的现实难度。面向未来，利用互联网技术和物联网技术，在能够更好地兼顾各方利益的前提下，破解这一难题。

一是利用互联网技术能够建立一个更加广泛、充分和高效的会诊系统，确保会诊各个方面能够实时地获得现场检查和治疗的影像和数据信息。同时，充分发挥社区（单位）医疗和健康服务中心作为会诊前端的作用，这样既可以减轻患者的交通和时间负担，也可以缓解医院接诊的压力。

二是利用互联网技术，特别是在线视频技术，逐步构建“网上门诊”体系，对门诊需求进行分类，引导部分患者采用远程方式处理的门诊，通过“网上门诊”完成诊断与治疗。与之配合，要建立“网上门诊调度中心”协调和匹配医患时间。同时，在条件成熟的基础上，可以逐步开展医生资源管理的“SOHO”（家居办公）模式。这样既可以进一步提高医生工作效率，还可以减轻城市交通压力。此外，“网上门诊”可以广泛应用于复诊和回访。

三是建立以电子病历为基础的医疗数据库，特别是依托物联网，能够极大地丰富电子病历的数据，使诊断和治疗管理更具有科学性和针对性，最终实现药品配制的个性化。

【相关案例】湖北“医联体”模式

在医疗体制改革的大背景下，尤其是从体制机制上落实“分级诊疗”模式，湖北开始了“医联体”的改革实验活动，并探索形成了五种模式的医疗联合体，全面提高医疗资源的利用效率，改善群众的看病体验和提升健康管理水平。其中，城市医疗集团、县域医共体、健康联合体、专科联盟、远程医疗协作网的多模式医联体建设，发挥了重要作用。截至 2017 年，“医联体”已覆盖了 89 个三级、185 个二级和 960 个一级医疗机构。全省县域内就诊率提升至 91.43%，同比增加 6.5 个百分点，显著高于全国平均水平。

“医联体”模式包括：城市医疗集团模式，在设区的市级以上城市，以一家三级医院为牵头单位，联合若干城市二级医院、康复医院、护理院以及社区卫生服务中心，构建“1+X”医联体，纵向整合医疗资源；县域医共体模式，重点探索以县医院为龙头、乡镇卫生院为枢纽、村卫生室为基础的县乡村一体化管理，实现人员调配、财务管理、设备管理、药品管理、业务管理“五统一”；健康联合体模式，医院与疾控机构、基层医疗卫生机构组建健康联合体，推进慢性病预防、治疗、管理结合，促进医联体建设与预防、保健衔接，减轻疾病负担；专科联盟模式，医疗机构之间以专科协作为纽带形成联合体，形成区域间若干特色专科联盟，提升解决专科重大疾病的救治能力，形成补位发展模式；远程医疗协作网模式，以互联网为抓手，大力推进面向基层、偏远地区和欠发达地区的远程医疗服务体系建设。

第九章

养老保险

“老龄化”已成为我国社会的一个热门话题，不仅要面对未富先老的问题，同时，社会保障体系也将面临巨大压力。因此，加快发展商业养老保险迫在眉睫。近年来，国家出台了一系列政策，包括税收优惠和住房抵押保险等，效果差强人意。

面向未来，保险业在破解我国养老难题过程中，不仅大有可为，更应当大有作为。保险行业不仅应当把眼光放到养老社区的建设上，更应当关注社区和家庭养老；不仅应当关注养老的资金保障，还应当关注利用科技手段，创新服务模式，探索新给付方式，破解“抚养比”难题，提供更加可靠和人性化的养老服务，为社会分忧解难。

第一节　老龄化问题

一、我国社会的老龄化问题

关于“老龄化”的标准，通常的国际标准是：当一个国家或地区 60 岁以上老年人口占人口总数的 10%，或 65 岁以上老年人口占人口总数的 7%，这就意味着这个国家或地区的人口处于老龄化社会。

我国自 2000 年开始已进入老龄化社会。在 2015 年 60 岁及以上人口达到 2.22 亿，占总人口的 16.2%。预计到 2020 年，60 岁以上老年人口达到 2.48 亿，老龄化水平达到 17.2%，其中 80 岁以上老年人口将达到 3 067 万人。预计到 2025 年，60 岁以上人口将达到 3 亿，我国将成为超老龄型国家（见图 9.1）。

推动社会老龄化的一个重要因素是社会平均寿命增加，随着社会生活和卫生医疗水平的改善，我国的人均寿命不断增加。根据国家相关部门的数据显示，2017 年我国人均预期寿命为 76.7 岁，较 2000 年提高 6.3 岁。根据联合国对我国人均预期寿命的预测，到 2050 年我国人均预期寿命将达到 80 岁，这在一定程度上加剧了社会的老龄化程度（见图 9.2）。

老龄化社会面临的严峻挑战是抚养比的上升。2000 年以来，我国的老年抚养比快速增长，2015 年我国的总抚养比为 37%，其中，少儿抚养比为 22.6%，老年抚养比为 14.3%。2005—2015 年我国的少儿抚养比逐年下降，而老年抚养比逐年增加（见图 9.3）。预计到 2020 年老年抚养比将上升至 16.9%，2030 年的总抚养比指标将超过 50%。

据估计，2020年我国GDP将达到100万亿元，家庭金融资产将达到200万亿元。按照家庭资产负债表的结构，30%的家庭金融资产将用于养老，资金规模大概为60万亿元。如何管理好这部分资金，为家庭养老提供强有力的资金保障是金融业面临的新课题，也是新机遇。除了通过商业养老保险的方式提供服务外，各类养老金融产品也需要高度关注，即开发具有抵御市场风险和长寿风险的投资品。

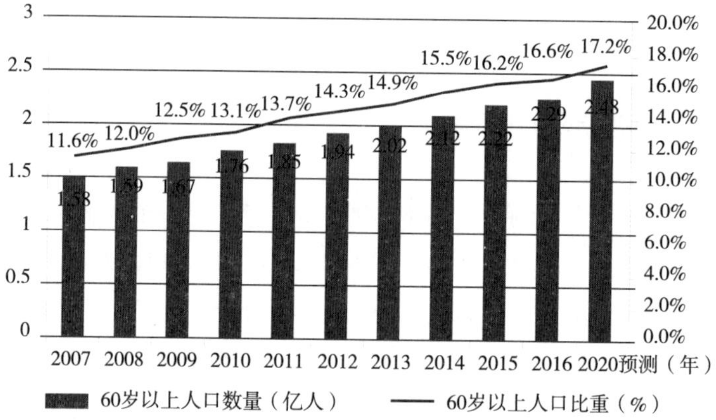

图9.1 我国60岁以上人口数量和占人口总数比重

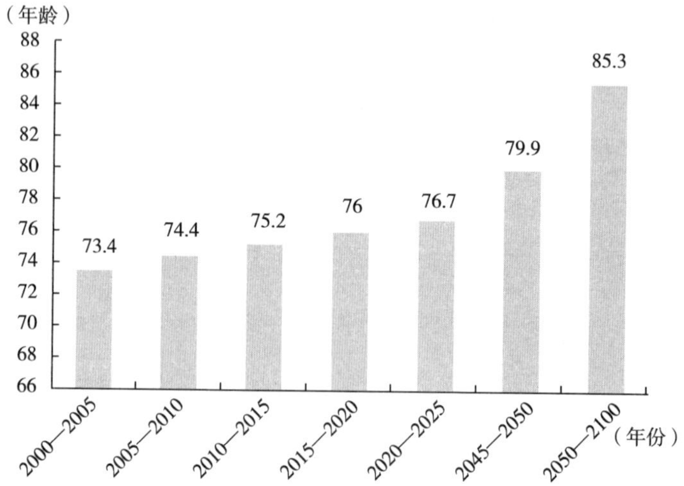

图9.2 我国人均预期寿命情况

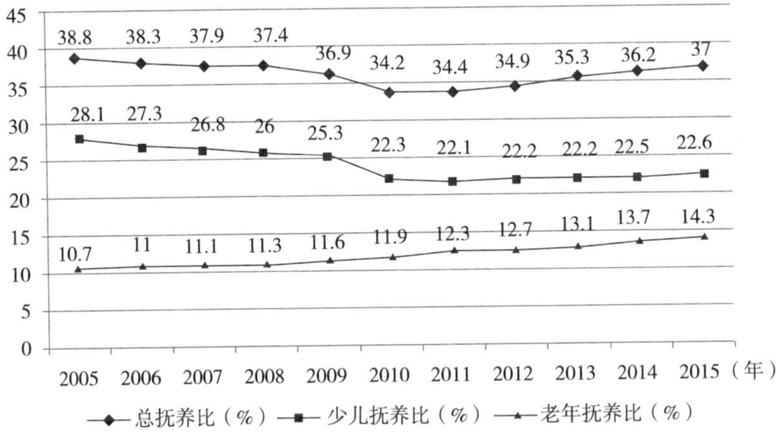

图 9.3　抚养比情况

二、全球养老保障基本模式以及发展趋势

老龄化是一个世界性的问题，因此，各国均将建设更加科学和务实的养老保障制度作为政府的一项重要工作。同时，逐步形成了国际共识和解决模式，包括制度框架与技术。从全球养老保障制度发展的总体情况看，尽管各国的情况不尽相同，但基本制度框架已基本趋同，建立多支柱和多层次的养老保障体系，通常是三支柱模式。

第一支柱：法律强制的公共养老金。一般是由政府法律强制实施的公共养老金计划，旨在给退休人员提供最基本的养老保障，同时政府为公共养老金提供最终责任和保障。常见特征是 DB（待遇确定）模式、现收现付制和强制储蓄型，不同国家和地区采用不同的模块构建。

第二支柱：企业和个人共同缴费的职业养老金计划。大部分是自愿缴费，也有部分是强制缴费，一般给予税收优惠。采取完全累积制的收支模式，养老金确定上越来越多地由 DB 模式转为 DC（缴费确定）模式。第二支柱通常作为第一支柱的补充，增强养老保障，但在有些国家和地区已经成了养老保障体系的主体。

第三支柱：个人养老储蓄计划。基于个人意愿，采取完全积累制，目的是提升养老生活品质，部分国家和地区会给予税收优惠，以鼓励个人为养老负责。

从发展的总体情况，尤其是发达国家的情况看，结构上从以第一支柱为主，逐步过渡到以第二支柱和第三支柱为主的模式。第一支柱解决的是基础和基本问题，因此，第一支柱的替代率相对不高，而第二支柱和第三支柱在替代功能中扮演更加重要的角色，如在 OECD（经济合作与发展组织）国家中，第一支柱的平均替代率仅为 22%，第二支柱的平均替代率则高达 53%。考虑到老龄化社会将面临的各种不确定性问题，各国均提高了养老保障体系的社会总积累水平，根据 OECD 的统计，2015 年底 OECD 各国的第二、第三支柱的私人养老金占 GDP 的加权平均比重为 123.6%。美国第一支柱的 GDP 占比为 18%，第二支柱与第三支柱的合计占比高达 70%。而我国第一支柱占 GDP 的比重仅有 7.48%，第二支柱与第三支柱合计占比更是低至 5.1%。

世界银行在 2005 年提出了“五支柱”养老保障体系设计理念，除上述三个支柱外，增加了两个支柱。零支柱是非缴费型养老金计划，由政府财政负担，旨在消除老年贫困，提供最低水平保障。第四支柱是家庭成员之间对于老年人的非正式支持，主要是非养老金资源，例如家庭内转移支付、赡养医疗和住房、照料看护等服务。

此外，养老保障制度中的第二支柱和第三支柱也是资本市场的重要参与者。它们不仅是重要的资金供给方，更是长期资金的供给方，因此，在推动和完善资本市场的发展过程中扮演着独特和关键性的作用。如美国私人养老金的投资范围包括股票基金、债券基金、平衡基金、货币基金、股票、债券等。2017 年，美国共同基金净值规模为 18.75 万亿美元，其中，私人养老金持有的共同基金资产已超过 10 万亿美元，达到 10.13 万亿美元，占比为 54%。

同时，丰富资本市场的产品供给，特别是针对养老金融的产品，是适应老龄化社会的一个重要举措，如许多美国家庭就是通过公募基金进行财富管理的，有 44.5% 的美国家庭，相当于 5 620 万个家庭持有共同基金，每个家庭投资共同基金的中位数是 12 万美元。美国约有 1 亿个体投资者直接持有共同基金或通过养老金账户持有共同基金，他们持有共同基金资产的 90%。

第二节　我国养老保障制度的发展与面临的挑战

与全球各国的基本情况相似，我国已初步建立了“三支柱”的养老保障制度，即基本养老保险、补充养老保险（企业年金与职业年金）、个人储蓄养老保险（商业养老保险）。但是，随着我国人口的快速老龄化以及人口结构问题，养老保障制度面临诸多挑战，具体表现为基本制度面临严峻挑战，制度的稳定性和持续性的压力巨大。此外，对于第二支柱和第三支柱等弥补措施重视不足，发展不利，导致整个社会保障体系面临巨大挑战。

一、第一支柱

第一支柱，即基本养老保险。一直以来，我国的基本养老保险属于“二元结构”，包括两个部分：城镇和农村。城乡居民的养老保险由城镇职工基本养老保险和城乡居民基本养老保险组成，城镇职工基本养老保险包括行政机关、事业单位、企业职工及城镇灵活就业人员，城乡居民基本养老保险为其他 16 周岁以上社会人员。截至 2017 年末，我国城镇职工基本养老保险参保人数为 4.03 亿人，城乡居民基本养老保险参保人数为 5.12 亿人，合计为 9.15 亿人，年末基金累积结存 5.02 万亿元，其中城镇职工基本养老保险 4.39 万亿元。

长期以来，我国农村属于养老保险的“空白区”，基本属于家庭养老模式。随着社会的发展，农村养老问题日益突出。政府高度重视农村养老问题，2009 年，国家启动了新型农村社会养老保险，即“新农保”的试点建设工作，探索建立个人缴费、集体补助、政府补贴相结合的新农保制度。2014 年，国家决定将新农保与城乡居民基本养老保险两项制度合并实施，在全国建立统一的城乡居民基本养老保险。

我国养老保障的第一支柱面临的主要问题有三个，制度稳定、个人账户和替代率，其中制度稳定问题最突出。首先，制度稳定的决定因素是收支平衡，影响收支平衡有两个指标：一是账户结余，或是“可支付月数”；二是抚养比。从目前的数据看，这两个指标均不乐观，特别是一些省份。一些省份主要依靠财政补贴来缓解收支矛盾，但财政自身也面临着较大压力，特别是进入“后土地财政”时期。

《2017 年度人力资源和社会保障事业发展统计公报》显示，2017 年，全年城镇职工基本养老保险基金总收入 43 310 亿元，其中征缴收入 33 403 亿元，各级财政补贴基本养老保险基金 8 004 亿元，全年基金总支出 38 052 亿元，年末基本养老保险基金累计结存 43 885 亿元。如果剔除财政补贴的因素，我国的基本养老制度已属于收不抵支的状态。同时，由中国社会科学院世界社保研究中心发布的《中国养老金精算报告 2018—2022》预测，2018—2022 年中国养老金“收不抵支”的省份为 13 ~ 14 个。

其次，是个人账户问题。一直以来，我国基本养老保险制度采用的是“统账结合”模式，即包括统筹账户和个人账户。建立个人账户的初衷是鼓励个人积累养老资金。从严格意义上看，个人账户属于个人财产，不仅可以领取，还可以继承。但在人口老龄化的背景下，许多地方面临个人账户“空账”问题，即为了确保统筹账户的稳定，不得不挪用个人账户资金，导致个人账户“有账无钱”。截至 2015 年，个人账户的记账额为 4.7 万亿元，但做实账户的不足 10%，“空账”总额超过 4 万亿元。

尽管相关部门一直在努力“做实”个人账户，并投入了一定的资金，但无奈缺口巨大，并且统筹账户的压力尚难以解决，所以往往难以顾及。近年来出现了一些言论，认为个人账户制度本身就存在问题，因为，社会养老保险制度是一种公共制度，因此，个人账户本身就与之冲突，建议取消个人账户。无论从理论上如何看待个人账户，但已经存在的个人账户属于参保人的个人财产，应当予以保护。比较务实的解决方案是，将个人账户逐步转移给商业养老保险，或者转为企业年金和职业年金，由商业保险公司负责运营管理。这种安排，一方面能够维护基本养老保险的“公共性”，确保社会公平；另一方面能够确保制度的连续性，维护参保人的合法利益。

最后，是替代率问题。养老金的替代率是指退休人员领取的养老金与在职时的实际工资之比。它是衡量劳动者退休前后生活保障水平差异的基本指标，也是衡量和评价社会发展与社会保障的重要指标。按照目前国际劳工组织《社会保障最低标准公约》规定，养老金的最低替代率为55%，即55%是一个国家社会保障体系的警戒线。从全球的实际情况看，替代率超过60%的国家占比为78%，替代率在40%以及低于的仅有7个国家，其中海地最低，为33%。此外，按照世界银行的建议，要维持退休前的生活水平，养老金替代率应大于70%；如果退休金替代率在60%~70%，只能维持基本生活水平；如果低于50%，则生活水平较退休前会有大幅下降。

从我国的情况看，替代率曾经维持在一个较高水平，在1999年之前，我国企业职工养老金替代率总体维持在75%以上。从2000年开始，我国养老金替代率呈现快速下降的趋势，到了2015年，我国养老金的总替代率为44.08%，已经处于国际警戒线之下，意味着退休人员的生活水平已经呈现下降趋势（见图9.4）。

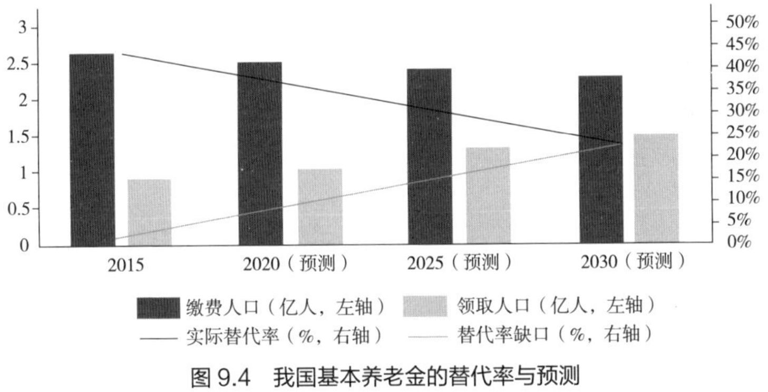

图9.4　我国基本养老金的替代率与预测

资料来源：人社部，海通证券研究所。

尽管各级政府也在不断努力，争取提高退休人员的养老金支付水平，但随着抚养比问题日益突出，以及各级财政补贴能力的"捉襟见肘"，替代率下降，似乎成了一种难以逆转的趋势。因为，从抚养比的数据看，如果抚养比持续下降，我国这种"现收现付"的社会养老保障制度将面临的挑战是不言而喻和难以回避的。相对悲观的估计，替代率可能降至30%左右，而“心有余而力不足”和“回天无力”可能成为基本心态与状态。

在我国基本养老金替代率的背后，还有三个问题需要特别关注。一是这种替代率仍只是一种静态的评价，并未考虑实际购买力变化，或者说通货膨胀可能带来的影响。如果考虑这一因素，退休人员的实际生活保障水平可能更低。二是这种替代率的统计口径问题，因为，我国还有相当一部分的居民并未纳入基本社会保障体系，如农村居民等，由于他们的替代率更低，则可能进一步拉低社会基本养老的社会实际替代率。三是备受争议的养老金“双轨制”问题，即机关事业单位的养老金，采用的是另一套体系，由财政统一筹资和管理，替代率不仅高于社会基本养老金且相对稳定。当二者的替代率水平差距不太大时，“双轨制”问题相对不突出，但随着社会基本养老金的替代率不断降低，二者的差距不断加大，继而挑战了社会公平问题，因此，需要予以高度关注。

总结我国社会基本养老制度的所有问题，不难发现，尽管政府和社会已高度关注和重视已经存在和可能出现的问题，并采取了一系列措施，包括研究延长退休年龄等问题。但作为一个快速老龄化的人口大国，许多问题是根本性和基础性的。如果就事论事地讨论和解决，可能会进入一条死胡同。就居民而言，问题的核心和关键是维持相对稳定的退休生活水平。因此，需要回到“三支柱”的视角，在接受第一支柱现实问题的基础上，通过大力发展第二支柱和第三支柱，特别是“第三支柱”，统筹解决问题。

面向未来，就我国的社会养老制度建设问题，需要明确两点。一是社会基本养老制度可能面临严峻的挑战，这是难以回避的。尽管通过各种努力，能够在一定程度上改善已经存在的问题，但仍然面临难以逾越的困难和问题。二是必须面对、正视和接受社会基本养老制度面临的问题、困难和挑战，进一步统一思想认识，加大对商业养老保险和企业年金的扶植力度。要站在维护社会稳定的高度，认识到这不是扶植一个行业发展的问题，而是保障和维护全体人民的基本利益和社会的长治久安。

二、“双轨制”改革

2015 年初，国务院颁布了《关于机关事业单位工作人员养老保险制度改革的决定》，该决定按照全覆盖、保基本、多层次、可持续的原则，改革现行机关事业单位工作人员退休保障制度，逐步建立独立于机关事业单位之外、资金来源多渠道、保障方式多层次、管理服务社会化的养老保险体系。缴费方式基本比照了社会基本养老保险制度，即单位缴费比例为 20%，个人缴费比例为 8%，建立基本养老保险个人账户。同时，提出建立职业年金制度。

这一举措结束了一直以来关于“双轨制”的讨论，但改革并非易事。首先，决定明确机关事业单位基本养老保险基金单独建账，与企业职工基本养老保险基金分别管理使用，专款专用。由于没有历史积累，这种独立运作模式，面临巨大挑战，尤其是给未来的财政预算带来了压力。其次，作为一种改革，也有专家建议采用职业年金模式解决，即作为制度改革的转制成本，由财政以专项资金，一次性或分批次投入，建立市场化的企业年金制度，能够有效化解未来的支付风险和压力。

三、第二支柱

第二支柱为补充养老保险，主要是指企业年金和职业年金。作为基本养老保险的补充，目的是保障基本养老生活水平。企业年金由企业根据自身经营状况自愿为员工建立，由企业和个人共同缴纳，采用完全积累制模式运作。就我国的第二支柱的发展情况看，不仅其在社会保障体系中的占比相对较低，同时，投保企业的数量占比也相对较低。

《中国社会保险发展年度报告 2016》显示，截至 2016 年底参加企业年金的职工人数为 2 325 万人，占参加城镇职工基本养老保险总人数的 6.13%；有 7.63 万户企业建立了企业年金，仅占企业法人单位数量的 0.35%。2016 年建立企业年金的企业数和参加企业年金的职工人数比上年的增幅分别为 1.12% 和 0.39%，均为近十年来最低值。而在企业年金覆盖的企业中，国有企业是主力军，民营企业占比不到1%。根据《2017年度人力资源和社会保障事业发展统计公报》，截至2017年末，全国有8.04万户企业建立了企业年金，参加职工人数2 331万人，占参加城镇职工基本养老保险总人数的5.7%，年末基金累计结存1.29亿元。职业年金是作为机关事业单位退休制度并轨后，弥补其基本养老金待遇下降的补充养老保险制度，预计初始运作基金近7 000万亿元。

目前的企业年金存在两个致命的弱点。第一个弱点是它的受益面很小，不具有普惠性。

2016年的情况是受益于企业年金的职工仅占参加职工养老保险人数的6.13%，占4.1亿城镇就业人员的5.6%。“多层次”养老保障体系建设必须坚持普惠性，即保障面要尽可能大，让尽可能多的人能够受益于这样一种保障措施，使它成为尽可能多的国民养老送终的保护伞、安全网。受益面仅仅是城镇职工总数的6%，这样的企业年金很难起到第二支柱的作用。

究其原因，主要是因为民企没有能力也没有积极性参与，国企有能力和积极性参与，但是在职工中的覆盖面很小。民企参与率相对较低，主要原因是企业的社保负担已经较重。目前企业负担的法定社保费率，差不多接近企业工资总额的40%，其中的养老保险费占工资总额的20%。负担已经如此之高，要再让企业出一笔钱为职工购买企业年金，很多企业没有这个能力。当然，除了能力之外，企业的意愿也不高。企业年金不是强制性的社会保险，而是一种自愿性的职工福利，是企业在市场竞争中为了吸引劳动者，奖励人才而实施的福利。目前就业形势严峻，劳动力供大于求，企业也没有太大的意愿通过企业年金吸引和争取劳动者。

企业年金的第二个致命弱点是不公平，有劫贫济富的嫌疑，还使富有者更富有，加大了分配鸿沟。参加企业年金的主力是国企，包括中央和地方有实力的国有大中型企业，其中交通、通信、能源、金融等垄断行业是企业年金的主力军，企业年金基金积累超亿元的企业全部集中在电力、石化、石油和电信等行业。而且这些企业是在有关规定的上限购买的，并且占工资总额12%的年金是一笔巨大的福利。由于这些企业的工资相对较高，个人所得税的边际税率较高，税前扣除因此省下的税金不小，优惠力度更加大。

第三节　美国养老保障制度的发展与改革

美国的养老保障制度属于典型的三支柱体系，即第一支柱为政府主办的公共养老金计划，第二支柱为雇主资助的私营养老金，第三支柱为个人商业养老保险和个人储蓄。其中，第一支柱是美国的公共养老金计划，亦称联邦公共养老金，是1935年建立的社会养老保险。这一制度安排是一个全国统筹计划，由联邦政府统收统支，地方政府不参与。同时，采取"以税代费"，由联邦税务局统一强制征收，属于低缴税、低给付和全国统筹的模式。

这一制度运行了40年后，养老金支付风险开始显现。1975年，美国财政部的一份报告显示，到1979年美国社会养老保险的收入将不能满足支付，这引起了社会的高度关注，并推动了社会保障制度改革。全面修订了1935年的《社会保障法》，出台了《社会保障改革法案》（1983年），提高了税率，并削减了养老金给付金额，同时采用自动调整养老金给付标准的办法。实践证明，这次改革是卓有成效的，维护了美国社会养老保险制度的可持续性与稳定性。此后，为了进一步完善社会养老保险制度，有效防范可能出现的养老金缺口风险，美国政府采取了一系列改革举措。

一是延迟退休年龄。《社会保障改革法案》（1983年）规定，从2003年开始延长退休年龄两岁，分两步走。第一步，从2003年至2009年，每年延长退休年龄两个月，到2009年退休年龄将延长至66岁。第二步，从2021年开始至2027年，再次实施每年延长退休年龄两个月，直到2027年男女退休年龄延长至67岁。

二是鼓励延迟退休，惩罚提前退休。在延长法定退休年龄的基础上，人性化地实行弹性退休制度。美国现行法定退休年龄是66岁，但法律允许的最早可退休年龄为62岁，在62岁退休必须扣减30%养老金。相反，法律允许的最大退休年龄为70周岁，若在70岁办理退休手续，可奖励30%养老金。

三是雇主不得强制要求雇员退休。美国法律严格规定，对于达到正常退休年龄的雇员，雇主不得存在年龄歧视，也不得强制要求雇员退休。1986年美国国会对《反就业年龄歧视法》进行修订，将年满70周岁的雇员纳入保护之列，并且规定对于年满70周岁的雇员，雇主也要为其提供健康保险。雇员达到法定正常退休年龄后，雇员有权利不办理退休手续，不领取养老金，继续工作，而雇主不能强迫其退休。正因如此，美国许多大公司都有70多岁、80多岁的首席执行官，还有90多岁的董事。

四是公共部门养老金并轨改革。1920年，美国为联邦雇员建立了公务员退休体系。1935年《社会保障法》仅针对私人企业部门，不包括联邦雇员。而《社会保障改革法案》（1983年）规定，从1984年1月1日开始，凡是新参加联邦政府部门工作的雇员，必须参加社会养老保险；此前已在联邦政府部门工作的雇员，可以选择留在原体制中，也可以切换至社会养老保险。凡是进入社会养老保险的联邦雇员，还可以参加职业年金计划。这类似于我国机关事业单位职工在参加基本养老保险的同时，还必须参加职业年金计划。

五是提高税率，并对养老金收入征税。美国的社会养老保险税率一直处于低水平状态。在制度建立之初，雇主、雇员各缴1%，合计为2%，1959年提高到5%，1978年再次提高到10%，1990年之后基本稳定在12.4%，即雇主、雇员各缴6.2%。《社会保障改革法案》（1983年）决定大幅提高社会养老保险税率，对养老金收入开始征税，即当退休者综合年收入超过一定标准时，需缴纳联邦所得税。

六是大力发展私人养老金计划。1978年，美国修订税法并创设了401（k）计划。1981年11月，401（k）计划正式落地实施，这极大地推动了私人养老金发展。之后，美国私人养老金发展呈现了两大特征：一是从传统DB模式开始向DC模式转型，二是部分DC模式向401（k）计划转型。20世纪90年代，美国私人养老金计划开始由大型企业向中小企业普及。截至2016年底，美国私人养老金总储备高达25.3万亿美元，相当于美国GDP（18.57

万亿美元）的136%。

纵观历史，美国的社会养老保障制度的改革是成功的。一是有效改善了社会养老保险基金的运行情况，出现了近3万亿美元结余。二是采取长期有效措施发展第二和第三支柱，使第一支柱的替代率维持在40%左右，缴费率保持在相对较低水平。三是多管齐下，采取综合治理模式，同时解决公与私、收与支问题，取得了较好的效果。

客观地讲，美国的社会养老保障制度建设属于“先行一步”。因此，它们出现的问题和采取的举措值得全球学习和借鉴。在我国的社会保障体系建设过程中出现的问题，与美国有很大的相似性，但也有本质不同。因此，需要在立足我国实际的基础上，研究、学习和借鉴美国的成功经验和做法，重视并加快推动我国社会保障制度建设，尤其是养老保障制度的完善与提高。

第四节　我国解决老龄化问题的顶层设计

一、总体方案

我国的老龄化问题形势严峻，引起政府相关部门的高度重视。近年来，在我国的一些重大制度设计过程中，均将解决老龄化问题放到十分突出的位置，从顶层设计层面加以解决。2015年《中共中央关于全面深化改革若干重大问题的决定》明确提出：积极应对人口老龄化，加快建立社会养老服务体系和发展老年服务产业。

2014年国务院颁布的《关于加快发展现代保险服务业的若干意见》中提出要构筑保险民生保障网，完善多层次社会保障体系，并明确了两大任务。一是把商业保险建成社会保障体系的重要支柱。商业保险要逐步成为个人和家庭商业保障计划的主要承担者、企业发起的养老健康保障计划的重要提供者、社会保险市场化运作的积极参与者。支持有条件的企业建立商业养老健康保障计划。支持保险机构大力拓展企业年金等业务。充分发挥商业保险对基本养老、医疗保险的补充作用。二是创新养老保险产品服务。为不同群体提供个性化、差异化的养老保障。推动个人储蓄性养老保险发展。开展住房反向抵押养老保险试点。发展独生子女家庭保障计划。探索对失独老人保障的新模式。发展养老机构综合责任保险。支持符合条件的保险机构投资养老服务产业，促进保险服务业与养老服务业融合发展。

2018年国务院全面部署进一步发展养老产业，推进医养结合，提高老有所养质量工作，提出要适应庞大老年群体多样化多层次养老需求，促进养老服务增加供给、改善质量，这是践行以人民为中心的发展观念、保障改善民生的重要举措，也有利于扩大就业、提升服务业水平。同时，明确了四项工作任务。一要鼓励地方多渠道解决养老服务有效供给不足问题。简化和放宽准入，支持各类所有制养老机构规模化、连锁化发展，发挥公办养老机构兜底保障作用，重点为经济困难失能失智老人、计划生育特殊家庭老人提供无偿或低收费托养服务。二要大力发展居家社区养老服务。落实新建住宅小区养老服务设施配建要求，对老旧小区和纳入特困供养等范围的老人家庭开展适老化改造，支持养老机构运营社区养老服务设施。三要加强养老护理人员职业技能培训，加快推进长期照护服务发展。对从事养老服务并符合条件的个人和小微企业给予创业担保贷款支持。完善养老服务设施供地政策。四要强化跨部门协同监管，制定养老机构服务质量安全强制性国家标准，实施敬老院改造提升和民办养老机构消防安全达标工程。

二、商业养老保险（第三支柱）的总体思路

2017年6月29日国务院办公厅颁布《关于加快发展商业养老保险的若干意见》，明确商业养老保险是商业保险机构提供的，以养老风险保障、养老资金管理等为主要内容的保险产品和服务，是养老保障体系的重要组成部分。发展商业养老保险，对于健全多层次养老保障体系、促进养老服务业多层次多样化发展、应对人口老龄化趋势和就业形态新变化、进一步

保障和改善民生、促进社会和谐稳定等具有重要意义。

以完善养老风险保障机制、提升养老资金运用效率、优化养老金融服务体系为方向，依托商业保险机构专业优势和市场机制作用，扩大商业养老保险产品供给，拓宽服务领域，提升保障能力，充分发挥商业养老保险在健全养老保障体系、推动养老服务业发展、促进经济提质增效升级等方面的生力军作用。

到 2020 年，基本建立运营安全稳健、产品形态多样、服务领域较广、专业能力较强、持续适度盈利、经营诚信规范的商业养老保险体系，商业养老保险成为个人和家庭商业养老保障计划的主要承担者、企业发起的商业养老保障计划的重要提供者、社会养老保障市场化运作的积极参与者、养老服务业健康发展的有力促进者、金融安全和经济增长的稳定支持者。

创新商业养老保险产品和服务。首先，丰富商业养老保险产品供给，为个人和家庭提供个性化、差异化养老保障。支持商业保险机构开发多样化商业养老保险产品，满足个人和家庭在风险保障、财富管理等方面的需求。积极发展安全性高、保障性强、满足长期或终身领取要求的商业养老年金保险。支持符合条件的商业保险机构积极参与个人税收递延型商业养老保险试点。针对独生子女家庭、无子女家庭、“空巢”家庭等特殊群体的养老保障需求，探索发展涵盖多种保险产品和服务的综合养老保障计划。允许商业养老保险机构依法合规发展具备长期养老功能、符合生命周期管理特点的个人养老保障管理业务。其次，推动商业保险机构提供企业（职业）年金计划等产品和服务。鼓励商业保险机构发展与企业（职业）年金领取相衔接的商业保险业务，强化基金养老功能。支持符合条件的商业保险机构申请相关资质，积极参与企业年金基金和职业年金基金管理，在基金受托、账户管理、投资管理等方面提供优质高效服务。鼓励商业保险机构面向创新创业企业就业群体的市场需求，丰富商业养老保险产品供给，优化相关服务，提供多样化养老保障选择。

鼓励商业保险机构充分发挥行业优势，提供商业服务和支持。充分发挥商业保险机构在精算管理和服务资源等方面的优势，为养老保险制度改革提供技术支持和相关服务。支持符合条件的商业保险机构利用资产管理优势，依法依规有序参与基本养老保险基金和全国社会保障基金投资运营，促进养老保险基金和社会保障基金保值增值。

鼓励商业保险机构投资养老服务产业。发挥商业养老保险资金长期性、稳定性优势，遵循依法合规、稳健安全原则，以投资新建、参股、并购、租赁、托管等方式，积极兴办养老社区以及养老养生、健康体检、康复管理、医疗护理、休闲康养等养老健康服务设施和机构，为相关机构研发生产老年用品提供支持，增加养老服务供给。鼓励商业保险机构积极参与养老服务业综合改革试点，加快推进试点地区养老服务体系建设。

支持商业保险机构为养老机构提供风险保障服务。探索商业保险机构与各类养老机构的合作模式，发展适应养老机构经营管理风险要求的综合责任保险，提升养老机构运营效率和稳健性。支持商业保险机构发展针对社区日间照料中心、老年活动中心、托老所、互助型社区养老服务中心等老年人短期托养和文体休闲活动机构的责任保险。

建立完善老年人综合养老保障计划。针对老年人养老保障需求，坚持保障适度、保费合理、保单通俗原则，大力发展老年人意外伤害保险、老年人长期护理保险、老年人住房反向抵押养老保险等适老性强的商业保险，完善保单贷款、多样化养老金支付形式等配套金融服务。逐步建立老年人长期照护、康养结合、医养结合等综合养老保障计划，健全养老、康复、护理、医疗等服务保障体系。

第五节　养老和养老保险的基本模式

一、我国养老保障面临的问题

资金无疑是养老的重要前提，因此无论是社会保障制度的“三支柱”，还是家庭的养老准备，均是以资金，即货币的形式体现的。但从养老的本质看，“老有所养”讲的是一种生活状态和水平，资金只是手段和前提，而影响生活状态和水平的一个重要因素是购买力，购买力问题的本质是能否和如何抵御通货膨胀的影响，确保老年人领取的养老金能够维持一种“体面的生活”，或生活水准不会降低。

在解决“老有所养”的过程中，养老金的保障固然重要，但就我国而言，基于“养儿防老”的家庭养老，仍然是我国养老的重要文化和物质基础。因此，要大力弘扬“孝道文化”，明确家庭养老仍是我国养老的主要经济形态，通过代际的互助，有效对冲周期和市场风险，同时，能够有效分摊社会的养老成本。

就商业养老保险而言，传统的给付方式是以货币给付。这种给付方式面临的最大挑战是实际购买力，即通货膨胀的压力，导致了对养老生活的不确定性担忧，这是我国商业养老保险发展的根本约束，这也是人们一方面担心“老有所养”的问题，另一方面仍不愿意购买商业养老保险的内在原因。因此，无论是从行业社会责任的角度出发，还是从行业自身发展的角度出发，保险业均需要关注、思考并解决投保人的预期管理，通过改变给付形式，从根本上稳定人们的养老预期，同时，赋予养老保险服务以更丰富的内涵。

二、给付的基本模式

就传统的养老保险而言，货币是给付的主要乃至唯一形式，这是由保险的金融属性决定的。但随着社会的发展，特别是老龄化社会带来的挑战，这种单纯的货币给付模式已经不能满足人们对养老生活的需要。其核心是预期不稳定，预期不稳定的根源是由于购买力和通货膨胀等因素。同时，养老方式也从单一的家庭养老逐步发展到了社区养老和机构养老模式，这进一步挑战了养老保险的给付方式，并渐渐形成了养老保险给付的三种形态，即货币给付、“半货币”给付和实物给付。

一是货币给付模式。作为保险的主要给付形态，面临内外部的压力。首先，养老保险的总体投资回报率不高，难以抵御预期通货膨胀的威胁，这是制约发展的根本原因。其次，在产品开发，特别是定价环节面临长寿风险，可能形成对经营稳定与安全保障的压力。最后，行业属性和监管政策决定了保险公司与其他金融领域，在简单的货币给付形式上缺乏相对优势。

二是“半货币”给付模式。所谓“半货币”给付是指在货币给付的基础上，将部分货币给付额度转化为提供养老服务的形式。随着我国进入老龄化社会，国家加大了对家庭和社区养老的设施建设的投入，积极培育和扶植养老服务产业的发展。保险行业应当深度参与家庭和社区养老设施和资源的建设与培育。同时，与养老服务业开展战略合作，发挥大量和集中采购的优势，通过优胜劣汰，提升我国养老服务产业水平，并将采购的物美价廉养老服务，如护理服务等，作为养老保险的给付形式提供给被保险人。

三是实物给付模式。所谓实物给付是指以养老院入住权益作为养老保险的给付形式，近年来，针对我国社会快速老龄化的趋势，保险监管部门鼓励保险行业参与养老产业发展，也包括直接和间接参与养老院产业。不少保险公司通过兴建养老院和养老社区的方式，直接经营或控制了养老院的床位资源，继而将养老院的“入住权”嵌入保险产品，形成了一种“买养老保险，入住养老院”的保险消费新模式。这种给付方式的最大特点和优势就在于能够有效对冲通货膨胀风险，稳定投保人的预期，极大地刺激了需求。

三、实物给付的机遇与挑战

实物给付是我国保险业的一种探索创新。一是国家鼓励保险业参与养老产业，特别是利用资金优势，参与养老院和养老机构的建设，同时，在土地等方面给予了政策支持。二是养老保险的发展面临通货膨胀引发预期不稳定，导致养老保险需求难以释放的问题，通过直接和间接投资养老院，获得养老院的床位资源，再将这种资源与保险产品，特别是给付方式有机结合，就能够解决长期困扰保险业的问题。三是保险资金，特别是寿险的长期资金，面临着久期匹配难的问题。因此，通过投资养老院，能够形成与负债直接匹配的资产，有利于优化资产配置结构。

从我国社会发展的趋势看，老龄化带来的一个突出问题是抚养比恶化，因此继续依靠家庭养老模式将面临难以为继的局面。同时，随着人们尤其是老人的思想观念转变，会有越来越多的人到养老院养老。根据我国老龄化的发展趋势分析，预计到 2030 年，我国需要长期护理的老年人总数将达到 6 668 万人，即使只有 30% 的入住养老院，大约需要 2 000 万张床位，缺口巨大。

如果保险行业能够提供其中的 5%～10%，也需要兴建 10 万～20 万张床位。按照目前泰康的经营模式，即缴费 200 万元作为入住养老社区的门槛，意味着将拉动 2 000 亿～4 000 亿元保费。这无疑是一个巨大的发展机遇，如何将机遇变为行业的发展现实，行业需要对“实物养老”模式进行集体性思考。同时，实物给付模式也将给保险公司的经营管理带来全新的挑战，养老院产业不仅是一个特殊和专业的领域，对保险业而言，更是一个全新的领域，管理不好可能带来经营性风险。同时，将养老院床位作为实物给付的方式纳入保险责任和服务的范畴，意味着一旦养老院服务质量出现问题，将产生连锁反应，成为保险公司的经营管理与服务问题。

第六节　家庭与社区养老

一、家庭养老

近年来，养老院，特别是保险企业兴办养老院成了一个热门话题，不仅成为社会关注的焦点，也吸引了大量的社会资本，似乎养老院是未来我国养老事业发展的重点和希望。殊不知，从全球范围看，即使是机构养老最发达的美国，最终能够进养老院的老人也是少而又少。因此，国际社会形成了一个“9073”或“9064”的共识，即 90% 的老人需要居家养老，6%～7% 的老人可以依托社区养老设施养老，只有 3%～4% 的老人能够去养老院养老。如日本居家养老的比例高达 96%，我国台湾地区则超过 98%。由此可见，家庭养老是养老的“主战场”，社会应当更多地关注家庭养老问题。

家庭养老以家庭为单元和地点，以家庭经济作为基础和支撑，以血缘亲情作为纽带和联系，老人以居家的形式养老。就经济方面，家庭养老是代与代之间的经济转移，以家庭为载体，自然实现保障功能，自然完成保障过程。父母养育儿女，儿女赡养父母，这种下一代对上一代予以反馈的模式在每两代之间的取予是互惠均衡的，在家庭单位内形成一个天然的养老基金的缴纳、积累、增值以及给付过程。

“养儿防老”是中国传统养老方式的基本特征，传统家庭一般通过生养子女来解决养老问题。用现代社会保障的观点来看,生育和抚养子女的花费，可以看成正值劳动年龄的父母为将来养老而缴纳的保障基金。这笔基金随着子女年龄的增长逐年缴纳和积累，在子女的逐步成长中得以保值和增值。当父母老年丧失劳动能力时，子女成年进入劳动年龄时，原先父母缴纳的养老保障金就开始给付了，直至父母去世。

从传统家庭的角度看，这种养老基金的缴纳、积累、增值以及给付，是一个十分自然的“天经地义”的过程，是一个衔接得十分平滑的过程，似乎找不到过渡的节点或环节。总之，在中国传统家庭中，老年人的生老病死风险全由家庭提供保障，家庭保障的费用支出全部由家庭承担，保障基金的积累增值、代际的转移支付等过程，均在家庭中完成。

二、社区养老

社区养老是指以家庭为核心，以社区为依托，以老年人日间照料、生活护理、家政服务和精神慰藉为主要内容，以上门服务和社区日托为主要形式，并引入养老机构专业化服务方式的社区养老服务体系。社区养老服务体系，包括养老和托老机构、老人服务中心（老人餐桌和食堂）、老年医疗机构、老年活动中心（老年学校）等。从我国的国情看，社区养老服务体系，一方面能够成为家庭养老的重要依托和支撑；另一方面能够起到连接医院和养老机构的桥梁，将成为我国养老的主流模式。

社区养老服务体系的建设，要从顶层设计入手。首先是解决“硬件”问题，即国家要制定相关法规，要求所有新建社区，必须配套建设托老所和虚拟养老院，为社区养老设施建设留出足够的空间，如留出 10% 的养老用房。其次是结合基本医疗保险服务，以社区医院为平台，提供家庭病床等延伸服务。最后，利用互联网技术和商业社区服务资源，打造一体化的养老服务平台，全面整合各种资源，形成家庭养老的“一揽子”服务。

政府和社会要高度关注全龄社区建设和发展模式。全龄社区是指在一个住宅小区内拥有一定比例的适老化住宅或者老年公寓，同时，建设托老所、日间照料中心、老年医护中心、虚拟养老院等社区养老设施。全龄社区机构养老社区化和机构养老家庭化的特点，以养老机构为平台，辐射具有居家养老和社区养老，养老设施建设与社区服务配套相结合，平台开放，资源共享。

全龄社区既有可以满足不同年龄段人群生活的物业设施，又具备居家养老服务标准体系配套，是一种适合全民居住、终身居住的社区。全龄社区实际上还是以中青年为主，同时确保父母和子女的距离比较近，所谓“一碗汤的距离”，既能够方便子女就近照顾老人，又能够解决老年人精神慰藉的问题。

在我国养老产业发展过程中，存在的一个突出问题是用 95% 的精力，研究解决 5% 的问题，即更多地关注养老院等设施建设，而忽视了家庭和社区养老设施建设问题。殊不知，即使是美国，机构（养老院）养老能够解决的，不过是 5%～10% 的老人，其他大多数国家能够进养老院的老人比例大都低于 5%。因此，全社会，特别是保险业要高度关注社区养老问题，依托社区养老资源的供给和保障，建立一个相对成熟的“半货币”给付模式的养老保险产品，不仅能够满足人们的养老需求，稳定预期，有效推动养老保险需求，从而推动保险业的发展。同时，也能够通过各种“泛保险”和“准保险”的产品和服务，参与传统的养老保险市场，形成新的业务增长点和盈利模式。

三、托老所与虚拟养老院

与托儿所的概念类似，托老所是指日间照顾老人的机构和场所。通常是以社区为依托，建设一个规模相对不大的老年人日间照料中心，为社区的居民提供老年人的日间照料服务。托老所的服务通常可以分为三类：第一类是收容身体健康、生活能自理的老人；第二类是收容生活可部分自理，但还需要部分照顾的老人；第三类是收容生活上不能自理、患有慢性病或残疾的老人。托老所主要针对需要赡养老人且有工作的子女，它能够有效解决这些家庭的后顾之忧。

虚拟养老院是我国为了适应老龄化社会，探索出的一种全新的社会养老资源供给模式，即由政府或社区组织建立一个信息服务平台，通过这个平台，就近整合养老服务资源，当老年人和家人需要相关服务时，可以通过热线电话寻求服务和支持，平台将按照老年人的需求，派服务企业员工上门为老年人提供服务，同时对服务质量进行监督。

与传统养老方式相比，虚拟养老院是一座“没有围墙的养老院”，投资少、服务范围广，老人不必住在养老院中被动接受服务，在家就可以挑选、享受专业化的养老服务。虚拟养老院看似为“虚”，其实很“实”。它整合了许多社会上的有利资源，实现了居家养老的专业化，由于虚拟养老院的规模化运作大大降低了运营成本，在市场竞争中将占据主导地位，将成为今后老年人养老的一种新的趋势。

随着互联网和移动互联网技术的广泛应用，虚拟养老院出现了移动终端化的趋势，即以 App 的形式出现，通过 App，可以为看护者提供交流沟通的渠道，为雇佣方的老年人及时提供服务，通过手机 App，可以和在外工作的利益关系人（如医生、家庭成员等）及时组织护理，将医生、护士、看护、家属、邻里等各类和老年人生活密切相关的人联系起来，实现对老人的贴心监护。

【辅助资料】美国社区养老模式

美国的社区养老分两种模式。一是“全托制”，即老人全天候在养老机构生活。其中，又分为“退休之家”和“家园共享”。前者除了租赁房屋（老年公寓）外，还提供就餐、清扫房间、交通、社会活动等便利服务。典型的设施和服务还包括医务室、图书室、计算机室、健身房、洗衣房、紧急呼叫系统、外出购物、组织参加社会活动等，其服务标准不低于四星级宾馆。后者就是社区将60岁及以上年龄段相仿又有兴趣共享一个家的个人，以合得来为前提进行甄选和配对，给他们寻找伙伴，互相“结伴养老”，以解决生活中的孤独和不便，让他们在晚年能充分享受友情。二是“半托制”，即老人白天在养老机构生活，晚上回到自己的家。医生每天的工作就是为每位老人测量血压，安排老人定期服用药品并记录他们每天的生理健康变化情况。器械室摆放着各种健身轻器械，供老人进行日常体能训练。经费是主办者向联邦政府相关机构申请，相关机构审查合格后，联邦政府给予一定的经费资助。同时，养老机构可以接受社会的捐赠，这些捐赠经联邦税务局按程序核定无误后，可以在税前列支。至于收费，没有具体的标准，完全是按每个托保人的经济状况而定。

【相关案例】北京“24小时智慧养老健康中心”

北京市石景山区广宁街道成立了“24小时”智慧养老健康中心，智慧养老管理系统也正式上线。同时广宁社区的60名特困老年人免费领取了移动健康管理包，内含老年智能手表、血压计、血糖仪等。利用智慧养老管理系统，北京市将尝试为社区居民打造没有围墙的养老院。

街道与健康中心将进一步增加智慧养老管理系统的内含，计划与广宁卫生服务中心、老年餐桌、其他专业为老人服务的机构合作，把线上线下各种为老服务资源充分整合，使居家老人足不出户就可以享受配餐送餐、医疗保健、休闲娱乐等各类服务，打造“没有围墙的养老院”。

第七节　税优型养老保险

一、养老保险税收优惠制度

在各国的养老保障体系建设过程中，一个重要的做法是鼓励国民通过自我积累的方式，解决养老资金问题，即鼓励发展第二和第三支柱。通常将给予参与社会化积累，即第二和第三支柱的国民以一定的税收优惠作为推动和鼓励的重要手段。税收优惠的方式有两种。一种方式是税前扣除的方式，即在收入计税之前，将养老保险费支出直接进行基数扣除。另一种方式是延税方式，即投保人在税前列支保费，等到将来领取保险金时再缴纳个人所得税。

延税型养老保险属于“舶来品”。全球最典型的延税型养老保险是美国在20世纪80年代推出的401（k）计划，它是根据美国1978年《国内税收法》新增的第401条第k项条款的规定，政府鼓励企业为职工建立个人养老金账户的计划，支持个人在有收入的时候，建立个人退休养老金，并可以享受延迟纳税的优惠。401（k）计划在1979年得到法律认可，1981年又追加了实施规则，20世纪90年代迅速发展，逐渐取代了传统的社会保障体系，成为美国企业首选的社会保障计划。

此外，美国还有一种形式是个人退休金计划，即个人储蓄保险，这是一种联邦政府提供税收优惠、个人自愿参与的个人补充养老金计划。个人退休金计划始建于20世纪70年代，其核心是建立个人退休账户。个人在退休前，定期投资一部分钱进入该账户，缴费和资金收益都可减免税，退休后便能从中领取养老金。截至2014年底，大约34%的美国家庭拥有个人退休账户，资产规模高达7.44万亿美元，占养老金总资产的30.19%，占家庭金融资产的11%。

二、我国税优型养老保险

近年来，全社会开始高度关注老龄化问题，特别是社会养老保障体系建设与完善，一个基本共识是要加快推动第二和第三支柱的建设。但在如何推动方面，仍存在一定的分歧，这种分歧主要是由我国现阶段的现实决定的。因此，我们需要学习借鉴国外，特别是发达国家的先进经验，但更需要关注和结合我国实际情况。其中，税收优惠就是一个实例。

税收优惠，无疑是各国在推动第二和第三支柱建设过程中的一个重要手段，在具体运作方面，特别是要兼顾两个方面。一是我国现阶段的发展实际，特别是财政和社会的承受能力，“未雨绸缪”固然重要，但“当务之急”则更为现实，因此，需要平衡好当期与远期的利益。二是如何确保制度的公平以及制度的实际效果，税收优惠的目的是鼓励个人建立一种跨期理念，确保社会养老的总储备提升。

我国养老保险税收优惠问题，经过了较长时间的论证，原因是这一制度看似简单，实则复杂，简单地导入，可能引发新的社会问题。同时，制度的科学、公平和可行性也面临挑战，其中有两个关键问题。一是企业负担问题，即在发展第二支柱的过程中，可能加重企业的负担，在支持实体经济发展、为企业减负的大背景下，需要更加理性地权衡。二是社会公平问题，税收优惠制度是建立在税收制度框架下的，因此，需要充分考虑和兼顾税收的大原则和大环境。从我国现阶段的实际情况看，低收入人群的纳税额不大，税收优惠制度的受益不大，而相对高收入人群的受益更大，如果制度设计不当，则可能加剧社会实际收入的差距，导致更大程度的不公平。

在深入调研和充分论证的基础上，2018 年初，财政部、税务总局、人力资源和社会保障部、银保监会、证监会下发《关于开展个人税收递延型商业养老保险试点的通知》，决定自 2018 年 5 月 1 日起，在上海市、福建省（含厦门市）和苏州工业园区实施个人税收递延型商业养老保险试点，试点期限暂定一年，它标志着我国个人税延型商业保险的落地。以 2017 年度上海市职工平均工资计算，个人购买了税延养老险后，个税降幅为 26.43%。

从全球的视角看，税优型养老保险是一种普遍采用的解决养老问题的制度安排，但各国的基本情况不尽相同，所处的发展阶段也不同。因此，作为一种基本制度安排，税优型养老保险的作用和意义是肯定的，但如何结合本国阶段性实际，特别是财政能力和社会公平需要因地制宜地考虑并设计解决方案。就目前而言，我国税优型养老保险不能说是尽善尽美，但却是迈出了实质性的关键一步。因此，当务之急是如何抓紧实施，在实施的过程中，不断总结经验，发现存在的问题，进一步加以完善。

第八节　以房养老

一、住房抵押养老保险

住房抵押养老保险，亦称反向抵押养老保险，其本质是一种住房反向抵押贷款业务，是一种将住房抵押与终身养老保险相结合的创新型商业养老保险业务。拥有房屋完全产权的老年人，将其房产抵押给保险公司，继续拥有房屋占有、使用、收益和经抵押权人同意的处置权，并按照约定条件领取养老金直至身故。老年人身故后，保险公司获得抵押房产处置权，处置所得将优先用于偿付养老保险相关费用。

住房反向抵押贷款源于荷兰，并逐步演变成住房抵押养老保险。从全球范围看，住房抵押养老保险的发展情况不尽如人意，除了美国外，其他一些国家和地区，如英国、加拿大、澳大利亚、新加坡、日本、韩国、法国，以及中国香港和中国台湾虽有一定的实践，但总体规模有限，并陷入进退两难的局面。

二、美国住房抵押养老保险

20 世纪 70 年代后，随着美国进入老龄化社会和住房自有化率的提高，相当多的老年人成了“房子富翁、现金穷人”，同时，又面临巨大的养老资金压力。因此，孕育了以房养老业务的市场需求，促进了反向抵押贷款业务的发展。

1981 年，美国反向抵押贷款中心成立。1987 年，美国国会根据《全国住房法案》设立了房产价值转换抵押贷款保险示范计划，规定所有联邦住房管理局批准认可的住房反向抵押贷款均由联邦住房管理局提供担保。如果在贷款到期时，住房资产资不抵债，贷款人的损失将由保险示范计划承担。1995 年，房利美作为政府发起设立的机构，推出了住房反向抵押贷款产品——房屋保有人计划，突破了房产价值转换抵押贷款项目对最高贷款额的限制，使具有较高价值的住房可以获得更高额度的贷款，满足了中端客户群体的贷款需求。1999 年住房反向抵押贷款经标准普尔评级后，首次实现了证券化，增强了流动性。

2000 年以来，由于国会介入、政府政策支持和消费者的认同，业务呈加速发展之势。目前，有 125 家金融机构提供住房反向抵押贷款业务，每年签订贷款合约 13 000 ~ 18 000 笔。

在美国发展住房反向抵押贷款的过程中，政府的主要着力点是：完善法律法规，优化发展环境，降低操作风险，促进公平竞争。相继出台了《全国住房法案》《里格尔共同发展法案》等法律，为借贷双方提供担保、贷款机构必须向借款人如实披露借款的费用和风险、保证借款人得到公正的免费信息咨询服务等提供法律保障。政府提供的担保并不是直接给予财政补贴，而是由政府机构联邦住房管理局统一向借款人收取保险费用，建立保险基金，对借款人与贷款人的可能损失进行补偿，只有在基金不足的情况下，才由政府兜底。在借款人申请前，必须由住房和城市发展部批准的咨询机构进行贷前咨询，方可办理业务。

三、我国住房抵押养老保险

随着我国社会的快速老龄化，尤其是在“未富先老”的大背景下，养老问题引起了社会各界的高度关注。因此，不少专家学者和业界人士提出了“以房养老”的建议，其中，具有房地产背景的幸福人寿公司孟晓苏成为积极的倡导者。2013 年 9 月国务院出台了《关于加快发展养老服务业的若干意见》，明确提出了“开展老年人住房反向抵押养老保险试点”。之后，经过反复研究和论证，2015 年 3 月，原中国保监会决定开展住房反向抵押养老保险试点，试点城市为北京、武汉、上海和广州。2016 年 7 月，试点范围扩大到各直辖市、省会城市、计划单列市以及江苏省、浙江省、山东省、广东省的部分地级市。

截至 2018 年 6 月底，只有幸福人寿一家公司开展了相关业务，共有 98 户家庭 139 位老人完成承保手续。完成承保手续的 29 户 38 位老人中，已开始领取养老金的老人有 29 位。参保老人平均年龄 70.5 岁，平均每户月领养老金 8 465 元，每月领金额最高的是上海一位 76 岁的单身女性老人，月领额达到 19 003 元。

尽管试点的情况不理想，但 2018 年 8 月中国银保监会还是下发了《关于扩大老年人住房反向抵押养老保险开展范围的通知》，决定将老年人住房反向抵押养老保险扩大到全国，并提出要在进一步深化商业养老保险供给侧结构性改革的背景下，积极发展老年人住房反向抵押养老保险，对传统养老方式形成有益补充，满足老年人的差异化、多样化养老保障需求。同时，要求保险机构做好金融市场、房地产市场等综合研判，加强老年人住房反向抵押养老保险业务的风险防范与管控；积极创新产品、丰富保障内容、拓展保障形式，有效满足社会养老需求，增加老年人养老选择。

四、住房抵押养老保险存在的问题

尽管政府相关部门，特别是保险监管部门为推动住房抵押养老保险付出了很大的努力，保险行业也倾注了极大的热情，进行了大量的投入，做了不少工作，但从现实情况和效果看，发展的不理想是一个不争的事实，同时，未来的推广仍面临诸多挑战。究其原因，是没有对制度做系统和深入的研究，更忽视了中国的具体国情，“落不了地”便是必然。综观全球，住房抵押养老保险并不是“成功经验”，即使在美国，符合条件的老人中也只有 2%～3% 提出申请，可见这不是养老的“主流模式”，原因是这一制度涉及的领域相对较多，情况相对较复杂，解决的难度相对较大。

结合我国的实际情况，特别是前期试点情况看，可以肯定的是住房抵押养老保险的发展仍然面临诸多问题和巨大挑战。这些问题，有的是共性问题，即各国实践中均面临的问题，但更多的是个性问题，即我国所特有的问题，其中，许多问题在短时间内难以解决。

第一，住房所有权制度和土地制度问题。一是按照我国现行法律法规的规定，住房所有权人对住房的建设用地只拥有 70 年的使用权。《物权法》第 149 条规定，住宅建设用地的使用权届满时，自动续期，但没有对续期时土地出让金的数额确定和收取方式做出明确解释，这加大了房屋估价的不确定性及贷款人的风险。二是城市规划调整的风险。《土地管理法》第 58 条规定，国家因公共利益及为实施城市规划需要调整土地使用权的，可以提前收回。不管是政府给予的房屋补偿或货币补偿，都会产生经营风险。三是经济适用房的特殊规定。经济适用房上市交易有严格管理，政府有优先回购权，并要向政府交纳一定比例的土地收益，对业务开办造成估值障碍。四是流质条款缺乏法律依据。流质条款是指抵押权人和抵押人在合同中不得约定在债务人履行期限届满抵押权人未受清偿时，抵押物所有权转移为债权人所有，《担保法》第 40 条、《物权法》第 186 条对此都有明确规定，这使开办这项业务缺乏法律基础。

第二，房价波动问题。房价，特别是房价的稳定和可预期是住房抵押养老保险的重要基石。但房价始终受到两大因素的影响：一是由供求关系、土地资源、经济周期等引起的系统性房价风险；二是由个人长期使用产生的实体损坏、原房屋布局与结构不佳产生的功能性贬值、周边环境变化产生的效用性贬值等引起的个体性房价风险。

第三，利率风险问题。由于贷款期限长、累计金额大，利率的高低及利率政策的变化，都将直接影响业务的稳定。如果采用的是固定利率，当利率上升时，保险公司提高了机会成本；如果采用浮动利率，当基准利率上升时，由于发放的保险金不能减少，应计利息提高，使贷款到期时累计本息额超过房产价值的可能性增大，当基准利率下降时，借款人有可能转而重新融资。利率风险具有不可分散性，不能通过提高贷款规模进行规避。

第四，法律风险。原保监会的相关文件中虽然没有提及贷款人子女的继承权问题，但原保监会相关负责人在答记者问中提出，参与贷款的老年人过世后，其房产处置所得在偿还保险公司已支付的养老保险相关费用后，剩余部分依然归法定继承人所有。如果房产处置所得不足以偿付保险公司已支付的养老保险相关费用，保险公司将承担房价不足的风险，不再向老年人的家属追偿。

第五，长寿风险。这属于养老保险的常规风险，即由于被保险人的实际寿命比预期平均寿命长，给保险带来的风险。信息不对称和投保人的逆向选择往往加大了长寿风险，但长寿风险可通过扩大投保人数量和规模、完善产品设计来分散风险。

第六，传统观念的制约，这可能是住房抵押养老保险在我国发展受制约的最根本因素。在我国，一方面讲“养儿防老”，讲孝道文化；另一方面讲家族传承，讲家产文化。因此，子女赡养老人是应当的，但老人将财产，特别是房子留给子女也是当然。因此，住房抵押养老保险就意味着不再将房产传承给子女，这在无形中会伤害家庭的亲情，特别是父母，会担心子女因此疏远自己，让自己的老年生活缺少亲人的陪伴。

五、发展住房抵押养老保险的几点思考

在我国住房抵押养老保险的发展过程中，之所以出现了“叫好不叫座”的尴尬，是因为对制度本身缺乏深入的研究和认知，甚至是一知半解，同时，对国情，特别是对现阶段的社会实际缺乏真正的了解。于是，就简单地夸大了住房抵押养老保险的作用，陷入了一种“一厢情愿”和“事与愿违”的困境。

发展住房抵押养老保险的关键是要解决好定位问题，从国内外的实践看，住房抵押养老保险属于“小众产品”。因此，作为一种养老形式的补充，解决小众的需求，政府需要关注的是存在与供给，而不应投入过多的资源进行推广。就现阶段我国的实际情况而言，更多的是针对一些特殊人群，

如孤寡老人等。此外，在国外的住房抵押养老保险发展过程中，有些经验值得关注、学习和借鉴。

一是政府的重视和支持，对发展住房抵押养老保险至关重要，主要表现在立法和机构两个方面。政府需要推动与住房抵押养老保险相关法律制度的建设与完善，同时在机构上分为政府福利型、政府福利与市场运营结合型、市场运营型，但无论采用何种形式，均需要政府予以一定的支持与扶植。

二是培育相关产业，为住房抵押养老保险提供重要支撑。住房抵押养老保险涉及与金融、房地产和养老产业各个方面，特别是房地产法律、评估、中介、公证和登记等行业，离开了这些行业的专业和专门的服务，住房抵押养老保险就缺乏基础环境。

三是完善保险产品，为住房抵押养老保险提供重要基础。住房抵押养老保险是一个相对专业和复杂的保险产品，其中不仅涉及养老保险范畴，更涉及房地产领域。因此，一方面要确保合同条款的专业性，明确权利义务；另一方面要让合同更简单明了，便于投保人理解。此外，要突出保险的风险保障性，就需要平衡维护客户权益，既满足客户需求，也保证保险公司经营稳定和安全，特别是住房抵押养老保险属于长期业务，如何解决利率和长寿风险均是严峻的挑战。

四是逐步转变养老理念。孝道文化固然是我国传统文化的重要组成部分，但从社会发展的角度看，尤其是在抚养比不断“恶化”的背景下，社会化的养老是一个大趋势。中国的老人要逐步树立自主养老的理念，而子女也需要认同并接受这一现实。只有这样，才能够为住房抵押养老保险的发展奠定理念和社会基础。

五是强化经营秩序的监管。在我国发展住房抵押养老保险的过程中，出现的尴尬是保险公司的业务差强人意，而一些诈骗团伙打着“以房养老”的幌子，开始大肆欺骗老人。这些骗子利用老人缺乏金融知识的特点，以“金融创新”的名义，骗取老人的房产，导致老人房钱两空。因此，要高度重视这一社会现象，予以严厉打击。同时，保险公司在开展相关业务的过程中，也需要强化管理，避免被诈骗团伙利用。

第九节　保险养老社区

一、保险养老社区

保险养老社区是由保险机构投资设立的大型医养结合的养老社区。这种社区的特点是引入“持续照料退休社区”的理念，为老人提供不同层次全方位的养老服务，使老人在健康状况和自理能力变化时，依然可以在熟悉的环境中持续居住，并获得与身体状况相对应的照料服务。根据美国的调查数据显示，居住于“持续照料退休社区”的老人的平均余命是未居住于“持续照料退休社区”的老人的 1.5 倍。另一项研究表明，居住在“持续照料退休社区”社区老人的寿命往往较社会平均水平高 8～10 岁，同时医疗保健支出减少 30%。

我国保险业参与养老院产业具有两大背景。一是社会发展的需要，即随着我国进入老龄化社会，对养老院形成了巨大需求。同时，养老院产业具有资金规模大、投资周期长的特点，能够较好地与保险资金的投资周期匹配。此外，各级政府和监管部门也出台一系列政策，鼓励保险行业积极参与养老服务业。二是保险业自身发展的需要，在发展养老保险的过程中，面临的突出问题是给付方式的通胀压力，通过自建养老院的模式，能够为客户提供实物给付或准实物给付方式，较好地解决被保险人的后顾之忧，稳定养老生活预期。同时，保险业参与养老院产业，能够有效延伸养老保险产业链，扩展保险业发展空间。

二、我国保险养老社区发展情况

2007 年，我国保险业进入全面并实质性参与养老院产业的新时期。在对美国、日本、新加坡等国家的密集型学习考察之后，2008 年泰康人寿率先开展了一系列的行动，包括设立的“泰康之家”老年会所，获得监管部门批准，设立养老社区股权投资计划，正式成立我国首个养老社区投资实体，推出我国第一款将养老保险与养老社区结合的保险产品——“幸福有约”终身养老计划。与此同时，合众人寿在综合比较先进国家的养老社区经验之后，提出了以美国“持续照料退休社区”为主要蓝本的养老社区模式，并于 2013 年在武汉建成了我国第一个保险养老社区——合众优年生活养老社区。

在泰康人寿和合众人寿的带动下，我国寿险巨头纷纷参与保险养老社区建设，中国人寿在“大资管、大健康、大养老”的发展战略下，全面启动了养老社区建设的“国寿嘉园”计划。2012 年中国平安斥资 170 亿元，在浙江桐乡建设一个总面积达到 150 万平方米的“养生养老综合服务社区”。2014 年中国太平在上海启动了“梧桐人家”国际健康颐养社区项目。此外，新华人寿、阳光人寿等保险公司也积极参与保险养老社区的建设。

统计数据显示，截至 2017 年 6 月，我国保险机构投资的保险养老社区项目达到 29 个，分布于北京、湖北、天津、上海、江苏、浙江、海南等 18 个省及直辖市，计划投资金额 678 亿元，占地面积超过 1 200 万平方米，建设床位超过 4 万个。与此同时，许多保险还以“轻资产”的方式参与养老院产业，太平洋人寿、太平人寿、合众人寿等均采用投资与合作的方式，参与养老院产业，但并不直接经营养老社区。如合众人寿通过股权投资的方式，在国内外收购了一批养老院资产，使其自建和收购的养老院项目已达 66 个，形成较为完整的养老服务体系和网络。

三、保险产品实物给付及其刚性

从发展保险养老社区的初衷看，核心诉求是解决被保险人的预期不稳定问题，即被保险人对货币给付下的实际购买力缺乏信心，因此，不愿意购买养老保险。如果采用以保险养老社区入住权作为实物给付的方式，就能够很好地锁定价格，稳定被保险人的预期。具体而言，购买与保险养老社区绑定的养老保险产品，保险公司给付被保险人的不再是保险金，而是保险养老社区的入住权。这种模式能够很好地解决被保险人的后顾之忧，从根本上解决并激发被保险人的投保积极性。

我国保险公司在实际开展保险养老社区相关保险业务过程中，存在两种模式：一种是“相对锁定”模式，另一种是“绝对锁定”模式。

“相对锁定”模式的典型代表是泰康人寿模式。泰康人寿采用“保单 + 入住确认函”模式，即在购买了泰康人寿的相关养老保险产品后，可以凭着“入住确认函”优先入住泰康人寿的养老社区。但这种模式仍存在不确定性问题。一是实际入住的入住时间存在一定的不确定性。就目前的情况看，只能承诺在一定期限内，如提出申请后 18 个月保证入住，但随着被保险人数量的增加，保险养老社区规模难以满足，就可能存在等待期过长，导致实际上无法入住的问题。二是入住费用，目前采用的是保险给付与养老院收费分离的模式，即养老保险是按照保单的约定支付养老金，但养老院的收费要根据入住时的物价水平决定。因此，客观上被保险人还是难以锁定养老成本和风险。

“绝对锁定”模式的典型代表是合众人寿模式。合众人寿采用“保单 + 养老社区实体”模式，即在购买了合众人寿的相关养老保险产品后，即获得了合众人寿开发的养老社区相应面积户型的产权。这种模式最大的好处是能够有效锁定被保险人的预期，即能够很好地解决“实际入住”问题。但这种模式也面临许多问题，最大的问题是社区管理问题。保险公司开发养老社区是为了老人，特别是为被保险老人提供养老服务，同时，这也是养老社区运营的盈利模式所在。但由于产权属于被保险人，因此，保险公司难以控制入住人群，可能导致非老年人的入住，不仅导致管理困难，还影响社区运营。从目前的情况看，合众人寿在开发运营了武汉、沈阳和南宁三个项目之后，其他地区的项目已暂时停止。

从客户视角看，最好的养老保险产品和服务是绝对并有效锁定养老风险。通俗的表达是购买了养老保险之后，就可以彻底解决养老的后顾之忧，换句话说，让保险公司给自己“养老送终”。从商业的视角看，这种需求是可以实现的，尽管存在一定的价格风险，但可以通过养老社区的固定资产等形态，以及其他金融产品对冲风险来规避。问题的关键不仅是能力，更取决于思想观念和经营理念。

四、养老社区的保险冷思考

2007年以来，保险业参与养老社区建设的形势可谓是如火如荼，大多数的大中型保险公司均不同程度地参与其中，人们更多地看到的是老龄化社会带来的巨大商机，以及各地政府给予的土地等各种优惠政策的支持，同时，也希望养老社区能够成为业务发展和投资拓展开辟的全新空间，形成竞争优势，打造业务发展和盈利的新增长点。

从正面看，保险业参与养老院产业具有独特的优势，一方面是从资金供给的角度看，养老院产业需要大量的长期资金投入，一般社会资本不愿意进入，而保险资金与养老院产业具有“久期匹配”的特征。另一方面是从入住需求的角度看，保险公司通过开发和销售相关养老保险产品，能够相对锁定一部分的需求。同时，还可以采用实物给付模式，扮演直接付费方的角色。

随着保险业参与养老社区建设的不断深入，特别是一批项目投入运营之后，许多问题渐渐浮出水面，继而引发了行业的反思。首先，随着我国进入老龄化社会，养老院的缺口巨大，即使是倾行业之力，能够提供的床位仍然是杯水车薪，因此，不要高估保险行业在解决养老院床位供给方面的作用。其次，养老院行业是一个专业性非常强的领域，其运营管理面临诸多问题和挑战，特别是专业人才和盈利模式问题。最后，投资养老社区是一项长期投资，并且金额巨大、流动性差、周期风险相对较大。因此，如果单纯地从投资管理的角度看，这种项目是值得商榷的。

是直接投资并参与经营管理，还是作为一种战略投资与合作方形成深度合作模式，这是保险公司在参与养老院产业时难以回避的问题。目前，我国的主流观念是，保险公司直接投资并直接经营管理保险养老社区，但从国外的实践情况看，这并非主流模式。大多数的保险公司并不提供实物给付模式，这一方面是由于这些国家的养老院产业相对发达，另一方面是并不提倡这种跨界经营。如荷兰国际集团是通过设立养老房地产信托投资基金的模式建立老年社区的，而老年社区的管理则交由第三方运营管理。

养老产业的发展方向是规模化，但资金是制约规模化的瓶颈。养老保险是破解资金瓶颈的有效途径，而对接养老保险和养老产业需要国家层面的整体规划，支持和扶植实物养老事业是核心环节。发挥保险公司，特别是大公司的作用，在整体框架下，布局和建设实物养老资源，其中土地的供给、利用和管理是重要抓手。同时，养老机构发展的瓶颈是信用和资金，而这恰恰是养老保险的优势。养老保险与养老机构产业链有一个交汇点，即机构养老资产（资源）证券化。此外，保险资金的配置周期与机构养老产业的盈利周期基本吻合均为 15 ~ 20 年。所以，解决养老保险实物给付资源供给的思路之一是搭建两个产业的“入住期权”交易平台。

此外，在养老社区的发展过程中，需要高度关注的一个问题是人文关怀，从养老模式发展的情况看，“原址安老”已逐步成为国际社会广泛认同的理念。这一理念的核心诉求是，希望尽量让老人能够在长期居住的环境内安享晚年，因为这里不仅有他们熟悉的生活环境，更有亲近的家庭成员和邻里关系，这对于老年人晚年生活的心理是一种莫大的慰藉，这比优越的物质条件更重要。

这一理念主要针对规模化的养老社区而言。从欧美的发展情况看，尤其是美国的“太阳城”模式，为了解决规模和用地问题，大多数的养老社区均选择自然环境较好、远离都市的区域。这种养老社区尽管自然环境和设施硬件很好，却面临着脱离社会的问题。这个问题，放到我国传统文化的背景下，显得尤为突出，需要引起高度关注。

客观上讲，美国“太阳城”模式是建立在美国传统文化背景下的，即家庭关系相对简单，大多数子女在成年之后，均离开家庭，独立生活。因此，父母对儿女的依赖，无论是经济还是精神均相对较低。而对于大多数国家而言，大家庭的意识相对浓厚，尤其是中国，孝道是传统文化的核心组成部分。一直以来，送父母去养老院，甚至会被父母、儿女和他人认为是“不孝”的表现。即使是父母住进养老院，定期和经常性探视也成为尽孝的内容，而过于偏远的养老社区，将导致子女探视的困难，从而影响家庭亲情关系。因此，我国保险业在发展养老社区的过程中，要高度关注人文关怀问题。具体而言，体现在养老社区的选址上，要尽可能避免选择距离城市太远且交通不便的地方。

从全球的发展情况看，保险行业深度参与养老产业是一个大趋势，如日本的大型保险公司在开展养老社区建设时，注重加强与医院的合作，以满足客户的养老看护需求为主，养老设施的产业链通常会延伸至居家养老、日托照料中心以及养老健康等相关产业，通过对养老产业链的整合，形成一种与保险主业的协同效应。英国 SAGA 集团（专注于 50 岁以上客户群的综合服务提供商）以旅游为起点，围绕老年人的核心需求，深度打造生态圈，涵盖老年人旅游出行、保险服务、金融服务、医疗护理、法律业务等，深度渗透老年人生活，实现高频互动，多业务间资源共享、无缝导流，依托场景化服务，充分挖掘业务潜力，获得了市场好评。

【相关案例】美国“太阳城”模式

以美国新型养老社区典范“太阳城”为例。它由 13 个不同区域构成，包括 1 个医院、2 个康复中心、1 个活跃老人社区、1 个老人公寓、2 个持续照料社区、2 个辅助生活社区、4 个混合社区。每个区域针对不同客群，涵盖一种或多种老年住宅类型。“太阳城”还建设了完整的医疗服务体系，包括综合性医院和眼科、牙科等专业中心，以及紧急救助中心、照护中心、家庭看护中心、体检中心、药房等。除了医疗服务设施之外，购物中心、超市、餐厅等生活配套设施都在社区之内，多元化的文化交流设施，甚至成为美国最大的康娱中心。在美国，55~75 岁的健康老人进入活力长者社区，通过居家式的自主方式养老，而 75 岁后由于需要专人照顾，就会进入能够给予持续照顾的退休社区养老。

【相关案例】泰康模式

2009 年末，泰康人寿专门成立了泰康之家投资有限公司，注册资金 22 亿元，第一步拟投入 40 亿元，购置位于北京昌平小汤山温泉乡的 2 000 亩（约合 133 公顷）地，建成新型健康养老院“泰康之家”。泰康的第二步是在上海、海南三亚等地建更多的高档养老社区。泰康之家先主打高端市场，等成熟后再收购 100 所中小养老院，提供四位一体养老服务包括养老、医疗、理财和终极关怀。

泰康计划在未来 5～8 年投资 1 000 亿元，在全国建设 15～20 个养老社区，每个养老社区建有 100～150 张床位的健康服务医院。泰康将在全国 8 大医养社区建立高端医疗健康护理中心，配套连锁康复与老年病医疗机构，围绕高龄人群的需求，重点提供急病诊疗、慢病管理、专业康复、健康促进等医疗健康服务。泰康还将设立老年病和慢性病研究中心，为社区居民及周边地区提供服务。

第十节 “入住期权”模式

数据显示，截至 2018 年，我国 60 岁以上老年人口已经达到 2.49 亿人，全国各类养老服务机构和设施 16.38 万个，其中，社区互助型养老服务设施 8.7 万个，社区养老机构和设施 4.7 万个，专业养老服务机构 2.98 万个。各类养老床位 746.3 万张，其中专业养老服务机构 392.8 万张，社区养老机构 353.5 万张。同时，按照 3%～5% 的老人需要机构养老的比例计算，我国未来的养老服务机构的床位规模应当在 800～1 200 万张，存在巨大的缺口。

与此同时，我国养老院还面临“长期闲置”与“一床难求”同时存在的现象，具体表现为市区里的公办养老院“一床难求”，这些养老院管理规范、收费合理、地理位置优越、便于家人探访，因此，床位供不应求，有的养老院甚至要排十几年队，还未必能够进去。与这些养老院形成鲜明对照的是一些民办养老院，有的是收费较高，导致大多数人望而却步，有的是管理水平较低，而且往往均位于距离市区非常远的郊区，不仅老人不愿意去，家人探访也十分不便。

从表象上看，我国养老院发展存在的问题是质与量，即不仅总量不足，更存在质量不高的问题。但从本质上看，是供给机制问题，特别是民间资本的进入问题。养老院产业是一个特殊的产业，不仅投入大、专业性强，更重要的是经营周期长，优质养老院的投资回收期通常在 20 ~ 30 年。因此，大多数的资本均不愿意投入，而解决这一问题的关键是探索制度创新，为养老院产业的投资营造一种更加高效的环境。

“入住期权”是破解养老院投资周期长、经营风险大等难题的一种制度创新。“入住期权”的本质是以房地产信托投资基金为制度基础，通过设立专门的养老社区房地产投资信托基金，由保险公司利用保险资金投资该信托基金，当资金募集完成后，让收益凭证在交易市场上市，并由专业房地产开发商根据保险公司的要求，对养老社区进行设计、建设，投资收益按比例分配给保险公司。

从国际实践看，荷兰国际集团依据权益型房地产信托投资基金模式设立了生活社区地产项目。该项目主要投资于澳大利亚、加拿大、美国的老年社区以及美国、新西兰的学生公寓等房地产。以美国为例，荷兰国际集团投资在美国养老社区的资金占全部投资基金资产的 54%，涵盖了美国对养老社区有固定需求的 27 个地区。它由经验丰富的 Chartwell（查特韦尔）公司来帮助荷兰国际集团建立房地产信托基金，让该养老社区的收益凭证上市交易，而养老社区的管理则是交由 Horizon Bay（地平线湾）和 Ultimate Care（终极关怀）两所老年公寓管理机构来运营。

通过这种模式，保险公司不仅建立了专业化的养老社区，而且保证了投资资金的安全性、收益性和流动性。因为房地产信托投资基金下的房地产投资由专业人士管理，资金运作效率有保证，对社区的投资收益主要是房屋出租业务，租金的稳定性决定了前期保险资金投资的收益率。此外，国外的房地产信托投资基金是上市的，若在我国推广房地产信托投资基金，房地产将转化为可流动的证券资产，具有较高的流动性。

在我国，“入住期权”制度可以进一步明确以“养老院的入住权益”为标的，由国家相关部门制定统一的标准，同时搭建交易平台，解决好交易和流动性服务。保险公司通过购买“入住期权”，投资专业养老机构，获得实物给付的养老院入住权益，并作为保险产品提供给客户。专业养老机构通过出售“入住期权”的方式获得建设资金，同时，也能够很好地“锁定”入住率不确定的风险。

“入住期权”模式可以从根本上解决养老院产业的两大难题，即资金和入住率，从而推动养老院产业的发展与升级。同时，也能够为保险公司，特别是中小保险公司投资养老院产业提供一个更加科学、安全和稳定的方式，为养老保险的产品和服务创新提供可能。此外，居民个人也可以通过购买“入住期权”的方式，提前安排自己的养老生活。

第十章

长期护理保险

老有所养，尤其是要从社会层面做到“老吾老，以及人之老”，不仅需要倡导并强化大众的敬老意识，更需要社会化的制度安排。无论是从“未富先老”的层面看，还是从“抚养比”的视角看，建立社会化的长期护理保险制度都到了刻不容缓的时候。

综观全球，长期护理保险制度的建设和运营并非易事，成功案例的背后往往是付出大量的“学费”，而我国是一个老龄人口大国，制度建设面临的挑战更大。就保险业而言，为国家的长期护理问题分忧解难，既是职责所在，也是机遇所在，破解难题的关键是强化使命意识，创新思维模式，强化科技赋能，全面提升能力，更好地服务社会。

第一节　长期护理保险

一、长期护理与长期护理保险

长期护理，根据美国医疗保险协会的定义，是指“在一个比较长的时期内，持续地为患有慢性疾病，譬如早老性痴呆等认知障碍，或处于伤残状态下，即功能性损伤的人提供的护理。它包括医疗服务、社会服务、居家服务、运送服务或其他支持性的服务”。世界卫生组织认为，长期护理的目的在于“保证那些不具备完全自我照料能力的人能继续得到其个人喜欢的以及较高的生活质量，获得最大可能的独立程度、自主、参与、个人满足及人格尊严”。

随着社会日益老龄化，全社会中生活不能自理需要他人护理照料的人群占比将不断升高。调查数据显示：80 岁以上老人，需要护理的比例超过 30%；90 岁以上的高龄老人，每两个老人中就有一个生活不能自理。面对日益增长的护理需求，一方面需要大量的资金支持，另一方面还需要大量的人力投入，实施护理服务。

长期护理保险，通常特指老年护理保险，是针对保障被保险人因为功能丧失、生活无法自理、需要入住康复中心或需要在家中接受他人护理时，对可能产生的各种费用给予补偿的一种保险。长期护理保险分为社会保险和商业保险两种类型。

长期护理保险属于定额保险，即规定每日最高赔偿金额。大多数长期护理保险都有一定的免责期，即保险金的给付要在失能发生一定时间以后，通常为90天。此外，保险金的给付也有一定给付期限，保险金给付期从免责期结束开始，一般到被保险人恢复生活自理能力后的60天为止。

为了解决长期护理的资金筹集问题，世界各个国家和地区开展了长期护理保险制度建设的探索。根据主要筹资来源不同，形成了三种主要模式：一是来源于税收的福利模式，以奥地利、丹麦和瑞典等国家为代表；二是来源于个人缴费的长期护理商业保险模式，以美国和法国为代表；三是来源于企业缴费的长期护理社会保险模式，以德国、日本、韩国和中国台湾为代表。

作为长期护理制度的重要基础，失能程度的评估与等级划分是重要基础。同时，护理等级的确定与匹配也是长期护理保险经营的重要基础。但各国对长期护理相关的评估技术和等级划分均采用了不同的标准，而我国的相关标准也在制定和完善中。保险业在经营长期护理保险时，需要特别关注这一领域，这既涉及保险产品和费率的拟定，也涉及理赔与服务的提供，是基础的基础。

关于老年人的自理能力问题，通常包括两个范畴：一是日常生活活动能力，用于测量老人独立生活时的各项基本能力，包括进食、位移、个人卫生、如厕、洗澡、上下床、行走或漫步、上下楼、穿衣、行为控制十项日常生活能力。满分为100分，91～100分表示可以独立生活，61～90分表示中度依赖外力协助，21～60分表示严重依赖外力协助，0～20分表示完全依赖外力协助。二是工具性日常生活能力，用于对老人的环境适应能力与独立能力进行评价，包括家事协助购物、烹调、打扫、清洗碗筷、清洗衣物、服用药物、处理财务、使用交通工具八项能力。总分为24分，各项分数为2～4分不等，分数越低，代表行为能力越差。

关于护理等级问题，通常划分为四个等级：第一级护理，主要针对部分失能，但仍具有一定的自理能力；第二级护理，主要针对“进食、穿衣、上下床、如厕、室内走动和洗澡”中有1～2项“做不了”的轻度失能老人；第三级护理，主要针对第二级助理六项中有3～4项“做不了”的中度失能老人；第四级护理，主要针对第二级助理六项中有5～6项“做不了”的重度失能老人。

二、全球长期护理保险基本模式

就长期护理保险制度建设问题，从发达国家的实践看，各国的长期护理保险基本上可以分为三种模式：第一种是市场主导，第二种是政府主导，第三种是双轨制。

第一种，市场主导（美国模式）。社会护理保险方面：美国政府没有建立强制性的社会护理保险制度，只是通过医疗保险（老人）、医疗救助（穷人）等，提供相对有限的护理保障。商业护理保险方面：广大中产阶级和富人的护理保障主要由商业长期护理保险提供。2010 年，美国近 900 万人参加了商业长期护理保险，保费收入超过 100 亿美元。个人或雇主为雇员交纳的商业长期护理保险费可以得到税收减免。

第二种，政府主导（日本模式）。社会护理保险方面：日本实行强制性的社会护理保险制度，覆盖了 40 ~ 64 岁因 16 种疾病造成的需护理情况和 65 岁以上老人的需护理情况。资金来源一半是财政收入，一半是民众交纳的护理保险费。商业护理保险方面：由于社会长期护理保险保障较为全面，日本的商业长期护理保险主要定位于社会长期护理保险的补充。长期护理保险费在个人所得税税前列支，享受税收优惠。

第三种，双轨制（德国模式）。在德国，护理保险实行双轨制：社会保险和商业保险平行并存，人们有权利选择参加社会保险或者商业保险。社会护理保险方面：按照 2012 年的标准，年收入低于 45 900 欧元的所有雇员及正在领退休金的公民被强制要求加入社会护理保险。参加了社会护理保险的人数约占 90%。商业护理保险方面：收入高于前述标准的人士可以在社会保险和商业保险中选择。尽管参加商业保险需要交纳较高的保险费用，但参保人可享受更高质量的服务。约有 10% 的人投保了商业护理保险。2012 年，德国商业护理保险保费收入约 20 亿欧元。

第二节　部分国家和地区长期护理保险的基本情况

一、美国实践：复合型护理保障制度

社会保险与福利政策相结合的社会护理保障。美国的社会护理保障主要包括 1965 年推出的医疗保险和医疗救助，均采用政府主办、私人保险公司负责经营的模式。医疗保险与我国基本医保类似，保费由国家、企业和个人分担，对护理需求的保障具有普惠性，但主要针对短期康复护理费用补偿。保障对象为 65 岁及以上的老年人、65 岁以下的残疾人和永久性肾功能衰竭需要透析或肾移植的人群。

医疗救助与我国高龄补贴、残疾人救助等福利政策类似，被称为“医疗保险的最后支付者”，资金全部来源于联邦和州财政，对护理需求的保障具有兜底性，主要针对长期护理费用补偿。保障对象为低收入家庭，即联邦贫困线及以下家庭，或是由于支付医疗费用而财产殆尽者。除了提供医疗护理费用补偿外，还包含因意外或慢性病导致的长期护理费用，主要对养老院护理和家庭健康护理中的长期护理服务进行费用补偿，不直接补贴个人。

美国的长期护理商业保险最早出现于 1975 年，投保人自愿参加，可以个人或团体名义投保，主要采用现金给付。1996 年，为鼓励购买商业长期护理保险，美国出台《联邦健康保险可转移与说明责任法案》（HIPAA），规定了对购买商业长期护理保险的个人和企业的税收优惠政策：符合税收优惠资格的长期护理保单，个人交纳的保费可列入医疗费用税前抵扣；企业或雇主为雇员交纳的长期护理保费以及雇主直接支付的长期护理费用可用于税收抵扣，个人获得的长期护理保险给付也可给予免税待遇。

二、德国实践：社会保险与强制性商业保险相结合

从 20 世纪 60 年代开始，德国出现人口老龄化趋势。1995 年，60 岁以上人口占总人口的比重高达 21%，生活无法自理的老年人的护理问题日益突出。在护理保险制度实施前，护理费用主要依靠社会救助。1994 年立法通过了《长期照护保险法》，将长期护理纳入社会保险体系。1995 年居家照护开始实施，1996 年机构式照护开始实施。法律历经多次修订完善，到 2012 年，对失智症者和提供照护的家属给予更多支持、改善咨询与评估条件，为机构式照护提供更好的医疗照顾等，并于 2013 年 1 月起实施。至此，德国建立了比较完整的社会保障制度。

1995 年，德国开始实施《护理保险法》的主要原因有两个。一是社会救助覆盖面小，难以应对老龄化给家庭带来的护理压力。同时，随着女性就业人口增加，使家庭护理越发困难，80% 生活在护理院的老年人或其家人无力负担全部护理费用。二是老龄化背景下，社会救助制度给财政带来沉重压力。通过社会救助获得护理服务的人口数量，由 1976 年的 26 万人增加至 1990 年的 54.6 万人。以 1992 年为例，州政府支出的 420 亿马克社会救助资金中，长期护理服务的社会救助支出占比达 34%。

德国采用了社会保险和强制性商业保险相结合的模式：个人收入水平低于强制医疗门槛的，必须加入强制性长期护理社会保险体系，高收入者可加入社会保险体系或购买实行统一费率的强制性商业护理保险。目前，德国长期护理保险已实现全覆盖，加入社会护理保险、强制性商业护理保险的人口占总人口的比例分别为 88%（含 13% 的高收入人口）、10%，另外 2% 的人口获得政府提供的免费长期护理保险。

德国长期护理费用的 75% 来源于长期护理保险，其余 25% 由个人承担。遵循居家护理优先原则，被保险人可选择家庭护理或全住院护理。家庭护理和全住院护理给付比例有所不同，护理等级越高则保险金给付越高，同等护理级别下，全住院护理高于居家护理。为鼓励家庭成员承担家庭护理，对非正式家庭护理从法律层面予以认可并给予政策支持，包括向非正式家庭护理人提供不限制用途、不需要纳税的现金支付。

为确保护理保险基金风险控制和护理服务品质，引入了市场机制。一是保险机构承办，由雇主自主选择保险机构。保险机构须按照联邦德国社会保险法律的相关规定，满足投保人和家人最基本的医疗和护理需求。同时，保险机构可根据收支盈利情况，在支付医疗和护理项目上差异化及放宽支付条件。德国有600余家健康保险基金，每一家健康保险基金均有对应的长期护理保险基金。1996年以后，法律允许成员（即雇主）每年年初可以自主选择在不同的基金之间进行一次转换，由此促进保险机构之间的良性竞争。

二是放宽服务供应商限制，由保险机构选择服务供应商。为鼓励竞争，德国长期护理法案规定联邦政府、州政府、付款人都不得限制供应商的数量。长期护理保险基金作为服务的付款方，与大量存在竞争的服务供应商谈判，努力实现服务受益可能的最低费率，鼓励成员选择最具竞争力的护理机构，实现在规定的成员受益框架内尽可能降低基金成本，使其控制在基金预算之内。

三是建立服务质量监督机制。2008年德国通过立法规定，2010年以后每年至少对供应商现场进行一次质量检查，并且要求检查结果公开透明。同时，德国还设立了由联邦及州政府、长期护理保险基金协会、长期护理服务供应商协会代表共同组成的联邦长期护理委员会，定期对长期护理服务进行质量评估。

德国长期护理保险的运作模式主要依附于原有的健康保险制度，长期护理保险基金归属于健康保险基金。依据政府的“强制投保”规定，属于法定健康保险的被保险人必须加入州政府经营的公立机构提供的法定长期护理保险，其他属于私人健康保险的被保险人，必须加入民营保险公司提供的私人长期护理保险。职工可自由选择加入公立或私立保险公司提供的长期护理保险。若收入高于德国社会保险规定的职工（2006年为每月3 937.50欧元），则只能选择私立保险公司提供的个人保险计划。

长期护理保险作为社会保险体系的一部分，由社会法律关系维系。长期护理保险给付常常牵涉到第三方机构。此外，保险主体负有维护长期护理质量的义务，而这一职责常常委托给独立的监督机构，如医疗评审委员会来执行。因此，长期护理保险的法律关系已衍生为多边社会给付关系。

三、日本实践：社会护理保险制度

日本国会在1997年通过了《护理保险法》，并于2000年4月1日正式实施。日本在《护理保险法》实施之前的老年服务体系大致可以分为两个部分：一是老年福利体系，二是老年医疗保健体系。日本与德国相似，日本建立社会护理保险制度的主要原因也是老龄化和少子化趋势。家庭结构变化使得原有依靠财政支撑的福利政策面临较大持续性压力、基本医保支付压力加大等。

2000年4月1日，日本开始实施《护理保险法》，采取了强制性的社会保险模式。参保人为40岁及以上的公民：40～65岁的被保险人（第二号被保险人）的保费为收入的1.13%，雇主、雇员各负担一半；65岁以上被保险人（第一号被保险人）由市町村制定具体比例，按其收入核算保险费，每三年做一次调整，保险费从其退休金中扣除。与德国主要保费来源于企业和个人不同，日本财政也作为保费的主要负担者，国家、企业和个人负担的比例分别为50%、25%、25%。其中国家承担的50%由中央和地方分担。长期护理费用由护理服务接受者支付10%，其余的90%来自长期护理保险制度。

与德国可向家人提供的非正式护理支付现金的护理津贴不同，日本未采用现金支付方式，护理费用主要支付给服务提供机构。在长期护理保险金的支付上，根据身体差异所分的6个等级支付，等级越高所获的资金补偿也越高，享受的护理服务标准也越高。

日本未引入商业保险机构承办长期护理保险，保险人的角色由市町村承担，主要负责保费收取和支付、受益资格认定、财务运营等。为保证护理服务质量，日本针对服务供应商采取了市场化的改革措施，允许民间营利企业进入老年护理服务市场，试图适度发挥竞争机制的作用，提高服务质量，并由都道府县对服务质量开展执法检查、信息披露等工作。

【相关案例】日医学馆

日医学馆是一家日本医疗服务公司，其主营业务主要包括三个部分，分别是医疗支持、医疗护理和教育。其中，医疗支持是指为医院、药房、诊所提供医疗设备、药品咨询和管理，还为医疗机构提供外包服务和简单的手术服务。医疗护理主要是指上门的护理服务，包括长期的护理体系和日常的服务。教育则是为医疗相关的上岗执业提供培训服务等。

根据日医学馆的预测，日本的医疗保健市场规模从 2001 年的 3.2 万亿日元发展到了 2012 年的 7.9 万亿日元，年复合增长率为 8.6%，预测到 2026 年，市场规模将达到 19.8 万亿日元，年复合增长率为 6.8%。

从日医学馆的业务收入来看，医疗护理占比最大，从 2013 年中报的数据看占比达到了 52%，其中针对老年人的长期护理项目占比达到了 51%（日医学馆在 2014 财年特地从医疗护理中将长期护理独立成为一个部门核算）。医疗支持是占比第二大的业务，贡献了 39% 的收入，而教育和其他则占比约 9%。从收入增速看，日医学馆整体的收入增速较为平缓，2012 年同比为 6.8%。

作为日医学馆收入占比最大的业务，医疗护理是日医学馆的特色业务，其收入增速高于整体公司业务收入增速，在 2012 年同比增速为 11.3%。其中主要针对老年人护理的长期护理包括居家护理、社区护理以及非保险长期护理。其中，居家护理的用户人数最多且市场份额也较大。

四、中国台湾的实践：由政府补助的福利政策

2007 年，台湾当局提出“长期照顾十年计划”，针对老人护理给予政策性补助，明确了老人三种居住方式（居家、小区及养老机构）的协助项目、协助模式、补助内容及金额。台湾当局按照失能时的家庭总所得作为给付

标准，以实物给付（服务提供）为主，现金给付为辅。家庭总收入在最低生活保障标准 1.5 倍以下者，全额补助；家庭总收入在最低生活标准 1.5 倍以上、2.5 倍以下者，补助 90%；一般户补助 60%。

强调以日常生活活动服务为主，根据失能程度对照顾服务（含居家服务、日间照顾、家庭托顾）补助服务时数：轻度失能者每月最高补助 25 小时服务时间，中度失能者补助 50 小时，重度失能者补助 90 小时，经费补助为每小时 180 新台币。只有家庭人均月收入在最低生活保障标准 1.5 倍之下者可享受长期照顾机构服务，由台湾当局全额补助，以每人每月 1.86 万新台币为限。

同时，台湾“内政部”制定的《补助或委托办理老人服务及照顾办法》规定，政府针对企业法人、公益社团法人经营的长期护理业务给予一定的财政补助，台湾当局委托民间经营长期护理业务也以此为限。目前，台湾民众对台湾当局推行的护理产业化和商业化有颇多非议，认为该项政策偏离了原先台湾当局倡导的福利服务原则。

第三节 全球长期护理保险面临的问题、挑战与解决

随着老龄化社会的到来，长期护理保险制度建设已经成了全球共识，但如何建设，尤其是如何建设一个适应本国国情、具有可持续发展能力的长期护理保险制度,仍是各国在制度建设过程中难以回避的问题。面对难题，解决的根本之道在于充分理解并把握长期护理保险制度的本质，实事求是、因地制宜、长短结合、循序渐进地构建符合本国实际的长期护理保险制度。

一、强化顶层设计的科学性，确保制度的可持续

长期护理保险制度设计的一个重要背景是社会老龄化，因此，无论是

“人”的抚养比问题，还是“钱”的收支平衡问题，均是挑战巨大却难以回避的问题。因此，制度设计，尤其是顶层设计，需要充分强调科学性，只有这样才能够确保制度的可持续，避免出现制度危机，乃至破产。在制度设计时，第一，要确保参保人员的覆盖面，防止后续增加时，可能导致被动。第二，要确保护理项目的分类科学性，对失能程度较轻的，要侧重预防护理。第三，要确保居家护理能够最大限度节约护理保费支出，应鼓励优先选择居家护理。以德国为例，该国长期护理保险制度的一个重要特色在于，通过对家庭非正式护理人的护理服务给予法律认可和政策支持，促进家庭护理对护理院护理的替代。虽然支付给家庭非正式护理人的支付金额远低于机构护理，但大部分受益人仍优先选择家庭护理。如 1998 年约 171.6 万长期护理保险的受益人中有 74% 选择在家中接受护理。第四，要强化个人的责任分担，德国的赤字问题比日本相对较轻，与个人分担比例更多有关。

长期护理保险制度的建设，尤其是对商业保险市场的利用，使社会救助的财政压力显著降低。如德国住院护理中依赖社会救助的比例，由 1994 年的 80% 下降到 1998 年的 31%。地方政府对长期护理社会救助的预算，从 1994 年 180 亿马克降低到 1997 年 76 亿马克。要动态监控制度执行情况，并及时予以调整，以避免问题的积累，导致积重难返。如德国在制度执行过程中，就发现制度可能面临难以为继的问题，据德国联邦卫生部统计，从 1995 年至 1998 年社会护理保险费共结余 55 亿欧元，但到了 1999 年后保险给付的支出开始超过保费收入，2004 年的年度保费赤字高达 8.2 亿欧元。

针对这一趋势，德国及时采取了增加缴费率和扩大缴费覆盖面两种方法加以应对。缴费率最初为 1%，分别于 1996 年、2008 年、2014 年调升至 1.7%、1.95%、2.35%。自 2005 年起，满 23 岁，但无子女者需要额外缴纳工资的 0.25% 作为附加保险费并由个人承担。

日本在制度执行过程中也出现了类似的问题。日本采取了降低相关支付的办法加以应对。2005 年，建立预防护理体系以减少或延缓护理情形的发生，将原来免费的住宿费和餐饮费改为由个人承担。2011 年，引入志愿者服务以降低支出。同时，日本还在考虑降低投保年龄、提高费率或提高个人承担护理费用的比例等方式。

二、充分调动市场的力量，避免给财政造成压力

长期护理保险的属性问题是制度建设的逻辑基础，最初的观点认为：老龄化是一个社会问题，因此针对老龄化的长期护理保险制度应当成为社会福利的一部分，也更多地强调将长期护理保险制度作为社会保障体系的一部分。但实践证明，福利政策模式将面临诸多挑战，不仅制度本身可能产生危机，甚至破产，还可能给财政带来难以填补的“窟窿”，形成巨大的财政预算压力。

以美国为例，医疗救助是美国长期护理服务的主要支付者，几乎占了美国长期护理支出的一半。医疗救助近年来发展迅速。2000 年，老年人的正规长期护理服务花费中，医疗救助的占比为 19.7%，到 2006 年，美国 43% 的长期护理费用来自医疗救助。因此，不少专家、学者认为，如果不对制度进行改革，在老龄化日趋严重的背景下，美国的医疗保险和医疗救助体系将面临严重的财务危机。

同时，由于福利政策针对特定人群，不具普惠性，难以应对老龄化趋势下护理问题日趋严峻带来的挑战，德国和日本均对长期护理保险，实行过福利政策，但最终不得已放弃了这种模式。此外，因护理压力致贫导致福利政策的财政压力也逐渐加大，福利政策面临持续性不足的压力。

在各国长期护理保险的发展实践中，注重并调动市场，特别是商业保险公司的力量是一条重要的经验。德国在长期护理保险制度推行之前，长期护理服务的供应商主要由非营利机构主导，实施护理保险制度不得限制供应商数量的政策后，促进了营利性护理机构数量的稳步增长，2009 年 61.5% 的家庭护理服务机构和 39.9% 的护理院均为营利性机构。另外，据日本福利医疗机构统计，2000 年 4 月，从事护理服务的企业共有 12.9 万家，到 2008 年 4 月，从事护理服务的企业增加到 30.26 万家，增长了 2.3 倍。

三、认识长期护理风险，强化风险和科学经营意识

从顶层设计的层面看，要充分地调动市场的力量，即商业保险的力量

是大势所趋，这无疑给了我国保险业的发展以战略性的空间和机遇。但就保险行业而言，要充分认识到长期护理风险的特殊性。长期护理保险面临与传统保险业务不同的经营环境，不仅是在产品和定价层面，更体现在理赔、服务和风控层面，同时长期护理保险具有很强的社会性，它属于“准社会保险”，确保制度稳定和服务水平是关键。此外，长期护理保险在很大程度上依赖社会化的养老护理服务，在实物给付模式下，如何确保服务质量是经营管理的关键，也是难题。

就一般情况看，长期护理保险面临的问题：一是经营期限较长，影响价格的因素较多，面临较大的波动性；二是管理难度较大，并且信息不对称，产生道德风险的可能性较大，同时，还面临逆选择；三是专业水平要求较高。长期护理是一个专业性很强的领域，特别是标准制定和评定等，要求保险公司具有相应的专业能力，否则不是服务不到位，就是经营风险失控。

从一些国家的情况看，尽管政府鼓励商业保险公司参与长期护理保险，也出台了一系列支持政策，但参与的情况却不尽如人意，甚至出现“供应不足、需求不旺”的尴尬局面。如美国虽然 1996 年就出台了税收优惠政策，但在社会老龄化不断深化的背景下，商业长期护理保险市场却并没有如预期的那样迅速成长，覆盖率长期处于 10% 左右，在已发生的长期护理费用中，仅有 4% 是由商业保险支出的。

解决商业保险参与长期护理保险的关键：一是要解决好保险行业的能力建设问题，二是要形成一种有效的外部监督约束机制。如德国，引入保险机构承办长期护理保险，雇主自主选择保险机构。同时，放宽服务供应商限制，由保险机构选择服务供应商。此外，同步建立由联邦政府、州政府、长期护理保险基金协会、长期护理服务供应商协会代表共同组成的联邦长期护理委员会，对长期护理服务质量实施监督。

再如日本，为了解决商业保险机构可能因自身盈利导致降低服务水平的问题，2005 年，政府出台相关规定，明确护理服务利用者具有选择服务机构及内容的自由，服务提供机构负有信息披露义务，同时，强化违法行为的惩罚力度。2008 年，日本再次赋予了国家、都道府县、市町村现场检查和惩罚权等。

四、强化护理人员队伍建设，提升护理服务质量

作为长期护理保险的基础，护理产业的发展水平至关重要。因此，在发展长期护理保险的过程中，应当高度关注护理产业的发展，也要重视护理产业存在和面临的问题。就护理产业而言，面临的最大问题是产业发展环境。2018 年 6 月我国发布的《关于促进护理服务业改革与发展的指导意见》就明确指出：护理服务是健康中国建设的重要内容，与人民群众的健康权益和生命安全密切相关，对促进健康服务业发展，保障和改善民生具有积极意义。

就具体而言，我国护理服务业的发展同时面临“量”与“质”问题，其中，“量”是主要矛盾。因此，要充分利用长期护理保险的发展契机，大力推动长期护理人才的培养。如日本在 2000 年刚实施护理保险制度时，被认定需要护理的人数为 256 万人，而到了 2009 年就增加到 485 万人。再如德国在推动长期护理保险的过程中，护理行业就业人数由 1995 年的 32 万人增长到 2009 年的 89 万余人。

在解决“量”的问题过程中，不能只将目光盯在“专业人员”上，还应当关注“兼职人员”。就德国的情况看，不同形式的家庭护理兼职工作人员，由 1995 年占 54.2% 增加至 2009 年的 73.2%。护理院兼职工作人员由 1995 年占 39.1% 增加至 2009 年的 66.7%。此外，日本则分别从 2008 年和 2009 年开始引进印度尼西亚和菲律宾的护理人员，以解决护理人员严重短缺问题。

家庭成员护理也是长期护理保险发展过程中需要关注的一个重要领域。在这个方面，德国的实践经验值得认真研究。德国对家庭成员提供非正式护理给予现金补贴，一定程度上缓解了护理人员短缺的问题。为鼓励家庭成员，特别是女性承担家庭护理职责，德国长期护理保险体系，对非正式家庭护理，从法律层面予以认可并给予政策支持。考虑到家庭护理工作所需要的时间弹性，2008 年德国政府还面向家庭非正规护理人员推出多项“请假制度”。

客观看，长期护理保险制度的发展，强有力地推动了护理产业的发展

和产业市场规模快速扩张。就日本而言，在实施长期护理保险制度的同时，政府高度重视护理产业的发展，如2009年日本政府就将发展医疗护理和健康相关产业，作为未来十年（2010—2020年）“新发展战略”的重要内容，在这一战略的推动下，日本护理产业市场规模从2000年实施护理保险制度之初的3.7万亿日元，发展到2017年的约10万亿日元。同时，日本高度重视老年护理设备的研发，尤其是基于人工智能的设备，包括智能护理机器人。

第四节　我国护理与长期护理保险

一、我国护理服务业的基本情况

护理服务业分为广义与狭义两个范畴。就狭义而言，主要是指在医疗机构从事医疗护理的人员，即护士。据统计，2017年，我国注册护士总数大约为380万人，每千人口护士数2.74，医护比为1∶1.11，护士严重不足。就广义而言，护理人员不仅包括医院的护士，还包括从事护理，特别是从事养老护理的相关人员。

随着社会的发展，特别是社会老龄化和人们对健康水平要求的提升，护理服务业存在的问题和面临的挑战日益突出。长期以来，由于对护理服务业重视不足，导致我国护理服务业存在诸多问题。一是规模总量小，需求缺口巨大；二是劳动强度大，待遇相对低，社会地位不高；三是队伍素质参差不齐，教育培训相对滞后。

为了解决存在的问题，2018年6月国家卫生健康委员会、国家发展和改革委员会、教育部等11个部门联合发布了《关于促进护理服务业改革与发展的指导意见》（以下简称《指导意见》），明确护理工作对推进健康中国建设、促进健康服务业发展和增进人民群众健康福祉具有重要意义。《指导意见》明确，到2020年，我国注册护士总数要达到445万人，每千人口注册护士数超过 3.14 人，医护比不低于 1∶1.25，基层医疗机构护士总量超过 100 万人。

《指导意见》提出了“老年护理”“居家护理”“社区护理”“长期照护”的概念，明确建立以机构为支撑、社区为平台、居家为基础的护理服务体系，加快推进老年护理、康复护理、社区护理等急需紧缺人才的培养，适应护理服务业发展需求。随着《指导意见》的落实与实施，将进一步推动我国护理事业改革创新向纵深发展，让护理事业更加贴近社会，促进护理产业蓬勃发展，从而为养老护理营造良好的发展环境。

二、我国长期护理保险面临的挑战

我国快速进入老龄社会已是不争的事实，与此同时，长期护理也成了一个难以回避的问题，并逐步成为社会的焦点和难点。数据显示，2018 年我国 60 岁以上的人口为 2.49 亿人，老年人患有一种及以上慢性病的比例高达 75%，慢性病患者超过 1.8 亿人，老年人失能发生率为 18.3%，失能老人约为 4 550 万人，完全不能自理的老人占比为 6%，为 1 500 万人，每年全国走失的老人超过 50 万人，而失智并缺乏照料是老人走失的重要原因。

根据研究，2030 年，我国需要长期护理的老年人总数将达到 6 668 万人，其中部分失能的老年人为 4 446 万人，完全失能的老年人为 2 222 万人。到 2050 年，我国需要长期护理的老年人总数将达到 10 747 万人，其中部分失能的老年人为 6 938 万人，完全失能的老年人为 3 809 万人。因此，长期护理问题，特别是长期护理保险制度建设问题已经摆上了议事日程，但作为一个人口基数庞大且迅速老龄化的国家，解决这一问题并非易事。

作为快速老龄化的人口大国，我国在社会保障制度的建设过程中，始终秉持求真务实的原则，在制度建设中本着“广覆盖、保基本、多层次、可持续”的基本方针。同时，长期护理保险制度是以“广覆盖、低起步、居家优先”为制度设计原则的。因为即使按照保守的估计，我国老年长期护理的总费用，到 2030 年将突破 13 000 亿元，2050 年将达到 40 000 亿～60 000 亿元，占国内生产总值的比例将达到 1%～1.5%。同时，根据

OECD 国家的经验看，政府将要承担社会长期护理总费用的 30%。由此可见，长期护理费用将成为社会和财政的重要负担。因此，及早建立社会和商业的长期护理保险十分重要和必要。

从宏观层面看，我国的长期护理面临的既有“人”的问题，也有“钱”的问题。从“人”的角度看，问题核心是抚养比，即随着需要护理的老龄人口快速增长，能够从事长期护理的基础人口不断减少。按照国际上 5∶1 的护工需求量看，未来我国的养老护理人员的缺口将近 1 000 万个。与此同时，我国的专业护理产业基本上属于空白，目前全国取得养老护理职业资格的仅有两万多人。我国的养老护理行业，无论是从业人员的募集与培养，还是基础资源的建设与管理，均处于非常初级的阶段。

从“钱”的角度看，大多数家庭和老人需要做好应对养老护理的资金准备。就现阶段而言，养老院产业呈现快速发展的态势，尤其是高端养老院，但许多老人抱怨“住不起”的问题。因此，建立我国的长期护理保险制度刻不容缓。从国外的实践看，我国应当采取社会保障与商业保险并重的方法。一方面是将长期护理保险制度纳入社会保障体系，在“五险一金”的基础上，探索“六险一金”模式；另一方面是充分发挥商业保险的力量，形成一种互补机制，共同筹集长期护理资金。

就事论事地讨论我国养老护理“人”的问题，可能陷入一种“无解”的尴尬，因此，解决我国养老护理问题，需要开拓思路，另辟蹊径。科技创新，特别是人工智能技术，或许将成为解决我国养老护理难题的新希望。从人工智能发展的趋势看，养老将成为其主要的应用场景之一，主要应用方式包括养老护理机器人和智能家居环境。但所有的一切均需要一个前提——“钱”。因此，尽快建立我国的长期护理保险制度刻不容缓。

从全球范围看，商业保险在长期护理总支出的比例也不足 2%，而我国则几乎是空白的。保险业应高度关注长期护理领域的能力建设和资源整合，探索满足客户需求的混合型和一体化解决方案，并借此推动寿险、养老险、年金和重疾险的产品创新与发展。OECD 国家长期护理方面的社会总支出的 GDP 占比在 0.2%～4%，平均值为 1.5%。即使按照下限计算，未来我国长期护理保险的市场规模将超过 5 000 亿元，是一个潜在的巨大市场。

三、我国长期护理保险初步方案

我国《国民经济和社会发展第十三个五年规划纲要》中明确提出探索建立长期护理保险制度。2015 年颁布的《关于推进医疗卫生与养老服务相结合的指导意见》就长期护理保险工作提出了初步意见，探索建立多层次长期护理保障体系。2016 年颁布的《关于开展长期护理保险制度试点的指导意见》就我国发展长期护理保险的一些基本问题进行了明确，标志着我国长期护理保险进入了全面实施阶段。

2018 年 6 月国家卫生健康委员会、国家发展和改革委员会、教育部等 11 个部门联合发布了《关于促进护理服务业改革与发展的指导意见》，再次强调鼓励发展商业护理保险、鼓励有条件的地方积极支持商业保险机构开发长期护理商业保险，以及与老年护理服务相关的商业健康保险产品，积极发展多样化、多层次、规范化的商业护理保险服务，探索建立商业保险公司与提供老年护理服务机构合作的机制。

【相关案例】青岛模式

青岛是我国较早开展长期护理保险的地区，至今已经经历了三个发展阶段。第一阶段是 2006—2011 年，以 2006 年建立老年医疗护理制度和 2011 年建立医院医疗专护制度为标志；第二阶段是 2012—2014 年，以 2012 年 7 月建立的城镇长期医疗护理保险制度为标志；第三阶段是 2015 年至今，以 2015 年 1 月 1 日颁布的《青岛市社会医疗保险办法》等文件为标志。

青岛护理保险制度的核心是，通过对医疗保障和护理保障适当分开，在“老有所养”“病有所医”的基础上，建立对失能老人“医养结合”的护理保险，实现“护有所保”。护理保险资金来源是制度建设的关键。由于没有上位法依据，也没有国内先例可借鉴，青岛在没有财政投入、不增加单位和个人缴费负担的情况下，通过优化调整医保基金支出结构，解决了护理保险资金来源。青岛长期护理保险资金来源包括：第一，职工长期护理保险资金由两部分组成，一部分按照不超过基本医疗保险历年结余基金的20%一次性划转，另一部分以每月按照个人账户月计入基数总额0.5%的标准，从职工基本医疗保险基金中划转；第二，居民长期护理保险资金，按照不超过当年居民社会医疗保险费筹资总额的10%，从居民社会医疗保险基金中划转。

护理模式是制度运行的基础。针对失能老人不同的护理需求，青岛探索培育了四种护理模式，即医院专护、护理院护理、居家护理、社区巡护。服务监管是制度运行的保障。一是对失能人员实行生活能力评估的准入和退出［ADL（日常生活能力）评估］；二是对护理机构服务能力实行资格的准入和退出（资格准入、协议管理）；三是实行App智能监管，通过全球定位系统、指纹识别等技术，对护理机构提供的服务情况实时监控，保证服务到位。通过建立护理服务机构监督考核机制，加强诚信建设，实行动态管理，做到能进能出。

第五节　保险业参与长期护理保险面临的问题与挑战

一、解决好定位问题是基础和关键

在各国长期护理保险的发展过程中，更好地发挥市场力量，特别是商业保险的力量已经成为广泛共识，但发挥的前提是解决定位问题，即商业保险在国家的长期护理保险制度中的位置。长期护理保险分为社会化长期护理保险和商业长期护理保险两种。目前，我国试点方案选择的是社会化的长期护理保险，但不同国家在不同时期采用的定位理念不同，因此不应一概而论，应当结合我国现阶段的实际，有针对性地开展探索。

回答商业长期护理保险的定位问题，要先解决长期护理保险制度建设的理论问题，包括政策的逻辑基础。学界一直存在对长期护理保险理论与政策的争论。一种观点认为，应采用分步实施的策略。第一步是建立“老年护理保险试点基金”，试点基金的关键是整合医保、卫生和民政系统老年护理和服务的相关资源。第二步是建立法定长期护理保险。另一种观点认为，要摒弃个人、单位、政府的多方传统筹资模式，采取“个人+政府”的简单筹资模式，将其作为过渡性制度安排，最终走向“个人”的单一筹资模式。还有一种观点认为，不是单独建立一套系统，而是直接从社会医疗保险中支付长期护理费用。甚至有观点认为：在制度建立初期，资金可以来源于医疗保险基金，不需要额外缴费；制度运行成熟之后，再考虑在全国建立独立的社会化长期护理保险制度。

从各国的发展情况看，制度建设要避免一概而论。长期护理保险可在两个维度进行划分：一是以长期护理保险为运营主体，可分为政府和市场两部分；二是按照基本医疗保障的参加方式，可分为强制和自愿两部分。由此，长期护理保险可分为政府强制、市场强制、政府自愿和市场自愿四类。从我国社会的发展趋势看，特别是在大病医保实践经验的基础上，采用PPP（政府和社会资本合作）模式，不失为一种理性选择。

在PPP模式中，保险公司的功能主要体现在三个方面。首先，保险公司能够提供专业化的方案设计，发挥护理保险条款设计、精算模型以及内控机制等方面的经验优势。其次，保险公司能够弥补政府部门人手不够、投入有限的不足，从而构建长期护理保险完整的服务网络。最后，保险公司可以采用信息化的技术手段，利用大数据等科技手段，实现长期护理保险经办业务在各个环节的网络化和信息化，从而提升服务质量。

在我国发展长期护理保险的顶层设计中明确了探索建立多层次长期护理保障体系的总体目标。同时明确要进一步开发包括长期商业护理保险在内的多种老年护理保险产品，鼓励有条件的地方探索建立长期护理保险制度，积极探索多元化的保险筹资模式，保障老年人长期护理服务需求。

二、认识长期护理的风险是参与的前提

长期护理保险无疑是一种“长尾风险”业务。这种长期性不仅体现在传统的长寿风险方面，更体现在利率、通货膨胀等各种因素对供给以及价格影响方面，还体现在对各类经营管理风险，如道德风险、逆选择等方面的问题上。与社会保障制度不同，作为商业长期护理保险要更关注长期护理保险的经营风险，尤其是提供“服务给付”类产品。

就价格波动而言，按照2017年城镇单位就业人员中“居民服务、修理和其他服务业”的年平均工资50 552元计算，一级护理人员的劳务费用（不含设备费用）为50 552元，二级护理人员为60 662元，三级护理人员为70 773元，四级护理人员为80 883元，以上四级护理人员的平均人工成本为65 717元。如果按照年均5%的综合涨幅计算，到2030年，护理人员的平均人工成本将达到122 889元，到2050年则将超过20万元。

护理人员的劳务费用，只是影响长期护理保险经营成本和稳定的众多方面之一。在商业长期护理保险的经营过程中，将面对诸多方面的挑战，而影响这些方面的因素错综复杂，并且诸多方面之间相互影响，导致了长期护理保险经营风险从本质上不同于一般商业保险。对此，不仅要有充分认识，更需要有足够重视。从国外的一些案例看，不少保险公司正是忽视了这种风险的特殊性和长期性，结果导致经营危机。

三、专业能力既是基础，更是相对优势的体现

长期护理是一个相对特殊的领域，既包括卫生、健康和医疗的范畴，也包括心理、人文和伦理的范畴。同时，作为长期护理重要基础的护理等级评估，涉及的专业范围非常广，尤其是在具体操作过程中，需要很强的专业知识和丰富的经验。此外，长期护理保险涉及护理的全产业链，包括上游的护理器具生产企业、中游的护理培训机构和下游的护理机构和护理人员，其涉及的技术和专业面非常广泛。因此，长期护理保险的经营具有很强的专业性和复杂性，需要保险公司具备相应的专业能力。

长期护理保险，尤其是与社会长期护理保险并存的商业长期护理保险的经营具有很强的特殊性。同时，我国许多地方的社会长期护理保险采用了“政府主导，商保经办”的运作模式。在这种背景下，专业性就显得尤为重要，一方面成了政府选择商业保险公司代办的重要条件因素，同时，这种专业能力也体现了一种社会性的要求；另一方面决定了公司开发和经营商业长期护理保险产品的能力，尤其是服务能力，决定了商业长期护理保险存在的合理性与发展空间。

在长期护理保险的经营过程中，各类护理服务的标准化分类是重要技术基础，这既是开展市场化定价的基础，也是平台化整合资源的前提条件。美国、日本、德国和中国台湾均制定了标准化的分类体系。我国保险业应积极与相关部门配合，尽快制定我国的长期护理服务标准。同时建立长期护理人才资质认证与培训体系，加大护理专业人才队伍建设。

作为一种长期业务，其风险与经营均具有显著的“长尾”特征，因此，对经营管理，特别是产品、定价和准备金的要求更高。一方面体现在前端，特别是产品设计要充分考虑业务特征和经营环境可能的变化，避免可能出现的“失控”局面。另一方面体现在后端，即对经营风险的管控，这种管控，不仅体现在制度设计上，更体现在基于专业能力上。

与先进市场相比，我国长期护理保险仍处于起步阶段。因此，需要学习、吸收和借鉴先行开展长期护理保险国家和地区的经验，尤其是美国、日本和中国台湾，形成一种后发优势。我国保险业，也包括学界已经开展了大量的研究工作，为业务的开展奠定了良好的基础，此外，一些公司采用了更直接的方式，引进先进技术，如 2017 年泛海控股集团以 27 亿美元的价格收购了美国的 Genworth（保险公司），该公司是美国最大的长期护理保险公司。

四、制度与科技创新是破解难题之道

从我国长期护理保险的发展情况看，一个最重要的特征是要充分发挥市场在资源配置中的高效和积极作用，围绕人们对卫生医疗服务的总体需求，特别是养老过程的需求，形成了“基本医保 + 大病补充 + 医疗救助 + 长期护理 + 健康管理”的“一揽子”服务模式，打造覆盖全生命周期的健康管理服务链。保险行业在积极参与“代办”的过程中，形成了“护理保险 + 健康养老”的新模式，通过积极参与并助力智能家居的建设和社区养老资源的培育，为实现“老有所养”的目标贡献力量。

从全球长期护理的发展趋势看，综合护理，即构建护理资源、护理评估、护理质控、护理队伍一体化模式已经成为长期护理事业发展的基本理念和思路。就我国长期护理事业而言，最主要的矛盾是缺乏专业的护理人员和相应的市场，而在其背后是标准、评估和质控问题。因此，保险业要成为我国综合护理模式建设的一支重要力量，打造自身的专业能力。

作为长期护理保险的重要基础，护理服务与经营风险具有内在的有机联系，护理服务水平直接关系到产品的吸引力与客户体验，同时，护理服务又能有效地控制道德风险。但就一般情况而言，保险公司不可能自己建设护理服务队伍，需要与社会化的护理服务企业进行合作。而如何进行合作，则是保险行业面临的新课题，需要从制度建设的层面思考、探索与实践，形成一种互利互惠的战略同盟关系。

在与护理行业形成互利互惠的合作关系前提下，还需要引入互联网思维模式，打造更加开放与高效的服务平台。服务平台的核心是利用互联网的信息透明、公平高效、有效激励等功能，通过服务标准、资格认定、市场准入和评估追溯等制度，形成一种虚拟的护理服务市场，通过奖优罚劣，形成良性循环的生态系统，继而为被保险人，乃至整个社会提供优质护理服务。

在长期护理保险的发展过程中，要高度关注人工智能技术的应用。一方面是与“抚养比”上升相关的人力资源不足和人力成本高企问题；另一方面是人工智能技术在家庭护理方面具有的独特优势。人工智能在长期护理保险领域的应用包括两个方面：一是智能家居，即综合利用智能家居技术，构建良好的适老化服务环境；二是养老智能机器人，保险业应高度关注这一领域的发展与应用成果。

【辅助资料】互联网陪护公司

近年来，在我国护理服务业发展过程中出现了一种全新的业态,即互联网陪护公司。互联网陪护公司以互联网平台为依托，通过市场化模式，全面集合和整合资源。一方面聚集护工资源，对他们进行专业培训和管理，提供工作机会；另一方面为客户提供各类护理服务，包括医院陪护、家庭陪护以及临时性陪护，乃至看病陪同等。

这一业态的出现，为解决我国护理行业面临的问题提供了新路径。首先，解决“质”的问题，即护理人员的专业素质参差不齐的问题。互联网陪护公司大多对注册的护理人员进行过专业培训和考试，不仅涉及护理专业，还包括健康礼仪、病患沟通、情感陪护等，旨在全面提升护理人员队伍的总体水平。其次，强化对护理人员职业素养的培养与约束。通过签约、注册和考核等方式，形成对护理人员服务质量的约束激励机制，能够建设并形成良好的市场秩序基础。最后，是解决“量”的问题。通过互联网技术，构建便捷高效的市场，使得护理的供需双方能够更好地达成交易，不仅满足了日益增长的护理需求，更刺激了护理供给，引导更多的人投入护理行业。

我国互联网陪护行业仍处于发展的初期，现已形成一定规模的公司有一号护工、春风陪护、贴心小护、爱陪护、优爱医护、E护通、千家万护、华人照护、大康陪护、e陪护、护工之家等。但与所有互联网经济模式一样，互联网陪护行业也在行业标准、企业诚信、市场规范、服务质量和监督机制等方面存在问题。同时，如何形成经营规模是解决问题的重要前提，而长期护理保险无疑是互联网陪护行业健康发展的重要基础。

保险业需要关注这一领域。一方面互联网陪护行业能够为长期护理保险提供重要服务资源，实现“实物给付”，提高投保人的预期和积极性；另一方面也能够外化和强化保险公司的服务功能，为保险产品开发与服务提供市场化和社会化的基础。因此，保险业要积极参与互联网陪护行业的标准制定等基础性工作，形成一种外部的激励和约束机制，并将其纳入自身的产品和服务范畴。

【辅助资料】护理机器人

护理机器人是机器人的一个特殊分类，主要功能是在医院和家庭里专门协助护理人员为重病患者或长期卧床的病人提供护理服务。护理机器人基本可以分为两大类：一是按照护理机器人的用途，分为助餐机器人、个人卫生护理机器人和助行复健机器人；二是按照护理机器人的工作方式，分为工作站式护理机器人、移动式护理机器人、搭载式护理机器人和智能式护理机器人。

从技术的角度看，护理机器人属于相对复杂的机器人，尤其是需要一种动态和智能化的感知和响应能力。就护理机器人的基本结构而言，包括了三大系统，即机身系统、感知系统和控制系统。同时，护理机器人的发展涉及一系列关键技术的发展与进步。这些关键技术包括：机械系统设计、语音识别技术、多传感信息融合技术、智能控制技术、视觉技术、路径规划技术、人机交互技术、生命体征监护技术、远程监控和网络控制。

在世界第一届机器人大会上，与会代表形成一个共识：随着社会生活节奏的加快、生活压力的增大和老龄化社会的到来，机器人正经历着从工业机器人时代向生活机器人时代转变，机器人将全面并深入地融入人们的生活。据日本经济产业省估计，2015 年至 2025 年，日本护理机器人市场将扩大 20 倍。

纵观历史，护理机器人的发展可以追溯到 20 世纪 70 年代中期，法国、德国、英国、荷兰和美国等西方发达国家开始了护理机器人的研究和开发，其中最具代表性的是“机器人之父”恩格尔伯格于 1983 年创立的 TRC 公司（机器人研制公司），该公司于 1985 年推出了全球第一款护理机器人“护理助手”，并得到了社会和市场的广泛认可。之后，许多国家均加入护理机器人的研发队伍中，制订了专门的国家计划，如法国的 Robea 计划（有关机器人技术的大型国家计划）、德国的 GURP 计划（推动服务机器人研究的计划）等。

在护理机器人的发展过程中，日本扮演着后来者居上的角色，一方面是由于日本社会的老龄化趋势形成的刚需，另一方面是日本具有很强的机器人研发能力和制造基础。2006 年和 2011 年日本理化学研究所分别推出了护理机器人 RI-MAN 和 RIBA-II，得到了国际社会的高度评价。之后，日本科研机构又推出了 RIBA 护理机器人。RIBA 属于“抱取型”，其最大的特点是更加“人格化”，采用的是触觉指导，所有关节均安装了触觉传感器，同时，具有语音识别、面部识别和声源定位等技术，此外，外部采用了大量仿人的硅胶材料，从外观上力求更加“去机器化”，更像一个真人或玩具，如“小熊护理机器人”(Robear)。

我国的护理机器人产业起步相对晚，2005 年国家将发展服务机器人列入“863 计划”中先进制造与自动化技术领域的重点项目，2006 年发展智能服务机器人被列入《国家中长期科学和技术发展规划纲要（2006—2020）》，2017 年启动了“智能护理机器人关键技术与示范应用”项目。在这一背景下，我国的一批科研机构和高等院校积极开展了护理机器人的研发工作，如哈尔滨工程大学、浙江大学和清华大学均研制出了一些护理机器人，但从总体上看，我国的护理机器人产业仍处于初级和起步阶段，大多数仍停留在“护理设备”的概念上，缺乏“人格化”。

第十一章

保险新探索：科技赋能

第一节　互联网保险

一、互联网保险的定义

“互联网保险”是一个相对宽泛，同时也是一个不太严谨的概念。作为一种连接和联系的技术，互联网在保险领域的应用是普遍的、广泛的和深入的。2015 年原保监会发布的《互联网保险业务监管暂行办法》明确将保险机构依托互联网和移动通信等技术，通过自营网络平台、第三方网络平台等订立保险合同，提供保险服务的业务界定为互联网保险业务。从这个定义可以看出，它对于“工具”是限定的，即通信技术，但对于“功能”是宽泛的，即保险服务。

但一开始人们更多地将互联网保险直接定义为互联网保险营销，并逐步构建起了三大交流平台。一是服务内部员工的 B2E（企业对员工）交流平台，二是服务外部客户的 B2C 交流平台，三是服务外部合作机构的 B2B（企业对企业）交流平台。但随着技术和应用的发展，互联网在承保、风险评估与管理、查勘理赔、客户服务、内部控制、审计稽核、反欺诈和监管等领域均得到广泛应用，形成了一种全流程的互联网化的趋势。同时，人们渐渐认识到，互联网只是一种工具，这种工具的最大价值在于提升连接的效率与可能，继而为解决信息不对称和风险管理等问题提供了全新的解决途径。

互联网，特别是移动互联网的广泛应用，带来了一个巨大改变是碎片化利用，即人们的许多保险需求是基于场景的碎片化存在，这种存在不仅转瞬即逝，更难以用传统的保险经营模式加以满足。其本质是连接的可能性差、成本高。但是，互联网，特别是移动互联网改变了一切，并实现了可能，逐步形成了许多基于场景的互联网保险商业模式，即在移动互联网终端环境下，完成投保、核保、承保、收费、出单、报案、查勘、理赔和付款的全流程模式，如航班延误保险。尽管互联网保险仍处于发展的初级阶段，但随着5G带来传输速度的指数级提升，将从根本上改变互联网应用的技术基础，并催生更多的互联网保险商业模式，如车联网条件下的汽车保险，可穿戴设备条件下的健康保险等。

二、我国互联网保险发展的主要特征

我国保险业已初步构建起互联网保险发展的生态圈。在这个生态圈中，既有传统的保险公司，也有互联网保险的专业公司；既有保险公司，也有保险中介机构；既有保险业的机构，也有一些专门化的互联网保险平台机构和互联网门户机构。这种不同类型、多种业态的相互融合，取长补短，共同构建了我国互联网保险生态圈，为互联网保险的持续健康发展奠定了基础、培育了土壤，并形成了我国互联网保险发展的特征。

一是“里应外合”，异军突起。我国互联网保险的发展不是孤立的，它是在互联网发展，尤其是在互联网经济发展的大背景下展开的，并很好地搭上了“时代的快车”。客观地讲，互联网保险的发展更多是由外部的互联网企业，尤其是一批专注互联网保险创新的企业推动的，这种内外的相互推动，共同成就了我国互联网保险的快速发展。

二是新老互动，虚实结合。这种“新老”，首先是在公司维度上，一些新公司在发展的过程中意识到在传统渠道领域很难与老公司竞争，解决之道在于另辟蹊径，通过互联网技术探索发展模式创新，并取得了良好的效果。同时，老企业也不甘落后，利用自身优势积极开展经营模式转型。其次是在业务维度上，在利用互联网技术的过程中，既有老业务的渠道迁移，也有新渠道的业务培育。同时，在利用互联网创新发展的过程中，既有实实在在的业务发展，也有通过互联网营销来吸引用户，扩大影响。

三是在发展中规范，在规范中发展。互联网保险发展过程中面临的最大挑战是“规范”,但互联网保险的本质是创新。因此,如果简单地强调规范，互联网保险作为新生事物是难以发展的。原保监会在金融行业率先推出了一系列的相关制度，较好地处理了规范与发展的关系，既鼓励创新，又避免走偏，严格监管更维护消费者利益。

三、我国互联网保险的监管

互联网保险作为一种新生事物，一方面给保险行业的发展带来了巨大的活力，不仅提高了效率、创造了可能，还解决了一些长期困扰行业发展的难点和痛点问题；另一方面也给保险行业的经营管理，特别是监管带来了巨大的挑战。因为，传统的管理均是基于“线下”的逻辑，互联网属于“线上”，其最大的特点是突破了时空的界限，给管理带来了基础性困难和根本性挑战。

互联网经济面临的最大挑战在于如何处理好“虚”的问题，而互联网保险面临的挑战更大。射幸合同的特点决定了保险本身就具有一定“虚”的成分，它不属于简单的“一手交钱，一手交货”的交易。互联网和互联网经济无疑属于虚拟社会和虚拟经济的范畴，“虚”是不言而喻的。互联网保险无疑是“虚”的叠加，是“虚”的二次方。因此，互联网保险管理的关键是如何解决好“虚”的问题。

从全球范围看，互联网保险监管是一个难题，原因是互联网保险业态具有一定的不确定态和不稳定态，这种状态挑战了保险监管的基础理念、方法和技术。如监管通常采用“属地原则”，但互联网保险业务突破了时空的局限，继而突破了“属地”的概念。此外，在互联网保险经营过程中，需要与外部开展大量的合作，于是，保险业务的边界被模糊，而外部互联网机构是否属于保险监管的对象，如何对它们进行约束，均成为难以回避的问题。因此，大多数国家对互联网保险的监管持观望态度，并未出台专门的监管制度。

我国互联网保险发展可谓“异军突起”，特别是从 2011 年开始，互联网保险进入了一个“井喷式”发展时期，到 2015 年互联网保险业务已达到 2 234 亿元，渗透率达到了 9.2%，成为行业发展中一支不可小觑的力量。与此同时，互联网保险发展过程中也出现了一些不容忽视的问题，如果不加以规范、约束和制止，不仅会影响互联网保险的健康发展，更可能对整个保险业带来经营隐患和不利影响。为此，2015 年监管部门制定并颁布了《互联网保险业务监管暂行办法》(以下简称《办法》)，就互联网保险的基本原则、规则等进行了规范。

第一，《办法》明确互联网保险仍然是保险，只是利用互联网技术和信息通信技术开展的新型业务模式，互联网并没有改变保险的基本属性，因此，《办法》并没有将互联网保险产品做“专门化”的处理。同时，明确了“线上与线下监管标准一致”的原则，并根据互联网保险的特性，从针对性和有效性的角度出发，进行了适当延伸和细化。

第二，《办法》从互联网保险和监管的逻辑出发，明确“主体责任”，即明确只有保险公司和专业保险中介机构才能够开展互联网保险业务，第三方网络平台只能为保险公司和专业保险中介机构提供网络技术支持等辅助服务。同时，考虑到监管的边界，制度设计是围绕着“责任主体”这个“牛鼻子”展开的，并将其作为落实监管要求的前提和保障。此外，“办法”较好地处理了业内与业外、信息流与资金流、业务发展与服务保障、全国与区域的关系，同时，明确并强化了主体责任和信息披露义务，确保切实维护消费者利益。

第三，《办法》明确并强调互联网的“虚拟”特征，以及可能产生的信任风险。所以，在互联网保险的发展过程中，将交易信息“做实”是健康发展的基础和关键。《办法》对信息披露做了十分详尽的规定，要求数据无缝实时对接，并安排了刚性约束。

第四，《办法》针对互联网保险的特点，明确了“集中运营、统一管理”的经营原则，同时，要求保险公司只能在总公司层面开展互联网保险业务。互联网保险的优势就在于集中统一，如果仍采用分散经营模式，不仅效率优势难以体现，还可能引发风险。同时，正是由于集中统一的运营平台，为统一流程提供了可能。

第五，《办法》就“属地原则”问题，采用了更加灵活和务实的办法。首先，明确地域限制的突破必须以消费者利益的充分和切实保障为前提，这是行业存在和发展的基础，因此对于偏重理赔服务的车险业务仍强调“属地经营原则”，不做突破。其次，将偏重给付的“个人业务”纳入“跨区域经营”范畴，希望引导和鼓励行业加大这一领域的投入与创新，更好地满足社会需求。同时，要求必须是“能够独立、完整地通过互联网实现销售、承保和理赔全流程服务的财产保险业务”。

四、发展我国互联网保险的几点思考

面向未来，我国互联网保险将迎来一个新的发展机遇期。一方面是互联网产业的发展，特别是新技术和新模式的出现，将为互联网保险的发展提供良好的技术支持和环境保障；另一方面我国保险业面临全面深化改革的新要求，探索新的发展模式，需要通过技术和模式创新，实现发展方式从粗放经营向集约经营的转变，从规模发展到效益发展，实现高质量发展。但毋庸置疑，我国互联网保险的发展也面临诸多挑战，最大的挑战来自理论、理念和文化。同时，互联网保险的商业模式也亟待厘清和明确。因此，需要行业进一步解放思想，转变观念，积极探索，勇于创新。

第一，要明确并坚定互联网保险仍是保险。近年来，在互联网保险的发展过程中，有一些观点自觉不自觉地将互联网保险游离出保险的范畴。一个突出问题是少数企业打着创新的旗号，标新立异，开展了大量所谓另类创新活动，开发了一些“奇葩险”，如“赏月险”“脱光险”“贴条险”等，并强调其经营基础符合精算原理。但殊不知，精算仅仅是保险经营的基础技术，保险的存在有其专业、法律和社会基础，如公序良俗等，违背了这些，仅仅是为了“博眼球”，并不是真正意义上的保险。因此，在发展互联网保险的过程中，始终要坚守保险的初心和底线，互联网等技术只是服务于保险经营管理和创新的，不能喧宾夺主，更不能本末倒置、混淆视听、浑水摸鱼。

第二，互联网经济的最大特点是具有效率和成本优势，因此，低价，甚至是“免费”成了互联网经济的重要“卖点”。但就保险而言，廉价不应是“卖点”，充分的保障、专业的服务和良好的体验才是。保险是一个“强信用”的行业，一些“爆款”产品往往打着“超低价”的口号，殊不知，过低的价格势必影响服务，乃至赔付，最终可能是“得不偿失”，全行业将为此付出失信的代价，也将对行业的经营秩序和逻辑带来冲击和破坏。

第三，要发展真正意义上的互联网保险。从根本上讲，互联网保险是一种全新的保险业态，它有别于传统的保险。要充分利用互联网技术的特点，如时空再造的优势，针对效率与可能开展创新，尤其是要利用互联网技术，将传统保险业态下难以满足的客户需求进行挖掘并实现，碎片化和场景化是重点。从实践情况看，无论是退货运费险，还是航班延误险均是按照科技赋能，以满足客户需求的逻辑展开的，并取得了很好的效果。同时，互联网保险不应成为违规和套利的工具，我国互联网车险发展初期就走了一条弯路，因热衷于“渠道套利”，导致了业务的“虚胖”，在成就别人的同时，却荒芜了自己的田地。这也是互联网车险“大起大落”背后的根本原因。

第四，互联网保险面临的最大挑战是“获客”问题。与互联网门户网站相比，保险机构官网的获客能力相对有限，即使加大投入，也难以取得好效果。这种情况是由互联网社会和经济特征，以及保险业务的特点决定的。从本质上看，保险并不是网民的“刚需”，即使是被保险人与保险公司的交互频率也很低，这主要体现在续保、缴费和理赔环节，故形成不了太高的活跃度。同时，就互联网经济而言，大多数的需要存在于场景中，因此，发展互联网保险不得不依赖互联网门户和专业网站，依赖它们的场景。回顾互联网保险发展的情况，大多数“爆品”如退货运费险等，均是依托并存在于特定场景之中。

这一现实带来的一个突出问题是：由于保险公司自身缺乏获客能力，不得不依赖外部渠道，结果渠道就利用“市场势力”，漫天要价，导致互联网保险出现销售费用畸高，甚至出现了匪夷所思的超过保费 90% 的情况。但即使这样，仍有不少保险公司趋之若鹜，导致外部对这种经营模式提出了“道德质疑”。面向未来，需要进一步规范互联网保险市场，回归保险定价和经营的基本原理，解决渠道成本过高的问题。此外，保险行业在与外部合作的同时，要从产业链的视角出发，依托自身优势，打造满足客户需要的场景。如依托健康保险，打造为客户提供健康咨询、慢病管理、医疗安排等全过程的服务，并逐步建立自己的获客能力。

第五，要建立并维护更高的信用环境。要充分认识互联网保险“虚的叠加”特征，高度重视互联网保险的信用建设和维护问题。因为，过程可以是虚的，但结果必须是实的；经营可以是虚的，但消费者利益必须是实的。要解决信用环境问题，首先，要解决互联网保险的“初心”问题，反思互联网保险出现的问题，基本上有两个原因。一是急功近利，背后的问题是没有解决好“为了谁”的问题，即是为谁做互联网保险，如果仅仅是为企业的一己私利做，肯定做不好，出问题也是必然的。二是背离了价值创造的原则，不是为客户和社会创造价值，只是想“博眼球”、做“流量”，然后“变现”“走人”，也是做不好互联网保险的。解决了这两个问题，静下心来，秉持着为客户创造价值的原则做互联网保险，才能够做好互联网保险。

在发展互联网保险的过程中，行业需要--种集体觉悟，即要认识到，就互联网保险而言，信誉大于天，不仅要明白“水能载舟，亦能覆舟”的逻辑，更要理解韩非子说的“存亡在虚实，不在于众寡”的道理，并形成一种让破坏行业信誉的行为和企业成为“过街老鼠，人人喊打”的行业氛围，形成行业自律的力量。同时，要进一步完善互联网保险的监管制度，形成一种刚性约束和处罚机制，有效遏制互联网保险领域的失信行为。互联网保险有一个基本规律，就是“始于技术，成于信任”。因此，无论任何时候，发展互联网保险，均不能以牺牲信任为代价。

第六，互联网保险肯定不是万能的，因此，要树立“有所不为”的经营理念。互联网保险有独特的优势，也有难以回避的短板。因此，在发展互联网保险的过程中，不仅要关注如何更好地作为，更要清醒并坚持“有所不为”。特别是在与外部的合作过程中，要充分理解风险并有效处理，避免简单地为互联网金融产品进行信用背书，否则，就可能成为风险积累的“最终买单人”，少数保险公司为互联网信用保证保险付出惨痛代价的事实充分证明了这一点。同时，在发展互联网保险的过程中，尤其是专业的互联网保险公司，要力求实现“全互联网化”经营，即确保风险评估、核保、承保、查勘、定损、理算、支付均能够通过互联网完成，而这种完成是以能够控制风险，特别是以道德风险得到有效控制为前提的。

第二节　相互保险

一、相互保险的基本情况

17 世纪末期，在英国出现了相互保险概念，并于 1696 年设立第一家火灾相互保险公司，1856 年英国颁布了《相互保险法》，此后相互保险公司就以其强大的竞争优势和生命力，在全球迅速普及并快速发展。到 20 世纪中期，相互保险的发展达到高峰。据统计，1947 年相互寿险公司在全球寿险业的市场份额高居 69%，相互保险在这一时期已成为保险业的主要组织形式。

到 20 世纪 90 年代后期，随着保险公司规模不断扩大、资本市场不断发展和金融业竞争加剧，相互保险公司由于无法快速补充资金，被迫纷纷转回为股份制，相互保险市场呈现不断萎缩的态势，直到 2007 年整个市场才逐步回暖。从整个相互保险市场看，根据国际合作和相互保险联盟的统计数据，全球相互保险市场规模在 2008 年首次突破万亿美元，到 2014 年末，累计实现保费 1.29 万亿美元，较 2007 年增长 31%，快于全球保险业同期增速 18 个百分点，年均复合增长率为 4%。

与此同时，全球相互保险在全球保险市场中的份额由 2007 年的 23.5% 提升到 2014 年的 27.1%，并且 2009 年以来相互保险市场份额稳定在 27% 左右的水平（见图 11.1）。从各国相互保险在保险市场占比的情况看，澳大利亚最高，为 61%，其他相对较高的国家有新西兰（53%）、法国（50%）、荷兰（49%）、丹麦（47%）、德国（47%）、日本（45%）、美国（36%）。在欧洲有大约 3 000 家相互保险组织，北美有 1 850 家，亚洲和大洋洲的数量较少，共有约 150 家，并且主要集中于日本和澳大利亚。

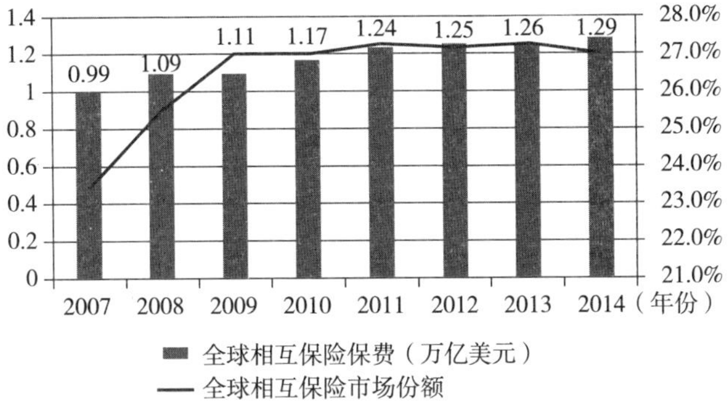

图 11.1　2007—2014 年全球相互保险规模及市场份额变化图

从业务类型看，全球相互保险在寿险市场和非寿险市场呈现不同的发展态势。金融危机以后，相互寿险发展逐步放缓，截至 2014 年累计实现保费 6 320 亿美元，业务规模自 2011 年以来连续 3 年呈现负增长，其中，2013 年保费同比降幅最大（2.8%）。与之相反，相互非寿险发展则后来居上，市场规模持续扩大，2014 年累计实现保费 6 460 亿美元，首次超过相互寿险的规模，其中，2008 年保费同比增速最高（11.8%，见图 11.2）。另外，相互保险公司经营领域因地而异，如日本和英国的相互保险公司主要从事寿险，美国和法国的相互保险在财产和意外险领域占据更大的市场份额。

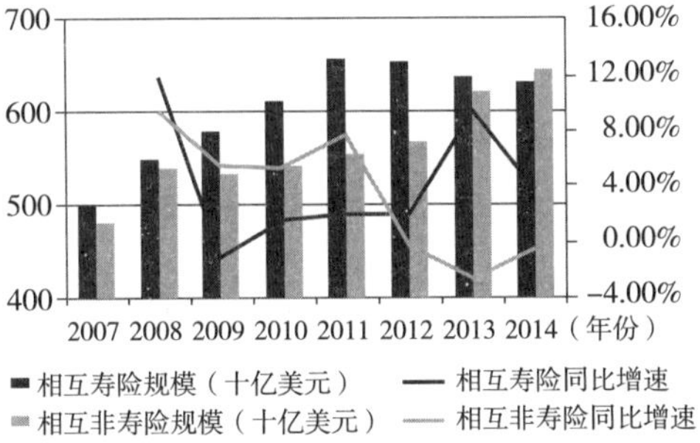

图 11.2　2007—2014 年全球寿险与非寿险领域相互保险规模及同比增速图

从市场格局看，在相互保险的鼎盛时期，1997 年全球 10 大保险公司中有 6 家是相互保险公司，排名前 50 家公司中有 21 家是相互保险公司。但到了 2014 年资产规模居前 50 名的保险公司中，只有 9 家相互保险公司，其中日本2家，美国7家。9家公司中，5家专门经营寿险业务，1家专门经营非寿险业务，3家既经营寿险业务，也经营非寿险业务。

二、相互保险的本质分析

“互助”本质是共享，是保险制度的逻辑起点和精髓所在。因此，相互保险是保险制度最原始和基本形式。人类的“相互”经历了从盲目到自觉、从被动到主动、从社会到市场的演变过程。原始的保险是一种盲目和被动的互助模式，以一种社会组织，如部落、城邦、教团和家庭等为依托，通过特定的社会关系形成隐性互助，这种互助形式存在很大的不确定性，难以充分保障个体的利益。

随着社会的发展，传统的相互保险已经难以适应需要。于是，随着市场经济的出现，保险市场和保险公司也就应运而生。作为一个风险个体可以根据自身的需要，通过主动购买保险，转移自身的风险。市场出现的根本逻辑是基于提高社会交换的可能与效率，保险市场也是基于同样的逻辑，为社会提供公共和专业化的风险融资和保险服务。

从本质上看，保险就是互助，其表现形式有基于“跨期”的自我互助和基于“分散”的他我互助。就人类社会而言，互助是从被动和盲目的，逐步过渡到主动和自觉的。同时，作为一种社会制度，公平和效率是考量的重要指标和发展的核心诉求。商业保险对传统的相互保险而言是一种进步，但随着社会的发展，特别是科技的进步，也面临着越来越多的挑战，这种挑战不仅体现在集合的效率上，更体现在可能性上。

从全球相互保险发展情况看，“公司化”似乎成了“殊途同归”的“魔咒”，但如果归顺了“公司”，那么“相互”的意义与价值何在？这恰恰是相互保险发展过程中分分合合的内在原因，分是使命必然，合是不得已而为之。今天相互保险的再出发，最大的机遇在于以互联网为代表的科技带来的可能性，让人们能够重新思考对时空的利用，思考集合的效率与可能，思考相互保险的实现方式。

就现代社会而言，相互保险面临的最大挑战是“信任模式”的选择，即“前信任”或“后信任”。从理论上讲，商业保险属于“前信任”模式，这种信任模式是以先收取保费作为前提和支持的。相互保险则属于“后信任”模式，但面临的挑战是这种信任模式的刚性约束。从过往的实践来看，大多数相互保险均不得已地落入了“前信任”的圈套，在获得了“可行性”的同时，也从根本上失去了“自我”。

“后信任”模式的最佳选择是拥有“既有信任”的群体，“既有信任”的最大特征是具有一定的“刚性”约束，存在一定的社会和经济关系约束。最典型的环境是大型企业，同事之间具有较强的“信誉”约束，还可以建立一定的经济约束。此外，其满足了逆选择和道德风险管理的“低成本”要求。同时，互联网、大数据、区块链和智能合约均为打造一个更加便捷高效的相互保险机制提供了可能。

三、名正言顺：相互保险社

相互保险面临的另一个挑战是“名正言顺”，而“名”的背后是解决范围和定位问题，即什么是“相互”，其组织形态到底是“社”“公司”，或是其他。老子说过：“名可名，非常名。”讲的是那些最原始的，带有根本性的东西是难以用“名”去限制的。相互保险似乎也是如此，它是保险的“原始”和“根本”，因此，“无名”也是理所应当的。但回到现实层面，“名”仍是一个绕不过的问题，如在工商注册中就是一个直接的问题。

“相”意味着集合，复数是“相”的基础。“互”意味着交流，互换是“互”的体现。未来面临依托互联网技术的“社会回归”，效率与可能是回归的价值所在，而知情权和选择权是灵魂所在。因此，理解、把握并践行是成功的关键。就现代经济社会而言，“名”是具有法律内涵与外延的，是一种规定和一种识别体系。相互保险肯定不能是“公司”，但“组织”又太抽象，所以还是“公社”比较合适，“公”即“共”，意味着相互组织属于社员共同所有，但“社”则面临诸多挑战，需要通过实践去定义，其核心有别于“公司”。

为了全面规范相互保险的创新与探索，加强对相互保险组织的监督管理，促进相互保险组织规范健康发展，原保监会于 2015 年 1 月颁布了《相互保险组织监管试行办法》(以下简称《试行办法》)。《试行办法》就相互保险的一系列基础性问题予以了清晰和明确，同时，制定了相互保险发展的基本规定和要求。

第一，明确了两个最主要的定义。一是明确相互保险是指具有同质风险保障需求的单位或个人，通过订立合同成为会员，并交纳保费形成互助基金，由该基金对合同约定的事故发生所造成的损失承担赔偿责任，或者当被保险人死亡、伤残、疾病或者达到合同约定的年龄、期限等条件时承担给付保险金责任的保险活动。二是明确相互保险组织是指，在平等自愿、民主管理的基础上，由全体会员持有并以互助合作方式为会员提供保险服务的组织，包括一般相互保险组织，专业性、区域性相互保险组织等组织形式。

第二，明确从三个方向推动相互保险发展。第一个方向是一般相互保险组织，定位于按照公司化运作、在较大区域范围开展业务的大型组织。第二个方向是专业性相互保险组织，定位于在特定行业或特定风险领域开展单一相互保险业务的专业相互组织。第三个方向是区域性相互保险组织，定位于为地市级以下特定区域的居民提供专业保险服务的相互保险组织。

第三，根据国际经验，相互保险组织的融资难度相对较大。为培育相互保险这一新型市场主体，试行办法设置了相对较为宽松的准入条件。其中，一般相互保险组织需要满足“有不低于 1 亿元人民币的初始运营资金”及“有不低 500 个初始会员”等主要设立条件，区域性、专业性相互保险组织需要满足“有不低于 1 000 万元初始运营资金”和“有不低于 100 个初始会员”等主要设立条件。

四、我国相互保险的探索与实践

我国相互保险的发展情况相对复杂，就狭义的“保险”范畴而言，2005 年成立的阳光农业相互保险公司是我国第一家相互保险组织。之后，在宁波的慈溪和浙江的瑞安开展了“农村保险互助社”的试点。前者基本上属于传统保险公司的范畴，后者属于初级和小范围的试点，其探索和推广的意义不大。

从广义的角度看，在我国相互保险发展过程中，还有一种非常特殊的形式，即具有较强行业和行政管理色彩的“互助组织”，包括以下几类。一是20世纪80年代末，在借鉴日本农业共济会经验的基础上，河南等9个省市开展了政府政策引导和农民互助合作相结合的相互保险试点。二是1994年7月成立，由农业部主管的中国渔业互保协会。三是1993年由中华全国总工会创办的中国职工保险互助会。四是妇联机构设立的妇女儿童的互助组织。据不完全统计，目前我国已有各类互助组织200多个，会员达到2 000多万人。由于历史的因素，这类组织基本没有纳入保险监管的范畴。

为了全面规范和发展相互保险，2015年原保监会颁布了《相互保险组织监管试行办法》，为我国的相互保险的探索与实践奠定了制度基础。在此基础上，2017年原保监会批准了众惠财产相互保险社、信美人寿相互保险社、汇友建工相互保险社三家相互保险社设立，我国的相互保险探索与实践进入了“落地”阶段。从2018年的数据看，三家相互保险社的经营情况均不理想，众惠相互、信美相互、汇友相互的保险业务收入分别为3.84亿元、5.39亿元、3 547.92万元。亏损金额分别为9 438.32万元、1.41亿元、2 196.76万元。亏损的背后，固然有开办初期的原因，但更有理论、理念、制度和机制层面的原因，即“社”与“公司”的根本区别和本质特点是什么、根本区别在哪里。如果这些基础问题不解决，就很容易陷入“公司魔咒”，相互保险的探索与实践就可能事与愿违，无功而返。

与此同时，在互联网经济快速发展的背景下，“互助平台”模式应运而生，从最初的“抗癌公社”到后来的“壁虎互助”“E互助”“夸客联盟”等，再到现在的“轻松筹”“水滴互助”“众托帮”，基本模式是依托互联网的集合能力，实现一种基于“众筹”的互助。从广义的视角看，互助可以分为事前的“契约型”互助，即保险，以及事后的“慈善型”互助，即募捐，但二者具有本质不同和显著区别，这是发展与监管的逻辑基础。

所有的“互助平台”均面临两个非常现实的问题：一是事前“过不过钱”；二是是否提供担保。如果答案是肯定的，那么就属于“保险（金融）”范畴，必须持牌经营并纳入监管，否则就属于非法金融。如果答案是否定的，那么参与者的利益如何保证，有谁愿意参与，平台又如何生存。目前，一些“契约型”互助平台采用“打擦边球”的做法，以“慈善”和“公益”的名义开展业务，但始终面临公信、合规和监管的挑战。

2018 年是我国互联网相互保险发展“突破之年”，10 月 16 日蚂蚁金服与信美合作，推出了“相互保大病互助计划”，凭借支付宝平台强大的引流能力，在短短的 9 天内，就吸引了超过 1 000 万的用户，到 10 月 31 日，用户突破 1 400 万。与此同时，京东联手众惠相互也推出了“京东互保”，提供 100 种重疾、30 种轻症保障，并打出了“0 元加入、事后分摊”的广告。一时间，互联网相互保险成为社会和行业的热点和焦点，但很快形势就急转直下，随着监管部门的介入，“京东互保”随即下架，信美相互也被监管部门约谈，并中止了与支付宝的合作。而“相互保”则以“升级”的形式，转型为“基于互联网的互助计划”，并更名为“相互宝”，同时，承诺用户参与条件和获得的保障不会有任何改变。

2018 年的互联网相互保险风波，留给市场许多思考。第一，问题的焦点仍然是“互联网相互保险”的定性问题，即其是否具有金融属性，它与“公益”“慈善”“募捐”“众筹”的区别和边界是什么。第二，互联网相互保险的效率优势是显而易见的，这是各种“擦边球”存在的社会基础，社会效率和群众认可是硬道理，那么，传统保险业从中得到的启示是什么，监管部门又应当有怎样的观察与思考。第三，从“相互保”到“相互宝”仅一字之差，从“界内”到了“界外”，引发了人们对互联网时代保险监管环境、理念、模式和技术的深刻思考。

近年来，无论是名正言顺的相互保险社，还是游走在边缘的“互助平台”，均将目光集中到了区块链，希望利用区块链技术重构信用，打造全新的商业模式。如信美相互在“会员爱心救助账户”项目中，利用区块链技术，尝试通过算法和分布式技术架构实现去中心化并解决信任问题。再如“众托帮”以“区块链 + 互助”为思路，打造区块链公益项目“心链”。可以肯定的是，相互保险是区块链技术在保险领域应用的典型场景，区块链技术能够有效解决相互保险的“痛点”，并打造相互保险 2.0 时代。

最后，要强调的是无论是保险、互助，还是公益、慈善，都是人类文明进步的产物，均体现了人类相互帮助和友爱的精神，它们之间有差异，无优劣，只是以不同的形式，满足不同的需要，不存在“厚此薄彼”的问题。但与此同时，差异决定了性质与属性的不同，决定了运行的逻辑与原则的不同，这是社会管理，特别是维护公平正义的基础，是底线，必须明确并坚守，不容混淆、质疑与挑战。

保险与慈善有着本质不同，保险属于一种双务合同关系，即一种对价关系，合同双方享有相应的权利与义务。慈善捐赠是一种基于慈善目的，自愿、无偿赠与财产的活动，是一种单向的、不针对特定对象的赠与行为，是无偿和不求回报的。针对近年来出现的“网络互助”现象，尤其是这种现象出现了异化，隐含和引发了一系列社会问题，慈善主管部门就明确指出：个人求助、网络互助不属于慈善募捐。慈善公开募捐信息不应与商业筹款、网络互助、个人求助等其他信息混杂，目的就是要明确和划清慈善与“网络互助”的界线，维护公共利益和社会公平。

五、相互保险：名至实归

我国相互保险的未来，应当如何定义、定位和发展，是一个需要深入思考和不断实践的问题。今天的相互保险，尤其是我国的相互保险肯定不等于过去，也不能简单地效仿国外的相互保险的发展道路，需要在“中国特色”，特别是在社会变革与科技进步的背景下，探索一条属于自己的发展道路，其核心是如何赋予相互保险以全新的生命力，既不同于传统的商业保险，又坚守相互保险中最根本的属性。因此，需要从理论到实践进行全面清晰与深入探索，做到先知后行，知行合一。

第一，是定位问题。根据国际合作和相互保险联盟的观点，相互保险社应具有三个共同属性。一是适用于特定和特殊人群，其逻辑是这个群体不太适合商业保险模式，一般具有较高和显著的职业风险特征，如律师、医师、教师和农民等。二是允许会员参与组织的运营与管理，体现为一种自治组织，会员有充分的知情权、参与权和决定权。三是组织以服务会员及其利益作为基本宗旨，属于非营利组织，经营结余留存组织或返还给会员。

第二，是适用范围问题。从全球的实践看，相互保险主要适用特定群体的特殊风险，通常是因为这个群体的风险相对高，商业保险公司不愿意或难以承保，所以由相互保险组织解决。近年来，以癌症为代表的重大疾病成为相互保险发展的一个领域，尤其是互联网平台。究其原因，是商业保险公司从自身利益出发不愿意提供此类保险，或提供的保险产品责任范围窄、保费高。但此类风险是否符合互助的逻辑仍有待商榷。因为这个群体面临的风险相似，出险概率高，赔付金额大，并且分摊能力有限。

第三，是信用模式问题。就基本原理而言，相互保险是一种“后信任”模式。大多数相互保险组织尽管都举着“相互”的旗帜，但最终都走上了“公司之路”，其根本原因在于缺乏构建“后信任”的条件。因此，能否和如何构建一种“后信任”成了问题的关键。就“后信任”体系构建而言，有两个思路。一是寻找基础利益共同体，如企业，尤其是集团性企业，如村庄，这些组织具有原始的社会关系和利益联系。因此，在这个范围内构建基于“后信任”的相互保险具有可行性，如在一个行业和企业内部，利用协会和工会的平台，建立职业责任、汽车、大病和职业年金的相互保险制度就具有较强的可操作性。二是利用以区块链为代表的技术，区块链具有重构信任的能力，形成一种相对刚性的信任。同时，配合账户和支付管理，就能够满足后信任模式的要求。

第四，是公信力和专业能力问题。“去公司化”的相互保险面临的最大挑战是公信力和专业能力问题，互联网给了解决这些问题以可能，即利用平台化的思维，特别是“智力众筹”模式，就能够很好地解决这些问题，而且成本很低，甚至为零。目前，我国相互保险领域出现的“赔审团制度”就是一个很好的探索，即当赔付发生争议时，当事人可以申请启用“赔审团制度”，随机选取符合资质的会员，由他们通过在互联网端的讨论，最终决定是否赔付。面向未来，人工智能和智能合约等技术，在为相互保险解决“痛点”的同时“赋能”，并迎来相互保险 2.0 时代。

【辅助资料】英国医师互助组织

英国的医师执业责任风险主要由两种形式提供保障，一种是商业保险市场，另一种是医师互助组织。英国医师互助组织主要由三个机构组成，包括医师维权联合会、医师保护协会和国民医疗服务诉讼委员会。同时，医师保护协会负责具体运营管理。医师保护协会的服务对象为注册的医师或牙医，医学辅助执业人员，如护士、心理咨询师等也能以准会员身份加入。该组织的服务范围主要是英国和曾经的英属殖民地国家和地区，如爱尔兰、南非、新西兰、新加坡等，在全球拥有超过 30 万会员，是全球最大的医师互助组织。

英国的医师互助组织与商业保险机构有所不同：一是其属于非营利组织，因此，能够充分体现和维护医师的利益；二是行业专业维权的特征明显，即互助组织会不遗余力地维护医师的权益和名誉；三是运营成本相对低，并且不会因为索赔而提高保费；四是“不拒赔原则”，无论何种原因，一旦医师遭遇索赔，互助组织就予以赔付，同时没有索赔时效的约束；五是提供综合服务，不仅提供处理医疗事故纠纷全过程的专业和法律服务，同时还提供日常的法律咨询和各种培训服务；六是胜诉率相对高，由于该组织的专业性和权威性较强，因此在诉讼过程中具有相对优势。

英国医师执业注册的医学委员会和牙医委员会均在其执业守则中明确要求，医师应加入互助性责任保险机构或购买商业性责任保险。同时，英国卫生部要求，为国民提供免费医疗服务的医师，必须加入互助性责任保险机构或购买商业性责任保险，以保证其有足够的经济能力承担执业责任，否则公立医院不得聘用，卫生行政部门不得与其签约。

【辅助资料】美国教师退休基金会

美国教师退休基金会是一个为全美教师设立的退休养老基金体系，成立于 1918 年，总部位于纽约，主要服务教育事业和非营利组织，核心业务包括退休基金、养老基金和个人保险等。该组织已有 80 年的历史，并以优质的服务、低廉的价格和专业的管理赢得了较好的声誉。其核心业务包括退休基金、养老金和个人退休账户等。

美国教师退休基金会不仅为高级教职工和研究人员提供个人生命保险、终身健康保险，也为普通教师及其家人提供同样的服务。在2017年《财富》美国500强排行榜中，美国教师退休基金会排名第80位。

【辅助资料】朋友相互保险社

2010年成立的朋友相互保险是一家以“互联网互助”为概念的保险代理公司，其核心经营理念是利用互联网技术特征，以“P2P”模式，开展相互保险，挑战传统保险的经营效率。该公司提出了保险回归社会属性命题，并喊出“让保险成本降低50%”的口号。从该公司提出的经营思路和逻辑看，其商业模式基本可行。通过利用互联网技术，大幅度降低营销成本和运营费用，同时减少小额赔案和道德风险。

朋友相互保险通过建立一种特别信任机制，如家人、朋友和熟人，建立一个可信任的互助群体，从而大幅度降低维护信任的成本并减少道德风险。同时，朋友相互保险通过建立“资金池”制度,即建立基本保费账户和预交保费账户。一般情况下，如果成员没有发生保险事故和赔款，则“预交保费”部分将退还给成员。如果成员发生赔款，则由“预交保费账户”予以支付。如果赔款金额较大，超出了“预交保费账户”能力，则由保险公司予以赔付。

第三节　交互保险

交互保险，是指具有相似风险保障需求的人以相互帮助、共摊风险为目的，通过专业第三方管理者将自身风险与其他人进行相互交换的经济活动。其中进行风险交换的人称为认购人，第三方管理者称为实际代理人。

交互保险组织最早产生于1881年，在美国纽约的一家商人俱乐部，6名面临着火灾风险的干货商人由于不满意保险公司的火灾保险费用过高且服务质量不佳，便共同签署了一个互相救助的备忘录，约定每家都承诺出资2 000美元，如果有人遭受火灾损失，大家将在2 000美元额度内对受损者提供经济补偿，这就是第一个交互保险协议。这种互相帮扶的经济互助形式一经出现，就受到其他同样面临火灾损失风险的商人追捧，大家纷纷申请加入其中。上述6名商人组成了一个委员会，负责审核申请人资格及处理损失赔偿等日常事务。

这种事前商定赔偿额度，事后向未遭受损失的认购人收取保费的形式存在很大的违约风险，而且受损认购人经常不能及时得到补偿，这显然不利于交互保险的健康运营。因此，实际代理人倡议，所有认购人事前将承诺支付的保费以存款的形式交给实际代理人管理，遭受损失的认购人最多可享受保费存款十倍的赔偿，在年终结算时，实际代理人会将剩余保费存款返还给未遭受损失的认购人。这一倡议得到广大认购人的认同。自此，接近于现代交互保险的经营模式正式确定。从目前国际交互保险市场的发展情况看，其具有如下几个主要特点。

第一，实际代理人制度。实际代理人制度是交互保险区别于其他保险主体最显著的特征。实际代理人由交互保险组织的董事会或会员代表大会聘请，权力由所有认购人让渡，受董事会或会员代表大会监督，经营管理交互保险所有的日常事宜，对全体认购人负责。作为管理者的实际代理人并不是交互保险的认购人，这就将风险池和管理平台天然隔离，保证风险池的风险不会蔓延。这种更为专业化的管理保证了交互保险高效可持续运行，同时又节省了成本。

第二，区别于一般保险公司的运作模式。和股份制保险人相比，交互保险的保费也是缴足制，但在保费盈余的分配上有所不同。认购人如果发生损失可以获得保险赔偿，如果没有发生损失，认购人可以拿回保费盈余或继续存在特定账户。这一特征使交互保险在美国享受很多税收优惠政策。

第三，不以营利为目的。交互保险的经营目标是服务所有认购人，不追求利润最大化。作为交互保险所有人的认购人既是投保人又是被保险人，通过事前签订的保险赔偿协议，可以最大限度地降低道德风险，同时可以简化核保核赔流程，使得经营费用尽可能最小化，为认购人提供成本低廉的保险产品。

第四，不是严格的法人组织。在交互保险中，认购人可以是法人机构，实际代理人也可以是法人机构，但两者并不一定能组成一个实际的法人实体，严格说来它只是一个交换保单的平台。因为这一特征，交互保险在发展之初并没有独立的法人地位。随着法律制度的完善，现代交互保险组织已具有一般经济实体以自身名义起诉利益相关方的权利，或授权实际代理人代为行使起诉权或被起诉。

美国交互保险经历 1900—1925 年快速发展后，1925 年已有 200 多家交互保险组织，业务范围也从火险逐渐扩展到其他领域，如车险、责任险、健康险和寿险等。然而，到了 20 世纪 30 年代初期，由于对实际代理人监管不足以及立法严重滞后，交互保险组织的财务稳定性急剧下降，偿付能力不足，部分组织破产或解散。统计显示，1935 年美国交互保险组织的数量已经不足 50 家。这一情况对美国保险市场和经济社会环境造成了恶劣的影响，此后美国开始加强对交互保险的监管立法工作。

2014 年美国有交互保险组织近 200 家，保费收入超过 530 亿美元，其中不少国际知名的大型保险组织均采用了交互保险形式。如 1922 年成立的美国联合服务汽车协会，它以美军士兵为主要认购人，拥有超过 2.8 万名雇员，认购人超过 1 140 万。2015 年实现保费收入 167.86 亿美元，总资产达 1 370.76 亿美元，在美国所有保险公司中排名第 22 名。再如 Farmers Exchanges（保险公司），以苏黎世保险集团控股的 Farmers Group 作为实际代理人，是美国最早的交互保险组织之一。此外，成立于 2007 年的 PUER（交互保险组织），2015 年实现保费收入 4.9 亿美元，连续 9 年实现保费 40% 以上的增速，是近年来美国保险市场发展较快的交互保险组织。

第四节　自保组织

一、专业自保公司发展概述

专业自保公司（亦称为专属保险公司、自营保险公司）是由一家母公司投资组建的，并且只为母公司及其控股子公司提供保险和风险管理服务的保险公司。作为保险市场的新型组织形式，专业自保公司在经营管理和保险监管方面均处于相对初级阶段，有待探索与实践。从总体看，专业自保公司的发展经历了以下几个阶段。

启蒙阶段。自保是传统保险发展到一定程度之后才出现的，是传统保险的衍生或补充，最早出现在19世纪中期，真正意义上的专业自保公司产生于20世纪20年代。在20世纪20年代和30年代，专业自保公司在形式上比较趋向于相互制保险公司和共同保险公司。到了20世纪50年代，专业自保公司的母公司出于节税的考虑，纷纷将自保公司的设立地移至海外，即离岸设立，产生了大批离岸自保公司。到了60年代中期，美国法律不允许把企业向自保公司支付的保险费作为费用处理，专业自保公司的节税功能不断弱化，主要功能为母公司处理特殊风险。到了20世纪80年代末至90年代，传统保险市场上出现了责任保险承保能力不足的现象，专业自保公司迎来一次发展高潮。总体看，从20世纪60年代到90年代，专业自保公司持续发展，但并没有形成规模，涉及的险种也相对有限。

快速扩张阶段。进入21世纪以后，由于传统商业保险市场进入发展的平稳期，保费价格不断上涨，承保能力有所下降，给专业自保公司发展营造了良好的外部环境，专业自保公司呈现出迅速扩张的态势。2002年，全球约有4 500家专业自保公司，保费规模为250亿美元。2005年，专业自保公司超过5 000家，保费规模为400亿美元。2015年，专业自保公司近

7 000 家，保费规模为 500 亿美元。

从目前的情况看，国际上越来越多的大型企业拥有了自己的专业自保公司。据统计，目前在世界财富 500 强企业中，超过 70% 的企业设立了专业自保公司，美国的全球 500 强企业中有超过 90% 的企业设立自保公司，自保公司责任险总保费约占北美责任险市场的 40%，全美约有 30% 的工商业保费来源于自保公司，专业自保公司已经成为世界保险市场上一支十分重要的力量。

二、我国专业自保公司的发展

我国专业自保公司起步晚，从 21 世纪初才开始探索与运作。但历史上我国也存在类似于专业自保公司的保险组织。如 1984 年经国务院批准由中国石化总公司设立的安全生产保证基金，它可以视为我国大型企业建立专业自保公司的雏形。

2000 年 8 月，中国海洋石油总公司在香港成立自保公司——中海石油保险有限公司，是我国第一家真正意义上的专业自保公司，这揭开了中国企业成立自保公司进行风险管理的序幕。此后，很多大型国有企业以安全生产保证基金或安全生产风险抵押金的形式建立了自己的专业自保体系，但由于缺乏对自保公司这一新型组织形态的立法及监督，这些实行自保的企业有的在观望和等待中踌躇不前，有的因经营管理问题不得不放弃自保，重新投保商业保险，最终未能完成向专业自保公司的变身。

为了规范和管理专业自保公司的发展，2013 年原保监会颁布了《关于自保公司监管有关问题的通知》，对设立自保公司的条件、经营、监督管理等问题进行了规定。与此同时，2012 年 9 月，原保监会批准中石油专属财产保险股份有限公司筹建，开启了我国内地设立专业自保公司的序幕。目前，我国国内企业设立的专业自保公司共有 6 家，包括注册地址在大陆地区的中石油、中国铁路和中远海自保公司，以及注册地址在香港的 3 家，分别是中海油、中广核以及中石化的自保公司。

三、自保发展过程中可能面临的问题

无论是从各国的发展情况看，还是从我国前期的实践情况看，自保组织的发展也面临许多问题。问题的关键是只有对自保组织形式本质进行认识和理解，才能够扬长避短、趋利避害，真正发挥自保组织的优势，防止可能出现的风险。通常而言，自保组织面临以下问题。

一是存在特殊风险。与一般商业保险公司相比，自保公司不具有承保风险的多样性和业务的规模性，并不能确保风险的完全转移。一方面，母公司的风险管理人员或自保公司的管理者，容易盲目地追求发展，忽视自保公司风险管理的基本职能。另一方面，企业自保后，由于与保险公司缺少了业务合作机会，无法获得保险公司专业性的风险评估及防灾防损等风险管理服务，风险数据的来源渠道变窄，不利于预测未来损失，准确厘定费率。此外，自保公司的控制权在母公司，经营容易受母公司影响，并且体内循环容易导致其经营的隐蔽性，增加了外部监管的难度。

二是资本要求较高。成立自保公司与一般性的自保安排有很大的不同，主要的一点就是自保公司要按照相关规定认缴足额资本金，并提取各类公积金。不同国家和地区对资本金和公积金的要求也不同。在美国，各个州立法规定的公积金最低提取金额从 25 万美元到 200 万美元不等。百慕大、开曼岛则要求 12 万美元，新加坡规定 70 万美元。而在一般情况下，大多数自保公司的注册资本都要高于法律规定的最低要求。考虑到我国保险市场实际，设立自保公司将设定更加严格的资本要求。

三是风险承保能力相对较弱。虽然自保公司也可以通过办理再保险的方式减少自己的损失，但在对某些特殊风险承保时仍显得能力较弱。这一点在风险集中的石油化工行业表现得更为突出。一次巨灾事故有可能耗尽所有自保基金及其总准备金，使企业陷入严重的财务危机。2000 年，科威特一家炼油厂发生爆炸，损失高达 2 亿多美元。1988 年帕帕阿尔法石油平台失火事件导致了伦敦劳合社保险公司保险和再保险损失高达 80 亿英镑。2010 年墨西哥原油泄漏事故保险赔偿超过 120 亿美元。这类事故对当前国内企业自保公司或安保基金的规模来说，可能会造成严重的偿付能力不足问题。

四、发展与完善我国专业自保公司的几点思考

从发展的趋势看，法人业务、特别行业和大型机构的保险业务都面临着自保化的趋势，因此，需要结合我国的实际，为自保的发展营造良好的制度环境。同时，也要关注自保经营过程中的专业和风险管理问题。

一是弥补监管空白，规范自保行为。按照2006年国务院23号文件“规范行业自保、互助合作保险等保险组织形式，整顿规范行业或企业自办保险行为，并统一纳入保险监管”的要求，因势利导，尽快将目前存在的类自保组织进行规范，纳入监管范围。

二是完善监管制度，防范新型风险。从保险监管部门来看，目前还没有出台适合专业自保公司的管理办法，也没有建立相应的监管指标体系，包括业务、财务和资金运用在内的监管指标都没有具体的规定。需要尽快从立法的角度确定专业自保公司的合法地位，明确监管方式和经营规则，尽早防范和化解专业自保公司设立后带来的新的金融风险，为专业自保公司的发展提供良好的外部环境。

三是明晰业务范围，确保稳健发展。为突出自保公司经营特色，应鼓励自保公司发挥优势，充分开发系统内保险资源，提供贴近企业需求的个性化保险产品。但有必要明确规定自保公司的业务边界，提高自保业务的专业化水平。对于自保公司的再保险业务，应仅限于分出业务，不得接受分入业务，有效隔离系统外风险，防止保险市场风险向自保公司传递，确保自保市场稳定健康发展。

四是试点积累经验，稳步推进实施。目前我国的保险市场还处于发展的初级阶段，配套的服务机构还比较缺乏，所以在技术支持上并不利于专业自保公司的发展。针对这种情况，在国内自保市场发展的初始阶段可以先选择一些条件较为成熟的企业进行试点。对自保公司的准入，早期也应采取审慎态度，循序渐进。先允许纯自保公司的设立，此后再逐步引进其他类型的自保公司，逐步放开自保公司的业务范围。

五是借鉴国际经验，加快人才培养。自保公司的管理必须建立在对风险的科学评估和预测以及合理的分保基础上。在发展专业自保公司初期，

由于缺乏对国际再保险的了解，对风险的管理也不熟悉，所以需要引进国外经验丰富的专业自保管理公司，为我国的自保公司提供国际化、专业化的管理和咨询服务。同时，加大对财务、法律、保险、投资、精算等领域全面了解且经验丰富的复合型人才的引进和培养力度。

第五节　离岸保险

一、离岸金融与保险

在经济和金融全球化的大背景下，离岸金融应运而生。从金融范畴看，“离岸”的概念是相对于“母国”而言的，即金融机构（金融业务）出于各种原因，选择在“母国”以外的“离岸国”注册机构，并将其作为名义上的经营地，但实际的经营活动与离岸国并无直接关系，即开展的金融业务与当地居民无关。

从本质上看，离岸金融的出现和发展基于五大红利。一是监管制度红利。成为金融离岸中心的一个重要条件是相对宽松的监管制度，能够为金融活动，特别是金融创新活动提供制度环境。二是税收制度红利。成为离岸中心的一个先决条件是税收优惠，离岸管辖区政府通常只向离岸公司征收年度管理费，此外不再征收任何税款。三是资金成本红利。离岸国的自由港地位以及宽松的外汇管制制度，决定其能够在全球配置资金，继而实现资金成本最低。四是经营成本红利。离岸机构大多属于“纸面公司”，因此，公司的“运营”基本上不产生成本。五是隐私保护红利。在离岸地注册的公司对股东资料、股权比例、收益状况等，享有保密权利，均可不对外披露。

一开始，离岸金融具有较强的地理色彩，均是一些相对独立的小岛国，如百慕大群岛、英属维尔京群岛、开曼群岛、马恩岛、巴哈马群岛、西萨摩亚、安圭拉群岛等。随着越来越多的金融业务“出走”，一些国家和地区开始关注这一现象，并纷纷效仿。在这个过程中，出现了两种模式。一种是新加坡和中国香港模式，即将离岸金融作为经济发展的一种手段，创造条件，构建发展的新增长点。另一种是英国模式，为了挽留本国金融业务，采取“网开一面”的思维，在本国选择一个具有“离岸”特征的地点，开设金融特区。有的国家就更加直接地设立离岸金融中心，如爱尔兰的都柏林国际金融服务中心。

从总体趋势看，离岸金融模式体现为各国之间的利益博弈，当离岸金融规模不大的时候，这种博弈往往不为大国重视。但离岸金融发展到今天，已经成为国际金融的重要形态。据估计，全球已有高达 60% 的资金可能存放在“离岸”，有近 50% 的金融交易发生在“离岸”，每个离岸地的年度金融交易量均超过 1 万亿美元。因此，各国政府对于离岸金融的态度也经历了从“堵”到“疏”的转变。一开始均采用了相对严格的禁止措施，但收效甚微，之后则更多地采用相对务实和积极的“自由港”模式，引导发展“离岸”不“离国”的模式。

二、另类离岸保险：“地下保单”

我国保险业也面临着“离岸保险”模式的挑战，早期主要表现为离岸的再保险业务，近年来，从强化偿付能力管理的视角出发，较好地应对了挑战。但与此同时，出现了非常特殊的“离岸”业务形态，即“地下保单”。“地下保单”是指中国港澳地区的保险公司未经中国相关机构批准，通过各种渠道，吸引内地消费者购买其保险产品。就现阶段而言，“地下保单”主要是指香港保险机构和人身险产品。

“地下保单”最早于 2003 年左右出现在广东和福建，之后逐步向北京、上海、浙江和江苏等经济发达地区蔓延，并成为港澳地区保险发展的一个重要增长点。同时，这也对内地的保险市场产生了重要影响。从数据看，2010—2016 年是“地下保单”快速发展的时期，2016 年以 727 亿元保费和 39.3% 增速达到了发展的巅峰，其中最受欢迎的保险产品为重大疾病保险、人寿保险、储蓄分红险。

2016年“地下保单”迎来井喷式增长，与此同时，也引发了一系列行业，乃至社会问题，引起内地监管部门的高度重视。2016年4月，原保监会发布了《关于内地居民赴港购买保险的风险提示》，同年5月，下发了《关于加强对非法销售境外保险产品行为监管工作的通知》，一方面是对赴香港购买保险的内地居民进行风险提示，指出香港保单不受内地法律保护，存在汇率风险和外汇政策风险、保单收益存在不确定性、保单前期现金价值低、退保损失大四大风险。另一方面是对保险监管部门提示非法销售境外保险产品行为的危害，既扰乱境内保险市场有序竞争，干扰国家外汇管理秩序，造成境内消费者被误导和权益维护成本高，又可能存在非法向境外转移和藏匿财产等违法犯罪问题。

在内地和香港保险监管部门的共同努力下，同时，银行和外汇监管部门出台了一系列配合措施，“地下保单”问题得到了一定程度的遏制，2017年香港保险市场向内地访客签发的保单呈现了较大幅度的下降，降幅达到30.1%，保费收入为508亿元，占当年个人业务的总新签保单保费的32.6%。2018年上半年，呈继续下降的趋势，保费规模为223亿元，保费占比为26.6%（见图11.3）。

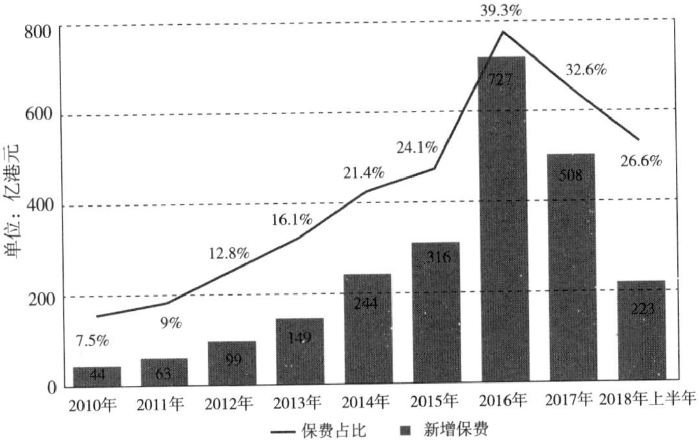

图11.3　内地访客新单保费及占比

三、“地下保单”的冷思考

近年来，尽管内地和香港监管部门采取一系列措施，加强了对“地下保单”的打击力度，“地下保单”的野蛮生长势头得到一定程度的遏制，但并没有“销声匿迹”，而是在回落的同时，渐渐趋向平稳。与此同时，2018年初，一位内地客户因保险理赔问题，与香港保险公司发生争议，协商不成，就在著名的海港城以“拉条幅”的方式抗议，使“地下保单”问题再次进入人们的视野，并引发讨论和思考。

第一，“地下保单”固然存在监管部门提示的各种风险，但需要思考的是为什么大陆居民对香港保险公司的产品趋之若鹜，甚至冒着违规的风险。究其原因，产品和服务是两大因素。从产品看，香港保险公司的一些以美元计价的重大疾病保险、养老保险和高端医疗保险产品与内地的类似产品比较而言，具有特色和优势，能较好地满足中高端客户对高保额保障、海外资产配置和高端医疗服务的需求。从服务看，香港的保险业经历了更长的发展历程，走过了粗放发展的阶段，其销售代理人员的专业素质和客户服务能力都相对较高，保险营销培训更为全面和专业，在消费者心中的行业形象良好。

第二，香港寿险业更大力度和更加灵活的营销激励政策和做法，是刺激“地下保单”井喷式发展的重要因素。以20年期长期保单为例，佣金通常在100%~120%，次年为20%，逐年递减。高额的佣金制度，不仅对营销人员是一种激励，同时也为“创新”营销模式提供了可能，不仅使营销员有能力赴内地开展业务，甚至能够为投保人提供赴香港体检的交通住宿等费用。

第三，“海港城事件”发生之后，引发了香港保险业的深刻思考。一是这次事件看似“地下保单”问题，其实是香港保险业的基础性问题，即理赔服务水平有待提高。二是跨境提供保险服务，需要“量体裁衣”，定制能够更好满足不同地区客户需要的产品和服务。因此，香港监管部门提出了要在粤港澳大湾区发展战略指导下，在大湾区设立售后服务中心，为香港保险公司的内地客户提供售后服务。

从未来金融全球化的大趋势看，尤其是在“离岸金融”发展的背景下，我国保险业很难独善其身，需要用国际视野来思考保险的内涵，需要用国际化的思维和语言来解读保险，特别是“地下保单”问题。我们需要正视一个问题，即在“风险提示”中的问题，一部分是可以解决的，另一部分是普遍存在的。因此，简单地否定“地下保单”是值得商榷的。更何况在粤港澳大湾区的大背景下，内地与港澳的保险业融合发展也是一个大趋势。面向未来，需要在协调和规范的基础上，更好地发挥粤港澳地区各自的相对优势，形成协同和共赢发展的局面，在为粤港澳大湾区发展提供保险服务的同时，实现三地保险业的共同繁荣与进步。

四、离岸保险的重要形态：专属自保

在金融全球化和不断创新的大背景下，内地金融保险业走出去是一个“大概率事件”。各种创新活动，也包括了离岸模式，特别是以“专属自保公司”为主要形态的离岸业务，将成为大趋势。因此，进一步规范管理，防范风险固然重要，但简单的“堵”肯定不是办法，而应当采用疏堵结合的方式，在规范管理的同时，考虑利用香港的既有优势，也可以考虑通过设立金融特区的方式，积极探索我国离岸金融的规范发展问题。

首先，香港具有成为一个专属自保保险中心的潜质，这种潜质来自香港作为国际金融中心的基本优势，包括简单的税制、法制、人才供应、信息和资金自由流通，以及高度开放和有竞争性的营运环境等方面。尤其是税收方面，香港向专属自保保险公司提供税务优惠，将其离岸风险保险业务的利得税减半。中央政府也出台过政策，鼓励内地企业到香港开设专属自保保险公司。

其次，可以结合我国金融体制改革的总体安排，选择金融相对发达、国际化程度相对高的改革前沿地区，如上海、厦门、宁波、海南等地，通过设立金融特区的方式，开展离岸金融的探索，实现“离岸不离国”，这无疑是一种更务实和智慧的选择。

最后，在离岸保险的发展过程中，传统的“专属自保公司”模式也渐渐出现了分化与进化，并衍生出全新的商业模式，如为没有能力或不愿设立专属自保公司的企业提供更加便捷和务实的“舱位化”服务模式。同时，要以更加务实的精神，协调好企业利益（平滑）与公共利益（税收）之间的关系与平衡。尤其是香港应充分发挥其在离岸金融产业链的在位优势，通过离岸保险服务模式的创新，进一步巩固其在国际，特别是亚洲区内的保险枢纽地位。

五、发展离岸保险的几点思考

近年来，在产业结构调整，特别是促进第三产业发展的过程中，我国不少地区均提出了发展离岸金融的概念,但真正落地并非易事。就保险而言，保险的经营特征决定了其需要在更大范围进行风险的分散，包括空间和时间两个维度的分散。“离岸保险”恰恰能够较好地满足和实现“更大范围”的诉求。面向未来，保险需要高度关注“离岸”问题。

传统的保险“离岸”，通常是通过再保险的形式实现的，但传统再保险面临的最大问题是交易过于复杂，效率相对低，成本相对高。同时，还面临交易市场和对手相对少，风险分散能力相对有限，难以满足保险创新发展的需要。因此，在发展“离岸保险”的过程中，要以“问题为导向”，从保险业发展的痛点入手，分析存在问题的根源，将保险和离岸加以融合，在解决存在问题的同时，探索全新的发展模式。

离岸金融是一项系统工程，它挑战了传统金融管理模式，乃至理念与观念，尤其是作为大陆法系的我国。在“离岸保险”的探索中，需要充分认识到面临的挑战和解决问题的难度，其中，一是法律体系问题。离岸金融的前提条件是需要构建一个更加国际化的法律环境，尤其是英美法系环境。二是监管探索问题。离岸保险是一种创新，要在有效防范风险的基础上，赋予创新以空间和自由。三是外汇管制问题，离岸金融的特点是更大范围和自由进出，因此，需要一个金融的“自贸区”。四是税收优惠问题。大多数的离岸金融中心均采用非常特殊的税收政策，甚至是没有税收的概念。五是基础设施问题。主要是指具有专业能力和经验的金融机构相对集中，特别是中介机构，拥有一批经验丰富的专业人士，以及连接国际金融和资本市场的网络，先进的信息技术等基础设施。六是综合环境问题。通常离岸金融中心均具有较好的经济、地理和自然环境，能够提供较好的经营与生活环境。

第十二章

保险新业态：开疆拓土

第一节 “保险 +”：保险创新的中国实践

一、“保险 +”模式的基本情况

近年来，在我国保险业的发展过程中，逐步探索并形成一种独特的发展模式，即“保险 +”模式。这种模式的基本思路是以问题为导向，以服务社会为目的，通过保险的方式切入，辅之以制度和技术创新，充分发挥保险的正外部性特征，为相关领域提供一揽子解决方法和全方位服务，不仅为客户，也为政府分忧解难，同时，更为保险业自身的发展探索出一条全新的道路，并逐步形成了一种保险创新发展的“中国模式”。

“保险 +”模式的出现具有深刻的历史背景。一是基于保险理论的再思考，即在新的历史环境下，对于保险本质、功能和职能进行再思考与再认识，提出了“社会（风险）管理”的理念，丰富了保险的外延与内涵。二是基于“保险社会”的思考与实践，特别是将这一理论与我国新时期的治理体系和能力现代化目标有机结合，不断探索从“后合约”向“前安排”的变革。三是基于“减量管理”的创新与探索，传统保险理论是基于等量管理。这种理论与价值创造的管理潮流格格不入，需要与时俱进。因此，基于制度和技术创新的“减量思维”应运而生。四是基于科技赋能的创新。保险业能够实现减量管理的前提是科技赋能，并在此基础上探索制度与管理创新，同时实现基于科技赋能的再出发与再存在。

在“保险 +”模式发展过程中，尤其是在发展初期，责任保险扮演了重要角色，因为责任保险具有显著的正外部性特征，并兼具社会管理的功能，与政府及行业管理的逻辑具有内在联系。在“保险 +”模式发展的初期，主要是针对社会和行政管理，也包括行业管理的“痛点”，采用政府和行业组织，特别是保险监管部门引导、主导和指导的方式推动，并取得了“立竿见影”的效果，得到了社会、民众和消费者的高度评价，使相关部门和行业不断发现并深刻体会保险制度的优势，形成了一种良性循环的态势，推动了这一模式的探索、发展与成熟。

在我国“保险 +”模式发展初期，原中国保监会发挥了重要作用。在原中国保监会的牵头下，集合和整合保险行业的力量，与行业主管部门通力合作，针对存在的问题，开发专门化保险产品，提供有针对性的风险管理服务，同时，强化保险的正外部性特征，通过风险查勘、费率拟定和承保政策等手段，积极干预并激励企业的风险管理，强化被保险企业的风险意识，逐步形成了相对成熟的保险参与社会治理的新模式，也为保险的发展营造了良好的外部环境。

“行业共保”是我国“保险 +”模式发展的一个重要特征。一方面是由于“保险 +”模式涉及的服务领域，均对专业化服务的要求相对较高。因此，单一公司，尤其是中小保险公司，无论是专业技术，还是服务网络，往往难以胜任，需要集合行业的力量，也包括专业保险中介公司。另一方面是由于我国保险仍处于发展的初期，容易产生无序竞争，通过行业共保的模式，能够兼顾各方利益，规范市场行为，形成行业合力，共同为社会提供服务，维护行业形象。

在“保险 +”模式的发展过程中，出现了利用科技手段强化风险管控、改善风险暴露、实现保险服务的模式。科技的介入，不仅提高了保险的效率，更创造了可能，特别是碎片化和场景化的服务。此外，还出现了将保险投资与保险业务融合的模式，利用保险资金的优势，直接参与医疗和养老设施建设，并利用专属医疗和养老设施，为被保险人提供更加优质和高效的服务。由此可见，“保险 +”模式的意义已经不局限于保险业本身，而是成了我国社会治理模式的新实践，不仅创新了社会治理模式，还为实体经济的发展营造了良好环境。同时，这一实践更丰富了社会治理理论和保险基础理论。

二、“保险 + 行业治理”模式

在“保险 +”模式发展的初期，更多的是针对社会，特别是一些特殊行业管理的“痛点”，通过制度创新解决存在的问题，打造良好的行业治理环境，培育良好的发展生态，形成市场化的良性发展机制。

应用场景一：医疗责任保险。在我国市场经济体制的发展过程中，医疗市场化成为一个趋势，也由此导致医患关系紧张，甚至严重恶化了医疗市场和社会环境，最具代表性的现象是全国的“医闹”问题。为了解决医患纠纷，宁波市政府从 2007 年开始探索通过引入医疗责任保险机制，建立全新的医疗纠纷社会处理新机制。一方面是通过医疗责任保险，确保了赔偿制度的落地，同时建立了患者、医院和保险的“三足鼎立”管理与处理架构和机制；另一方面是建立医疗纠纷理赔处理中心，建立从资料收集、咨询评估到沟通协商、理赔处理的全链条医疗纠纷处理流程，确保事故处理的专业、公平与公正。这一制度使医患纠纷，特别是暴力事件大幅度降低，“医闹”现象基本消除，患者和医生的满意度均大幅度提高。

应用场景二：旅行社责任保险。随着人们生活水平的提高，旅游成为人们消费的新亮点，拉动了旅游业的井喷式增长。与此同时，由于管理水平相对滞后，人员素质参差不齐，在旅游业的发展过程中出现的许多乱象，不仅严重侵害了消费者利益，更给旅游安全带来严重隐患，恶性事故频发，行业监管形势严峻。在这种背景下，原保监会与国家旅游局通力合作，通过统一投保的方式，导入旅行社责任保险，一方面解决了事故伤害的赔偿问题，切实维护了消费者利益；另一方面通过保险机制引入，形成一种外部监督，提升旅行社风险管理和安全生产的自觉性。

三、“保险 + 安全治理”模式

随着我国经济的快速增长，企业生产安全问题日益突出，尤其是煤矿、化工、加工企业等领域风险隐患严重，重大安全事故时有发生，而一旦发生事故，往往容易出现相关企业不仅无力施救，更无法对受害者进行有效和充分的赔偿的现象，导致严重的社会问题。同时，近年来，食品与药品安全也成了我国社会安全治理的一个热点问题，由于这一问题关系千家万户，也涉及众多企业，利用保险机制，解决存在的问题，成了保险创新的重要领域。

应用场景三：安全生产责任保险。为了解决安全生产事故处理过程中相关企业的责任承担，特别是赔偿支付能力问题，国家曾经实施了安全生产风险抵押金制度，但这一制度也带来了押金低不足以解决问题，押金高将给企业带来过重负担的问题。为了解决存在的问题，在国家安监总局的指导下，原保监会引导保险行业，通过安全生产责任保险的形式，推动安全生产风险抵押金制度改革，同时，通过引入保险制度，保险行业深度参与企业的风险管理，形成了一种市场化的外部监督和制衡机制。此外，释放了大量企业生产资金，取得了很好的社会效益。

应用场景四：食品安全责任保险。食品安全关乎整个社会，属于典型的社会安全问题，因此，国家提出了用最严谨的标准、最严格的监管、最严厉的处罚、最严肃的问责，建立科学完善的食品安全治理体系。各级政府高度重视，不仅出台了相关制度，还设立了食品监督管理部门，但由于食品行业点多面广，行业整体管理水平相对较低，因此，管理难度非常大，要靠相对有限的行政资源加以管理，容易出现鞭长莫及和法不责众等问题。为了解决存在的问题，一些地方政府尝试与保险行业合作，通过引入食品安全责任保险的方式，构建市场化的监管和管理机制，利用市场的力量，强化对食品安全的管理，从而形成一种长效机制。

四、“保险＋环境治理”模式

在“绿色中国”战略指引下，我国全面强化环境治理工作，明确了加快生态文明建设、推进绿色发展、建设美丽中国的战略目标，提出了构建政府为主导、企业为主体、社会组织和公众共同参与的环境治理体系。与此同时，“绿色金融”的理念使金融系统成为经济系统绿色转型的支撑平台。在金融领域，保险与“绿色中国”具有更加密切的内在联系，尤其是可以将“环境成本”进行显性化和差异化管理，能够发挥更大和更直接的作用。

应用场景五：环境污染强制责任保险。为了更好地发挥保险在环境治理过程中的作用，原保监会和原环境保护部联合发布了《关于开展环境污染强制责任保险试点工作的指导意见》，全面推动环境污染强制责任保险，成效明显。环境污染强制责任保险的主要功能有：一是为环境事故的受害者提供了切实的保障；二是通过差异化承保技术和费率拟定，在一定程度上体现了环境成本意识，保险公司还为企业的相关人员开展了风险防范和安全生产的专题培训，提高企业的安全生产能力；三是通过保险行业的介入，保险公司对企业开展环境风险评估，出具评估报告，指出存在问题和整改意见，形成了制度化的外部监督机制。

五、“保险＋社会治安”模式

随着我国全面改革开放，社会治理尤其是农村的社会治理问题日益突出，这种矛盾集中体现在社会治理工作的范畴不断扩大，环境日益复杂，而相应的资源不足，甚至是捉襟见肘，这导致社会治理特别是基层组织往往陷入疲于应付的局面。为了解决存在的问题，2003 年山东人保财险与当地政法委和综治办合作，研究、探索和开展社会治安保险，并于 2006 年向全国推广，取得了很好的社会效果。

应用场景六：综合治安保险。综合治安保险通常是指政府、综治部门和保险公司共同探索的基层治安防范和财产损失补偿相结合的综合性社会管理新机制。基本框架是：在政府的统一领导下，由综合治理部门组织协调，以行政村（社区）和保险公司为主体，以一系列合作协议为基础，本着合法、自愿的原则，组织居民每户每年交纳一定的费用，其中一部分用于加强基础治安管理，另一部分作为保险费向保险公司投保商业家庭财产保险，由保险公司按照保险合同承担家庭财产损失补偿责任，从而实现风险转移，形成“政府倡导、企业参与、市场运作、群防群治”的新型社会综合治理模式。综合治安保险作为一种市场化的风险管理机制，通过参与防灾、减灾以及灾后补偿，在保障经济平稳运行、维护正常的生活生产秩序方面发挥重要作用。

六、“保险 + 灾害救助”模式

我国是世界上自然灾害影响最为严重的国家之一。各级政府均面临在自然灾害发生之后的抢险救灾和灾后重建的问题，特别是重建资金的筹措问题。一直以来，我国的灾害管理采用的是“举国体制”，更多的是依靠政府和财政的力量。但随着社会发展和行政改革，这种模式面临越来越大的挑战，因此，需要探索“新举国体制”，即逐步从依靠政府和财政过渡到动员市场和社会的力量。在这个大背景下，我国积极探索了自然灾害公众责任保险和政策性巨灾保险。

应用场景七：自然灾害公众责任保险。在我国一些地区，政府通过投保自然灾害公众责任保险的方式，使遭受自然灾害的群众能够及时获得经济救助，帮助受灾群众提高恢复生产和生活的能力，这已成为发挥市场机制、促进政府改革转型、推动建立综合防灾减灾体系、提高灾后救助能力的新尝试。尤其是我国不少贫困地区生存条件恶劣、生态环境脆弱、自然灾害频发，将自然灾害公众责任保险引入扶贫开发工作，对于保障贫困民众的切身利益、加快脱贫攻坚进程、促进社会和谐具有重要意义。

应用场景八：政策性巨灾保险。自 2008 年汶川地震之后，我国就高度重视巨灾保险制度建设问题，政府相关部门开展了一系列的研究，但我国幅员辽阔，巨灾风险差异较大，并且各地社会和经济发展程度也不同，因此，全国性巨灾保险制度建设迟迟未能落地。在这一背景下，从 2014 年开始，各地结合自身实际，开展了各具特色的政策性巨灾保险制度建设的探索，并积累了一定的经验。如深圳、宁波和大理等地陆续开展巨灾保险试点，尝试建立区域性巨灾保险制度。在此基础上，2016 年原保监会和财政部联合颁布了《建立城乡居民住宅地震巨灾保险制度实施方案》，提出“按照民生优先原则，选择地震灾害为主要灾因，以住宅这一城乡居民最重要的财产为保障对象，拟先行建立城乡居民住宅地震巨灾保险制度”。同时，中国城乡居民住宅地震巨灾保险共同体成立，上海保交所开发了基于区块链技术的运行平台，探索“共保体＋区块链”的运营管理模式，颁布了《城乡居民住宅地震巨灾保险专项准备金管理办法》，这标志我国巨灾保险制度发展进入了一个新时期。

七、“保险＋持续脱贫”模式

精准脱贫作为决胜全面建成小康社会必须打好的三大攻坚战之一，被确定为实现第一个百年奋斗目标的重点任务。因此，在顶层设计的指导下，举全国之力，确保 2020 年全面脱贫目标的实现。从目前的情况看，在 2020 年实现目标指日可待，但接下来的问题是：如何巩固脱贫成果。客观上看，我国一些地区和人群的脱贫成果相对脆弱，极容易出现返贫问题，“因灾”和“因病”是返贫的重要因素。保险，作为一种社会保障制度，具有解决“因灾返贫”和“因病返贫”的显著功能。因此，在保险业的宣传推动下，各地政府纷纷开展了利用保险巩固脱贫成果，实现持续脱贫的探索与实践。在各地的实践中，除了继续加大对“三农保险”的推广力度和应用深度外，还探索了独具特色的持续脱贫专门保险产品和服务模式。

应用场景九：政府扶贫救助保险。为了进一步巩固脱贫成果，特别是利用市场机制解决可能出现的“因灾返贫”和“因病返贫”，以及“重新脱贫”过程中的资金保障问题，一些地方政府，特别是欠发达地区和自然灾害风险多发地区的政府，在保险行业的配合下，通过政府扶贫救助保险，对建档立卡的贫困人口，可能因自然灾害、意外事故和重大疾病出现的返贫风险提供了保险保障。目前，已有甘肃、青海、四川、山西、陕西、辽宁、河北等省开展了政府扶贫救助保险。

八、“保险＋公共服务”模式

在政府的社会管理和服务过程中，涉及公共安全的管理是一个重要领域。近年来，我国高层建筑，也包括居民住宅的高层建筑发展迅速，电梯不仅是安全设备，同时更涉及千家万户，因此，成了公共管理与服务的重点领域。但在电梯迅速普及的同时，电梯管理包括生产厂家、维修保养机构和物业公司的管理和服务，均面临严重滞后的问题，并成了日益突出的社会问题，仅凭政府相关部门的力量难以适应未来发展的需要。为此，宁波市创新公共服务管理模式，积极探索了电梯综合保险。

应用场景十：电梯综合保险。围绕电梯使用过程中的运行安全、日常维护和维修置换等问题，探索建立了电梯综合保险的保障模式。该保险的保险责任由三个部分构成：一是电梯公众责任保险，解决了在电梯使用过程中，因意外事故导致的人身伤亡和财产损失的社会纠纷处理与损害赔偿问题；二是电梯维修责任保险，建立了基于物联网的电梯使用情况的动态监测系统，同时构建了平台化的维修队伍的调度系统，确保在电梯出现故障时，能够在第一时间提供高质量的维修服务；三是电梯“养老保险”，建立电梯置换的资金积累机制，通过保险的形式，确保日后在电梯更换过程中的资金保障，化解了管理矛盾和社会压力。

九、“保险＋制度创新”模式

近年来，在社会发展和城市建设过程中，大量集体（农民）的土地被征用，尽管在这个过程中，政府对失地农民进行了补偿，但由于缺乏跨期的制度安排，失地农民的生活缺乏刚性保障，继而引发了较为突出的社会问题，并给政府部门造成了压力。通过失地农民养老保险的方式，用一次性趸交的方式，为失地农民办理养老保险，确保失地农民生活的“可持续”。在农业现代化的过程中，需要开展规模化和集约化生产，以及解决部分农村家庭面临的劳动力不足问题。因此，土地流转势在必行。在土地流转过程中，引入土地流转履约保证保险，能够充分发挥保险增信保障功能，减少土地流转违约风险，稳定农村土地流转关系，保障流转参与方的合法权益。

应用场景十一：失地农民养老保险。在农民失地后，尽管相关方面也给予了一定的补偿，但面临的一个突出问题是农民缺乏财富管理和养老准备意识，容易将土地补偿金集中用于当期消费，而一旦资金用尽，就面临老无所养，甚至生活困难的问题。为了解决这一问题，在地方政府指导和协调下，由村民自治组织出面，将部分土地补偿金为失地农民投保养老保险，能够有效解决他们的后顾之忧，特别是养老问题。同时，有条件的地方还可以依托集体经济，持续为农民缴费，不断提高养老金领取水平，切实解决农村地区的养老问题。

应用场景十二：土地流转履约保证保险。在土地流转过程中，面临的一个突出问题是依法合规和信用风险问题。如果简单地采用风险保证金制度，可能会增加经营者的成本负担。因此，通过土地流转履约保证保险，引入保险机构对土地流转双方的合同行为进行规范、监督和担保，能够有效降低土地流转的失约风险，既能够切实维护农户和经营者的利益，也能够为规范土地流转市场秩序引入第三方进行专业的监督和管理。

十、“保险 + 科技创新”模式

在我国的“保险 +”模式探索和创新过程中，科技创新扮演了重要角色。从传统经营的视角看，科技创新大幅度提高了效率，更创造了无限可能。从创新发展的视角看，在科技赋能的背景下，保险能够更好地发挥制度优势，更广泛地参与社会管理的方方面面，不仅解决了大量社会管理的难点和痛点，也为自身的发展开辟了广阔的天地。在“保险 + 科技创新”的应用过程中，农业保险成为重要领域，同时，一些公共服务和经营管理领域也是应用的主要领域。

应用场景十三：城乡住房质量保险。由于历史的原因，我国 20 世纪六七十年代建设的一些住宅不同程度地存在质量问题，因此，危楼和倒楼的事件时有发生，给居民生活安全和社会风险管理带来了挑战。为了解决这个问题，2015 年宁波市开始了城镇居民住房综合保险的探索，这一保险不仅为居民提供常规的家庭财产保险责任，还为可能出现的安置费和第三者责任提供保障，更建立了住房质量风险管理的制度保障和技术控制体系，包括制定出台了《房屋安全动态监测管理办法》，组建了房屋安全专家库，同时研发上线了住房安全监测系统，该系统是利用感测和互联网技术，构建一个实时监控、实时报警、及时撤离的应急管理和处置技术平台。

应用场景十四：风险动态监控和预警系统。作为社会风险管理的市场制度安排,传统保险主要是解决事后的经济补偿问题。在科技赋能的背景下，简单、被动和消极的风险管理思维已经不能适应时代发展的需要，因此利用保险制度和科技手段优势全面介入社会、企业和家庭的风险管理已成为保险发展的新趋势，如日本和墨西哥利用科技开展地震风险监测并及时预警，以减少损失，特别是减少人身伤亡。再如平安保险开发了鹰眼智能风控系统，打造综合性风险识别系统，实现了对台风、暴雨等多种气象灾害预警与防控，为客户减少风险损失。同时，还能够为环境治理、监控和保险提供技术服务。此外，这一系统也能够为保险公司自身的风险评估和费率厘定提供基础信息和技术支撑。

【辅助资料】地震预警系统

地震预警系统是指在地震发生时，利用地震波的前几秒的数据准确估计震级、震中位置以及快速估计地震对预警目标的影响等，并利用地震波与无线电波或计算机网络传播的速度差，在破坏性地震波到达之前，通过现代传媒技术，如电视、广播和手机等，向目标人群发出预警信号，赢得宝贵的撤离和应急的“黄金时间”，以达到减少地震灾害和地震次生灾害损失的技术（见图 12.1）。

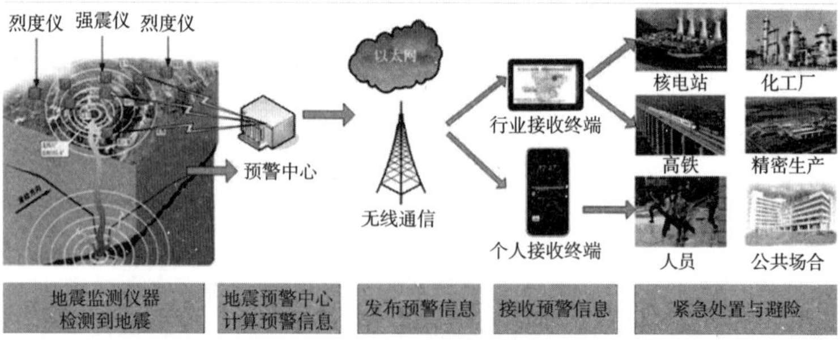

图 12.1　地震预警系统

目前，全球各国，特别是地震灾害多发国家都在开展相关技术的研究与应用。从主体和模式看，主要有官方和民间两种形式，如日本和墨西哥采用的是以官方为主的建设和管理模式，而其他一些国家和地区，则是由民间组织开展类似的工作，如由全球志愿者参与的“地震捕手”计划。

“地震捕手”计划是美国斯坦福大学和加州大学河滨分校联合建立的“地震传感器网络”。这个系统是一种分布式计算网络，连接志愿者的实时运动传感网络计算机。通过在普通的笔记本电脑上安装加速度计或一个传感器，就能将其变为地震监测仪，接入一个地震监测网络中，每个入网的普通笔记本电脑拥有者都被称为“地震捕手”，所以该网络又称“地震捕手网络”。目前已经有 61 个国家的 1 000 位志愿者登记成为“地震捕手”，该系统的组织者正力图使当地“地震捕手”人数增加到 1 万人，覆盖整个加利福尼亚州及周边地区。2010 年“地震捕手网络”捕获了智利发生的 8.8 级大地震以及芝加哥西北部发生的 3.8 级轻度地震。

我国采用的是官方与民间相结合的模式。一方面是中国地震局于 2013 年启动了“国家地震烈度速报与预警工程”，计划投入 20 亿元，用五年时间建设覆盖全国的由 5 000 多个台站组成的国家地震烈度速报与预警系统。另一方面是以成都高新减灾研究所为代表的民间力量，采用市场化运作的模式，已建成延伸至 31 个省市区的、覆盖面积 220 万平方公里的世界最大的地震预警系统，覆盖了我国地震预警一线区面积的 90% 和 6.6 亿人口。

应用场景十五：电动车综合保险。近年来，电动车（两轮）已成为我国居民主要的交通工具。一方面，电动车具有方便、低价和环保的特点；另一方面，电动车的普及也带来了易盗、管理和责任等问题。为此，相关管理部门也出台了一系列强化管理的举措，包括“禁行”和“禁售”等，但这些举措不仅民众难以接受，更重要的是难以落地实施。2017 年宁波市推出了《宁波市物联网电动车防盗工程建设实施方案》，在全市全面推开物联网电动车防盗工程建设。保险行业及时推出了“电动车盗窃保险 + 找回服务”，利用视频监控、射频识别、传感定位、传输接入等信息通信技术，实现对电动车和使用过程的智能化感知、识别和管理。

应用场景十六：区块链养牛保险。为了解决养殖保险过程中的风险控制问题，同时也为了解决养殖业的融资难问题，中国人保开发了基于区块链的养殖业溯源体系，通过对养殖过程的全面信息管理以及分布式的共享服务，实现了对养殖业全生命周期的验证和连续记录。这一创新模式，不仅能够为农业保险提供技术保障，有效提高保险经营管理效率，优化保险产品与服务创新，还能够为检疫部门、农业金融，特别是精准扶贫提供信用体系建设与风险防控服务，确保信贷风险相对可控以及精准扶贫真正到点、到户。同时，通过溯源技术，还能够为食品安全，包括运输、流通、销售和消费的全程跟踪管理提供技术和数据服务。

十一、“保险 + 产业发展”模式

我国经济，尤其是实体经济在发展过程中，资金供给始终是一个难题，面临融资难、融资贵和融资慢等问题。问题的背后固然有金融领域出现的“脱实向虚”因素，但相关领域的风险管理水平不高，导致风险暴露大也是一个重要原因。因此，保险需要进一步发挥自身专业和市场化风险管理的优势，帮助企业提高风险管理水平。同时，保险要关注通过制度、产品和服务创新，更加深入地融入支持发展实体经济过程中，通过解决风险管理的供给侧问题，继而解决资金供给和金融服务的供给侧问题。

应用场景十七：城乡小额贷款保证保险。在现代经济的发展中，小微企业是重要和基础力量，但这些企业面临融资难题。为了解决问题，2009 年，在宁波市金融办和保监局的主导和推动下，由宁波人保财险牵头，为具备成长性的融资弱势群体，缺抵押、缺保证的初创期小企业、农业种植养殖大户和城乡创业者（个体工商户）提供贷款保证保险。同时，财政提供一定额度的资金支持。业务开办 10 年，已支持中小微企业及“三农”客户 1.2

万家次，贷款金额逾 140 亿元，被誉为解决小微企业融资难的“宁波模式”。

应用场景十八：全域旅游综合保险。旅游业已成为我国经济发展的重要引擎，但旅游业长期面临着以安全和诚信为焦点的环境建设问题。近年来，我国加强了对旅游行业的规范与治理工作，同时，通过旅行社责任保险的形式，强化了对旅行社的管理，取得了良好的效果。但旅游行业是一个涉及范围非常大、管理难度相对大的领域，如果仅仅是从“点”上进行管理，仍然面临顾此失彼的问题。为此，宁波市开展了全域旅游综合保险的探索，旨在建立“政府、企业、个人”三位一体的全域旅游综合保险服务体系，发挥保险事前风险减量管理、事后风险成本转移及辅助政府社会管理职能的作用，积极打造“保险＋服务”“安全＋安心”的旅游公共服务环境。

十二、“保险＋”模式需要关注和解决的问题

作为一种创新与探索，“保险＋”模式已被广泛认同和接受，特别是在推动社会治理体系和能力现代化的过程中，成为各级政府推动行政改革和服务转型的重要途径和工具。同时，也成为推动我国保险行业发展的全新模式和重要动力。但在“保险＋”模式的发展过程中，也面临许多问题和挑战，亟待研究和解决。

一是理论问题。在传统的保险理论框架下，就“保险＋”模式而言，无论是风险，还是损失；无论是转移、分散，还是补偿；无论是单一职能，还是多元职能；无论是性质、本质，还是属性、职能、作用，均面临许多需要认真思考、研究和明确的问题，特别是本质、属性和职能等基础性问题。保险的保障和财务属性容易达成共识，但金融和管理属性，尤其是社会风险管理属性，则常常容易产生异议，即质疑“做的还是保险吗”，导致问题的根本原因是混淆了“基本属性”与“衍生属性”概念，也模糊了“保险”与“保险业”的界限。“保险＋”模式，特别是“保险＋服务”模式，是一种基于保险核心功能的延伸，同时，这种延伸的结果能够反哺核心功能，即降低风险暴露、创造客户价值、提升客户体验。此外，“保险＋”模式更多的是基于产业链和价值链的延展，不仅能够很好地发挥保险专业化风险

管理的能力，更能够实现基于边际效用的低成本服务。

二是财务问题。在“保险+”模式的发展过程中，面临的一个突出问题是成本管理，即“保险+”模式挑战了传统“赔付率+费用率”结构，原因是“保险+”模式将产生一些特殊费用，既不属于赔付成本，也有别于一般意义的经营管理费用，属于一种服务和管理费用，如在电梯综合保险中，保险公司需要支付电梯的维保费用，乃至电梯更换的费用。这些费用既不属于经营管理费用，而且金额相对较大，挑战了传统保险经营管理，特别是会计核算制度。从国外的一些实践看，在一些特殊业务经营管理中，也存在“特别费用”相对较大的问题。如美国的物权保险，各种调查取证的费用占比甚至达到总成本的70%~80%，而赔付率仅仅为10%，也正是由于风险管理的投入，才有经营结果的稳定。从严格意义上讲，物权保险是一种物权交易风险管理服务，赔偿只是提供服务的一部分。但就我国的保险业务和财务管理而言，如果放开费用管理的比例，则可能出现失控的情况。如果不从制度上解决存在的问题，发展“保险+”模式就需要通过各种“变通”的方式解决费用问题，不仅扭曲了经营结果，还容易引发经营管理风险。就现阶段的情况而言，可以采用“特事特办”的管理模式，即对于“保险+”业务在评估风险管理与服务的基础上，确定“特别费用”，明确比例、使用范围和管理制度，为“保险+”模式的规范发展提供制度保障。

三是监管问题。就监管而言，一方面，“保险+”模式为行业发展创造了全新模式，大大拓宽了发展空间。同时，通过保险作用的发挥，能够很好地服务社会发展，特别是社会保障和公共安全管理。另一方面，“保险+”模式不仅改变了保险的外延，更丰富了保险的内涵。这对保险监管而言，无疑是一个挑战，因为从监管思维看，“边界”是监管的一个重点和关键，边界的模糊给监管提出了全新的课题。同时，内涵丰富的同时，将改变经营的性质和特征。传统的监管知识、能力和手段难以适应变化的需要。因此，监管也需要与时俱进。从本质上看，要将“保险+”模式业务进行基于“风险属性”的分离，即将其分为“风险经营”与“服务经营”。属于“风险经营”的内容，回归保险监管框架，即重点关注偿付能力管理。属于“服务经营”的内容，则按照一般服务业管理，重点是成本核算的真实性和合法性。从以往的经验看，早期并全面地介入模式创新是捷径，也是经验。在宁波的保险创新实践中，往往是在保监局的指导下开展的。因此，监管部门对“保险+”模式创新能够做到心中有数。监管，特别是风险防控就有了基础和前提。

第二节　扶贫保险：彰显公平

一、保险与扶贫的逻辑关系

一直以来，我国政府高度重视农民、农业、农村和扶贫工作，特别是党的十八大以来，明确将精准脱贫作为三大中心任务之一，提出了要打赢脱贫攻坚战，实施扶贫开发战略。同时，在发挥金融在扶贫方面的作用上，明确提出要做好金融扶贫工作。金融扶贫已上升到国家战略，但如何做好金融扶贫，是金融行业面临的共同任务和挑战。

保险本身是一个扶危济困的行业，直接面向最广大的贫困人口和社会弱势群体。保险与扶贫具有天然的内在联系，有着独特的体制机制优势。在扶贫工作中引入保险机制，有利于统筹利用社会扶贫资源，实现精准扶贫、精准脱贫的目标，对防范和化解脱贫攻坚过程中的风险具有不可替代的重要作用。

保险在金融扶贫方面具有特有的体制机制优势。因为保险是建立在社会经济互助原则上的，以概率论和大数法则为基础，通过对资金时间维度和空间维度上的分配来实现经济补偿。同时，保险是农村金融的基石和前提。保险的经济补偿、信用增信及直接投资功能，对优化扶贫资源配置、打造金融扶贫服务链具有重要的意义。

保险服务扶贫开发有其独特优势。保险在扶贫上有三大优势。一是优化扶贫资源配置，通过保险的大数法则和风险分散原理，可以放大扶贫资金的使用效应。二是有利于推进精准扶贫，通过保险的商业和市场化运作模式，能够针对贫困户和特困户开展专项保险，确保扶贫资金的定点和定向投放。三是能够拓宽金融扶贫领域，保险可以发挥增信功能、支持信贷扶贫，保险资金可以支持民生脱贫、产业脱贫项目，缓解农村金融抑制，促进农村金融深化。

2016年，中国人民银行、原保监会、国务院扶贫办等部门下发了一系列文件，全面推动金融助推脱贫攻坚，提出要充分发挥保险行业体制机制优势，履行扶贫开发社会责任，全面加强和提升保险业助推脱贫攻坚能力，助力扶贫开发工作目标如期实现。同时，要求到2020年，要基本建立与国家脱贫攻坚战相适应的保险服务体制机制，形成商业性、政策性、合作性等各类机构协调配合、共同参与的保险服务格局。努力实现贫困地区保险服务到村到户到人，对贫困人口“愿保尽保”，贫困地区保险深度、保险密度接近全国平均水平，贫困人口生产生活得到现代保险全方位保障。

在各级政府的指导下，我国保险业充分发挥保险的制度优势，全面参与并融入扶贫攻坚的总体战略，坚持定向原则、精准原则、特惠原则、创新原则，积极开展各种形式的探索，形成了“阜平模式”“宁夏模式”“兰考模式”等一系列成功案例，并得到了各地政府和广大农民的高度赞誉，“金融扶贫，保险先行”已经成为全社会在开展扶贫工作中的广泛共识。

二、政策性保险

在我国开展保险扶贫，尤其是在开展农业保险的过程中，如何处理好公共资源投入与发挥市场作用之间的关系始终是一个难题和关键。无论是农业保险，还是扶贫保险，均不完全符合商业保险的经营原理和原则，不属于简单的市场问题。因此，投入一定的公共资源是必要前提，但关键是如何投入，或是以怎样的方式投入，才能够既保证公共目标的实现，又不至于陷入依赖和低效的困境，甚至给财政带来巨大负担。

2007年我国全面恢复农业保险之前，曾经就经营模式问题，开展了深入的讨论，即回答农业保险的经营模式，讨论的问题包括：第一，是政府办，还是市场办；第二，如果是政府办，是政府直接办，如成立国家农业保险公司，还是委托保险公司办，如何委托；第三，如果是保险公司办，定价的原则是什么，是否可以赢利，巨灾风险如何解决。

从国外的情况看，大多数国家在开展农业保险过程中，均采用了不同程度的政策支持模式，如美国的农业保险就是以政府主导模式的，即通过《联邦农作物保险法》的授权，由政府成立农作物保险公司，负责全国的农作物保险的经营与管理。但就具体的经营模式看，经历了从政府机构单独经营，到政府机构与商业保险公司共同经营，再到在政府支持下的商业保险公司代办和经营，政府支持主要表现在提供农业再保险上。

日本的农业保险采用的是民间非营利团体经营，政府提供补贴和再保险支持模式。从运营的情况看，是由农民自愿参加的合作组织，即农业共济组合为基层组织，直接承办农业保险业务。同时，在各级机构（都道府县）设立农业共济组织联合会，为共济组合提供再保险支持，政府的农业保险机构承担共济组合份额以外的再保险份额。在这种“三级结构”模式下，各个层级的承担比例为，第一层共济组合为10%～20%，第二层联合会为20%～30%，第三层政府为50%～70%。在大灾的情况下，政府承担的比例可能高达80%～100%。

法国的农业保险采用的是民办公助模式，即由农业互助保险社和商业保险公司经办农业保险业务，政府不直接参与农业保险的经营，但对农业保险给予税收优惠等政策支持。从发展的情况看，互助保险社是法国农业保险的主要力量，国家一方面是通过“大区社”为基层互助保险社提供再保险支持，“中央社”为“大区社”提供再保险支持。另一方面是建立农业灾害基金，对相互保险组织难以承担的损失提供补贴性补偿。

从国外政策性保险业务的发展模式和历史看，完全由政府经营的模式面临管理难度大、效率低、可能使财政陷入困境等问题，因此，大多是采用“民办公助”的模式。但问题的关键是“公助”的模式安排，即采用什么方式实现“公助”。我国政策性保险面临需要“公助”的领域多、资源需求大的问题，但财政资源相对紧缺，能够投入的资源有限。因此，在借鉴国际经验和兼顾现阶段国情的基础上，明确了采用“保费补贴”的模式，即由各级财政按比例提供保费补贴，由商业保险公司按照市场化的原则开展经营。政府保费补贴可以根据不同对象和不同时期进行调整，同时政府给予一定的政策支持，如建立农业巨灾保险准备金制度。

三、农房保险

对农民而言，住房无疑是最重要的生活资料，因此，为了确保农民的住房安全，我国开展了政策性农村住房保险，即由政府组织推动、农户自愿参保、财政资金补助、保险公司经营、以农民居住用房为保险对象，按照保险合同约定对倒塌房屋损失予以赔偿的保险制度。这种业务的本质是通过政府购买商业保险的模式，提高广大参保农户抵御灾害事故的能力，帮助农村受灾居民灾后重建住房。

2006 年，考虑到农民住房风险转移的需求，民政部、财政部等相关部门先后在福建、浙江、湖北、湖南、云南等省的部分县市启动农房保险试点，运行模式采用政府投保、保险公司负责经营、被保险农户不缴或少缴保费的方式。农房保险涵盖的风险包括火灾、台风、暴雨、洪水、泥石流等自然灾害和意外事故。2012 年 12 月，民政部、财政部和原保监会联合印发《进一步探索推进农村住房保险工作的通知》，要求各地坚持政府引导、市场运作、自主自愿、协同推进的原则，进一步探索推进农房保险工作。

经过 10 多年的发展，我国农房保险已经形成了三种主要模式。一是财政全额出资、全辖统保模式，主要有福建、广西、湖北等地。二是财政部分出资、农户自愿参保模式，主要有浙江、广东等地。三是联办共保模式，主要是西藏。农房保险作为一种政策性保险，得到了农民和社会的广泛认同，承保面不断扩大，参保农户已达到近亿户，提供的风险保障达到 1.4 万亿元。

面向未来，农房保险的发展也面临诸多问题，要在取得成绩的基础上，结合当地实际，逐步加以解决。一是保障水平问题。目前大多数的农房保险均处于“低保障”的状态，即保险金额不高，大多在 3 万～5 万元，补偿水平不高，难以满足灾后重建的需要。二是保费来源问题。目前大多数地区采用的是财政出资或补贴的方式，但这种模式难以持久。三是费率体系的数据基础薄弱，差异化定价能力不足。四是保险公司的防灾投入不足，服务网络和技术能力无法满足农房保险经营的需要。

四、农村大病保险

我国 7 000 万贫困人口中，因病致贫的占 42%。在五大致贫原因中，大病致贫占了首位，不少农户“十年努力奔小康，一场大病全泡汤”。所以，大病保险是解决因病致贫、返贫的有效途径。大病保险能够有效避免一人得病全家致贫，防止脱贫后一人得病全家返贫。目前，我国大病保险已经覆盖了城乡居民 9.2 亿人，加上基本医保经办机构承保了约 1.3 亿人，大病保险已经在全国实现了全覆盖，有 345 万大病患者直接受益，报销额度普遍比原来提高了 10～15 个百分点。

通过保险的市场化运作和第三方管理，提高扶贫资源利用的科学性和精准性，提高精准扶贫的水平。一些地区针对低保、优抚、特困等特殊群体开发了贫困人口补充医疗保险产品，开展精准扶贫“两保一孤”困难群体保险试点，如精准扶贫医疗保险，充分发挥保险机制对特困患病家庭救急、救紧、救命的快捷补偿作用。此外，开展关爱贫困单亲母亲的公益项目，为贫困单亲母亲投保 10 万元保额的女性安康团体疾病保险。

五、土地流转履约保险

2015 年国家将构建现代农业经营体系列入了“十三五”规划，因此，推进农业生产的规模化经营，通过农村土地所有权、承包权、经营权分置，推进农村土地承包经营权的有序流转，成为各级地方政府的重要工作内容。在大面积推行农村土地流转政策，为农民和经营业主带来商机和收益的同时，由于农业经营中存在着自然灾害和市场风险、承租人经营管理服务水平跟不上发展的需要等问题，导致土地流转行为中存在失约风险，影响了土地适度规模经营工作的顺利开展。因此,规避土地流转过程中的失约风险,保障流转土地农民的合法权益,鼓励更多分散种植和土地闲置的农民进行土地流转,已成为各级政府在推进土地经营权规范有序流转工作中的重要课题,也为保险和金融机构服务农村发展提出了新的任务。

根据我国农村全面深化改革形势的需要,保险企业开展了农村土地承包经营权流转履约保证保险业务试点工作。试点地方政府在建立农村土地流转风险防范机制的过程中,引导金融机构创新农村金融服务方式,引入履约保证保险,通过保险承担土地流转过程中发生的失约损失。同时,将土地流转履约保险与农业保险服务进行捆绑,要求其经营主体合二为一,承办保险公司必须同时开展两项业务,否则取消农业保险经营资格。

土地流转履约保险的本质属于保证保险,类似“物权保险”制度,是一种非常规的财产保险,涉及大量的法律问题,因此,经营这种业务,需要相关的知识、经验和能力。同时,作为开办此类业务的前提,需要相关法律环境的健全与完善。此外,要制定统一标准的土地流转合同,开展交易鉴证,作为投保的前置条件。

六、支农惠农融资保险

保险具有重要的增信功能。通过保险机制,在风险可控的前提下,开发适合市场需求的贷款保证保险产品等增信类保险,为广大贫困农户提供信用增级服务,可以有效分担银行等金融机构的信贷风险,帮助贫困户更便捷地获得贷款,推动信贷资源向贫困地区的投放,从而改善贫困地区的金融生态,促进金融信贷对“三农”的支持,缓解农村金融抑制,使贫困地区从“输血式”发展向“造血式”发展转变。

在金融扶贫的过程中,我国探索了“银政保”模式,即由政府提供一定的资金支持,保险公司提供贷款保证保险,利用贷款保证保险,银行就能够为农户和小微企业提供资金支持,从而促进了农业生产的发展。如河北阜平的“金融扶贫、保险先行”扶贫服务模式,探索建立了政府与保险公司“联办共保”的“三农保险”模式。2015年仅用391万元的财政补贴资金，就撬动了 1 090.63 万元的保险资金，获得了 11.43 亿元的保险保障，当年中国人保在阜平支付保险赔款 1 483 万元，有 116 个村 2.01 万农户直接受益。再如宁波市政府出资 3 500 万元，通过小额信贷保险的方式，撬动了小微企业和个人贷款 100 多亿元，财政资金的效用被放大 300 倍。

随着脱贫攻坚战的不断推进，对扶贫资金的需求势必会越来越大，从而不可避免产生扶贫资金缺口，特别需要有更多的社会资金参与到扶贫开发中来。在发挥改善金融扶贫信贷环境作用的同时，保险还可以发挥直接融资功能，在社会资金和扶贫需求之间架起更加精准的资金投放通道，进一步改善贫困地区的金融生态。如中国人保建立了 50 亿元的“支农支小”专项资金，通过“助贷”方式直接为农户提供小额融资贷款。

七、巩固脱贫成果保险

在我国扶贫攻坚过程中，实现脱贫并非易事，但如何巩固脱贫成果更难。客观上讲，不少地区的脱贫成果相对脆弱，同时，农业和农村的特点决定了其抵御风险的能力相对较弱，一旦发生重大自然灾害，或遭遇重大疾病，就很可能导致重新返贫，甚至是深度返贫问题。因此，需要高度重视夯实并巩固脱贫成果问题。

在巩固脱贫成果方面，保险具有天然的优势。保险的本质就是解决“灾”和“病”问题。因此，利用保险能够很好地解决可能出现的“因灾返贫”和“因病返贫”问题。同时，对各级政府而言，利用保险能够很好地实现精准和有效巩固脱贫成果，还能够有效放大财政资源的整体效率。

我国保险业根据巩固脱贫成果的需要，针对“建档立卡”贫困人群，开发了巩固脱贫成果的“政府扶贫救助保险”，这一保险提供针对自然灾害、意外事故、医疗等全方位的救助保障。政府扶贫救助保险具有独特优势。一是保证精准到位。把有限的资金精准地投放到贫困人口手中。二是提高扶贫效率。通过引入保险机制，大大减轻政府基层组织的工作压力。三是放大救助效果。保险具有杠杆和放大作用，能够有效平滑大灾之年政府扶贫救助资金不足的问题。

第三节　军民融合保险

一、保险与国防

商业保险作为市场化的风险管理手段，在军民融合中可充分发挥经济补偿、资金融通、社会管理的作用，推动国防建设和经济建设良性互动，架起“军”和“民”融合的桥梁，为国防和军队充分利用社会资源提供保险解决方案和服务平台，为强军服务。从风险管理角度看，保险作用可以通过“期间维度”和“主体维度”展开。期间维度可以分为非战争期间和战争期间，主体维度可以分为国防主体和社会主体。从参与领域看，保险可重点在军队社会化保障、“军转民”和“民参军”、国防动员、国防教育等领域发挥独特作用。从参与方式看，保险应多方位、多领域、多要素参与军民融合，根据国防需要和市场经济规律发挥作用。未来保险在助力军队社会化保障的过程中，可重点在军人、军产、国防研发和国防动员四方面提供风险保障。

二、军人保险

大力发展军人商业保险，成为我国军人保险制度的重要补充。作为我国社会保障体系的组成部分，我国军人保险主要针对军人伤亡风险、养老风险、医疗风险及随军未就业配偶风险提供了保险保障。一方面商业保险可在军人伤亡风险、养老风险、医疗风险等方面提供商业保险作为军人保险的补充，为军人提供更充足的保险保障；另一方面商业保险可根据军人的风险特点，在军人职业风险、意外伤害风险和军人家属风险等领域创新保险产品，提供多层次、多类别的保险保障。商业保险在为军人提供保险保障服务时，主要针对编制在册的军队人员及相关家属风险进行保障。

第一，军人伤亡补充保险。商业保险针对军人伤亡风险，可在军人伤亡保险的基础上，提供伤亡附加保险。军人发生伤亡时，在领取伤亡保险金的基础上，再领取伤亡附加保险金。通过采取军人保险和商业保险相结合的保障方式，可以大幅提高军人伤亡的补偿水平。

第二，军人医疗补充保险。商业保险针对军人医疗风险，可以在军人退役医疗保险的基础上，建立军人退役医疗补充保险，作为军人退役医疗保险制度的重要补充。此外，商业保险可以通过提供军人职业风险医疗保险，作为军人医疗保险制度的重要补充。

第三，军人意外伤害保险。针对军人的意外伤害风险，军队可统一向保险公司购买意外伤害保险。在军人因公出差、按照军队休假探亲规定探亲等情况下，发生意外事故造成死亡或者残疾的，给予一次性意外伤害保险金。

第四，军人家庭保险。针对军人的家属面临的各种风险，可以开发随军家属补充养老保险、随军家属补充医疗保险、军人家属意外保险、军人家属健康保险和军队独生子女意外保险等。

第五，军人长期护理保险。针对军队离、退休老干部及无工作亲属的晚年照料需求，探索提供商业长期护理保险，解决他们生活照顾困难，提升他们晚年生活质量；针对伤残军人，探索提供长期护理保险，给予他们日常生活护理保障，解决后顾之忧。未来还可借鉴国际经验，逐步建立覆盖全军的退役军人商业长期护理保险制度，提升军人晚年生活保障水平。

三、军产保险

军队作为一个特殊组织，面临诸多风险。除了人身方面的风险，还面临着资产风险、财务风险和安全风险等。军队的有形资产种类繁多，分布在全国各地，其面临的风险也很大。军队的有形资产可以分为建筑物、构筑物、车辆、设备、机械、材料和其他库存物资等。其面临的风险主要有：自然风险、社会风险和经济风险等。

第一，军队房产保险。军队房产保险主要是针对军队的各类房屋建筑，也包括相应的机器设备、设施和物料等，因自然灾害和意外事故导致的财产损失。

第二，军队车辆保险。军队车辆保险属于车辆保险的一种专门化产品，除了解决军队车辆在非战时可能产生的物质损失风险外，更重要的是解决军队车辆与民用车辆在发生碰撞时，可能产生的责任风险，不仅能够减少此类风险给军队可能造成的损失，更重要的是能够为交通事故的处理，提供一种更加市场化和简化的处理手段，以避免和缓解可能产生的矛盾。

第三，军队巨灾保险。军队巨灾保险是指保险公司对因巨灾造成军队的财产损失和人员伤亡进行赔偿。从以往的情况看，这类损失大多是由军队自行承担的，在军队资金无力承担时，则由国家进行财政拨款来解决。但从近年来的趋势看，自然灾害频发，给军队和国家财政均带来较大负担和压力，因此，有必要建立军队巨灾保险制度，运用市场资源和力量，化解矛盾和困难。

四、研发与应用风险保障

为保障军民融合企业研发风险，可以提供科技保险。外部环境的不确定性、研发项目的难度与复杂性以及企业实力的有限性，会导致研发活动延期、终止、失败等，严重阻碍了军民融合企业研发活动的顺利开展。保险可通过提供科技保险的方式，使高投入、高风险的参与军民融合企业技术创新活动出现损失后获得赔偿，有效化解企业出资人、科技工作者对风险的顾虑，有利于营造良好的科技创新创业环境，解决企业的后顾之忧，将给企业技术创新带来有效的风险分散。具体产品方面，可以提供关键研发设备保险、营业中断保险、出口信用保险、高管人员及关键研发人员团体健康保险和意外保险等险种。此外，首台（套）技术装备质量责任保险，也可为促进军民融合产品的研发、销售和推广提供有力支持。

针对军民融合企业的融资难问题，应研发推广保证保险。军民融合产业是我国国防经济的重要支柱，而融资问题一直是制约军民融合产业发展的瓶颈。通过保证保险产品，军民融合企业可在保险公司合作的银行进行免担保、免抵押的贷款融资，有效解决企业在发展过程中的资金问题。

五、支持国防动员保险

利用保险的风险分散作用、稳定国防预算作用、风险管理服务作用，参与国防动员相关过程。实现育能力于民间，散风险于平时，保效果于制度，达目的于创新。对于国防动员的常规风险和非常规风险，分别采用不同的方式处理。

第一，常规风险。对于国防动员中的常规风险，可以采用扩大社会主体的保险保障范围，也可以采用特别安排机制来解决可能面临的国防动员保障问题。从保险的视角看，应重点考虑两方面。一是国防的交通动员，可以通过在各类交通工具保险中引入“国防动员功能”要素，解决社会主体在国防动员中面临的物资征用风险，可推出相应的征用第三方责任险种。二是发展民兵预备役人员商业保险。可针对我国民兵、预备役部队的意外伤害风险、医疗风险、养老风险等均存在保障空白或者保障严重不足的问题，开发并推广相关商业保险产品，提供保障。具体方式上，可用由政府、军队统一为他们购买或补贴等形式，这些人员所在单位也可补贴支付一定比例。

第二，非常规风险。借鉴核电和航空航天共保体的模式，成立“国防动员保险共同体”，为国防动员保险提供技术支持、信息共享和风险分散服务。“国防动员保险共同体”可考虑在国防经费中预拨启动基金，国家予以税收政策优惠，接受涉及国防动员的相关保险的分保，积累相应的保费收入，每年提取一定风险准备，可以通过隔离方式寻求风险分散，通过金融创新模式解决偿付能力问题。

保险作为市场化的风险管理行业，在军民融合中更应当发挥积极的作用，助力军队社会化保障，促进“军转民”和“民参军”，支持国防动员和军队人才培养。国防和军队建设也可以通过保险的方式，充分利用市场力量和资源，实现改革转型，使保险成为衔接“军”和“民”的桥梁，使保险成为军民融合的切入点、纽带、动力和保障，在军民融合中发挥更大和更重要的作用。

第四节　绿色保险

一、绿色金融与保险

“绿色金融”与“美丽中国”联系密切，既有其内在的逻辑关系，更有其非常现实的意义。金融作为现代经济的灵魂，通过资金的配置，对经济发展起到举足轻重的作用。因此，一个基本判断是“美丽中国”离不开“绿色金融”。行业需要思考的是如何在实现“美丽中国”的目标中更好地发挥作用。第一，将“绿色”元素全面导入金融，特别是融入经营理念，构建绿色文化，是基础和关键。第二，将“绿色”元素贯穿到金融经营和管理全过程，并成为一种全员的自觉行动。第三，将“绿色”元素通过金融行为传播并影响社会，成为时代的集体共识和行动。第四，通过金融行业的“绿色”行动，积极参与社会环境治理，利用市场机制，形成一种市场化的激励约束机制，形成一种社会化的信息披露和监督机制。

在发展绿色金融的过程中，要特别关注、重视和利用保险机制。与其他金融领域相比，保险，特别是环境保险，具有更加直接和有效的作用。因为，在其他金融领域，绿色金融的作用发挥是以企业有资金需求为前提的，同时，并不能形成一种刚性和有效约束的作用，环境保险则不同，尤其是强制环境责任保险。从发达国家的情况看，环境污染责任保险被认为是环境治理的有效工具之一。数据显示，全球环境污染责任险的保费规模预计达 137 亿～205 亿元。

在“绿色保险”的发展过程中，固然需要行业的自身努力，但更需要全社会的共同参与和努力，并将其作为新时期全面深化改革的重要内容，继而为“绿色保险”营造一个良好的外部发展环境。第一，应将“绿色保险”纳入改革的总体框架，做好顶层设计工作，确保各项工作科学有序展开。第二，“绿色保险”需要制度保障，特别是相关法律制度，并且健全和完善相关制度是关键。第三，“绿色保险”是一项系统工程，需要相关方面的协同和配合，疏通和理顺关系，形成一个“绿色产业链”是重要保证。第四，“绿色保险”将在一定程度挑战人们的传统金融消费观念，因此，国民的“绿色教育”是重要的基础，将“绿色”作为一种标准、一种时尚，“绿色金融”的普及就能够水到渠成。

二、环境成本

建设“美丽中国”的关键是要全面建立“环境成本”理念，通过经济和制度手段，有效调整人与自然的关系，形成对环境使用成本的合理负担和对环境破坏的硬约束，将“绿色绩效”作为评价社会和经济发展的重要指标。“绿色金融”的使命是发挥自身在资金配置的主导作用，去实现“环境成本”的科学和有效分配，发挥“绿色金融”的杠杆功能。具体来讲，在融资管理中，要全面树立“环境成本”理念，通过经济手段实现有效调整，以保护和改善环境。首先，将“环境因素”作为融资项目风险评估的重要指标，将企业的社会环境责任意识作为信用评级的重要因素。对严重破坏环境和资源的项目，应建立“一票否决”机制。其次，将“环境影响”进行经济量化，并作为融资定价的重要组成。通过差异化的利率机制，实行奖优罚劣，体现“环境成本”合理负担。最后，对于环境保护的公益性项目，应通过更加优惠的融资条件予以鼓励和支持。

“绿色金融”不仅要体现在投融资管理的“直观层面”，更要通过“社会成本”的视角观察并降低环境成本，全面体现并发挥“绿色金融”的作用。金融已与现代人的生活密不可分，人们为了获得金融服务，无形中需要消耗大量的“环境成本”，特别是交通成本。因此，运用现代信息技术手段，提供更加便捷的金融服务也是“绿色金融”需要关注的重要领域。近年来，我国金融行业在这些方面做了大量的工作，特别是“无纸化”“电话银行”“网络银行”项目的推广应用，在为客户提供便利的同时，大幅度降低了全社会金融消费的隐性成本。此外，车辆保险的“快速处理机制”也为和谐交通做出了实质性贡献。未来在这些方面仍有巨大的创新和提升空间，需要金融行业共同的不懈努力。

三、环境污染责任保险制度

从国外的先进实践看，各国在治理环境过程中，大多采用强制保险的形式，通过环境污染强制责任保险，进一步强化企业的环境责任意识，同时为解决可能发生的环境损害救济、补偿和修复提供资金保障。具体而言，各国在开展环境污染责任保险时，有三种模式。第一种是德国模式，即采取强制责任保险与财务保证或担保相结合的环境责任保险制度。第二种是美国模式，即采取强制责任保险为原则的制度，针对有毒物质和废弃物的处理、处置可能引起的环境损害赔偿责任，实行强制责任保险制度。第三种是法国模式，即采取任意责任保险为主，强制责任保险为辅的环境责任保险制度。

我国环境责任保险的发展情况仍存在较大差距，其关键是缺乏法律制度保障。我国对环境责任保险的要求分散在部分法律法规中，如《海洋环境保护法》规定，运载 2 000 吨以上散装货油的船舶应当持有有效的油污损害民事责任保险，并同时建立船舶油污保险、油污损害赔偿基金制度。又如《国家突发环境事件应急预案》中指出，应建立突发环境事件社会保险机制，可能引起环境污染的企业、事业单位，要依法办理相关责任险或其他险种。2014 年修订的《环保法》对污染企业的态度也仅限于鼓励投保。这些法律法规均缺乏具体的操作规程，尤其缺少污染赔偿方面的法律规定，污染赔偿的责任绝大部分往往由国家和社会承担，企业压力不够大，导致缺乏参加环境责任保险的动力。

2007 年，原环境保护部与原保监会联合发布了《关于环境污染责任保险工作的指导意见》，开启了我国环境污染责任保险发展的新时期。2013 年，为了进一步加强环境污染责任制度，原环境保护部与原保监会再次联合发布了《关于开展环境污染强制责任保险试点工作的指导意见》，要求涉重金属企业投保环境责任保险，鼓励石化、危险化学品生产经营、危险废物处理处置及其他高环境风险企业投保。2017 年发布了《环境污染强制责任保险管理办法（征求意见稿）》，规定了需要购买环境污染强制责任险的八种企业类型，该办法是建立环境污染强制责任保险制度方面的巨大进步。2018 年通过的《环境污染强制责任保险管理办法（草案）》则进一步规范完善了该制度，提出要立足“大环保”格局，建设好、运用好环境污染强制责任保险这项制度，引进市场化专业力量，通过“评估定价”环境风险，实现外部成本内部化，提高环境风险监管、损害赔偿等工作成效。

面向未来，在建设“美丽中国”战略目标的指引下，保险业要以全面贯彻落实《环境污染强制责任保险管理办法（草案）》为契机，在认真总结前期试点经验的基础上，制定更加科学的保险产品，提供更加专业的服务。在开展环境污染责任保险的过程中，保险行业要注意发挥专业风险管理能力，形成外部制约与制衡机制，要加强承保前的环境风险评估工作，同时定期或者不定期地对承保企业的环境安全隐患进行排查，要求企业采取有效措施，积极整改。要利用遥感、物联网和大数据等技术，建立环境污染技术监控平台，确保动态和有效监控，及时发现问题，采取有效措施，防止环境损害事件的发生和扩大。另外，保险行业要充分发挥自身优势，在政府相关部门的指导下，通过环境责任保险的经营管理，协助政府和社会开展信息披露，形成一种市场化的外部监督和制约机制。

第五节　科技保险

一、科技保险

科技保险主要是针对科技企业在研发、生产和产品销售过程中面临的财产损失、人身伤害、研发中断以及民事赔偿责任等风险而设计的一系列保险的总称。为化解企业研发运营过程中的风险，科技企业通过与保险公司签订保险合同，将科技企业可能发生的财产损失、利润损失、人员的人身伤害或依法对第三者应承担经济赔偿责任等风险转移给保险公司，一旦发生损失，保险公司将根据保险合同的约定，对科技企业或相关人员进行赔偿。但从严格意义上讲，科技保险并不是一种严谨的保险分类，而是按照服务对象、范围和特征的一种分类。

科技保险具有如下特征。第一，科技保险不是单一的险种，而是一些相关保险产品的总称。科技保险不仅包括人身保险，还包括财产保险等一系列的保险产品。第二，科技保险的服务对象大多为高新技术产业。科技保险虽然是一系列的保险，但是其服务的对象是高新技术企业，是针对高新技术企业在研发、生产和产品销售过程中面临的一系列风险而设置的保险，这种保险与普通的人身保险和财产保险不同。第三，科技保险在产品开发和理赔方面具有难度。由于保险公司和高新技术企业之间存在严重的信息不对称，加大了科技风险水平确定的难度，因此，科技保险在产品开发和理赔方面具有相当大的难度。第四，科技保险具有准公共物品特征。由于科技风险的特点，科技保险存在市场失灵的现象；同时，由于科技发展对经济的贡献度很大，科技保险存在着正外部性。因此，科技保险具有准公共物品的特征，政府通常有必要对科技保险进行政策性扶持。

科技保险除了按照服务对象，即科技企业，进行专门化的处理外，在科技保险的发展过程中，保险行业还针对科技企业面临的特殊风险开发了相应的保险产品，如知识产权保险，特别是专利保险。同时，针对我国科技企业创新发展的需要，开发了“首台（套）保险”和“新材料首批次保险”等。

面向未来，在我国科技创新和发展的过程中，科技保险无疑将扮演更加重要的角色，发挥积极的作用。但前提和关键是解决好如何让科技保险“更科技”的问题，即加大科技保险的科技含量，不仅是产品更加科技化，还有经营、管理和服务的更加科技化，不断提高科技保险的针对性和有效性，真正解决科技企业的难点和痛点，解决它们的后顾之忧，让科技企业觉得科技保险“有用”是硬道理。

二、知识产权保险

目前，我国的知识产权保险主要针对专利提供风险补偿，分为费用补偿类保险、侵权责任类保险和融资担保类保险三种：费用补偿类保险可以在企业和机构自身专利申请、维权、许可时，补偿因申请失败、专利无效、提起诉讼、证据收集、法律咨询等原因的费用损失；侵权责任类保险可以转嫁包括企业由于专利过失侵权造成的经济赔偿责任，包括国内外的产品侵权，以及国外展览侵权等；融资担保类保险则是保险公司和银行、评估机构、担保机构联合，以保险为增信，为中小科技型企业提供专利质押贷款融资的金融综合服务。

三、专利保险与专利质押保险

专利保险是在专利研发、申请、转让和使用过程中，围绕专利侵权及被侵权行为提供的保险服务。在国际市场开展得较为广泛的专利保险险种主要有专利执行保险和专利侵权责任保险。前者主要承保被保险人起诉侵权人所支付的调查费用、诉讼费用和律师费用等，后者主要承保被保险人被诉侵犯他人专利权并被判承担赔偿责任应支付的诉讼费用和赔偿金。

专利质押保险是指保险公司为企业的专利质押贷款提供的保险。通过知识产权保险创新与各银行机构合作，促进创新资源与金融资源对接，通过质押融资保险产品支持，让企业运用专利质押手段，在保障风险的同时为企业增加了更有效的筹资渠道，降低了融资成本，提高了融资效率。

在我国发展专利质押融资业务的过程中，探索设立了专利质押融资风险补偿基金，建立“政府＋保险＋银行＋评估公司”的风险共担融资模式。一方面通过设立贷款限额控制、四方风险比例分担、风险补偿资金和风险叫停等多种机制，实行严格的项目风险管控；另一方面通过政府补贴等优惠政策，最大限度地降低企业贷款成本，调动企业投保积极性。

四、网络安全保险

从保险的视角看，网络安全风险通常分为“第一方风险”和“第三方风险”。“第一方风险”是指在互联网经营活动中，因网络黑客、网络病毒、网络中断、网络欺诈、网络盗窃等导致企业的数字资产损失、营业中断以及声誉损失。“第三方风险”是指由于被保险人的责任导致他人（客户）的数字资产、安全和隐私泄露、数据丢失等损失。同时，无论是“第一方风险”，还是“第三方风险”均包括在开展救济过程中的法律费用损失风险。目前，我国网络安全保险包括针对“第一方”和“第三方”的产品，主要服务对象为互联网公司、科技服务企业、通信公司、金融机构、“互联网+”商家、工业高度自动化的制造商。

“第一方保险”主要是保障企业因网络攻击导致的数字资产损失、营业中断和相关法律费用，但由于数字资产的估值存在难度，因此大多数的保险只提供恢复和复制的费用。目前，针对网络个人用户的保险产品有三种。一是个人账户安全保障保险，保障被保险人名下所有银行卡、网银、第三方账户，因盗刷等造成的损失。二是保障网络游戏玩家虚拟财产的虚拟财产保险，包括各类代币、积分和装备被盗导致的损失。三是针对手机支付安全的保险产品，保障因病毒木马、电信诈骗、网络钓鱼等导致的损失。

“第三方保险”主要是保障网络技术企业在提供服务的过程中，因其以及工作人员的疏忽、失误、过失等因素导致客户的经济损失，依法应当承担的经济赔偿责任。目前，针对网络技术企业用户的保险产品有两种。一是个人信息泄露责任保险，保障被保险人在依法从事经营活动时，由于疏忽或过失造成其管理的个人信息泄露，依法应当承担的经济赔偿责任。这一保险还可以扩展被保险人为恢复或防止企业形象受损而产生的相关费用。二是信息安全综合保险，保险责任包括三部分：系统安全失效，导致客户营业中断损失；鉴定损失和数据恢复费用；事故处理，包括相关取证和法律服务等费用。

五、机器人保险

我国保险业高度关注人工智能，特别是机器人领域的保险创新与服务。中国财险企业与相关科研部门和机器人制造商开展合作，开发了主要针对机器人制造商和经销商的机器人系列保险，包括机器人财产保险、机器人产品责任保险和机器人产品质量保证保险。通过提供专门化的保险产品，一方面能够推动机器人产业风险管理水平的提升；另一方面能够为机器人这一新兴产业的发展，尤其是在消费者的接受方面，提供风险保障和信用背书。

机器人财产保险承保被保险人所制造或销售的机器人因承保风险事故发生，导致的财产损失以及相关费用。承保的主要风险有：各类自然灾害和意外事故；设计、制造或安装错误，铸造和原材料缺陷；工人、技术人员操作错误、缺乏经验、技术不善、疏忽、过失、恶意行为（包含因黑客攻击导致机器人的物质损失）；超负荷、超电压、碰线、电弧、漏电、短路、感应电及其他电气原因。

机器人产品责任保险承保被保险人所制造或销售的机器人因承保风险事故发生，造成第三者人身损害或直接财产损失，依法应承担的经济赔偿责任。承保的主要风险有：机器人自身设计或运行缺陷故障，包括软件及硬件故障、软硬件不适配导致的系统异常；机器人的外部交互模块故障，包括通信网络信号缺失、突发断电、断网；遭受黑客攻击；机器人在使用过程中发生碰撞引发的事故。

机器人产品质量保证保险承保被保险人在生产经营活动过程中，因承保风险事故发生，应承担修理、更换或退货责任，包括机器人产品本身的质量赔偿责任。承保的主要风险有：不具备机器人产品应当具备的使用性能而未事先说明的；不符合在机器人产品或者其包装上注明采用的产品标准的；不符合以机器人产品说明、实物样品等方式表明的质量状况的；使用人规范使用但是机器人发生自燃情况；机器人因软件配套设施未跟上造成的不能正常使用或者报废。

六、首台与首批次保险

首台（套）重大技术装备保险产品是为保障质量风险和责任风险的一种创新型综合保险产品。其中，质量险主要保障因产品缺陷导致用户要求修理、更换或退货的风险，责任险主要保障因产品质量缺陷造成用户财产损失或发生人身伤亡的风险。首台（套）重大技术装备保险标的为列入工业和信息化部《首台（套）重大技术装备推广应用目录》的装备产品。

开展首台（套）重大技术装备保险，有利于研发制造企业加大创新投入，提高技术装备的市场应用效率；有利于用户企业损害赔偿及时到位，解除用户企业的后顾之忧；有利于提高国家装备制造行业竞争力，推动现代装备制造业加快发展，维护国家经济安全和国防建设。对促进装备制造业高端转型，打造中国制造升级版具有重要意义。

首批次新材料是用户在首年度内购买使用《重点新材料首批次应用示范指导目录》内的同品种、同技术规格参数的新材料产品。生产首批次新材料的企业，是保险补偿政策的支持对象。使用首批次新材料的企业，是新材料保险的受益人。

首批次新材料保险重点针对新材料推广应用中存在的特殊风险，由保险公司提供定制化的新材料产品质量安全责任保险，主要承保新材料质量风险和责任风险。质量风险是指因新材料质量缺陷造成的合同用户更换或退货的风险。责任风险是指因新材料质量缺陷造成合同用户企业财产损失或发生人身伤亡的风险。

七、研发费用损失保险

企业的各类研发活动均属于高风险业务，其中不仅有在研发活动中可能产生的各种意外风险，还存在因研发失败导致的研发投入损失的风险。前者通常可以通过常规的财产保险、设备损坏保险和雇主责任保险予以解决。但后者属于特殊风险的范畴，传统的财产保险不提供相应的风险保障。

研发费用损失保险承保企业在开展研发过程中，因以下原因导致的损失，保险公司予以赔偿，主要损失有：研发成果未能通过后续试验和开发；未能形成新产品、新工艺、新材料；新产品、新材料形成样品后，市场已存在同类产品或样品已落后于市场需求。由于研发活动具有非常强的特殊性和专门性，因此在承保过程中，保险双方需要充分沟通，并就关键问题达成共识，如对“项目失败”的认定问题，必要时可以由双方约定第三方机构进行认定。同时，研发费用的确定也需要双方共同确认。

八、药物临床试验保险

近年来，随着我国医药行业自主创新能力的增强，临床试验在我国医药行业所占的分量越来越重。从2016年开始，我国的新药临床申请呈现“井喷式”增长的态势，2018年我国国产新药临床申请达到224个，三年的平均增幅近60%。来自非官方的数据则表明，每年数百种新药的医学临床试验涉及的受试者人群约50万人。鉴于药物临床试验的特殊性和高风险性，国家要对其许可和实施进行严格的行政管理，受试者人身安全保障成为药品临床试验管理各方主体的重大关注点，关系到受试者的根本利益和临床试验开展的可持续性。

药物临床试验保险是承保药物临床试验的申办方在开展业务过程中，导致受试者的人身伤亡和财产损失依法应当承担的经济赔偿责任。在药物临床试验的责任认定过程中，采用的是无过错补偿原则，并且相关参与方的责任难以界定，故通常将被保险人扩展至具有连带责任的研究方、实施方、药品制造方。赔偿项目通常包括经济补助、治疗费用、后期康复费用、遗属供养等。赔偿限额通常以每人限额与每次事故限额结合的形式。

尽管我国《药物临床试验质量管理规范》第四十三条明确规定：申办者应对参加临床试验的受试者提供保险，对于发生与试验相关的损害或死亡的受试者承担治疗的费用及相应的经济补偿。但对于如何赔偿、赔偿的金额与流程等，相关法规都没有做出明确要求和具体说明，导致许多实验方根本就没有投保，或者投保很低的保额以应付监管，难以对受试者予以全面充分的保障。

九、生命科学综合责任保险

生命科学综合责任保险是承保生命科学类产品和服务的提供者在开展经营活动过程中，因意外事故导致的人身伤亡和财产损失，依照法律规定或保险合同，应当承担的经济赔偿责任。作为责任保险，通常还包括被保险人在处理相关事故和维护自身利益过程中可能发生的法律费用。生命科学综合责任保险的被保险人通常包括药物制造商、医疗设备和器械制造商、食物增补剂制造商、药物研发机构、医疗机构、保健机构等。

面向未来，生命科学领域是保险需要重点关注和服务的领域，但生命科学属于特殊的专业领域，其风险具有显著的特殊性和专业性，同时，通常不具备支持保险经营，特别是精算定价的数据基础。因此，在开展此类业务的过程中，需要对投保的学科领域有深入和专业的了解，特别是要对投保人从事的具体领域及其风险水平，以及投保人在这一领域的学术地位和管理水平、以往的投保和损失情况有了解，同时相关制度、规章和法律也是评估风险的基础，特别是投保人提供服务的对象和区域范围，是否涉及国外，如欧美地区等。

十、科技保险发展问题分析

我国科技保险的发展源于2006年，为了促进保险服务科技企业，原保监会与科技部联合下发了《关于加强和改善对高新技术企业保险服务有关问题的通知》，全面启动了我国科技保险的试点工作，首批享受国家税务优惠政策的险种包括高新技术企业产品研发责任保险、关键研发设备保险、营业中断保险、出口信用保险、高管人员及关键研发人员团体健康保险和意外保险六个险种。同时，部分试点地区出台了相应的补贴及配套政策，如科技保险保费补贴、保费支出享受税收优惠、参保企业科技项目优先安排立项等。

回顾我国科技保险的发展历史，科技保险从无到有、从试点到推广、从局部到全面，取得了一定进展。据统计，到2016年底，科技保险的保费收入为 77.66 亿元，占总保费收入的比为 0.25% 左右，参保科技企业不足全国科技企业总数的 3%。从总体来看，科技保险的覆盖面很窄、投保率很低、业务规模相对小、服务能力相对低。究其原因，是科技保险的科技特征不强，尤其是科技风险的针对性不强。

保险经营和科技创新二者有着天然的联系——风险。科技创新是高风险活动，保险就是转移和分散风险，为科技创新解除后顾之忧。在科技保险的发展过程中，尽管政府和相关部门做了大量的推广和引导工作，还配套出台了财政补贴政策，但从总体情况看，特别是从真正意义上的科技保险看，业务发展的情况并不理想，或者说与人们的预期还存在一定的差距。从表面上看，原因是科技企业对科技保险的认同度还不高，但深入分析，其根本的原因是科技保险还不够“科技”。仔细分析这个问题，具体地表现为三个方面。

一是科技保险的科技针对性不强。无论是科技创新活动，还是科技企业的经营与管理活动均具有很强的特殊性，这种特殊性是由科技风险的特殊性决定的，而这种特殊性导致了科技企业经营的稳定性相对较差。因此，有效和有针对性地化解科技风险，确保企业经营的稳定是科技企业购买科技保险的核心诉求。科技企业不仅需要传统的保险产品保障，更需要针对科技风险的保障；不仅需要单一风险保障，更需要综合风险保障。所以，就目前的科技保险产品而言，科技企业总觉得有点“不解渴”的味道。

二是科技保险自身的科技含量不高。由于科技企业风险的特殊性，传统的产品和经营方式是难以从根本上满足科技企业需要的。从目前的情况看，大多数的科技保险仍然在传统保险产品的基础上进行改良，尽管能够在一定程度上满足科技企业的需要，但“新壶装旧酒”仍然是一个不容忽视的问题。而与此同时，面对全新的科技风险，传统的保险产品就显得无能为力，只能望而却步了。因此，面临全新的科技风险，需要保险行业通过不断创新，切实解决好科技保险经营过程中的科技性问题，只有更加“科技”的科技保险才能够为广大科技企业所接受，才能够发挥应有的作用。

三是科技保险的服务能力不能适应科技企业风险管理的需要。科技企业具有显著的科技创新特征，一方面是具有较强的科技性，另一方面是具有创新性。因此，无论是风险评估、保险方案设计和费率厘定，还是查勘定损，均需要专门知识和专业技能。否则，不仅难以提供满意的服务，还可能引发争议和纠纷。如我国保险业就曾因电子芯片企业的火灾损失定损问题，与被保险人产生纠纷，原因是查勘人员并不了解芯片生产对环境近乎苛刻的要求。再如知识产权保险涉及大量相关法律知识，保险公司的相关人员如果对这些知识不了解、不专业，就难以提供专业的服务。

十一、发展科技保险的几点思考

从科技保险的发展环境看，我国科技领域改革的重要特征是市场化，即科研机构的企业化和企业的科技化，这种改革的本质是通过市场机制给科技发展注入活力和动力。但与此同时，科技企业和科技项目的经营管理和研发风险问题日益突出，特别是在开展重大科技创新过程中，往往需要大量的资本投入，需要通过市场化的运作进行融资。但如果没有一种有效和切实的风险转移机制，这种融资就没有基础，就不可能实现，科技企业的创新发展就缺乏资金基础和保障。因此，保险业不能就事论事地看科技保险的发展问题，应当将实现科技保险创新作为服务新时代创新驱动发展战略，加快建设创新型国家的重要任务。为此，要重点解决科技保险发展过程中的几个关键问题。

一是要提高科技保险的科技含量，关键是解决科技保险的针对性问题。科技风险既具有普通风险的共性，又具有自身的特性，而且科技风险又具有显著的行业和领域特征。面对科技企业风险的特殊性，保险行业应通过不断创新，设计出合理的有针对性的产品，让科技企业能够将发展过程中可能面临的突发、意外损失转化为固定和可测的保费支出，达到固化企业风险成本、稳定经营效益的作用，只有这样科技保险才能够为广大科技企业所接受。

二是要突出科技保险的针对性。作为科技企业对科技保险的需求更多的是着眼于项目的风险转移一揽子解决方案，保险企业要参与科技企业和项目的风险管理，尤其是要注重事前的参与。通过保险公司的专业化介入，全面提高企业和项目风险管理能力，从根本上降低风险暴露水平。同时，所谓“一揽子解决”就是要突破传统保险的思维局限，全面导入“风险投资”经营管理的思维和理念，通过“风投型保险”产品创新，解决科技企业的创新风险全面和彻底转移问题，成为真正意义上的科技保险。

三是运用科技手段提升科技保险的风险管理能力。科技风险需要通过科技手段加以管理，实现“以技制技”。在知识产权保险中，可以依托区块链技术，探索“区块链＋数字证书”“区块链＋版权”的溯源平台，实现知识产权保护和服务。同时，依托大数据分析和人工智能等科技手段，探索科技风险的动态监控和预警服务。

四是探索保险综合服务科技创新模式。在金融综合经营的大趋势下，保险机构可以通过金融产品创新，整合保险集团的投资、保险和资产管理的系统资源，提供包括专利保护、融资保证，以及风险投资产品在内的全面风险管理方案，实现对科技企业的融资、研发和成果转化的全流程金融综合服务，为科技产业创新设计新机制，提供新平台，创造新价值。

五是发展科技保险需要综合治理。科技保险是一个创新性的工作。如何让科技保险更科技化，不仅要求保险公司在科技保险的产品上进行有效和本质的创新，还需要政府为科技保险的成长发展提供良好的市场环境，培育适合科技保险发展的生态环境。只有科技企业充分认识到科技保险是保障企业经营稳定和促进科技创新的重要制度安排，同时，只有保险企业充分认识到科技保险必须真正适应和满足科技企业的需求，才能培育出有效的市场需求，并形成一种良性循环机制，为我国的科技创新与发展提供制度保障。

第六节　影视保险

一、影视风险

影视业是一个风险高且风险特殊的行业。因此，风险管理始终是影视业发展的关键和难点。从影视业发展的初期看，这种风险更多是通过传统的方式解决的，即依靠个体经验和松散组织进行管理，而一旦发生风险和损失，也是由内部进行消化。这种管理模式导致影视业的经营管理处于相对低下的水平。从影视业发达的国家和市场的情况看，科学的项目管理，尤其是项目风险管理，是影视工业化和产业化的前提，也是与资本市场对话的基础。

从影视项目管理的视角看，影视风险也可以分为三类。一是内容风险，即由于内容存在问题，无法通过审批，以及制作单位的声誉风险。二是制作风险，即不能按时按预算完成项目，此类风险主要体现为项目管理风险。三是宣发风险，即在宣传发行过程中，因为档期、市场、排片等原因，导致发行没有达到预期。

从风险管理的视角看，影视风险可分为三大类。一是制作风险，主要是因自然灾害和意外事故造成剧组人员，特别是主创人员的人身伤亡、设施设备损失、第三者赔偿责任、拍摄进度滞后等。二是人为风险，主要是由于人员变更，特别是主创人员变更、剧本修改、资金缺口、进度滞后等。三是市场风险，主要是政策风险、监管风险、宣发风险、运营风险等。

从保险的视角看，影视保险主要有三大类。一是承保在项目制作过程中的各类风险，包括影视制作保险、雇主责任保险、意外伤害保险、公众责任保险。二是承保项目制作的相关责任与利益，包括职业责任保险、信用保证保险、影视知识产权保险。三是承保项目交付风险，即完片保险。

二、金融的影视风险分析与解决

影视产业属于创意产业，最大特点是“不确定”，如果一切都是“确定”的，那么影视就失去了生命力。影视产业的另一个特点是“难以估值”，影视作品没有统一标准，更重要的是影视产品属于接受（交易）即价值。因此，影视产品具有“非标”特征，其价值具有较强的主观性和滞后性，乃至非理性。“不确定”是影视产业的特征，也是价值和魅力所在。但金融的核心诉求是“确定”预期（风险），无论是能否提供服务，还是确定服务成本，均是建立在“确定”基础上的。“确定”遇到了“不确定”，这就是金融与影视总是“貌合神离”“力不从心”“望而却步”的根本原因。因此，发展影视金融的关键是认识、理解并接受影视产业的基本特征及其逻辑，并将其作为影视金融服务的前提、基础和环境。

金融接受影视产业的基本逻辑不应是被动和消极的，而应是积极、主动和创造性的。金融的本质是处理风险，传统的处理是相对静态的。面向未来，金融需要在科技赋能的背景下，发挥自身的制度和专业优势，创新经营和服务模式，实现对项目和项目风险的全过程和全方位动态管理，打造影视金融新业态。

首先，导入“分层管理”技术，即根据影视产业的特点，针对“不确定”特征，将影视创作工作分为基础（经营管理）层和附加（创意衍生）层，并将基础层作为管理和经营的重点，确保可量化（估值）与可管理（预期），同时将附加层作为“冗余”和“剩余”处理。

其次，导入“专业管理”模式，即利用“利益相关第三方”的特殊地位优势，通过科技和智库赋能，强化过程监督与有效干预，全面提升项目管理水平。一方面利用大数据、互联网和区块链等技术，解决信息不对称导致的管理水平低下问题；另一方面利用智库优势，辅之以人工智能技术，解决项目评估、资源配置和执行效果等问题。

最后，导入“化解管理”机制，即利用各种科技手段，通过制度创新，提供满足影视项目风险特征的化解管理模式，包括分层、消融、转移、分散和对冲等。同时，学习借鉴风险投资管理模式，建立影视金融风险资金池，实现影视金融的健康发展和可持续供给。

三、影视保险发展情况

近年来，我国影视业取得了较大的发展，但影视保险仍处于起步阶段，究其原因，主要是我国影视业的发展水平相对低下，除了少数大型影视企业外，大多数剧组仍属于“临时项目制”的管理，因此，既缺乏管理的能力与经验，更缺乏风险意识，存在“一次性”冒险心态。同时，大多数剧组均面临资金压力，在资金捉襟见肘的情况下，更无力考虑保险预算。而一些大型影视集团具有“行政背景”。因此，客观上缺乏对风险转移的主动需求。

我国影视保险基本属于“空白”，除了市场需求不足的因素外，保险供给是主要矛盾。影视风险管理与保险属于一个非常专业的领域，需要较高的专业经验和能力，而我国的影视保险，无论产品的针对性，还是特殊风险分散，抑或专业服务能力等方面均处于相对落后的状态。同时，由于相关中介服务行业的发展也相对滞后，绝大多数保险公司对影视保险基本属于望而生畏和望而却步。

影视金融业发展相对滞后，是制约我国影视业提升管理水平，也包括风险管理和保险水平的重要因素。影视产业属于轻资产行业，因此不符合传统金融的服务逻辑，导致传统金融企业较少涉足影视金融，即使参与影视领域，也多是按照传统的经营模式，向大型影视企业提供金融服务。从国外的先进经验看，特别是从好莱坞的发展模式看，金融的深度介入是影视产业化的重要因素、基础和前提。同时，正是影视金融的介入，催生了影视保险的发展。

四、电影（完片）保险

电影（完片）保险，俗称“完片保险”，属于完工保险的一种，主要是针对完工风险。完工风险是指项目无法按计划、时间、预算资金完工，或者完工后无法达到预定营运标准等风险，就电影而言，是指一个电影拍摄项目不能按计划、时间、预算资金完成，继而不能如期上映。与传统保险不同，完片保险不仅是针对一般意义的风险，更是针对各种风险的综合结果。因此，它属于一种完片担保、完片保证和完片保函。

完片保险的本质属于电影融资的保证保险，它以保险合同的形式保证电影制片人和电影项目，在正常预算的范围内，按照约定质量，拍摄完成并按时交付给电影发行商。在欧美国家的电影业，完片保险已发展成为一种专业的影视产业融资与制作的监理模式，相关保险产品与服务已日趋标准化、规范化和专业化，并形成了较为成熟的市场模式。

完片保险源于 1950 年，当时，第二次世界大战结束不久，英国电影产业十分萧条，英国政府为了促进电影产业发展，采取了一系列鼓励措施，推动电影产业的恢复与振兴，其中，电影金融是重要举措之一。但风险特别是完片风险始终是制约电影金融发展的重要因素，如果没有切实有效的风险转移机制，发展电影金融就缺乏基础，正是在这样的背景下，完片保险应运而生，1950 年英国国际电影融资公司签发了第一张完片保险保单。

经过 60 多年的发展，完片保险已发展成为一个相对专业和成熟的保险领域,并在电影产业中发挥着重要作用。例如,美国的好莱坞,大多数的“大制作”影片均离不开保险的参与，美国最著名的 100 部电影均有完片保险的安排，好莱坞电影保险市场的年保费收入大约为 2 亿美元。同时，完片保险在解决电影完片风险方面也发挥了独特和积极的作用，如 2013 年,《速度与激情 7》剧组因男主角保罗·沃克在拍摄过程中遭遇车祸死亡，导致拍摄中断，拍摄成本剧增，因事前投保了完片保险，因此保险公司赔付了数千万美元。

从国外完片保险的发展经验看，推动完片保险发展是来自外部的因素，而非电影制作单位本身。这种因素来自三个方面。一是相关法律有明确要求，在电影制作过程中，必须安排相应的保险，确保从业人员的人身安全。二是电影行业工会组织为了维护会员利益，要求制作单位安排相应的保险，同时制作单位为了避免与工会组织产生的纠纷影响自己的利益，也需要安排相应的保险。三是大多数的电影制作均需要通过市场化的方式解决资金问题，而在融资过程中，保险是一个前提条件。

完片保险在国外已有 60 年的发展历史，但在我国仍然属于起步和初级阶段。近年来，我国保险市场也出现过完片保险的个案，大多是中外合作项目，应外方的要求，中方相对被动地投保，而绝大多数的制作单位均属于既缺乏内在需求，也没有外部要求，加上大多数剧组的资金捉襟见肘，也就不可能安排资金购买保险。与此同时，就供给而言，由于完片保险属于一个管理型的业务，需要大量的专业知识、技术和经验，大多数保险公司不具备相应的能力，再加上相应的中介服务行业也不发达，导致我国的完片保险基本属于空白状态。

近年来，我国完片保险迎来了发展的历史机遇期。一方面是各地在推动经济转型过程中，均将影视产业作为新的经济增长点，出台一系列举措，特别是扶植影视金融产业的发展。影视金融的发展就必然带来完片保险的刚性需求。另一方面是保险业在转变发展方式的过程中，也将为社会提供更加专业化的风险管理服务作为重点。同时，加强了专业能力建设，如人保财险就与美国电影金融公司合作，共同为我国影视行业提供专业化的完片保险服务。

面向未来，我国电影业将迎来一个全新的发展时期。这个时期的重要特征是电影产业将通过集约化、规模化和工业化，最终实现产业化和现代化，在这个过程中，金融和保险将发挥关键作用，扮演重要角色。保险业要高度关注电影保险的发展。一是要针对我国影视行业存在的问题，以及影视行业转型升级的需求，与相关管理部门紧密合作，发挥保险的风险管理职能，深度参与影视行业管理升级，成为政府相关部门的助手和制作单位的帮手。二是要因地制宜、因时制宜地开发电影保险产品，即要结合我国影视业的实际情况，有针对性地开发产品，提供解决方案和专业服务，既要关注完片保险，也要关注基础类保险。三是要与金融机构，也包括各地的产业基金紧密合作。近年来，银行也加大了对影视行业的重视和投入，保险应密切与银行的相关部门合作，共同推动完片保险的发展，通过合作实现共赢。四是要加强与相关影视风险管理和影视科技公司的合作，如平安公司就与影视大数据科技企业——小土科技合作，共同为影视项目提供基于大数据的风险管理与保险服务。

【相关案例】美国电影金融公司

美国电影金融公司成立于1950年，是一家专门从事电影完片担保的公司。迄今为止，已经为超过6 000部的电影提供完片担保服务，好莱坞是该公司的主要服务对象。好莱坞超过80%的影片制作均购买了由该公司提供的完片担保服务。每年为200部多电影提供完片担保服务，担保项目的预算总额约为170亿人民币，服务费用大约为项目制作成本的3%～5%。

美国电影金融公司的服务模式是作为公正和独立的第三方。

为影片制造提供专业、透明和相对刚性的项目管理，同时辅之以“第三方监管账户”工具，实现对电影制作全过程的专业指导、过程管理和资金监督，确保项目能够按时并按照预算完成，一旦发生超支风险，由美国电影金融公司负责赔偿。完片担保不仅能够为项目的顺利进行提供服务，也能够为项目融资提供增信服务，使项目能够以较低的成本和较为简单的手续获得银行等金融机构的融资。

【相关案例】小土科技

小土科技是一家影视大数据科技服务公司，经过十几年的专注和努力，公司积累了我国影视行业最全面、最详尽、最权威的数据，专注于影视文本语义分析的算法研究和业务应用，并在大数据分析、自然语言处理等领域拥有十余项自主知识产权和核心技术，为影视全产业链提供大数据、信息化、人工智能、区块链等全方位的服务。

小土科技主要服务于电视平台、视频平台、影视制作与投资公司、艺人工作室的影视生态链服务模式，提供数据分析、项目选择、剧本量化评估、收视预测、广告植入、制片管理、影视发行、节目采购、版权交易等专业的大数据解决方案。同时，小土科技与保险、银行和产业基金合作，在提供专业风险管理服务的同时，为影视业提供融资服务。

第七节　体育保险

一、我国体育保险发展历史与存在的问题

长期以来，我国的体育保险几乎是空白状态，其背后一个重要原因是

我国竞技体育管理的“举国体制”。这种行政管理模式决定了竞技体育的风险，包括运动员伤、残、病均由政府负责。但客观上看，国家能够用于运动员伤病等方面的资源相对有限，难以解决运动员的实际问题和困难，如在2012年伦敦奥运会上，运动员刘翔发生了跟腱断裂事件，由中华全国体育基金会统一安排的国家队运动员伤残保险最终核定的赔偿金额仅为6 000元。此外，业余体育，包括学校体育领域由于缺乏风险意识，并且受到支付能力的限制，客观上缺乏对体育保险的市场需求。改革开放后，保险业开始以赞助的方式参与体育，如早年中国人保和太平洋保险对国家队参加国际赛事活动过程的风险提供赞助性质的保险服务。

1998年我国体操运动员桑兰在美国友好运动会上不幸摔伤，引发了人们的广泛关注，并触发了人们的体育风险意识，美国友好运动会为每个参赛队员提供了1 000万美元的高额医疗保险，为桑兰的治疗和康复发挥了重要作用，更让人们认识到体育保险的必要性。之后，我国相关部门开始了运动员风险保障制度建设的研究，出台了相关标准。2002年国家体育总局在全国推出了运动员伤残互助保险，覆盖到省级运动员一级。同时，中华全国体育基金会也启动了运动员保险的相关工作，以向保险公司购买保险的方式，为运动员提供风险保障。但就体育风险保障而言，仍存在一系列突出问题：一是保障覆盖面较低，只有少数国家和省级优秀运动员能够得到保障，其他大多数运动员则缺乏保障；二是保障的程度较低，大多数只是提供意外伤害保险，并且保障的额度有限；三是只是针对运动员的保障，但体育场馆、设施和赛事基本没有相应的保险保障；四是业余体育，特别是学校体育的保险基本属于空白。由于缺乏体育风险保障机制，不少学校担心可能面临的体育伤害风险和责任，往往不愿意开展学校体育活动，尤其是具有一定风险的体育活动。

我国体育的产业化发展趋势，为体育市场的发展奠定了良好基础，体育市场的发展则进一步催生了体育保险。一方面，随着体育管理体制的改革，出现了市场化的运行和管理模式，特别是各种俱乐部的出现，客观上培育了对体育保险的需求；另一方面，民众健康意识的提升，推动了业余体育事业的发展，市场化的体育场馆不断涌现，社会化的体育赛事如雨后春笋。

这极大地促进了体育保险市场的发展。保险行业也开始重视体育保险市场的开发，我国出现了第一家专业体育保险的中介机构——中体保险经纪公司。我国的体育保险进入了一个新的发展时期，出现了“跆拳道保险”“游泳场馆综合保险”等一批保险产品，更重要的是，随着奥运会和亚运会在我国成功举办，我国保险业开始进军体育保险的高端领域，中国人保为两大赛事提供了国际水平的体育赛事保险，得到了国际奥组委等机构的高度肯定，也为我国体育保险的高水平发展积累了宝贵的经验。

尽管我国的体育保险取得了长足的发展，但与国际先进水平相比，仍处于相对落后的阶段，最主要的问题是缺乏制度化和系统性安排，存在严重的碎片化状态，具体表现为：缺乏针对体育运动和体育产业的专门和专业化的保险产品体系和服务能力，消费者觉得保险产品不能满足需求而缺乏主动性，大多数的体育运动均属于“高风险”活动，而被传统保险产品列为除外责任，或以很高的费率承保。同时，保险公司则认为经营体育保险“得不偿失”，因为体育保险的专业化程度较高，风险相对高，投入较大，但保费难以形成规模。

进一步探究更深层次的原因。一是缺乏体育运动的风险数据积累，导致在进行风险因素分析，厘定费率、制定条款、防范风险过程中面临数据和技术瓶颈。二是多数高危项目不在普通保险产品的保障范围内，体育项目之间、体育赛事之间的风险因素和损失概率差异也很大，需要量身定制保险产品。三是需要专业的经营。由于体育保险具有较强的专业性，无论是产品开发，还是营销服务均需要投入大量的人力物力，而保费规模则相对有限，难以形成盈利模式。四是对体育场馆的经营者，缺乏相应的安全责任法律约束，经营者投保的积极性不高。

在我国推动体育强国建设和发挥体育保险作用的大背景下，各级政府，特别是保险监管部门，积极引导保险公司根据体育运动特点和不同年龄段人群，开发场地责任保险、运动人身意外伤害保险，健全学校体育活动责任保险制度。重视体育中介市场的培育和发展，积极开展赛事推广、体育咨询、运动员经纪、体育保险等多种中介服务，充分发挥体育中介机构在沟通市场需求、促进资源流通等方面的作用。面向未来，我国体育保险将迎来一个全面发展的新时期，据分析预测，2015 年我国体育保险的市场规模仅为 5 亿元，未来的年复合增速约为 35%，到 2020 年则有望超过 20 亿元。

二、国外体育保险发展情况

作为体育运动的强国，美国的体育保险也相对发达，不仅是一般保险公司积极参与体育保险，更重要的是有一批专门经营体育风险的保险公司，体育保险已成为美国保险市场的重要门类和业务领域。美国体育保险的一个重要特征是专门和专业，即针对体育运动开展专门化的经营与管理，如将体育划分为竞技体育、学校体育和业余体育。同时，针对不同类型的体育活动和模式，开展专业化的风险管理与服务，既有面向职业体育机构和运动员的体育保险，主要包括职业体育联盟的养老保险、职业和半职业运动队的责任保险、运动伤残保险三类。其中，职业和半职业运动队的责任保险，包括身体伤害和财产损失责任保险、个人和广告损失保险、医疗赔偿保险以及体育和健身活动的职业责任保险。运动伤残保险是为职业运动员参加训练或比赛时发生的运动伤残提供的保险，包括短期丧失劳动能力保险、永久丧失劳动能力保险和经济损失保险。也有面向业余体育机构和人员的体育保险，主要有医疗保险、超额医疗保险、普通责任保险、意外伤害保险、官员和指导员责任险、设施保险、集训营保险和体育场地所有者责任险等险种。还有面向学校和学生的体育保险，主要有大学体育保险、中小学学生意外保险、中小学体育保险、大学橄榄球比赛和中学全明星比赛保险、校际重大医疗保险。同时，针对体育产业特征，提供赛事取消保险、体育天气保险、体育相关机构和人员的责任保险、教练员和裁判员职业责任保险等。

日本体育保险发展的一个重要特征是社会性，即将体育保险纳入社会保障的范畴，并通过立法的方式加以强化，如《新保险业法》《健康保险法》《国民健康保险法》《老人保健法》《体育振兴法》《日本体育、学校健康中心法》等一系列法律法规，保证不同人群、不同职业、不同领域体育活动均能够获得必要的保险保障。同时，日本的体育安全保险是由一家公益法人机构，即日本体育安全协会经办的，该协会成立于1970年，为全社会提供门类广泛，保障充分的体育社会保险，其服务对象既有专业的竞技体育领域，即面向专业体育运动员及教练员等相关人员的保险，也有群众性的业余体育领域，即面向大众体育运动的保险。经过长期积累，日本体育保险的各项制度、管理技术、实施对象、运动员参保意识等方面都处于世界领先地位。

纵观发达国家的体育保险发展，有几个共同的特点。一是体育保险法律法规相对健全。多数发达国家通过法律规定将风险管理，也包括保险，纳入体育产业发展和管理的范畴，并做出规范性的要求，如要求体育协会、联合会和俱乐部在举行体育比赛时，必须为运动员购买保险。同时，规定运动员、教练、志愿者等参加有关俱乐部的训练活动时，也必须购买相关保险。如意大利《体育法》规定职业俱乐部要将运动员收入的4%～5%作为保险费用。二是体育的产业化和市场化程度相对较高。随着体育产业的发展，社会大众体育风险意识和体育保险意识相对较强，体育风险保障机制相对完善，促进体育产业运营模式趋于商业化和市场化，形成了相当规模的刚性需求，为体育保险的发展提供了巨大空间。三是体育保险形成了专业化的市场。一方面是出现了一批专门的体育保险公司，这些公司专注体育保险的经营，甚至是专注某一个体育单项，如登山、潜水、滑雪等，通过专业化的经营，形成特色服务，如美国的保险公司Sadler&Co、Bene-Marc、美国专业保险和潜水安全保险等。另一方面培育了体育保险专业经纪人公司，由于体育保险有着很强的专业性和技术性，体育保险经纪人大都既懂得保险业务，又是体育内行，无论在产品开发，还是在专业服务方面均有丰富的经验，为推动体育保险的发展起到了桥梁的作用。

三、发展体育保险的几点思考

面向未来，我国体育保险的发展将进入一个全新的时期。数据显示，我国有近4亿运动人口，超300万体育从业人员，10余万专业运动员，每年有上千场的大型体育赛事。在这个大背景下，一方面，在体育强国战略引导下，体育事业将迎来一个高水平、广普及和产业化的时代，各种体育组织和体育活动均需要更加专业的风险保障服务；另一方面，在健康生活的理念下，越来越多的人将参与各种体育活动，不仅参与的范围越来越广，而且参与的水平越来越高，形成一种体育产业的新业态。无论是参与的个体，还是经营的企业均需要相关的保险保障。因此，体育风险管理与体育保险应当引起政府和社会的高度关注，保险行业需要思考如何培育能力，为体育相关活动提供更加系统化和专业化的保险服务。

面向未来，我国需要构建一个促进和保障体育安全、体育风险管理和体育保险的顶层设计框架。第一，进一步推进体育保险法制化。出台促进和发展体育保险的指导意见，重点规范体育赛事保险、体育场馆保险和体育器械保险。在青少年体育、老年健身、高危险运动项目和重大赛事等领域推广体育保险。第二，进一步推动体育保险专业化经营。鼓励设立专营体育保险的保险公司和保险中介机构，引导保险机构根据体育风险特征，开发个性化、专业化的体育保险产品。第三，进一步推进校园体育保险。出台校园体育保险的指导方案，引导学校运用体育保险开展校园体育运动的安全管理，设立校园体育保险基金，在校园方责任保险的基础上，强化体育保险的保障力度。第四，进一步强化运动员医疗和养老保障机制。为职业和半职业运动员建立保险保障计划，通过商业保险与基本医疗养老保险相衔接，全面提升运动员职业生涯的全过程和全方位保障。

面向未来，就保险产品和服务而言，“专业化”是发展的关键词，包括产品的专业化、营销的专业化和服务的专业化。首先，从产品专业化的视角看，包括主体的专业化经营与风险的专业化经营。就主体而言：一是区分法人（体育机构）与个人，二是区分体育专业组织（俱乐部和体育经纪人等）、场地经营者、活动组织者、学校。就风险而言：一是区分竞技体育和业余体育，二是区分一般性体育运动和高风险体育活动，三是区分个人体育活动和群体体育活动。其次，从营销专业化的视角看，要根据体育活动的特点，特别是组织模式，有针对性地开展营销活动。一是通过行业协会等组织，针对专门运动人群，开展专业化和统一性的推广营销；二是依托行业管理机构，针对体育活动的组织者，推广体育赛事等活动类保险；

三是利用互联网技术，针对网上的专门体育社区和社群，开展网络营销活动。最后，从服务专业化的视角看，保险尤其是专门化的保险，应注重风险管理服务，在发展体育保险的过程中，无论是专业体育组织，还是参与体育活动的个体均面临提升风险管理水平的问题。因此，要通过保险的导入，与相关管理部门和专业组织合作，开展专门和专业化的风险管理服务，降低体育运动风险，提升体育管理水平。

面向未来，保险行业要关注体育事业发展的重点，结合体育产业化发展的实际，尤其是群众体育事业的发展特征，有针对性地开展工作。

第一，2019 年我国颁布了《进一步促进体育消费行动计划（2019—2020）》，明确指出要积极培育体育保险市场，引导保险公司根据体育运动特点和不同年龄段人群，开发场地责任保险、运动员人身意外伤害保险等保险产品。积极推动青少年参加体育活动相关责任保险发展。加强体育保险的宣传，鼓励和引导企事业单位、学校、个人购买相关体育保险。保险行业要积极与相关部门、体育行业协会、体育俱乐部、体育综合体和体育企业合作，探讨并全面落实相关政策要求，建立并完善体育风险管理和安全机制建设，为发展体育消费营造良好环境。

第二，要关注专业运动员的风险保障体系建设与完善。重点是解决与社会保障体系的衔接问题和运动员特殊风险的保障问题。同时，要在优秀运动员伤残互助保险制度的基础上，通过运动员职业年金等制度建设，为运动员提供更加专业、全面和系统的职业生涯保障体系。此外，不仅要关注国家级和省级运动员的保障，还要关注竞技体育运动“金字塔”底部的运动员保障问题。

第三，要关注学校的体育运动风险保障问题。近年来，出于对责任风险的担忧，许多学校对学生的体育运动均持相对“保守”的态度，担心学生在参与体育运动的过程中一旦出现运动伤害，将面临难以预计的法律和经济责任。保险业要在已推出的校园方责任险的基础上，进一步突出体育风险保障，扩大保障范围，提高赔偿额度，切实解决校方的后顾之忧，促进学生体育运动的开展。同时，要发挥专业优势，不仅要为学校提供体育运动风险管理的专业指导和培训，还要协助学校提高可能产生的运动损害纠纷的处理能力。

第四，体育已经成为人们日常生活的重要内容，成为消费的重要领域，体育产业的发展也呈现专业化和规模化的趋势，各种体育场馆不再是政府部门提供的公共设施，而是经营者的营业设施，并且呈现日趋专业化的趋势。在这一背景下，不仅经营者面临投资风险，即场馆设施的各类财产风险，更面临经营责任风险，尤其是一些高风险体育项目，如游泳、攀岩、拳击、跆拳道、滑雪、赛车等。保险业需要针对这些体育领域的风险特征和经营主体的风险管理需求，量体裁衣，开发更有针对性的保险产品和服务。同时，相关部门要出台规定，要求从事高风险体育活动的场地经营者购买相关责任保险，切实维护消费者的权益。

第五，要针对日益专业化的群众体育活动提供专门化的保险服务。随着人们生活水平和健康意识的提升，群众性的体育活动呈现出蓬勃发展的态势。在这个过程中，业余体育的专业化是一个显著特征也是发展趋势，最具有代表性的是“跑马”热潮席卷全国，根据田协官方数据，我国马拉松赛事的数量，从 2011 年的 22 场和 40 万参赛人次，发展到 2017 年的 1 102 场和 500 万参赛人次。同时，登山、攀岩、滑雪、越野、潜水等小众体育项目也呈现快速发展的态势，如何为业余体育提供专业化的服务是体育保险需要解决的当务之急。

第六，要针对体育活动的各种组织形态提供更加专业的保险服务。体育机构和活动组织的专业化是体育事业发展的一个大趋势，以俱乐部为代表的体育机构面临许多特殊的风险管理需求，以大型赛事主办方为代表的活动组织者也面临着许多现实风险管理需求。体育保险需要认真和专业地研究这些新风险和新需求，有针对性地提供保险产品和服务，特别是大型赛事的综合风险管理服务，也包括赛事取消保险等。

第七，要导入互联网和大数据思维，打造更加开放和专业的体育保险服务体系。在体育保险的发展过程中，存在的一个突出问题是大多数保险公司不敢也不愿意开展体育保险。不敢是因为对风险认知不足，不愿意是因为经营管理难度大。近年来，一批科技企业聚焦体育、体育风险和体育保险，利用互联网和大数据技术，创造性地开展工作，在体育保险领域开拓出了一片全新的天地，如保准牛、运动保、小雨伞、慧择网等。同时，一些互联网门户也开始了客户细分，为体育保险客户提供相关服务。保险行业要以更加开放的心态，加强与相关科技和中介企业的合作，也要关注并培育专门的体育保险公司。

第八，利用可穿戴设备，形成与健康保险的互动机制。保险具有显著的正外部性特征，这是保险有别于其他市场制度的特点，更是优势。在发展体育保险过程中，要充分利用现代科技，特别是可穿戴设备带来的机遇。一方面能够更好地为客户提供全方位的保险服务，如在体育运动过程中的伤害报警机制，确保被保险人能够在第一时间得到救治响应。另一方面是能够形成一种通过运动提升体质和健康水平的激励机制。同时，利用健康保险，形成一种良性互动机制，以"运动量"作为保费动态厘定和调整的依据，形成一种"运动赚保费"的商业模式，例如可以将每天完成一定的"步数"作为返还保费的条件，以更有效地激励被保险人开展日常运动，锻炼身体。此外，还可以利用移动终端技术，在一定的被保险人群体中建立一种"运动量发布机制"，形成相互激励的模式。

后 记

本书，准确地讲是一本讲义。这些年，一方面是“工作所迫”，另一方面是“使命使然”，我做了一些教学和演讲工作。但每每想到要站在讲台上，总有一种深深的恐惧，不仅担心“丢人现眼”，更害怕“误人子弟”。于是，就只好“笨鸟先飞”，尽可能地多读书，以便“引经据典”，同时，还渐渐养成了“PPT（演示文稿）加讲义稿”的教学习惯。《保险的未来》就是近年的重要课件之一，本书的主要框架便来自这个讲义。同时，中国人讲“教学相长”，备课本身就是一种学习，而更重要的是在教学过程中，同学和同行给了我许多教育、指导和启发。

本书，准确地讲是一本读书笔记。这些年，或是主动，或是被动，我渐渐养成了读书的习惯，日积月累，不知不觉，读了许多书，其中有不少好书。因此，后面的参考文献，可以说是我阅读和学习的“轨迹”，也是我在“茫茫书海”中千挑万选的结果，分享给大家，希望能够作为一个“导图”和“攻略”，方便大家按图索骥地学习和研究。

本书，客观地讲是一锅“大杂烩”，里面什么都有，有点像“满汉全席”，但更像是“中药铺”。讨论的主题是“未来”，而“未来”到底是什么，会是怎样，谁也不知道。所以，“满汉全席”让我们能够尽可能穷尽对“饮食”的认识，而“中药铺”给我们调整口味以更大的可能和想象空间。近年来，我一直在讲一个观点：把握根本，把握未来。因此，本书尽可能地给读者更多的根本、基础和绝对的视角、知识、观察和思考，目的是能够更好地把握未来。

本书，客观地讲是一个非常粗糙的东西，无论是文字，还是观点。我不想用“才疏学浅”来搪塞，也不想用“没有时间”来推诿。面对这个相对宏大的话题，深知自己的知识、认识和理解，肯定、确定和一定是有限和不足的，将这个“半成品”提交，不怕大家“吐槽”，也不怕大家“拍砖”，只是希望能够吸引基于敬畏和好奇的关注，引发形而上的思考，或者是给有心人节省点时间。

最后，要特别感谢中信出版集团的编辑，是他们的专业和职业付出，让本书完成了一次“蜕变”并顺利出版。同时，在本书的写作过程中，得到了许多领导、老师、朋友、同事的帮助，在此一并表示衷心的感谢！

王和

联系方式：wanghe6666@sina.cn

参考文献

基础阅读

1. 梁漱溟 . 中国文化要义［M］. 上海：上海人民出版社，2011.
2. 冯友兰 . 中国哲学简史［M］. 北京：北京大学出版社，2013.
3. 楼宇烈 . 中国文化的根本精神［M］. 北京：中华书局，2016.
4. 潘光旦 . 儒家的社会思想［M］. 北京：北京大学出版社，2010.
5. 范曾 . 国学开讲［M］. 北京：中信出版集团，2015.
6. 托马斯·库恩 . 科学革命的结构（第四版）［M］. 金吾伦，胡新和，译 . 北京：北京大学出版社，2012.
7. 吴国盛 . 技术哲学讲演录［M］. 北京：中国人民大学出版社，2016.
8. 张雄，陈章亮 . 经济哲学［M］. 昆明：云南人民出版社，2000.
9. 约翰·查尔顿·珀金霍恩 . 数学的意义［M］. 王文浩，译 . 长沙：湖南科学技术出版社，2015.
10. 蔡天新 . 数学简史［M］. 北京：中信出版集团，2017.
11. 埃尔温·薛定谔 . 生命是什么［M］. 罗来欧，罗辽复，译 . 长沙：湖南科学技术出版社，2014.
12. 吕克·费希 . 超人类革命［M］. 周行，译 . 长沙：湖南科学技术出版社，2017.

13. 约翰·布罗克曼 . 生命［M］. 黄小骑，译 . 杭州：浙江人民出版社，2017.
14. 美国能源部计算生物学项目数学科学研究委员会，美国国家学术院国家研究委员会 . 数学与 21 世纪生物学［M］. 邵伟文，译 . 北京：清华大学出版社，2015.
15. 雷·库兹韦尔 . 奇点临近［M］. 董振华，李庆成，译 . 北京：机械工业出版社，2011.
16. 凯文·凯利 . 必然［M］. 周峰，董理，金阳，译 . 北京：电子工业出版社，2016.
17. 约翰·布罗克曼 . 如何思考会思考的机器［M］. 张羿，译 . 杭州：浙江人民出版社，2017.
18. 弗兰克·H. 奈特 . 风险、不确定性与利润［M］. 安佳，译 . 北京：商务印书馆，2010.
19. 伊藤穰一，杰夫·豪 . 爆裂：未来社会的 9 大生存原则［M］. 张培，吴建英，周卓斌，译 . 北京：中信出版集团，2017.
20. 迈克尔·李 . 破译人类的明天［M］. 关成华，译 . 南京：江苏凤凰文艺出版社，2018.

第一章　科技变革：未来已来

21. 雷·库兹韦尔 . 人工智能的未来［M］. 盛杨燕，译 . 杭州：浙江人民出版社，2011.
22. 雷·库兹韦尔 . 机器之心［M］. 胡晓姣，译 . 北京：中信出版集团，2016.
23. 凯文·凯利 . 新经济，新规则［M］. 刘仲涛，译 . 北京：电子工业出版社，2014.
24. 凯文·凯利 . 失控［M］. 东西文库，译 . 北京：新星出版社，2010.
25. 凯文·凯利 . 技术元素［M］. 张行舟，余倩，等译 . 北京：电子工业出版社，2012.
26. 凯文·凯利 . 科技想要什么［M］. 熊祥，译 . 北京：中信出版集团，2013.

27. 尤瓦尔·赫拉利 . 人类简史［M］. 林俊宏，译 . 北京：中信出版集团，2014.
28. 尤瓦尔·赫拉利 . 未来简史［M］. 林俊宏，译 . 北京：中信出版集团，2017.
29. 尤瓦尔·赫拉利 . 今日简史［M］. 林俊宏，译 . 北京：中信出版集团，2018.
30. 约翰·奈斯比特，多丽丝·奈斯比特 . 掌控大趋势：如何正确认识，掌握这个变化的世界［M］. 西江月，译 . 北京：中信出版集团，2018.
31. 克劳斯·施瓦布 . 第四次工业革命：转型的力量［M］. 李菁，译 . 北京：中信出版集团，2016.
32. 彼得·蒂尔 . 从 0 到 1：开启商业与未来的秘密［M］. 高玉芳，译 . 北京：中信出版集团，2015.
33. 彭剑锋，陈春花，等 . 认知革命：数字生存时代的管理［M］. 上海：复旦大学出版社，2018.
34. 阿莱克斯·彭特兰 . 智慧社会：大数据与社会物理学［M］. 汪小帆，汪容，译 . 杭州：浙江人民出版社，2015.
35. 吴军 . 见识［M］. 北京：中信出版集团，2018.
36. 姚庆海 . 从行业意愿到国家意志：中国保险业“十三五”发展前瞻［M］. 北京：人民出版社，2016.
37. 陈威如，余卓轩 . 平台战略：正在席卷全球的商业模式革命［M］. 北京：中信出版集团，2013.
38. 尼克 . 人工智能简史［M］. 北京：人民邮电出版社，2017.
39. 吴军 . 智能时代：大数据与智能革命重新定义未来［M］. 北京：中信出版集团，2016.
40. 李开复，王咏刚 . 人工智能［M］. 北京：文化发展出版社，2017.
41. 曼吉特·库马尔 . 量子理论：爱因斯坦与玻尔关于世界本质的伟大论战［M］. 包新周，伍义生，余瑾，译 . 重庆：重庆出版社，2012.
42. 布鲁斯·罗森布鲁姆，弗雷德·库特纳 . 量子之谜：物理学遇到意识［M］. 向真，译 . 长沙：湖南科学技术出版社，2013.
43. 克莱格 . 量子纠缠：上帝效应，科学中最奇特的现象［M］. 刘先珍，

译 . 重庆：重庆出版社，2011.
44. 刘锋 . 互联网进化论［M］. 北京：清华大学出版社，2012.
45. 艾丽卡・德旺，沙伊 – 妮科尔・约尼 . 连接时代：激发潜能、搞定大事的连接思维［M］. 刘林德，译 . 北京：中信出版集团，2016.
46. 卢克・多梅尔 . 算法时代［M］. 胡小锐，钟毅，译 . 北京：中信出版集团，2016.
47. 布莱恩・克里斯，汤姆・格里菲思 . 算法之美［M］. 万慧，胡小锐，译 . 北京：中信出版集团，2018.
48. 郦全民 . 用计算的观点看世界［M］. 广州：中山大学出版社，2009.
49. 李建会，符征，张江 . 计算主义：一种新的世界观［M］. 北京：中国社会科学出版社，2012.
50. 维克托・迈尔・舍恩伯格 . 大数据时代：生活、工作与思维的大变革［M］. 周涛，译 . 杭州：浙江人民出版社，2013.
51. 王和 . 大数据时代保险变革研究［M］. 北京：中国金融出版社，2014.
52. 李科杰，宋萍 . 感测技术［M］. 北京：机械工业出版社，2007.
53. 刘少强，张靖 . 现代传感器技术：面向物联网应用［M］. 北京：电子工业出版社，2016.
54. 史忠植 . 神经网络［M］. 北京：高等教育出版社，2009.
55. 韩力群 . 人工神经网络教程［M］. 北京：北京邮电大学出版社，2006.
56. 保险区块链研究项目组 . 保险区块链研究［M］. 北京：中国金融出版社，2017.
57. 梅兰妮・斯万 . 区块链：新经济蓝图及导读［M］. 北京：新星出版社，2016.
58. 谭磊，陈刚 . 区块链 2.0［M］. 北京：电子工业出版社，2016.
59. 保罗・萨伽德 . 心智：认知科学导论［M］. 朱菁，陈梦雅，译 . 上海：上海辞书出版社，2012.
60. 史忠植 . 认知科学［M］. 合肥：中国科学技术大学出版社，2008.
61. 中国自然科学基金委员会，中国科学院 . 脑与认知科学［M］. 北京：科学出版社，2012.
62. 唐孝威，等 . 认知科学导论［M］. 杭州：浙江大学出版社，2012.

63. 葛詹尼加．认知神经科学：关于心智的生物学［M］．周晓林，高定国，译．北京：中国轻工业出版社，2011.
64. 秦麟征．预测科学：未来研究学［M］．北京：方志出版社，2007.
65. 格雷维特尔．行为科学研究方法［M］．邓铸，译．西安：陕西师范大学出版社，2005.
66. 道格拉斯·麦格雷戈．行为科学与管理［M］．韩禹，译．长春：北方妇女儿童出版社，2016.
67. 汪丁丁．行为经济学讲义：演化论的视角［M］．上海：上海人民出版社，2011.
68. 路德维希·冯·米塞斯．人类行为的经济学分析［M］．黄丽丽，李淑敏，赵磊，译．广州：广东经济出版社，2010.
69. 董志勇．行为经济学［M］．北京：北京大学出版社，2005.

第二章　社会进步：科学发展

70. 拉斯洛·松鲍法维．人类风险与全球治理：我们时代面临的最大挑战可能的解决方案［M］．译．北京：中央编译出版社，2012.
71. 俞孔坚．海绵城市：理论与实践［M］．北京：中国建筑工业出版社，2016.
72. 王祥荣，谢玉静，李瑛，等．气候变化与中国韧性城市发展对策研究［M］．北京：科学出版社，2016.
73. 汪大海．公共管理学［M］．北京：北京师范大学出版社，2009.
74. 魏礼群．社会治理：新思想，新实践，新境界［M］．北京：中国言实出版社，2018.
75. 汪大海．西方公共管理名著导读［M］．北京：中国人民大学出版社，2011.
76. 林德·G. 霍尔库姆．公共经济学：政府在国家经济中的作用［M］．周亚敏，译．潘家华，专家审校．黄淼，瑞典文审校．北京：中国人民大学出版社，2012.
77. 乌尔里希·贝克．风险社会：新的现代性之路［M］．张文杰，何博闻，

译 . 南京：译林出版社，2018.
78. 林丹 . 乌尔里希 · 贝克风险社会理论及其对中国的影响［M］. 北京：人民出版社，2013.
79. 赵鹏 . 风险社会的行政法回应［M］. 北京：中国政法大学出版社，2018.
80. 盖伊 · 彼得斯 . 政府未来的治理模式［M］. 吴爱明，译 . 北京：中国人民大学出版社，2013.
81. 蔡立辉 . 政府绩效评估［M］. 北京：中国人民大学出版社，2012.
82. 王和 . 巨灾保险制度研究［M］. 北京：中国金融出版社，2013.

第三章　理论重构：时过境迁

83. 魏华林，林宝清 . 保险学（第三版）［M］. 北京：高等教育出版社，2011.
84. 卡尔 · 博尔奇 . 保险经济学［M］. 北京：商务印书馆，1999.
85. 乔治 · 迪翁 . 保险经济学前沿问题研究［M］. 朱铭来，等译 . 北京：中国金融出版社，2007.
86. 刘茂山 . 保险发展学［M］. 北京：中国金融出版社，2005.
87. 王和 . 保险的逻辑［M］. 北京：中国金融出版社，2014.
88. 黄达 . 金融学（第三版）［M］. 北京：中国人民大学出版社，2012.
89. 里奥 · M. 蒂尔曼 . 金融进化论［M］. 刘寅龙，译 . 北京：机械工业出版社，2009.
90. 陈雨露，杨栋 . 世界是部金融史［M］. 南昌：江西教育出版社，2016.
91. 罗伯特 · 希勒 . 新金融秩序：如何应对不确定的金融风险［M］. 束宇，译 . 北京：中信出版集团，2013.
92. 周子衡 . 账户：新经济与新金融之路［M］. 北京：社会科学文献出版社，2017.
93. 拉斯 · 特维德 . 金融心理学：掌握市场波动的真谛［M］. 周为群，译 . 北京：中国人民大学出版社，2012.
94. 古斯塔夫 · 勒庞 . 乌合之众：大众心理研究［M］. 冯克利，译 . 北京：

中央编译出版社，2016.
95. 李爱梅．心理账户与非理性经济决策行为研究［M］．北京：经济科学出版社，2010.
96. 格尔德·吉仁泽．风险与好的决策［M］．王晋，译．北京：中信出版集团，2015.
97. 格雷格·伊普．源风险［M］．谭浩，译．广州：广东人民出版社，2018.
98. 陆剑清，邹咏辰．保险心理学［M］．北京：清华大学出版社，2016.
99. 汤姆·范德比尔特．开车心理学［M］．邹熙，陈晓斐，译．北京：中信出版集团，2017.
100. 阿莱克斯·彭特兰．智慧社会：大数据与社会物理学［M］．汪小帆，汪容，译．杭州：浙江人民出版社，2015.
101. 布卢姆·梅克莱．群智能［M］．龙飞，译．北京：国防工业出版社，2011.
102. 施彦．群体智能预测与优化［M］．北京：国防工业出版社，2012.

第四章　保险新存在：科技商业模式

103. 布莱恩·阿瑟．技术的本质［M］．曹东溟，王健，译．杭州：浙江人民出版社，2014.
104. 杰夫·萨瑟兰．敏捷革命［M］．蒋宗强，译．北京：中信出版集团，2017.
105. 罗宾·蔡斯．共享经济：重构未来商业新模式［M］．王芮，译．杭州：浙江人民出版社，2015.
106. 布赖恩·克雷默．分享时代：如何缔造影响力［M］．浮木译社，译．北京：中信出版集团，2016.
107. 中国互联网协会．分享经济重构未来［M］．北京：电子工业出版社，2018.
108. B. 约瑟夫·派恩，詹姆斯·H. 吉尔摩．体验经济［M］．毕崇毅，译．北京：机械工业出版社，2016.
109. 布瑞恩·索利斯．体验：未来业务新场景［M］．谢绍东，刘声峰，李黎，译．北京：机械工业出版社，2016.
110. 史蒂夫·萨马蒂诺．碎片化时代：重新定义互联网+商业新常态［M］．陶丽萍，译．北京：中国人民大学出版社，2015.
111. 苏萌，柏林森，周涛．个性化商业的未来［M］．北京：机械工业出版社，2012.
112. 罗伯特·斯考伯，谢尔·伊斯雷尔．即将到来的场景时代［M］．赵乾坤，周宝曜，译．北京：北京联合出版公司，2014.
113. 吴声．场景革命：重构人与商业的连接［M］．北京：机械工业出版社，2015.
114. 克里斯·斯金纳．金融科技时代的来临［M］．杨巍，张之材，黄亚丽，译．北京：中信出版集团，2016.
115. 许闲．保险科技创新运用与商业模式［M］．北京：中国金融出版社，2018.
116. 杨涛，贲圣林．中国金融科技运行报告（2018）［R］．北京：社会科学文献出版社，2018.
117. 清华大学五道口金融学院．全球保险科技报告［R］．北京：清华大学出版社，2018.
118. 清华大学五道口金融学院．全球保险科技报告（专题篇）［R］．北京：清华大学出版社，2018.
119. 众安金融科技研究院．新保险时代：金融科技重新定义保险新未来［M］．北京：机械工业出版社，2018.
120. 中再集团，众安科技公司，汉诺威再保险公司，德国通用再保险公司．再保险区块链（RIC）白皮书［R］，2018.

第五章　汽车保险

121. 郑苏晋．车联网与车险风险管理：应用与商业模式研究［M］．北京：经济科学出版社，2015.
122. 中国汽车技术研究中心有限公司，日产（中国）投资有限公司，东风汽车有限公司．中国新能源汽车产业发展报告（2019）［R］．北京：社会科学文献出版社，2019.

第六章　家居保险

123.王颖，杨贵庆．社会转型期的城市社区建设［M］. 北京：中国建筑工业出版社，2009.
124.王巍．社区治理结构变迁中的国家与社会［M］. 北京：中国社会科学出版社，2009.
125.王宏新．住宅建筑工程质量保险制度研究［M］. 北京：中国建筑工业出版社，2015.
126.海天电商金融研究中心．一本书读懂智能家居［M］. 北京：清华大学出版社，2016.
127.罗汉江．智能家居概论［M］. 北京：机械工业出版社，2017.

第七章　农业保险

128.庹国柱．庹国柱农业保险文集［G］. 北京：中国农业出版社，2014.
129.庹国柱．庹国柱农业保险文集（续）［G］. 北京：中国农业出版社，2018.
130.汪懋华．精细农业［M］. 北京：中国农业大学出版社，2011.
131.严泰来，王鹏新．遥感技术与农业应用［M］. 北京：中国农业大学出版社，2008.
132.周清波，王利民，刘佳．中国农业灾害遥感监测［M］. 北京：中国农业科学技术出版社，2017.
133.段新宇，周宝库，陆忠军，等．低空遥感技术及其在精准农业中的应用［M］. 哈尔滨：东北林业大学出版社，2019.
134.中国发展研究基金会．指数保险与中国自然灾害救助体系改革［M］. 北京：中国发展出版社，2014.
135.何蒲明，魏君英．粮食安全与农产品期货市场［M］. 北京：中国农业出版社，2014.
136.蔡胜勋．中国农产品期货市场发展路径研究［M］. 北京：社会科学文献出版社，2016.

第八章　健康（医疗）保险

137.迈克斯·泰格马克．生命3.0：人工智能时代，人类的进化与重生［M］. 汪婕舒，译．杭州：浙江教育出版社，2018.
138.克瑞莎·泰勒．医疗革命：大数据与分析如何改变医疗模式［M］. 刘雁，译．北京：机械工业出版社，2016.
139.埃拉德·约姆－托夫．医疗大数据：大数据如何改变医疗［M］. 潘苏悦，译．北京：机械工业出版社，2016.
140.毕思文．数字人体：人体系统数字学［M］. 北京：科学出版社，2004.
141.埃里克·托普．颠覆医疗：大数据时代的个人健康革命［M］. 张南，魏薇，何雨师，译．北京：电子工业出版社，2014.
142.H. 吉尔伯特·韦尔奇．过度诊断：追求健康，却使人致病［M］. 黄雅莎，译．重庆：重庆大学出版社，2015.
143.兰德尔·菲茨杰拉德．百年谎言：食物和药品如何损害你的健康［M］. 但汉松，董苹，译．北京：北京师范大学出版社，2011.
144.朱玉贤，李毅，郑晓峰，郭红卫．现代分子生物学（第四版）［M］. 北京：高等教育出版社，2013.
145.张惠展，贾林芝．基因工程（第二版）［M］. 北京：高等教育出版社，2010.
146.A. M. 莱斯克．基因组学概论（第二版）［M］. 薛庆中，胡松年，译．北京：科学出版社，2016.
147.刘玉清，金征宇．龚启勇．医学影像学（第三版）［M］. 北京：人民卫生出版社，2015.
148.程贵锋．可穿戴设备：已经到来的智能革命［M］. 北京：机械工业出版社，2015.
149.许利群．移动健康和智慧医疗：互联网＋下的健康医疗产业革命［M］. 北京：人民邮电出版社，2016.
150.赵尚梅，张军欢．健康保险与大数据应用［M］. 北京：中国财政经济出版社，2018.
151.罗伯特·瓦赫特．数字医疗［M］. 郑杰，译．北京：中国人民大学出版．2018.

152. 赫塔拉·麦斯可 . 颠覆性医疗革命：未来科技与医疗的无缝对接［M］. 大数据文摘翻译组，译 . 北京：中国人民大学出版社，2016.
153. 埃里克·托普 . 未来医疗：智能时代的个体医疗革命［M］. 郑杰，译 . 杭州：浙江人民出版社，2016.
154. 唐雄燕，李建功，贾雪琴 . 基于物联网的智慧医疗技术及其应用［M］. 北京：电子工业出版社，2013.
155. 科林 . 移动医疗：医疗实践的变革和机遇［M］. 对占林，马长生，译 . 北京：科学出版社，2016.
156. 唐娜·玛维，唐娜·斯洛文斯琪 . 移动医疗：智能化医疗时代的来临［M］. 王振湘，杜莹婧，译 . 北京：机械工业出版社，2016.
157. 互联网医疗中国会 . 互联网 + 医疗：重构医疗生态［M］. 北京：中信出版集团，2016.
158. 宫晓冬 . 中国互联网医疗发展报告（2016）［R］. 北京：社会科学文献出版社，2016.
159. 辛丹 . 健康保险与健康管理［M］. 北京：中国财政经济出版社，2018.
160. 胡爱平，王明叶 . 管理式医疗：美国的医疗服务与医疗保险［M］. 北京：高等教育出版社，2010.
161. 郑功成 . 中国社会保障改革与发展战略（医疗保障卷）［M］. 北京：人民出版社，2011.
162. 中国医疗保险研究会 . 完善中国特色医疗保障体系研究报告［R］. 北京：中国劳动社会保障出版社，2015.
163. 克雷格·文特尔 . 生命的未来：从双螺旋到合成生命［M］. 贾拥民，译 . 杭州：浙江人民出版社，2016.

第九章　养老保险

164. 郑功成 . 中国社会保障改革与发展战略（总论卷）［M］. 北京：人民出版社，2011.
165. 郑功成 . 中国社会保障改革与发展战略（养老保险卷）［M］. 北京：人民出版社，2011.

166.党俊武.老龄社会的革命：人类的风险和前景［M］.北京：人民出版社，2015.
167.郑秉文.中国养老金精算报告（2019—2050）［R］.北京：中国劳动社会保障出版社，2019.
168.魏华林，金坚强.养老大趋势：中国养老产业发展的未来［M］.北京：中信出版集团，2014.
169.周博，王维，郑文霞.回归社区：世界养老项目建设解析［M］.南京：江苏科学技术出版社，2016.
170.王伟.中日韩人口老龄化与老年人问题［M］.北京：中国社会科学出版社，2014.
171.民政部，老龄办，养老服务体系建设领导小组办公室.国外及港澳台地区养老服务情况汇编［M］.北京：中国社会出版社，2010.
172.王小平.保险支持以房养老研究［M］.北京：中国金融出版社，2014.

第十章　长期护理保险

173.朱铭来，李新平.护理保险在中国的探索［M］.北京：中国财政经济出版社，2018.
174.戴卫东.中国长期护理保险制度构建研究［M］.北京：人民出版社，2012.
175.荆涛.长期护理保险理论与实践研究［M］.北京：对外经贸大学出版社，2015.
176.施巍巍.发达国家老年人长期照护制度研究［M］.北京：知识产权出版社，2012.
177.戴卫东.OECD国家长期护理保险制度研究［M］.北京：中国社会科学出版社，2015.
178.杨成洲，余璇.德国长期照护保险制度：缘起、规划、成效与反思［J］.中国卫生政策研究，2015（07）：40–46.
179.郝君富，李心愉.德国长期护理保险：制度设计、经济影响与启示［J］.人口学刊，2014，36（2）：104–112.
180.伍小兰，曲嘉瑶.台湾老年人的长期照护［M］.北京：中国社会出版社，2010.

第十一章　保险新探索：科技赋能

181.戴夫·柯本，特蕾莎·布朗．互联网新思维：未来十年的企业变形计［M］．钱峰，译．北京：中国人民大学出版社，2014.
182.奚玉莉，杨芮，李耀东，等．互联网保险新模式［M］．北京：中信出版集团，2016.
183.中国保险行业协会．中国互联网保险行业发展报告［R］．北京：中国财政经济出版社，2017.
184.梁涛．相互保险组织运作及风险管理研究［M］．北京：中国金融出版社，2017.
185.方国春．中国相互制保险公司治理的法律规制：基于公司治理主体权利视角［M］．北京：法律出版社，2016.
186.林伟．专业自保公司保险属性认定及发展趋势研究［M］．上海：上海财经大学出版社，2017.
187.梁涛．国际自保市场研究报告［R］．北京：中国金融出版社，2015.
188.希尔顿·麦卡恩．离岸金融［M］．李小牧，孙俊新，译．北京：中国金融出版社，2013.

第十二章　保险新业态：开疆拓土

189.连锦泉．保险机制服务国家治理现代化：建设保险型社会助推全面深化改革［M］．北京：商务印书馆，2018.
190.魏华林，陶存文，黄余莉．中国农民保险发展研究——政策性保险探索［M］．北京：中国财政经济出版社，2013.
191.江生忠，薄滂沱．保险助推脱贫攻坚理论与实践［M］．天津：南开大学出版社，2019.
192.王顺庆，张莺．绿色保险［M］．北京：中国环境出版社，2016.
193.保罗·K. 弗里曼，霍德华·昆路德．保险与环境风险管理［M］．王玉玲，秦余国，王志新，译．北京：中国金融出版社，2016.
194.游春，何方，尧金仁．绿色保险制度研究［M］．北京：中国环境出版社，2009.

195. 刘骅 . 科技保险理论与实践创新［M］. 北京：中国金融出版社，2014.
196. 何灵 . 经济转型中我国军人保险制度发展路径探析［M］. 北京：中国社会科学出版社，2014.
197. 杨涛，金巍，刘德良，等 . 中国文化金融发展报告（2018）［R］. 北京：社会科学文献出版社，2018.
198. 邱晓德 . 体育保险学［M］. 北京：北京体育大学出版社，2006.